《山西文華》編纂委員會 編

山西文華·史料編

平陽府志

清康熙版 第三册

卷十三至卷十九

劉益令 ◎ 整理

山西出版傳媒集團
三晋出版社

山西文華

平陽府志卷之十三

水利

三代不言水利川澮溝洫卽水利也秦開阡陌而川澮溝洫無有存者於是智計之士若史起鄭國李冰白公諸人引水漑田水利乃大興焉平陽地多高仰灌漑爲難平汾澮絳環繞境內而資其利者什不二三農民水耕火耨不遺餘力一遇愆陽動咨無禾雖曰地勢使然毋亦濬導之功尚有未盡與茲據邑乘所載溝渠泉澗谷峪堰堤或昔開而今堙或旣堙而復開或昔所未開

而淪治可施備書於左以俟相度疏鑿如史鄭諸人者

作水利志

臨汾縣

汾河　城西二里明嘉靖間副使趙祖元購江浙善水車者爲水車引水灌田知縣楊君璽造水車二十一具疏渠十四道灌田十八頃後汾河於徙不常盡廢後人相形度勢此利仍可復也

平水渠　府城西郎平山平水也晉劉淵僭據時導金龍池下合諸泉東流分爲上官河上中河下官河北磨河并廟後小渠共溉劉村等村田并襄陵諸處田三百六十餘頃　劉村　段村　馬務　東宜　西宜

泊莊　樊村　界峪　麻册　青城　澗頭　席坊

祿斝　小榆　辛家莊　喬村　五級　王黙　藺村

下當　金店　下册

通利渠府城西北金輿定閒開自汾西師家莊將汾河水西分一泒歷趙城石明等村經洪洞杜戍等村流至臨汾羊黄等村溉田一百六頃餘康熙三十四年地震渠傾知府秦棠捐俸發趙城知縣劉顯文督修三縣之民共沾利焉　羊黄　南王　大明　閻侃　吳村　大澗　王曲　西孫

澇河渠府城東北西三處郎澇水也出浮山烏嶺下上有龍角山所出之濟水濟合高梁水入澇唐會引入百金泊溉田澇會龍神溝又會金水河西流至樊家莊離城八里明嘉靖三十五年同知劉衍祚築樊家莊石堰引澇穿永利渠溉田萬曆十八年知縣邢雲路開渠十三里溉焦堡等村田六十頃有奇　焦堡　北牟　南牟　高河　坂下　北關　郭家莊　西關　後樓底

利澤渠府城北元中統間民叚佑翔引汾河水溉田德間臨汾尹石林給不花疏通自趙城衛店將汾河水東分一泒歷洪洞皋陶等村流至臨汾韓村等溉田三十頃　韓村　東盧　西盧　溝上　賈村

澐泉渠　府城東南即東亢村之澐泉溉本村田二百畝

天幸渠　城中譙樓南明嘉靖間僉事王世隆作此渠以洩水患會有張世朝之變討平之因名天幸

永豐渠　城西北三十里萬曆十八年知縣邢雲路同縣丞胡宗明修濬洩吳村水患

永利池　城內明洪武間知府徐鐸引利澤渠水並澇水穿穴入城西北洩內外蓮池各方圓二百二十步深七尋名曰永利以便民汲飲成化間知府李宗重修後廢嘉靖間同知劉衍祚重修亦廢萬曆十八年知縣邢雲路開澇河渠引水復入池內又名蓮花池

國朝康熙年知府劉儀恕於內池建晉山書院徵合郡諸生讀書其中三十四年地震坍毀

千金堰　即澇河渠障水之堰知縣邢雲路修

流膏洞　即澇河渠引水之洞千金堰西北三十步許知縣邢雲路疏磚石修砌

月池即澇河渠之池千金堰北知縣邢雲路疏其池形若半月

嘉泉城西十里周圍六十五步灰泉城西南二十五里過其下流使滿亦可灌田灰泉堰底村東土沙如炭灰水亦可溉田注於汾馬跑泉城西南二十里周圍三丈深不可測出水溉田十餘畝

襄陵縣

高石河縣北二里其源出平水泉灌本縣北水關等里田七頃四十餘畝

李郭渠縣北二里出平水泉灌廣智坊等田一十頃有餘中渠縣西南二里源出平水泉灌本縣崇仁坊等田橫渠縣西南五里源出平水泉灌本縣東柴等里田二十三頃有餘十七頃有餘

沙渠即練溪泉在縣南三十五里接太平縣界灌本縣劉村等里田二百餘畝以上諸渠俱東入于汾

賈朱汧縣南三十五里源出鄉寧之谿都峪灌賈朱等村田七百餘頃

洞子泝縣南三十五里源出谽都峪泝舊塞明洪治十四年知縣李高疏通灌賈朱等村田四十餘頃

西王泝縣西南四十里出谽都峪灌西王等村田五百餘頃

關良泝縣西南四十里源出谽都峪灌京安等田八百餘頃其下流司馬等村泝經官路值大水崩陷

明弘治十四年知縣李高令築堤堰水利遂通

澇溝泝縣東南二十五里源出浮山縣界灌趙曲等里田六百餘畆明弘治二年知縣張文佐令加疏通歲久壅塞嘉靖三十八年知縣侯延柱復加疏濬建橋民深利之

阡陌泝縣東南三十里源出龜山下灌小郭南梁鄧莊等村

雀水泝縣南三十五里源出三嶝山後灌北戌等里田三百餘畆明弘治十四年知縣李高搆橋

焦家峪縣東南五十里源出卧龍山灌陶寺等村田五百餘畆

牛角汧　縣東南二十五里源出浮山峪灌南梁等村田

長伯澗　縣東南二十里源出浮山峪灌南梁西梁等村田

小石澗　縣東南三十五里源出龜山峪灌西鄧戶等村田六百餘畝

洪洞縣

南霍渠　即霍水支泒禁口往南流者是也唐貞元間導水開渠溉洪洞曹生馬頭堡裏上莊下莊坊堤石橋頭南泰南年周壁封村馮堡十二村地一百三十九頃奇

通霍渠　即南北二渠下流又名小霍俗名北堰縣北五里北洞村南宋慶曆六年導南北二霍溢漏溝澗支泒上自趙城營田莊下至洪洞李衛村崖下於沙河內置堰導水至北洞村東南龍王廟後砌石小堰爲退水口用則閉之用訖退於惠遠橋下西流入汾小堰西南延壽觀東立石水口三座澗一丈一尺二寸分七

溝槽北槽南二溝分水三尺二寸五分零堰北溝分水二尺六寸一分零苗村賈村高公白羊四溝分水五尺三寸五分零溉七溝地三千三十三畝奇明洪武五年苗村里人周順等復疏通之堰濶七尺深一丈五尺溉槽南溝地仍舊其槽北等六溝原地七千四百八十三畝節被汾水侵塌地沒河者四千九百六十四畝近丈止存地二千五百一十九畝溝各被塌獨西苗白陽二溝地盡塌河中村落移入內地又高公溝嘉靖年河斷水絕鄉民告縣分賈村溝水爲一小溝入副霍渠借流地亦無幾地去糧存民苦極矣萬曆九年知縣喬因羽丈地開豁浮糧始得免徵

副霍渠

即通霍下流俗爲南堰縣北三里明建文四年羅漢寺僧李妙智疏導通霍支泒上開毋渠一下開支渠二溉灣裏後坡前坡北關城西羅漢寺前城鄉地十五頃五十畝奇後堰毀渠湮水壅地旱民甚苦之正德年舉義官張滿重修伐石運灰易土堰以石加以栢棹鐵錠堅固倍昔渠濬深廣水復通流田成沃壤

人食其力

利澤渠元平陽太原兩路管軍萬户侯鄭鼎在趙城衛店村西置堰開渠導汾水溉洪洞臨汾兩縣地三百頃奇至焦堡村入汾後地震河圮民具奏差秘書官踏勘復於趙城屈項村導汾溉地如故明正統間渠復圮故道無存後兩縣民議各隨便三節導水上節導澗河中節導小河下節導高河照畝起夫隨時置堰後時多旱澗水不敷洪洞知縣王彧念通霍副霍二渠餘泒空流入汾可惜令民易地開渠自縣北賈村導二渠餘泒經城南合澗水亦名利澤渠溉營裏西池王村安樂村張村上下橋皐陶陽曲等村地與舊利澤渠不當矣後續開利澤渠亦廢嘉靖二十七年臨汾民來縣爭水知縣趙宸考得其詳如右因書之爲後之爭水利者之考據云

通利渠縣西北三十里金興定二年縣民閻張劉置自趙城石字村灘内置堰開渠導汾水下流溉趙

城石字馬牧二村地洪洞辛村北段南段公孫程村李村杜戍七村地臨汾牟黃西牟黃南大明閻侃吳村大澗王曲孫曲九村地計二十一村地二百二十六頃八十二畝舊名閻張後改通利云

潤源渠 縣東三十里郭盆鎮南宋天聖四年於五龍廟下澗中置堰赤沙河底開口導水溉蘇村蜀村故縣董寺李保周村辛堡梗壁朝陽城東九村地十一頃四十畝奇明永樂間山水泛漲將古舊渠口衝斷隨修隨廢迄無成功嘉靖三年渠長李文傑告開分巡僉事董琦知縣孫巨鯨親詣渠口踏勘令渠長開鑿石口導水溉地如故嗣後田多豐收皆賴水利之通也

沃陽渠 又名廣陽天子渠相傳劉淵所開縣東三十里餓虎崖下下眷村東於澗水中置堰導水流至下眷村中西南流至尹壁村南入水口上流溉李村師村郭上薄村景村范村董莊馮張燕壁董保杜村北牟各鄉地千頃奇今廢河遺址尚存後鄉民於張村澗中開渠導水溉張村范村秦壁姚莊崖下一帶地亦名沃

陽渠蓋襲舊名云此渠在澗南今溉田三百畝

興利渠縣北半里永安里引汾水溉本里地二頃五十畝今廢

麗澤渠縣北一里引沙河水溉南鄉地三十頃今廢

清水渠二一在苗村里引霍水溉本村地一頃奇一在永寧引霍水溉本村地二十六頃九十八畝

陳珍渠縣東三十里郭盆里引澗水溉本村地六十畝

先濟渠縣東三十里下麿里引澗水溉本村地二頃五十畝

衆議渠縣東二十五里蘇村里引澗水溉一村地十三頃

長潤渠縣東三十里郭盆里引澗水溉蜀村故縣董寺三村地十頃八十畝

晉源渠縣南三里許火星營引澗水溉一村地三頃奇此渠今溉田一千七百餘畝

廣利渠　縣南二里許引澗水溉地四頃二十畆

沃陽渠　縣東十五里故縣里引澗水溉本村范村董寺地二頃四十畆三渠一名毋亦襲舊名云此渠在澗北今溉田五百餘畆

小渠　縣南二里姚莊里引澗水溉本村地二頃五十畆

圓渠　姚莊里引澗水溉本村地十頃八畆

要截渠　縣南二里許秦堡里引澗水溉本村地十頃有奇

晉源渠　縣德化坊引澗水溉本坊地三十五頃此即公孫渠縣南十五里屢被汾水淤塞並未疏通

建子渠　縣東二十里北張里引泉水溉本村地十頃奇

灑澤渠　縣南二里西池引澗水溉西池王村張村東左皐陶上橋下橋陽曲牟解九村地三十頃十畆

奇

續公渠　趙城縣玉村開口引汾水至本縣段村退水溉張家莊宋家莊賈村共地四百有奇

霍泉　縣東北三十里發源廣勝寺下霍山南麓泉從山根湧出如臂如刀下流成河詳趙城霍泉下

清泉　縣東十里源出董寺村西尚家泉宋慶曆年鄉民用銀易泉開渠導水西流溉梗壁城東磨灣城東南安流門外小橋東地一十頃四十畝奇西流爲副清渠即清泉下流溉城西南地一頃奇又導澗水爲清澗渠溉德化一坊地一頃五十畝

普潤泉　縣西二十里萬安鎮西百步許泉水混出溉地三頃六十畝奇

普濟泉　縣西二十里萬安鎮西北百步許泉水混出溉地三頃八十畝奇

華池泉　縣東十里李保村南泉水湛碧盈池視之深黑俗傳內有蒼龍一名甘露泉又名五龍池西流

入清泉渠經城東溉地五頃奇

深泉 縣南二十里侯泉村東溉本村地一頃有奇

寶泉 縣南三十里侯泉村南溉本村地一頃奇

雙泉 縣東二十里師村北金明昌五年里人文都等疏導一出龍王溝一出小舌溝溉本村田半頃餘

東坡小泉 縣南三十里孫保村東引泉水溉地五十畝

浮山縣

澇水 見臨汾縣

栢河水 縣北源出東山居民引以溉田

楊村河 縣北源出東山經流楊村民引溉田

南河縣南一里邑鮮水利獨此河有溉灌園圃之益

趙城縣

善利渠元中統二年渠長郭元長等砌渠援引汾水灌溉本縣石明等里田地至今加之

大澤渠縣東北二十里源出霍山元中統四年引至梗壁等里十三村灌田一十頃西入汾河

清水渠有二一在城東三十里聚引北霍瀝漏水及各堰涓滴透漏之水及北霍渠內虞家澗各得水八毫四絲一在城東二十里亦得三處并作一渠澆兩縣十四村地一千四十頃七十六畝四分五釐北霍發源霍山麓下西流澆梗壁等三村水勢與北霍渠不同利及于人一也

通利渠城西三里金縣民閻張導汾水爲渠灌趙城洪洞臨汾三縣十八村田稱閻長渠通志曰汾水所過州縣多引爲渠在洪洞曰通潤利澤至臨汾縣仍合入汾通利一名閻張利澤今改引霍泉是也

霍泉　源出城東南四十里霍山南麓唐貞觀間引水分二渠名北霍南霍以十分爲率趙城得水七分洪洞得水三分宋金間定水利俱有碑存北渠分三節澱趙城永樂等四十六村田五百九十三頃南渠分五道郎南霍又名九成一曰小霍澱趙城道覺等四村洪洞曹生等十三村共田一百六十餘頃一曰大霍乃澗槽止動水磨一曰清水亦合北霍諸庛門及截大𤜣堰郭北澗諸水而成灌趙城營田等八村洪洞苗村等六村共田一百三十五頃有奇餘詳洪洞

北大澗　縣北一里許出霍觀音溝中居民或用以灌田

北小澗　城北二十里盎昌舖出霍山谷中有利于民亦害于民過跑地橋西入汾河

太平縣

鬱都峪　縣西北三十里侯村村北渠始開於金皇統四年土沂灌西侯東侯田地蒲峪攔閘下沂灌東

侯吉村姚村吳村常村東安平南安平北姚古城鄧村董村柴王申村共十四村田地高原泝老灘泝古城泝灌六村田地中原泝常村泝餘水入於汾河

尉礕峪 縣西北一十五里尉村北渠始開於金皇統四年灌田十六村尉村三公村北高史南高史孝村梁買匠黄北黄西曹路南黄李果村焦彭相李坊李蟠道西安平餘水入汾河

大柴峪 縣西八里南高史里水頗微

煤峪 縣西二十里賈剛堡西水頗微　按諸峪之水皆從姑射山出夏秋之間大雨泛漲灌田者資之謂之雷鳴水西北諸鄉民多力農者以此

靈景泉 一名玉泉在縣東北景毛村南灌田四村景毛四日南高二日北高四日西郭三日此水至西郭村西潛流地中村東復見入汾

靈源泉在陳郭村明嘉靖二十一年汙泥壅塞
國朝康熙六年居民陳一經陳爰陞陳元魁陳孟道等尋故道開之十年知縣何煒然相地度工其泉寔溢

白波泉縣東南二十五里永固村

清水泉縣西門外北周圍一畝二分灌田者以桔槔取之其地宜蘆葦遶流過城南關而東

古興泉縣城西府君廟下

焦村泉縣西南十五里焦村西北相傳獻公都晉時引水入城後塞今渠跡宛然明嘉靖間知縣耿儒欲開之未果
國朝康熙七年知縣侯有生開之卒無功

下尉泉縣東下尉村西北流細而長其池有葦

岳陽縣

便民渠 縣治前

高壁渠 縣東一百里淘漚村明洪武七年引屬寨溝壑水流至高壁村灌田

大澗渠 溉田七頃七十畝

寺頭莊渠 溉田二頃五畝

下治渠 溉田二頃六十畝

東鄔嶺渠 溉田一頃七十四畝

賈賽渠 溉田一頃

獅子溝渠 溉田二頃

曲沃縣

清水河 縣南合絳縣景明諸水北流入澮溉田四村
西周 上裴莊 下裴莊 交里

濟溪 城南源出紫金山麓澄澈細流居民引灌田園

沸泉 縣東南二十里景明村源出絳縣入沃境溉田有
分水渠明成化間民爭水數十年不息知縣劉璣
鑄鐵斛定分數西孔六分北孔四分訟始罷至萬曆間
奸民毀斛復起爭端知縣蒯諫更鑄鐵斛公分溉田凡
六村 景明 林交 白水 下郇 東明德 西明
德詳見碑記

溫泉 縣東三十里海頭村又名七星泉又名七星海以
泉有七也溉田二十一村 張亭村今改西寧村
東寧村 西許村 東許村 庭城村 靳莊村
河上村 西常村 東常村 北常村今改小莊村
郇村 吉許村 西縣册今改周莊村 東縣册村
北王西村今改焦莊村 北王村 西陽城今改羊舌
村 郭寺承莊今改常家屹嶗 溫泉村其村無入於
北王村 郇莊村今改西海村 東韓村今改南韓村

龍底泉二一林交村平地湧出居民引以溉田一氷巖下晉時架水入城環遶宮殿今廢

桵鍁泉任莊南民引以灌田

響水泉郇村溝內水響有聲

金溝泉按平陽府志在隘口村民引以溉田今廢

溢溝泉東閭里居民引以溉田　憂感泉柴村昔有孝子思得甘泉以奉母夜夢北鑿中有水如節明日探之果得後塞成化中知縣劉璣濬復仍塞今濬居民引以溉田

滴水溝蒙城鎮東十里石龕內今廢

滿水井二一在濟溪一在東陽里深八尺周圍丈餘其水自底湧出

翼城縣

灤水出翔皐又名靈泉分流二渠溉東南鄉十二村田至李村與澮水合唐嗣聖間邑令張懷器導之明弘治間涸數年復出

石橋渠東河渠南河渠石雲渠下陽渠俱出澮河溉田一頃六十七畝八分

賀水出絳縣東賀水村名玉龍泉溉邑中賀水西賀水西莊三村田三村舊總名馬宣莊

沙泉縣東南十五里下流村溉白馬里東尹西尹二村田各二頃每村五日輪灌邑人王泰有記申明約東

馬泊泉縣北二十五里壽城村北覆釜山下俗傳有人以襖塞之泉遂不湧因易其名曰襖泉民導以溉田

汾西縣

善利渠七南關　王莊　水潤　師家莊　後園栢

國朝康熙九年知縣蔣鳴龍以田地居小河上流汾水堪注灌地隨捐俸督民郭玘倫等鑿石開渠導引汾河灌地三頃二十五畝迄今合里享利　伏朱　知縣蔣鳴龍踏驗平地乏水灌溉捐俸俾公直張林合等築渠今民間永免亢旱之慮　前加樓　十年春知縣蔣鳴龍勸民種樹因見一泓清水旁流深溝隨捐貲着劉拱薇築堤引水灌地三十八畝一分四釐

猛水渠四下園栢　潤鎮　衛灘　東平九年知縣蔣鳴龍重修水新築十二年知縣蔣鳴龍因新砌漫地三十餘畝乏水督率居民郭正巳李惟芳等築堤灌溉

小河渠灌本村田　上園栢渠灌本村田

新修猛水渠　囘坡渠　張端渠共三渠俱灌本村田

城內井　三各深三百六十尺味甜屬傅孟馬三戶

栅欄溝井　城外東一里許

北井溝井　泉源時出不竭大元至正間修砌闔縣取之

下寺溝井　天雨壅漫嘉靖五年重修

衛家灘井　深一百八尺康熙十年知縣蔣鳴龍捐貲開鑿

貼懃舖井　深三百九十尺眞人王冲濟開鑿

靈石縣

城下三渠　縣中舊無井乃于城垣下鑿三塘渠一在東門一在北門俱導入小河之水一在西門則汾水引使來焉公私宇舍活水通流灌溉澣濯取資爲便而淵涵不竭清洌更佳

小水北渠知縣路一麟開灌田三百餘畝

小水河源出縣東北四十里錦山白石谷居民引渠灌田

興地峪河栢溝村北源出介休五龍溝靈石北塔溝諸澗水流經萑介等村水利兩縣公沾會小水河入汾

蒲縣

通惠渠水自庫拔村南入渠溉田漸引至城由縣治入學宫出復溉民田渠自知縣韓起然始未幾壅塞知縣鄭可行復疏通今又塞

溝渠水本縣河水不能灌溉民築溝渠借雨水以資溉田概不入于河近地多荒蕪溝渠之水多入河河水泛漲齧田爲害

蒲州

涑水渠　州東三十里源出絳縣横嶺山唐貞觀十七年刺史薛萬徹開　按水經涑水即古洮水之兼稱經云出河東聞喜縣黍葭谷今涑水自聞喜經猗氏臨晉入姚暹渠同滙于五姓湖至蒲州大澗入于河

姚暹渠　州東三十里源出夏縣巫咸谷經安邑解州臨晉至本州大澗入于河隋都水使者姚暹所開

溥惠渠　州北復安里古城下以上二渠俱知州許鵬因州城東原溝阪深浚每大雨輒壞田稼兼積水通衢行旅艱涉故開二渠今俱湮

永濟渠　州東大青渠　州東北四十里南通五姓湖史記通厪南戰于青渠之原即此

大水澗　州南十五里地名白石澗　州南十五里地名韓大谷北入姚暹渠　陽西入于河

臨泉澗　州南五十里地名胡營南入于河

玉泉澗州南一百二十里地名南張至永樂鎮灌溉田畝餘流入河

寒谷澗州南一百里地名觀後南入于河以上各澗俱源出中條山

義井州東峩眉原明成化十二年知州蔣容穿此以飲行旅

臨晉縣

蘆子泉搶峯西北麓今引以灌田詳山川

瀑布泉王官谷天柱峯西溉灌十五里許居民就地遠近次第引水溉田引水之法以時刻計名一分水自司空表聖定法後世因之不廢今王官之水以分計者一百一十九焉

姚暹渠縣南五十里詳山川

榮河縣

泉四一南屈村一北幸莊一孫石一王信皆可灌田頗爲民利

龔魁泉南趙村郇澤方丈知縣侯祁相地脉掘得之詳山川

猗氏縣

黑龍潭縣西南久湮邑紳王含光濬之引開水田若干畝

萬泉縣

東澗縣東門外多泉民咸汲用引渠灌蔬西澗縣西門外灌溉之利不及東澗

雙泉孤山東麓栢林迤西二泉湧出一在山半一在山足俗呼上泉下泉歲旱不竭遠近居民利賴之

漉漉泉縣東四十里稷王山下近山居民多鈌井咸遠汲之

井縣止數眼民用不給半取澗水其餘村落處多者一二眼無者則儲雨雪以供用少旱則遠汲于他處踰

一二十里蓋井深百丈淺者八九十丈且一井所費不下二十金甚至鑿之而無泉詩書所稱土厚水深惟此爲最但土色堅而澗水味清而甜民之蓄水者其味經月不變亦他方所未有也

河津縣

遮馬峪泉縣東北四十里一源坡下唐貞觀中縣尹長孫恕鑿山修爲二渠灌干澗故鎭民田元大德間下流溉故鎭者仍舊上流一渠溉干澗者因猛雨衝斷水落下停民仍供水田稅糧里社窘焉明隆慶五年知縣張汝乾捐俸鑿山通渠水利復興

瓜峪泉縣東北四十里水母廟下亦長孫恕開鑿者以上二峪水各有清濁二渠築自唐時清水自泉出灌近山南北二午芹民田濁水待天雨谿壑水流灌僧樓南方平孫彪東長光得下亭清澗等里民田宋大觀間豎二碑刻石圖置縣廳今尚在焉　按瓜峪一泉流分三派形如瓜字其西流名長大澗灌東長光得下

亭清澗等里明嘉靖十一年山水暴漲崩入黄河積衝大溝深幾百尺不惟七里民田焦涸而北山通濟道路亦絕三十五年知縣高文學申請當道乘冬暇大興工役刻期三月告成高一百尺厚六丈上爲土橋通濟南北傍疏枝渠溉田千頃惜巔頂失加防護一流復壞明萬曆初知縣張汝乾親視舊址亟難築修先于上流渠道自寺莊而下可通及東長光得等里者悉加疏濬遇雨水大泄亦可以徧及也　其中一泒名南下大澗内分乙丙丁三渠乙丙二渠溉僧樓西半里民田丁字一渠溉孫彪東半里民田歷來幸無溝崩之患而築土堤砌石堰每年里民均照田各輸其力焉　其東流名天澗又有神峪一泉合流其中直瀉汾河昔人于午芹地方開濬水渠引灌午芹僧樓等里名甲子渠又于渠口東築平水石堰遇山水暴發便可漫堰入汾水勢平則使遏流入渠有利無害法稱盡善乃午芹近澗旣盡獲清水之利又恐濁水勢大漫淹地土將天澗決開放入黄汾兩河累年爭訟明洪武間户部侍郎凌公奉例與修立有禁約榜諭極爲明悉可垂永久後午芹之民頑

將渠口塡砌僅留水竇一二尺其長流清水固無阻滯至濁水入渠竇小流細僧樓地土不能沾利而有用之水盡入汾河彼此訐告仇怨日深康熙三十二年歷經道府勘斷令渠口寬一丈二尺偶值山水泛溢午芹被水淹入輙咎濁水爲害但彼時山水暴發在在皆然不止瓜峪一處至三十三年院道府斷令渠口以四尺五寸爲準及濁水一發僧樓仍難遍及決開渠口午芹以不守斷案具控僧樓以不得水利互告爭訟不已四十五年知府劉棨親行踏勘將天澗平水石堰照舊修復渠口闊寬一丈用磚石甃砌堅完疏濬渠道令寬深一丈五尺將疏濬之土幫修兩岸加以柳埽堅築俾水行渠中無有阻壹僧樓既獲水利午芹不虞漫溢以杜爭端查兩岸舊日無堤應用地十二畝地係午芹所有于是量浮其價捐銀六十兩分給沿渠地戶買地修堤所有地糧使該縣捐俸包納立石公所永遠遵行又親書硃單一紙凡築堤之法善後之圖兩得其平畧無偏倚使兩造公執爲憑云　又西長大澗自史家莊後抵干澗村南灌溉寺莊蘆莊長壕樊村光得暨淸澗下停等

里民田後下流渠湮爲深溝水入于河自樊村而西遂失其利明嘉靖間知縣高文學于樊村北築堤壅水高百尺厚六丈既而潰崩其就便開渠食利者惟附近大澗之寺莊長壕而已康熙十一年樊村居民于長壕橋溝內築堤未幾潰後復修築焉　樊村有任姓戶分東西族衆丁多原屬一本也其居址土田咸引長濠古渠灌溉後年久衝深水勢不能上灌東戶尚有一綫水道苟圖便安不爲通力合作之計西戶無渠可通圖戶醵財鳩工以三百金另闢新渠將東戶渠口封斷水利惟西戶獨擅遂聚訟不已節經院司府縣斷案盈几佹忩日深訟終莫息康熙四十五年知府劉棨行部親履其處集兩戶紳衿勸之以敦睦陳之以利害懇切諄至仍令東戶出銀一百四十兩以償西戶修築之費水利均用永釋爭端于是彼此翻然悔悟交釋前憾重敘一本之誼翕然成禮而去仍勅縣立石公所俾兩戶子孫永爲遵守

解州

解鹽池 州東二里見鹽法

女鹽池 州西北三里見鹽法 六小池 州西北十五里見鹽法

通濟渠 州城南歷來引噴雪巖水入城灌園解民世濟其利明弘治九年知州李濬重爲開濬萬曆十六年蒲人修堰壅水道水不入城萬曆二十五年知州賈化醇申請鹽院復其舊民甚便之

大水澗 會小水澗入女鹽池水勢極大有五龍堰防之其自城南者入通濟渠

靜林澗 源出中條山頂北流經紅臉溝可溉田

黃花谷 谷有水可以溉田

安邑縣

青石泉 縣東南三十里出中條山溉田數頃見山川

苦池灘縣東十三里夏縣東山巫咸谷諸水流入可引以溉田

東郭灘縣東南十里餘與鹽池相隣其地數十頃中有大堰起自楊家莊至東郭灘堰東係膏腴之地

近奉旨禁約不許耕種堰西民田水澤相半

夏縣

司馬渠引涑河之水以灌民田相傳爲司馬氏開濬以灌民田園故名

横洛渠縣東北周村方山諸谷每遇暑雨淹沒民田本縣歲加修理流至縣西北尉郭會縣北趙村北津諸河至禹王城西南會于白沙河

青龍河縣北三十里見山川

白沙河河流高出地上去邑城僅半里許上流濶十數丈下流濶僅數尺漸次狹隘勢不能容故河壅

堤潰無歲不然決而南則潰李綽堰而害及鹽池決而北則害被城關而餘波延及村落爲禍甚劇治之者以疏濬下流爲急而增高堤岸次之餘詳山川

蓮花池二一在城中一在城東見山川

湧金泉縣西南十五里見山川

聞喜縣

羅公渠發源絳縣烟莊峪其堰有五開于宋熙寧間者三開于明洪武間者二　第一堰溉田東外喬寺東山底西山底等村共地十頃即通志所稱康寧里知縣李如蘭改爲豐泉里　第二堰另名王公渠亦發源烟莊峪宋熙寧間開濬明正德間知縣王琳以上流專利渠屢壞考據景雲宫古碑定分數嚴界限至今呼爲王公渠溉柳泉東里東觀底東劉家院田渠口在絳縣磨裹村堵截　第三堰溉田喬寺村共地五頃一十

畝即通志所稱義寧里知縣李如蘭改爲青中里　第四堰溉田西劉家院元家院大蔡謝小蔡謝侯村等村共溉地二頃五十餘畝即通志所稱晉寧里知縣李如蘭改爲南鹽里　第五堰溉田東下呂西下呂等村共地四十餘畝即通志所稱榮田里知縣李如蘭改爲常寧里渠堰遼遠數十里盜決占恡者不可勝計明嘉靖三十九年知縣羅田爲置牌以定番次倣古跡酌時宜選渠長以嚴其事申盜決之禁渠民戴德故名羅公渠至四十二年知縣李復聘復申嚴其事民甚便之刻石元家院

溫泉渠　源出黄蘆莊溉上谷卩下谷卩黄蘆莊田

甘泉渠　源出黒龍溝溉交水卩上下東鎮背後田以上縣東

雷公渠　縣北十五里源出野狐泉由自土溝至城西北三里姚村出溝行平地前代嘗引入城中明嘉靖間城北地中尚有通水瓦筩先時溉田每多分爭萬曆三十四年知縣雷復豫定其分數始姚村次王順坡

下白土中白土上白土山家莊坡底薛莊家家坪戶頭諸村輪流灌溉每月一週民甚德之故名雷公渠省志附入新城王公渠内誤矣但近年土壅泉涸爲利甚小

沙渠 縣東南二十五里渠戶在寺頭村東北因村旁有廣教寺係唐貞觀間勅建故名唐渠今俗呼廣教寺爲沙渠寺後因設寺頭村俗又呼渠爲寺頭渠按唐地里志云縣東南二十里有沙渠即此一溉沙渠寺田十數畝二溉寺頭村田二三十畝三溉店頭村田八九十畝又鳳儀二年詔引中條山水于南城下西流十六里溉涑陰田

北河渠 水自横嶺關來沿河開渠輪流溉灌溉後宮栢底茨凹里南王村河底田二十二日一輪

董村渠 渠戶在村東秦王凋下故有渠久廢明萬曆二年知縣王象乾修故名新城王公渠溉董村北郭衛村田共二頃四五十畝十七日一輪滲渠水二日三村並山莊輪用

南陽渠　渠口在河底村南溉南陽蘇村中申田十五日一輪

蘇村渠　渠口在本村東溉本村田十二日一輪

小寺頭渠　渠口在蘇村南溉小寺頭陽社西郭田二十日一輪

陽社渠　渠口在蘇村東溉陽社小寺頭田十六日一輪

西張渠　渠口在蘇村三皇廟前故渠久廢明萬曆初知縣王象乾修濬亦名新城王公渠溉西張東張田一頃一十畝十六日一輪

坡神渠　渠口在本村東溉本村田十八日一輪

下莊渠　渠口在本村東坡神渠下溉下莊馮村田二十一日一輪有渠上水三日坡神用

南姚村渠　渠口在本村北溝溉本村田二十三日一輪以上縣南

平陸縣

盤南澗縣東十里源出中條由石槽溝南下至盤南有灌溉之利

三汊澗縣北三里五龍廟前發源中條山二溝合流至此崖斷支分東南入于河臨溪圖人引水灌溉資以爲利

沙澗縣東二十里源出中條山東南谷至沙澗入河頗爲民利以澗口多沙石故名

響泉縣北四十里中條山東其泉甘澄附近居民日以爲用

魏公渠縣北二里許明萬曆乙巳河東道詹思虞按部至邑檄知縣魏學徵引水入城疏通支脉自縣署逩學宮之左注泮池內溢于南郊民資灌溉嗣登科第者相繼五人仕至顯宦士人德之立碑北門外初名興文渠今呼魏公渠云

芮城縣

大安池縣北五里居民引以灌田餘流入黄河

鹿跑泉縣東北八里中莊村一名靜深泉平地上清徹見底大旱不減霖雨不溢上有龍神廟居民引渠溉田

葡萄澗縣西二十里鄭村有泉五眼俗謂五股泉南流入黄河

地皇泉縣西北十三里山麓地皇氏廟前流經魏文侯故城合通澤泉可以溉田伏流入沙

通澤泉縣北八里舊決渠引水入城灌于衛生池泮池今絶

洹泉源出東北山麓郎儀家溝水俗謂連搭溝

白龍泉縣南十里王家莊

恭水源出甘棗山即朱呂溝水

小水泉縣南十里太安莊

觀音泉縣西北十里

絳州

鼓堆清濁二泉合流而下漸成大溝溝上地水不能及隋正平令梁軌謂水動物也順之則下激之則上乃因地宜以激水迄今千餘歲雖小有變更而大勢則因之郎今水道清泉下建木閘激水灌溝東之地三泉莊二晝二夜白村併盧李村三晝二夜李村並盧家莊一晝二夜彝陵五晝五夜石村五晝四夜王莊二晝二夜磨頭二晝二夜祁郭三晝四夜北關四晝四夜舊靈丘王府一晝一夜州衙一晝一夜計二十九日一周大溝漸濶漸深俗呼天河於席村北建石閘激水東南灌白村地三頃西南灌席村李村蒲城地九頃水西莊北建石閘激水經莊東稍南鐵鑄分水口一口灌南北王馬莊三晝三夜龍泉莊三晝三夜蘇村六晝六夜古交莊三晝三夜周劉村六晝六夜計二十一日一周一口注天河至三林北又建石閘激水灌三林橋東橋西地無番次鼓堆西一渠經蔡村灌三泉地入頃無番次今王府廢水更番灌民田

泉掌鎮泉關廟前一大泉一支灌鎮南一支灌鎮西各地三四頃鎮東有水溝溝左一泉名大渠灌辛堡下堡韓梁左邊地二十五日一番溝右一泉名小渠灌辛堡下堡韓梁右邊地二十四日一番其他活潑泉舂口泉馬庫泉蛇泉各灌地不等

蘭村泉西北山半出泉水細無聲每日卯午酉水湧出有聲若潮汐然俗呼溢水經史家莊曲村栢壁灌溝澗傍地不計數

龍谷泉州東北十八里龍香村亦脩令梁軌鑿漑三泉諸賽田

丁村泉灌本村莘地不計數

澤掌泉　眠窩泉　溤泉　永和泉三泉俱在澤掌西北二里

龍頭泉在眠窩三泉東北一里合流灌本莊鼓堆蔡村地二三頃此水性寒不甚發苗

薛郭泉灌古交地一二頃

馬首峪雨水自稷山三界莊而下分爲二渠一經北董北張燕村行莊南社塢一經南董李家莊梁莊郭馬武平各灌地不等

稷山縣

黄華峪澗係清水灌開張東西田時出時沒雨則混入莊邢家莊陶梁華峪澗東程社胡家莊梁村段村等村猛水東澗自上及下溉開張東村圈頭村加西澗自上及下溉開張西村路村華峪鎭甯翟等村

馬壁峪澗係猛水右分三路東路首溉稷三界莊如有餘水方溉絳州北董莊官莊光馬莊等村中路溉李老莊大杜莊廉城莊等村西路溉范家莊張家莊劉家莊東莊莊高渠西社中社等村皆稷境也前被官莊在中一路創開偏渠攙奪李老等莊水利屢受其害明萬曆三十九年知縣張思恭躬歷澗口蹈明力爲

詳請遵復古制有碑文

國朝康熙十年六月間又被官莊鄭日耀等私開偏渠強奪李老莊水利剌傷多人李老莊具告臬司批府府委糧廳同絳州知州張琰圭本縣知縣顧浹初親行踏驗斷令於支流處堵塞如東路有餘水官莊村方得溉田有竪立碑記

晉家峪澗內有浸水遇雨有猛水溉鄉寧山底村及本縣薛家莊仁義等村田明萬曆二十一年知縣李希召均平水利以息紛爭

小杜渠猛水溉小杜村田

東曲渠猛水溉東曲村田

三界莊池城北三十里明萬曆三十年鑿引法馬頭山泉水以汲莊人便之

西長池城西南四十里莊近南山井深千尺許居民艱於餅粳貯水以供飲食云

姚莊池 城西北三十里隱士姚綬所鑿筒引十許里注水溉田以自給

舖頭堰 城東北三十里沙溝廟前甃以障馬壁峪水延袤可三四里

薛村堤 城西二十五里薛村故有澗無堤知縣吳峻行視郊野令民築堤滙水溉田二百餘畝

葫蘆泉 縣北三里佛閣寺西北形如葫蘆故名曰溉田數畝閒以時入泮池

白楊泉 小杜村溉武平小村上王村洞治莊甘陽村東劉西趙村地武平係絳州

永濟泉 縣西北圈頭村地勢高阜難以鑿井鄉人往山峪汲水不勝艱苦順治間鄉耆黄朝立李儒桂等倡義將莊北清水掘地爲渠墻以瓦筒導流而下於莊東門外鑿池二區周圍磚砌聚水其中鄉人便之

絳縣

涑水 發源縣東南十五里自陳村峪出伏流地中至柳莊復出居民灌田

聖水縣西十里楊村聖水寺中地列三泉甜苦異味禱雨多應疾者飲之能愈古所謂刹靈泉也

故郡水出縣東北四十里源方二畝其深不測分三渠一故郡一陳景一大交俱灌田流入澮水

逆溝水出縣東八里泉自溝中北流入曲沃溉田

玉龍泉出縣東北五十里東賀水村之西灌本莊田地餘水順流而西灌翼城中賀水西賀西莊三村田地餘水又灌本縣陳景村田地灌水各村分有日期

沙峪雨水縣東三十里壁峯峭絕上有一寨亦可避兵其谷中雷鳴雨水可引溉田

續魯峪雨水縣東五十里亦通沁水雷鳴雨水灌田甚廣

垣曲縣

堡頭渠縣北七里明萬曆間知縣趙乾清引水溉田

店頭渠縣北十里明萬曆間知縣呂恒引水溉田

峽口渠縣北三十里

峪子渠縣北十里

墱坂渠縣北三十里

薔冡渠縣北四十里

小趙渠縣西六里明萬曆間知縣仝梧開後塞知縣趙乾清復疏通

亳城渠縣西十五里

柳莊渠縣西十五里

王茅渠縣西二十里

五龍渠縣西二十五里即五龍祠泉水民資灌溉

交斜渠縣西三十里

長直渠縣西三十五里

淸廉渠縣西四十里

官店渠縣西六十里

杜村渠縣西北二十五里

阜落渠縣西北五十里

辛莊渠縣西三里

城西渠縣西里許

城東渠縣東里許即湛水出河內軹縣舊名舜清

國朝康熙元年知縣董爾性鑿石開渠引水灌田

霍州

陶唐谷水州東三十里其水西流灌田數百頃

彘水州南谷中西流溉田

石鼻谷水州南五里即彘水之源引流灌田

古魚池州東八里大張村引渠溉田入汾

方池州南十五里郭莊村引渠灌田

龍池溝州東北三里泉流灌田

霍泉源出霍山南麓分南霍北霍二渠以溉本州趙城洪洞三處田

章丘泉州東十里丘家崖下散流入𣲖以灌田

普濟泉州南十里明萬曆間知州張文炳引水溉田

圓泉州東南十五里陰地村引渠溉田

邢家泉州東北三里許引流灌田

羅頭泉州東北三十五里馮村東溝南流灌田入汾

馬跑泉州東北四十里唐太宗取霍邑時有杜十萬者以餉師功求此泉爲己利遂賜之至今惟杜莊得以灌田

鴨底渠州東北三十里師家泉引以灌田

碧玉渠州東北十里許村崖下引汾水灌田

義成渠州東南三十里水出義成谷中西流灌田

官渠州東合大張等處引流入渠灌田

白龍渠　寺莊渠俱州西導汾流灌田

吉州

甘泉州西街深入尺其味甘甜作酒醋最釅

鄉寧縣

新濬河渠明萬曆間知縣彭萬里修濬河渠十三道灌地三百三十五畆

谿都峪縣東一百三十五里卽今官水峪每大雨西山諸水會於此下通襄陵太平界溉田甚廣

溫泉縣南半里許高山南面一泉嚴寒不凍沿山麓西流嶺畔石田資其灌溉

柳渠泉縣西南七十里源出柳朴渠經流上馬臺澗中灌溉河津縣水田

龍王池城東南半里許自石孔中出川田資其灌溉西入鄂水

隰州

溫泉州北二百里舊溫泉縣

大寧縣

麻束溝源出捕狐山南流達昕河明成化間知縣劉紹宗傍北山鑿石刳木爲浮渠引水入城注學宮泮池中且灌東關園田數十畝今廢

永和縣

曲村渠縣北五里

索陀川縣東三十里

坌口川縣東北二十里

東峪溝縣東五里

西峪溝縣西二里　以上俱開渠引水溉田

香巖訛縣西北七十里有寺頂有清泉流入僧房灌田五

靈液泉縣東城下水味甚美一邑之人多飲于此

平陽府志卷之十四

屯田

寓兵於農井田是也役兵爲農屯田是也明之屯田較多於前代而制亦加詳變革之初兵戈甫息民無定居地多荒廢乃度衛所閒田分軍立屯法令衛所軍士七分守城三分屯種起自龍江遍於天下歲收其入資祿餉焉平陽衛置指揮一員統領左右中前後五千戶所提調其事地坐州縣租領衛所於民無與也今其田散以予民矣歲入之數州縣領之其隸衛所無幾耳而屯

田之名尚仍其舊條目既存不得不別而異之作屯田志

臨汾縣

屯田上中下各色共地二百五頃二畝四分五釐額徵折色銀四百一十四兩四分五釐零共徵屯米改徵黑豆五百六石一斗八升五合零

屯丁三百一十丁共徵徭銀六十八兩五錢六分零

襄陵縣

屯田水平坡沙各色共地三十四頃七十三畝二分額徵折色銀一百八十三兩九錢九分二釐

洪洞縣

屯田水平鹹坡灘各色共地五十四頃四十一畝二分又一釐零額徵折色銀四十七兩三分六釐零
徵本色粟米一百五十四石四斗八升四合

浮山縣

屯田上中下各色共地三十二頃八十畝二分額徵折色銀一百四兩五錢八釐

趙城縣

屯田水平坡各色共地一百二十九頃一十五畝六分七釐零額徵折色銀四百一十二兩二錢七分四釐零

太平縣

屯田中色地四頃七十七畝八分額徵折色銀一十九兩九分二釐

岳陽縣

屯田　下地并康熙元二三年開墾過荒地共四百九十二頃五十四畝八分八釐零額徵折色銀一千一百二十二兩九錢七分三釐零

曲沃縣

屯田　水平坡灘各色共地八十四頃三十七畝二分一釐額徵折色銀二百六十五兩五錢五分九釐零

翼城縣

屯田　上中下各色共地二十六頃六十九畝二分五釐零額徵折色銀八十九兩四錢三分九釐零

汾西縣

屯田　下地三十八頃四十二畝七分額徵折色銀一百二兩六錢

靈石縣

屯田共地五十三頃四十畝三分一釐零額徵折色銀一百五十二兩七分六釐零

蒲縣

汾州衛歸併本縣屯田並節年開墾共地二百八十五頃一十六畝三分七釐零額徵折色銀三百八十三兩六錢八分零

屯丁一百一十二丁徵徭銀二十四兩六錢三分九釐零

蒲州

屯田共地五頃四十三畝額徵折色銀一十五兩八錢五分七釐

臨晉縣

屯丁七百三丁徵徭銀九十二兩四錢九分七釐零

滎河縣

屯丁四百五十九丁徵徭銀一百一十五兩五錢三釐零

猗氏縣

屯田上中下各色共地三百一十四頃一十六畝二分五釐零額徵折色銀六百三十三兩八錢三分零

屯丁六十九丁共徵徭銀一十五兩二錢

萬泉縣

屯田下地九十四頃五十四畝八分二釐零額徵折色銀三百一十九兩五錢四分一釐零

河津縣

屯田上中下各色共地三十七頃二十二畝四分六釐額徵銀一百七十二兩一錢八分六釐零

解州

屯田共地一十一頃二十畝額徵折色銀四十五兩六錢

安邑縣

屯田下地三頃六十五畝額徵折色銀一十五兩三錢六分

屯丁三百六十丁半徵徭銀八十七兩一錢一分七釐零

夏縣

屯田上中下各色共地六十二頃五十六畝八分二釐額徵折色銀一百七十五兩二錢四分零

聞喜縣

屯田上中下各色共地四百五十七頃八十一畝五釐零共徵折色銀一千三百八十九兩九錢七分八釐零

又順治十六年起至康熙十六年止開墾屯田共地四十四頃一十一畝二分零共徵折色銀一百三十三兩二錢四分三釐零

屯丁四十九丁共徵徭銀一十兩二分

平陸縣

屯田各色共地六十一頃一畝二分一釐額徵折色銀一百五十三兩三錢九分二釐零

又順治十三年起至康熙十六年止開墾共地七頃二十二畝折色銀一十七兩八錢九分七釐零

稷山縣

屯田沙地二十七頃九十五畝五分三釐額徵折色銀八十八兩六錢一分二釐零

絳縣

屯田下色共地一百三十七頃一十八畝九分五釐零額徵折色銀四百三十九兩六釐零

屯丁二百三十八丁徭銀五十兩六錢八分

垣曲縣

屯田共地八頃九十七畝七釐零額徵折色銀一十九兩四錢五分二釐零

霍州

屯田共地五十五頃六十四畝六分零額徵折色銀一百二十一兩八分五釐零

吉州

屯田 山坡共地八十八頃二十二畝八分額徵折色銀二百八十三兩九錢三分五釐零

又順治十五年起至康熙二年止開墾過屯田 共地二十六頃三十畝五分二釐折色銀九十二兩一錢二分一釐零

隰州

屯田 共地六十一頃六畝三分額徵折色銀二百六兩九錢八分三釐零

大寧縣

屯田 平坡各色共地七頃七十六畝折銀二十七兩一錢六分

汾州衛歸併本縣屯田 共山坡地二頃七十畝二分共徵折色銀五兩

永和縣

屯田共地三十二頃二十六畝二分五釐零額徵折色銀三十六兩四分

平陽衛經徵

蒲縣共屯糧銀二百一兩四錢三分零

臨晉縣共屯糧銀八千四十二兩三錢二分八釐零

蒲州所經徵

本色米三千三百二十六石六斗一勺零

平陽府志卷之十五

鹽法

河東之有鹽池古也南風之歌所欲阜者民財耳周禮鹽人所掌不過政令之厲禁而國無所利焉晉人去絳而居郇利其近鹽則利已不獨在民矣自鹽鐵置官而利之在民者漸少桑弘羊劉晏皇甫鏄之輩出為法滋密而利盡在官矣自是以來領於經制勢不得稍捐以予民而修築堰堤唯民是問近池之民且重受其困矣鹽不得銷則抑配俵散不唯困民力且困民財矣銷鹽

銷引分爲二事人戶每歲所納鹽錢竟同正供而日用食鹽仍囂之商是鹽與引交困之矣夫天下未有民困而商能獨利者亦未有商困而歲入常盈者酌於公私之間而曲爲措置非身其事者不能悉也謹按歷代規制與見行事宜作鹽法志

唐虞 堯舜時洪水方殷池尚淤泥禹貢鹽絺但見青州

周 周官有盬鹽謂不煉治而成蓋解鹽也故圖經引穆天子傳有安邑觀鹽池之語左傳魯成公六年晉人謀去絳諸大夫皆曰必居郇瑕氏之地沃饒而近盬郇瑕即解地也　周禮鹽人掌鹽之政令以供百事之鹽祭祀共其苦鹽散鹽賓客共其形鹽散鹽王之膳羞共其飴鹽后及世子亦如之

秦取之以自豐其利二十倍於古

漢武帝元狩中兵連不解縣官大空富商大賈冶鑄鬻鹽財累萬金不佐公家悉乃以東郭咸陽孔僅爲大農丞領鹽鐵事五年僅咸陽言山海天地之藏宜屬少府陛下弗私以屬大農佐賦願募民自給費因官器作鬻鹽官爲牢盆浮食寄民欲擅斡山海之貨以致富羨役利細民其沮事之議不可勝聽敢私鑄鐵器鬻鹽者釱左趾没入其器物元封元年因桑弘羊請置大農部丞分部主郡國置均輸鹽鐵官是時鹽官凡二十八郡河東安邑爲首而鄭當時舉齊之大鬻者觧鹽在官始悉宣帝地節四年減天下鹽賈元帝初元元年罷鹽官尋復之明帝時官自鬻鹽章帝建初中又議復鹽官鄭衆諫不從和帝即位罷鹽官獻帝建安初置使者監賣鹽

元魏宣武時河東鹽池富強者專擅其利貧弱者不能資益延興末復立鹽司量其貴賤節其賦入公私兼利孝明即位御史中尉甄琛表稱周禮山林川澤有虞衡之官爲之厲禁蓋取之以時不使戕賊而已雖置有司

實爲民守令縣官鄣護河東鹽池而收其利是專奉口腹不及四體也彭城王勰曰聖人斂山澤之貨以寬田疇之賦收關市之稅以助什一之儲取此與彼皆非爲身所謂資天地之產惠天地之民鹽池之禁已久積而散之以濟國用非專供大官也宜如舊孝明卒從琛議弛以與民自後豪強之家乘勢占奪近池之民又輒障格神龜初復置官以監之其後興廢無常

隋

開皇三年鹽池亦與民同

唐

初無鹽賦開元元年河中尹姜師度以安邑鹽池漸涸開決水道置爲鹽屯公私大收其利左拾遺劉彤請檢校河南鹽利於是使師度除蒲州鹽池以外自餘處更不須巡檢蓋唐鹽池十有八井六百四十然皆隸度支其蒲州安邑解梁縣有池五總曰兩池歲得二百千萬以供邊塞之用其行鹽之地止於中州濟于汾西距隴坂東下京鄭抵於宛賦足之後仍以解鹽萬斛以供京師自陳少游奏加賦榷兩池鹽每斗錢三百七十民始

怨矣兵部尚書李選爲使兩池鹽利歲收百五十餘萬
緡四方豪商猾賈雜處解縣主以郎官其佐貳皆御史
鹽民田園籍于縣而令不得以縣民治之憲宗討淮西
度支使皇甫鏄又加劒南東西兩川山南西道鹽估以
供軍初德宗貞元中盜鬻兩池鹽一石者死以至元和
中減死流天德五城鏄奏論死如初一斗以上杖背没
其車驢能捕斗鹽者賞千錢州縣團保相察比于貞元
加酷矣自兵興河北鹽法羈縻而已皇甫鏄又奏置榷
鹽法犯禁歲多户部侍郎判度支盧弘正以兩池鹽法
敝遣巡院官司空輿更立新法其課倍入遷榷榷鹽使
以壕籬著鹽池之堤禁有盜鹽與鬻鹻者皆死鹽盜持
弓矢者亦死刑兵部侍郎判度支周墀又言兩池鹽盜
販者迹其居處保社按罪鬻五碩市二碩亭户盜糶二
石皆死是時江吳羣盜以所剽易茶鹽不受者焚其室
廬吏不敢枝梧鎮戍場舖堰埭以關通致富宣宗乃擇
常更兩畿輔望縣令者爲監院官户部侍郎裴休爲鹽
鐵使上鹽法八事其法皆施行兩池榷課大增其後兵
徧天下諸鎮擅利兩池爲河中節度使王重榮所有歲

貢鹽三千車中官田令孜募新軍五十四都餽轉不足
仍倡議兩池復歸鹽鐵使而重榮不奉詔至舉兵反僖
宗爲再出大抵觧池鹽唐隷度支專佐軍國自代宗大
曆間賜名寶應慶靈池

晉天福七年先是諸州府除俵散蠶鹽徵錢外每年末鹽
界分場務約糶錢一十七萬貫有餘言事者稱雖得此
錢百姓多犯鹽法請將上件食鹽錢于諸道州府計户
每户一貫至二百爲五等配之然後任人逐便興販既
不虧官又益百姓朝廷行之諸處場務且仍舊俵而鹽
貨頓賤去出鹽遠處州縣每斤不過二十掌事者又稱
驟改其法奏請重置税焉葢欲絶興販歸利于官場院
糶鹽雖多人户鹽錢又不放免民甚苦之

周顯德中世宗謂侍臣曰朕覽食末鹽州郡犯私鹽多于
顆鹽界分況末鹽煎煉搬運費用倍於顆鹽今宜分割
曹宋十餘州令
食觧州顆鹽

宋制兩池以户民爲畦夫悉蠲其他役每歲自二月一日
墾畦四月始種八月乃罷官廩給之又募兵百人目爲

護寶都以巡邏之安邑池每户歲種鹽千席解池减二十席每席百有一十六斤半以給三京及京東之齊兗曹濮單鄆州軍京西之滑鄭陳潁汝許孟州陝西之河中府陝虢慶成州河東之晉絳慈隰州淮南之宿亳州河北之懷州及澶州諸縣之在南河者至道三年兩池得鹽三十七萬三千五百四十五席此其最多之數也真宗咸平中度支使梁鼎言陝西沿邊食解鹽請勿通商官自鬻利且數倍詔以鼎爲制置使而命内殿崇班杜承睿副之承睿關覦還爲帝言往鄜延環渭等州禁青鹽令商人入芻粟運解鹽于邊其直與青鹽不遠是以民安于法而蕃部青鹽欲售無從也今官運解鹽欲與内地同價邊民必冐法綱入蕃界販青鹽以邀利而居者亦樂其價廉與之爲市是助寇盜而結民怨也鼎以煩擾不售得譴罷大中祥符九年陝西轉運副使張象中言安邑解縣貯鹽三千二百七十六萬計三億八千八百八十萬八千九百二十八斤計直一千一百七十六萬一千八十貫切慮遺利望行條自帝日此財之阜亦至矣若過求增羨慮有時而闕不可許仁宗天聖

八年或言陝西禁鹽得利微而爲害博兩池積鹽成阜其上生木合抱數莫可校請聽通商寬百姓力乃詔罷三京二十八軍州榷法聽商賈入錢京師榷貨物受鹽兩池然稅課入官者頗耗自元昊反聚兵西邊用度不足因詔入中他貨由是羽毛筋角漆炭瓦木之屬一切以鹽易之儈商貪賈乘時賕吏爲姦至入椽木二估千錢給鹽一大席爲二百二十斤虛費池鹽鹽直益賤販者不行公私無利乃詔復京師榷法凡商人以虛估受券及已受鹽未鬻者皆計直輸虧官錢他州軍民間鹽悉收市入官官爲置場增價而出之復禁永興同華耀河中陝虢解晉絳慶成十一州軍商鹽官自輦運以衙前主之又禁商鹽私入蜀置折博務于永興鳳翔聽人入錢量民資厚薄役令輓車轉致諸郡道路縻費役人竭產不能償關內騷然所得鹽利不足佐縣官之急並邊誘人入中芻粟皆爲虛估騰踴至數倍歲費京師錢幣反多乃從太常博士范祥議舊禁鹽池一切通商鹽入蜀者亦恣不問罷並邊九州軍入中芻粟第令入實錢以鹽償之視入錢州軍遠近及所指東西鹽第優其

估總爲鹽三十七萬五千大席授以要券即池驗券按數而出任其轉售所得錢以實塞下晝弛兵民輦運之勞數年猾商貪賈無所僥倖其後三司言京師商賈罕至鹽直踴貴請得公私並貿而餘則禁止官鬻從之時兩池歲役畦户皆觧河中陝虢慶成之民官司侵剥民以爲苦乃詔三歲一代常積逋鹽課至三百三十七萬餘席詔蠲其半中間以積鹽多特罷種鹽一歲或二歲三歲以寬其力其後減畦户半又稍傭夫代之五州之民得安田里無追逮侵剥之擾是時兩池皆置官八觧州有榷鹽院守貳領之總其事日制置神宗熙寧間中書議陝西鹽鈔大出虛鈔而鹽益輕以鈔折兑糧草有虛擡邊糴之患請用西蜀交子法使其數與錢相當可濟緩急詔以内藏錢二百萬緡三司遣使易吏行四路請買鹽引又令秦鳳永興鹽鈔歲一百八十萬爲額河南北曹濮秦鳳等處皆食觧鹽遡自仁宗時觧鹽通商官不復榷哲宗元祐元年户部及陝西制置觧鹽司議延慶渭原環鎮戎保安德順等八州軍皆禁榷官自鬻以萬五千五百席爲額聽商旅入納于八州軍折博務

算給交引一如范祥舊法其出賣到鹽錢以給轉運司
糴買徽宗崇寧元年解到賈瓦南北圓池修治畦眼拍
磨布種通得鹽百七十八萬餘斤州具以聞初解梁之
東有六鹽澤郎今六小池綿亘百餘里歲得億萬計元
符元年霖潦池壞至是乃議修復四年池成凡開二千
四百餘畦百官皆賀內侍王仲千實董之仲千以額課
敷溢爲功議者謂鹽池灌水盈尺暴以烈日鼓以南風
須臾成鹽其利則博苟欲溢額不俟風日之便厚灌以
水積水而成味苦不適口崇寧間蔡京始變鹽法俾商
人先輸錢請鈔赴產鹽郡授鹽欲囊括四方之錢盡入
中都以進羨要寵民間食鹽襍以灰土解池天產美利
乃與糞壤俱積矣初熙寧八年三司使章惇言東西永
利兩監鹽課舊額二十五萬餘緡自許商人入中糧草
增饒給錢支鹽商人得錢千錢售價半之縣官陰有所
亡坐賈獲利不貲又私鹽不禁歲課日減今纔十萬四
千餘緡若計糧草虛估官纔得實錢五萬餘視舊虧十
之八請如解鹽例募商入錢請買或官自鬻重私販之
禁歲課且大增並邊市糧草一用見錢乃詔官自運鹽

鬻于本路知太原府韓絳言其不便請通商乃令商人輸錢于邊給券于東西監請鹽以除加饒折糴之弊仍令商人自占所賣地即官鹽已運至場務者令商人買之加運費初熙寧五年京西漕臣陳知儉言鬻鹽畸零非民所賴乃罷之第令輸錢故宋于解池之鹽朝廷專置使以領之北方之鹽盡出於池云

馬端臨文獻通考　按授人以鹽而徵其錢謂之鬻鹽行之京東諸路免鹽之權而均諸稅謂之兩稅鹽錢行之河北皆五代法也及其弊也鹽不給而徵錢如故稅已納而禁榷再行蓋誤以二者爲經常之賦而不知其源出於鹽也河北之榷方平言之仁皇聽之惠及一道矣獨鬻鹽錢之輸未有能如方平者力言之至和中僅免其十之三惜哉

元　因乎宋皆領在官東池二場曰常滿曰鹽北西池二場曰紫泉曰會商場設官四員三監池一領縣事

明　河東運司歲辦鹽六千八十萬斤每二百斤爲一引共計三十萬四千引分撥陝西山西河南食鹽開中于宣

大當時邊疆遼濶運餉維艱户部出榜招商以內地鹽中邊使商爲飛輓至善策也洪武初每引價八分永樂中輸粟二斗五升官征薄而商利鹽價平而課充成化十年設解鹽東場分司于路村撈辦東場鹽課設西場分司于解州撈辦西場鹽課二十二年復設中場分司增歲辦鹽課一十一萬六千引共四十二萬引內存積一十二萬六千引常股一十八萬九千引户鹽一十萬五千引户鹽乃泒支各項食鹽餘則並與常股聽商報中者每引納米豆二斗七升七合洪治中尚書葉淇變亂成法始令運司招商輸課解部送邊于是有運司納銀之例而陜西又以銀供不繼定令河東每引納銀二錢一分而開中之法遂廢正德八年鹽花盛生御史張士隆請于額辦四十二萬引外另撈餘鹽二十萬引召商于偏頭等處開中以補王府祿糧之缺嘉靖二十七年從御史陳玠議河東正鹽四十二萬引每引定納銀三錢二分得銀一十三萬四千四百兩餘額解宣府八萬外餘銀五萬四千四百兩並餘鹽二十萬引該折銀六萬四千兩共銀一十一萬八千四百兩內除四萬三

千一百一十六兩八錢徑觧大同府補給王府祿糧其餘七萬五千二百八十三兩二錢俱觧山西布政司抵補民糧及王府祿糧先是正統十四年北邊多事户部借撥山西民糧二十七萬三千六百石運赴宣府接濟後議將起觧宣府稅糧盡數存留山西布政司支祿糧軍餉等項河東運司銀亦與焉及嘉靖四年至八年池鹽缺額此時尚有餘鹽變價歷年奏補可償十之二三嘉靖二十二年從尚書方鈍言革去餘鹽名目定以六十二萬爲額除官吏食俸鹽三百五十引王府食鹽二千九百九十引實該辦六十一萬六千八百引每引三錢二分該毎年辦銀一十九萬七千三百七十六兩內觧宣鎮銀八萬兩大同代府祿糧銀四萬三千一百一十六兩八錢山西抵補民糧銀七萬四千二百五十九兩二錢是歲供之數比原額過倍矣四十年總理鹽政都御史鄢懋卿掊尅媚上將河東堆積鹽料易銀一十四萬二千四百五十兩又毎引正課外加鹽二十斤毎年增銀四萬三百兩俱觧太倉于是正課虧而邊餉缺萬曆二年督臣戴尚書題將陝西延安一府改食花馬

池鹽于河東宣府年例八萬兩內認去三千二百二十
一兩四錢四分改觧延綏充餉萬曆十七年部議仍遵
舊制以四十二萬引爲額將開歸二府照會典改隸山
東長蘆運司將河東續增二十萬引內撥一十五萬引
該課銀四萬八千兩令東蘆二運司分認照銀定引每
年各照數徑觧宣府抵河東原額而河東年例止觧宣
府銀二萬八千七百七十八兩五錢六分餘引五萬既
係續增辦納不前暫准停免十八年御史吳達可又題
將太汾等處鹽票銀自本年爲始免其觧部竟觧山西
布政司抵河東正額考得票鹽名色起于嘉靖中有言
太原汾州山路崎嶇商運難致乃許行土鹽給票收稅
每鹽百斤納銀三分仍聽轉販于岢嵐保德河曲等處
惟平定代石十州縣地里稍平令行運鹽而商人亦不
至乃從御史趙睿之議行巡鹽御史會同巡按查覆州
縣户口食鹽之數計口定鹽給票收稅務使地無遺利
法無遺奸先後增票共一十一萬五千五百七十九張
抵作一萬六千三百二十引每票一百斤稅銀六分該
銀六千九百三十四兩七錢四分以稅票比照引價頗

有齟齬而此時總計則每年額鹽四十三萬引除各項認解抵扣外實該解宣鎮銀二萬八千七百七十八兩五錢六分解大同銀照原額四萬三千一百一十六兩八錢解山西抵補民糧銀二萬一千三十六兩七錢四分共該銀九萬二千九百二十二兩一錢六分初萬曆十一年部覆補給壓待商人高世彥等一十萬引于年解山西額內減銀三萬二千兩于太倉庫補發按壓待之名起于隆慶元年至四年池遭客水鹽花不生年例催督不得不責商人報納各商預納鹽價實未支鹽故有壓待壓支等項名目萬曆十九年巡鹽林御史題准仍將壓待鹽十萬引盡行支商徵價補解山西鎮銀三萬二千兩免于太倉給發內除介休縣新增票鹽一百五十引抵解銀四十八兩實行九萬九千八百五十引該加解山西銀三萬一千九百五十二兩而舊行太汾等處票銀六千九百三十四兩七錢四分不與焉萬曆三十七年陳御史議引票兼行互相影射大爲獘藪宜令行票之地俱改行引庶頭緒不多稽查亦便部覆報可自後萬曆二十七年有罷職百户吳應麟以餘鹽變

價之說進之稅使張忠忠徃視每年包辦鹽四萬八千引該銀二萬八千八百兩名為進鹽葢取商人額內之鹽而責以額外之課商人苦之是時河東鹽課除花馬池認銀及太汾鹽票續增外實該觧宣大山西三處年例銀共一十二萬三千二百一十九兩八錢二分及前項進鹽二萬八千兩至四十二年乃詔罷進鹽之數天啟六年大工告匱部議河東運司每引增銀二分共加銀八千四百兩崇禎五年從王侍御之議增鹽一萬二千五百引加銀四千兩攴新餉又加練餉銀七千兩俱觧户部後因旱澇不常鹽不生結流寇煽亂商人逃亡歲課壓欠難完于崇禎九年姜侍御奏行按丁食鹽計引定課之法令各屬照人丁納價領運以不能封課之商攴鹽給與户口而户口所納之價即抵商人之課在户口不至納價無鹽在商人不至守鹽坐困未常不兩便也後因鹽有美惡槩不用商鹽祗用丁採自是商攴自晒户運丁撈每年户口共納課銀五萬四千二十五兩六錢商共納課銀六萬三千九百七十八兩二錢二分每十引均為三兩二錢法久弊生行鹽地方路途遥

遠里棍包攬蠹胥勒索户口不苦納價而苦領運蓋不勝其累云

皇清運司如舊順治二年蠲除新練餉銀革汾延安并王府官吏食俸鹽浮引及太汾遼沁小票實行額引四十萬六千七百三十三引順治三年奉文仍將前項王府官吏食俸鹽三千二百引自二年起照例變價解部每年變價一千二十四兩二項共行引四十萬九千九百三十三引共徵課銀一十三萬一千一百七十八兩五錢六分其太原所屬州縣鹽稅銀共五千二百二十二兩四錢六分係布政司徵解户部汾州一府遼沁二州徐溝等處稅銀一千七百一十二兩二錢八分陝西鳳翔府屬課銀五千二百一十六兩山西河南户口州縣課銀五萬四千二十五兩六錢商人鹽課銀六萬三千九百七十八兩二錢二分俱係本司徵解户部順治五年將太原府屬鹽稅歸并本司徵解先是順治四年朱鹽院招商人張永盛等二十六名承認晉豫户口州縣課銀六年劉鹽院又招商人馬興等二十餘名承認鹽課十年春有鹽課不許派及户口之

旨陳總司暨劉鹽院又招商人董敩等一百一十餘名前
後將平潞澤懷户口課銀盡數承認民累除矣商責重
焉順治十三年因兵餉不敷河東增引十萬道加課三
萬二千兩自本年秋季爲始行鹽徵課焦鹽院　奏請
照舊行引額一體增加太汾遼沁增五千二百八十六
引零九十六斤加課銀一千六百九十一兩六錢零鳳
翔增三千九百七十六引加課銀一千二百七十二兩
四錢商人增引九萬七百三十七引零五十四斤加課
銀二萬九千三十五兩九錢零招商人蔣太亨等一百
一名承認辦課所行之引增與行鹽州縣同舊額退引
一并繳銷州縣以引多民累銷引爲艱申請商人亦以
鹽多壅滯額課難完控告十六年劉鹽院　題請比照
長蘆減引不減課之例減去新增之引止徵新加之課
每引比舊額增課銀七分八釐六絲一忽五微零此見
今徵觧之數也但河東商人窮苦遠不及淮浙富商之
什一完課無資類多稱貸故當封課之時猶是本商及
至引領支鹽僅堪償債者有之諸商困詘固屬可憐
國課不登尤爲可慮細查近年事例歷有先掣後封之

法于成法毫無所紛更但封掣之間畧畧通融使正課先完私遣在後詳切咨詢均稱兩便現議權宜舉行遊商稽課在當事者折衷焉

引票　河東鹽引明初每引二百斤合存積常股户鹽三項共三十萬四千引存積乃見積在場者遇邊儲悉用納價放支不拘資次比常股爲重常股乃常年派數者以年例開中納價放支則必挨先後比存積爲輕户鹽則派支各項食鹽所餘并與常股聽商報中者洪武時茶鹽引契銅版俱南京户科收貯每遇開中南京户部印刷勘合發各邊填寫商人姓名并所中鹽引數目俱用印𥁕不許洗改編置底簿并流通文簿發運司候商人齎到勘合比對字號相同派場支鹽及刷印引目運司關領給付商人發賣永樂遷都北京其鹽糧勘合引目銅版仍于南部收貯正統六年鑄換印信其鹽引勘合文簿仍掌于南京七年户部請于年終各運司將各商賫到勘合字號納過鹽糧數目各造冊繳部比對查考弘治二年准奏各掣過引鹽坐于行鹽地方發

賣畢將引鹽徑赴所在官司告繳各運司提舉司以每歲辦完鹽課實數年終造冊奏繳卽差吏赴户科註銷又令歲報鹽課冊內開寫其運司額辦鹽課存積常股數目該本色鹽若干或布米折貨若干某場鹽課若干辦完若干各立行款開造官攢某等辦鹽課收入某字號倉囤某年月日出給通關河東運司限在次年三月終繳此定制也至成化間增爲四十二萬引每引照舊徵紙價銀三釐解南京户部爲關領紙價之用正德間增餘鹽二十萬引嘉靖間賦益增河東并餘鹽爲正額共六十二萬引以三錢二分計除官吏食俸鹽及王府食鹽共三千三百餘引外實該六十一萬六千八百引每年例該銀一十九萬七千三百七十六兩此河東引額之大較也延及隆慶年間課有逋欠引無增損至萬曆十六年將開歸二府改屬長蘆山東共減去二十萬引照舊四十二萬引及奉部文將十一年商人高世彦等奏准每年撥補商欠鹽十萬引徵銀解餉以本年分餘鹽給之是陰增十萬引也隆慶四年因太汾所屬州縣俱食本地煎鹽每一百斤抽稅銀六分給票一張票

有定數後亦漸增至萬曆三十三年共票一十一萬五千五百七十九張印刷分發九州縣通共稅銀六千九百三十四兩七錢四分補辦山西布政司作河東正課其後引票兼行真僞夾襍多寡混淆乃請改票爲引以示畫一

皇清鹽法統歸戶部槩不用票而用引但河東採鹽之法有二一爲官丁撈採之鹽一爲商人撈採之鹽鹽池附近十三州縣額設鹽丁每撈鹽十引商人納課三兩三錢此官鹽之用引者也商人自備工本出人力以撈鹽每百引爲率內分七十引爲官鹽照常納課分三十引抵作商人工本不納課止給官票以別于私鹽此商鹽用引兼用票者也部議撈採之法仍照舊貫而太汾遼沁等州一照山東例革票行引以除私販之弊題奉

欽依但州縣銷引各有定數票鹽或壅積不行順治十年院司酌議將工本鹽盡數裁去以疏官鹽是商人于辦課外比舊日多費一番撈曬之工矣此商累所當恤也說者又謂向年商人撈採或串通鹽丁弘賣正料爲堆鹽者有之或交結攢斗盜賣官鹽者有之堆鹽者即商

自撈鹽每一十引爲一車者也今則事例不同可無過
慮至散引掣鹽向來紛紜不一以致鹽積難售今特按
月支鹽每場分爲六轉每轉挨日期支鹽有數求售不
紛倘或稍壅暫停再掣不得紊亂鹽政又鹽出三場畦
分東西其間地有肥磽鹽有多寡時或有引無鹽間或
鹽遠脚貴屢經前院准令通融掣支不復泥前朝撈鹽
官料之規
亦良法也

行鹽　河東旣割開歸其行鹽地方陜西則西安漢中延
安鳳翔四府河南則懷慶河南南陽三府汝州一
州山西則平陽潞安二府澤州一州其太汾遼沁等處
俱食本地煎鹽隆慶間又將延安府改食花馬大池鹽
萬歷間又將鳳翔府改食小池鹽崇禎間又將漢中府
改食大池鹽地方寥寥無幾而鹽課俱爲減額崇禎九
年姜鹽院議將平陽潞安澤州并懷慶一府俱改爲户
口納課惟極荒殘州縣不與其行鹽之地止有山西石
樓岳陽等處陜西西安一府興安一州河南之南陽河
南二府汝州一州加以寇盗縱横私鹽充斥官商畏足

不前實在行鹽處所僅如黑子之著面耳考行鹽則例商人納課領引支鹽出場聽三省小販接買發賣行鹽州縣州縣始則按人丁而受鹽繼則計鹽斤而繳引按季比銷年終考成法至善也自流寇煽亂户口凋殘若按原額派引則有一丁而派鹽一二引者傷于太重有一引而分給四五丁者傷于太輕殊非計口授食之制而窮民嘆苦之不均矣

皇清順治十三年朱鹽院具　題行令三省藩司查筭實在人丁均匀派引彼時有分別上中下三等州縣派銷者有止照舊額量爲增損者有不論人丁地丁一槩均匀者遂將新增十萬引各照多寡舊額加派繳銷嗣後以派銷不平州縣申請至十六年始比照長蘆減引不減課之例減去新增之引止食舊額之鹽而民得免重困焉

事例洪武初置都轉運司於路村栽元四場爲東西二場每場官二員額辦課三十萬四千引三省布政司凡所屬府州縣坐派巡鹽等官一員并各稅課巡檢鹽鈔等官吏量地遠近定限月日赴路村察院通結

成化乙巳議准添中場亦設官二員歲增課十有一萬六引共四十二萬引　呂柟曰此亦足以見國用之增官多而鹽丁日益也

鹽丁　按淮浙等各運司皆有蘆蕩鹽場有鹽户丁煎鹽辦課惟河東別無竈蕩明朝於蒲解等州縣編審鹽户八千五百八十五户定鹽丁二萬二百二十名每二十名立料頭一人共撈鹽一千引爲一料其鹽户除正役里甲應辦糧草外一應襍泛差徭丁少者倶蠲丁多者量减于商人名下每引徵賑濟銀一分每鹽丁撈鹽一引卽賑濟銀一分又查佃種逃絶鹽丁地土者每地三十畝撈鹽一丁約九千斤並前不下三萬嘉靖間因冨丁私自僱役料頭攬收影射議每年清審聽民自願無力者照舊供役有力者納銀一兩五錢免其撈採如遇撈採不及僱募貧民每一料給以前銀二十兩爲工費此工本鹽所由昉也隆慶間因前項佃地人户旣應差役又復撈鹽乃豁免佃丁別招貧民補數又題准南岸撈鹽用鹽丁則民力不堪動賑濟恐財力不繼請

廣召貧民于兩岸每撈鹽一料外給鹽十車此召募簡便之法也又議照民户編審均徭事例行三門折丁之法照各州縣原額僉夫其打草修墻二項責鹽夫供役若浩大工程仍起泒州縣民夫毋累貧民萬曆六年陳御史以富丁出銀免役貧民包撈代辦富者愈逸貧者愈勞况名爲富丁不無豪猾假鹽户名色影蔽差役今宜將逃竄貧丁招徠復業其富丁七百七十餘名停止納銀盡驅撈辦督鹽官明信賞罰毋容虚應僱代此時料頭七百四十號丁夫一萬四千七百不爲不多旣免差役又每料撈鹽一千引賬銀八兩後加至十兩不爲不厚然路途跋涉旅次艱食沸湯濺足烈日熏肌勞苦萬狀故富者僱代貧者强支查點不及十之四五撈採不及十之二三揑造鬼名誑報虚數皆由料頭之包攬爲姦督鹽官之扶同作獘也明末止存鹽丁六千四百七丁半每歲正月行文州縣從公清審汰年老收幼丁務足舊額一遇池鹽生結調取州縣職官督率料丁星夜赴池照依分定中東西脚道竭力撈採每丁每日責照定例撈鹽一引二十丁爲一號一號所撈各自爲堆

以辨多寡美惡撈採完日各在腳道高阜處每一千引攢料一臺僉報臺頭一名日後鹽不足數責在臺頭補撈三司仍照分定處所取州縣印結驗收明白各執籤號投院請掣每丁每年額撈鹽三十二引足額者官給賑濟銀三錢二分不足責令下次補撈令歲不足責令次歲補撈又每年九月終旬調取官丁在池南岸採取蘆葦每丁一十八束每束二十八斤堆放腳道三場斗級看守備來年苫蓋鹽料之用後因兵荒丁散

皇清順治二三年間十三州縣止存六千三百四丁較明末又缺額百餘撈採仍依舊制六年逆賊之變鹽丁又多傷損見在止存五千八百四十四丁半節年鹽池罕生商人自行灌曬鹽丁未經撈採其賑濟銀兩亦盡歸於部焉康熙十六年爲清查晉省之鹽丁等事案內十三州縣除紳衿優免七百七丁外查出實在鹽丁共三萬一千一百三丁半酌留二千名備修墻之用行差鹽丁二萬九千一百三丁半照依民丁門則徵納徭銀

料臺 三場每歲額鹽四十二萬引料臺四百二十座苫鹽草十有六萬八十束舊户八千有三百三十四

鹽丁萬有二百二十三場料各百有四座脚道皆六其鹽户惟中場三千六十四東西二場皆二千五六百有奇云

募役

明季中東西三場設有店户牙子店户上市作合牙子招徠舖販崇禎間革去店户止用牙子開店作合見今存留牙子共六名中場二名東場三名西場一名　舊制車户四百二十名赴池裝載商鹽商人給以脚資每場各輪挨號頭六名備馬匹以供差遣順治六年兵變後車户無多號頭苦累八年間運使陳詳允裁去號頭在車户脚銀内扣銀買馬騾十二匹頭供差又恐馬畜加長不無倒損十年間詳允仍歸各商又因車户舊有辦納麥稭土坯及修理覓夫累及牙子十六年間議在車户脚銀中每車扣銀一分五釐每遇掣放日期三場牙子各赴禁門親收以抵修理覓夫等費今車户見存者中場一百二十八名東場一百二十六名西場一百零五名　鹽池内外城禁各門員役于順治八年議定留用三百二十二名裁去舊額一百八十六

名每歲工食凡引兵承裁爲三兩秤斗機兵仍照六兩支給除平陸縣報荒一百九十六兩八錢不徵外共原有額編州縣猗氏解州安邑夏縣聞喜芮城六屬多寡不等共該解銀一千一百六十一兩照三兩者該給二百七十六名六兩者該給四十六名共該給銀一千一百零四兩除給外下剩銀解部留用

額解 明季本司歲領引及王府食鹽變價引每引除正課外例徵賑濟鹽丁米價銀一分又除太汾遼沁州縣鳳翔一府各食本地產鹽例不輸賑外商人每歲辦鹽三十七萬一千九百六十一引一百八十八斤該徵賑濟銀三千七百一十九兩六錢二分俱爲賑濟鹽丁及督採官員日費并關引盤費後因池遭水患鹽丁缺額商人各自晒鹽掣支辦課前項銀兩因有餘剩自順治二年起除關引盤費并鞘木等項價值支用外餘銀盡數解部復于順治十年奉文自九年始將所徵三千七百一十九兩六錢二分盡解京庫又于十三年增引十萬道除派加太汾遼沁及鳳翔府例不輸賑外招商行引九萬九百三十七引五十四斤每引照例徵銀

一分共加徵賑濟銀九百七十兩三錢七分二釐七毫

十六年減去增加引目其賑濟銀兩仍照不減課之例

每引徵銀一分二釐有奇共銀四千六百二十六兩九

錢九分二釐七毫一同解部充餉　鹽池周圍護池灘

地各州縣分屬每年徵租銀七百九十三兩四錢二分

一釐六毫租麥一百八十九石九斗八升三合有奇舊

給運營順治四年奉文租銀解部租麥聽用復奉部劄

租麥一并變價解部充餉

差官　成化九年差御史一員巡視河東運司并陝西靈

州大小二池鹽課其陝西所屬關內關南關西河

西慶陽等道河南所屬河北汝南河南等道各分巡官

帶管鹽法者悉聽節制

皇清山西通省每年額銷鹽引一十九萬七千

一百六十一引

平陽府屬額銷鹽引十萬七千七

百七十五引

臨汾縣八千二百引　襄陵縣五千三百五十引　洪洞縣八千三百一十引

浮山縣一千一百五十引　趙城縣三千五百引　太平縣四千三百引

岳陽縣六百八十引　曲沃縣八千二百引　翼城縣五千五十引

汾西縣九百四十五引　靈石縣一千五十引　蒲縣二百八十引

蒲州六千五百引　臨晉縣四千一百五十引　榮河縣二千七百引

猗氏縣三千四百引　萬泉縣一千五百五十引　河津縣三千引

觧州三千四百引　安邑縣五千三百引　夏縣五千一百二十引

聞喜縣四千一百引　平陸縣一千二百引　芮城縣二千一百五十引

絳州五千一百引　稷山縣三千四百引　垣曲縣一千五十引

絳縣二千八百引　霍州一千一百五十引　吉州五百五十引

鄉寧縣六百二十引　隰州一千二百引　大寧縣二百四十引

永和縣一百八十引

鹽池在中條山北麓西距解州東門東距安邑南門黑龍堰長六十里廣七里周一百二十里安邑者爲東池近路村者爲中池近解州者爲西池三場亦以是得名池底淤泥滋生鹽根形如水晶夏月驕陽薰蒸南風動盪上結鹽花光潔堅厚可勝行立板上水約三寸翻騰浪花落板即成顆粒古謂之漫生鹽今謂之斗粒鹽更時霖小雨則色愈鮮明故曰顆鹽宜及時撈採若遇大雨鹽復解散秋冬池冷不能生鹽間或有之硝鹻相襍味亦不正然中池北百步許有淡泉一區味甚苦烈俗謂鹽得此水方成其西北七里又有女池鹽焉據地高阜唐開元中置女鹽監生鹽淡苦不可食時或生硝亦名硝池而六小池及靜林諸澗每水溢則奔趨女鹽池爲鹽患池在安邑東子鹽池亦切近故環池有牆傍牆有堰皆所以障客水而護鹽池者也

觧州東三里接安邑縣界周官鹽不煉而成葢觧

鹽患

鹽也柳子厚謂神液陰漉孕靈富媼豈有神焉主於其中耶余聞崔敖曰鹽池乃黄河陰潛之功浸淫中條融爲巨浸呂涇野氏亦謂鹽池之成以大河北自蒲州折而東同轉曲之間漸漬蓄匯有此與衍今陜西花馬鹽池亦近黄河折流之處理或然也然鹽藉主水以生緣客水而敗故治水即所以治鹽大抵池形若履盆東西長而南北短南枕條山雨水易廹然非泉淵所出且横亘有護寳堤爲𠋫高厚依山有桑園龍王趙家灣大小李西姚諸堰縱有飛瀑亦各容阻甚至毁墻而已多不能入北沿曠壤平丘與水隔絕二隅無足爲慮若東西畫處則俱逼禁堰池分一墻外即客水所鍾次東禁堰者有壁水月堰及黑龍堰次西禁堰者有卓刀七郎硝池堰各從東西自高而下多則缺少則漫禁堰不能受則入池矣黑龍堰之受害實原于苦池苦池乃姚暹渠蓄而復流之所也硝池之受害實原于涑水涑水葢在姚暹渠之北勢高于彼者也二水皆自東北而西南故出自夏縣由巫咸谷來者爲姚暹渠北合洪洛渠

東合李綽渠總經苦池迤邐西向自安邑歷解州抵臨晉入五姓湖出自絳縣山谷由聞喜東北來者爲涑水亦從西行受稷王孤山峨嵋坡諸水經猗氏抵臨晉亦入五姓湖五姓由孟盟橋注黄河則極矣姚暹首中太狹涑水中尾亦多窄苦池在安邑不勝李綽洪洛姚暹渠之受其勢必自東北泛溢于黑龍入黑龍則壁水小堰月堰不能支而竟衝决于東禁涑水在臨晉不勝山坡之受其勢必自西北横溢破姚暹而奔騰于硝池入硝池則黄牛七郎卓刀不能支而竟衝决于西禁况東北又有湧金泉亦注于黑龍西北又有長樂灘亦注于七郎故築東禁以及黑龍築西禁以及硝池治其標者也濬姚暹以導苦池濬涑水併歸五姓治其本者也切水脉者緩于南北而急于東西先于根本而後于標末惟嚴其防障于東西之近堰而于姚暹涑水源流歸宿之處循故道而加濬焉則客水不浸主水無恙鹽課充而邊儲足矣

女鹽池　州西北三里在解鹽池西北十里詳見前鹽池

六小池州西北十五里在女鹽池西北四里一曰蘊老二曰賈瓦三曰金井四曰熨斗五曰永小六曰夾凹水多淤沒生草萊水溢亦能南入女鹽池爲鹽池患

苦池灘安邑縣東一十三里夏縣東山巫咸谷諸水皆西匯于此以達姚暹渠

城北灘在解州城北受女鹽池水地勢亦西高東下水溢爲鹽池患故東築永安堰又東築七郎堰以重障之

城東灘在解州城東内有數泉亦受城北灘以上諸水切近禁墻中築卓刀堰若風雨大輙潰决尤爲池要害

長樂灘在鹽池北七里峨嵋坡陰周圍二十餘里亦生魚北受姚暹渠水西南决諸堰爲鹽池患故有長樂堰

東膏腴灘在長樂灘西北數里其西爲西膏腴灘又西北十五里爲西辛庄灘東起賈村西接臨晉境諸灘亦北受姚暹渠水南入女鹽池或入城北灘爲鹽池患

洗馬灘在西辛庄北二十五里東北爲南扶灘西北爲衛諸灘衛諸西北十里爲三婁灘東二十里爲羅父灘又北十五里有小張塲灘諸灘半花鹻地不可耕且爲鹽池患

黑龍灘安邑縣東南十五里與池相隣深不可測渚水黑色或曰鹽池利害亦係此水故以堰防之

東郭灘安邑縣東南十餘里其地數十頃有大堰奉旨不許開種

靜林澗在六小池西南十五里源出中條山頂北流經紅臉溝可溉田餘流入臨晉泓水灘澗東三里有張公泉在山谷中遇旱以數十老婦執箕箒禱于廟蒯其泉輙得雨此二澗泉水大與鹽池亦相涉故舊有底張堰以障西水不使入女鹽池

胡村澗在張公泉東五里源出中條山陰又東五里爲桃花澗水出中條山頂又東二里爲小水澗出白龍峪又東一里爲荻子峪水皆北流入女鹽池

大水澗在白龍峪東三里出五龍谷噴雪巖之南十餘里北流之城南遶城而西會小水澗入女鹽池此澗水勢極大有五龍堰防之其自城南入通濟渠者穿城過均惠亭溉城中官民園圃

堡子谷在大水澗東二里源出中條山北流入鹽池南溝金盆水亦出中條山趨鹽池南溝其東有鬬公祖塋又名小聖溝水數潰南禁墻有金盆堰防之又其東有小龍五澗水二郎三郎谷諸水皆出中條山陰北流趨禁墻而蚕房常平西姚三堰所由設也

姚暹渠解州北十五里在鹽池北十里舊云永樂泉源出夏縣巫咸谷西流五里經夏縣南門外又西五十里經安邑縣下留村苦池水入之又自安邑城北西流六十里經解州北界隋大業間都水監姚暹重開

此渠因號焉又西六十里入臨晉境之五姓湖達于蒲州之黄河若山水漲漫則横流四出决堤潰堰或入長樂灘或入女鹽池亦入解鹽池矣故有姚暹渠堰明嘉靖初御史朱寔昌重濬有記

横洛渠 發源夏縣東北周村方山諸谷每遇暑雨堤决漫流遍野淹没民田本縣歲加修理流至縣西北尉郭會縣北趙村北津諸河至禹王城西南會於白沙河

白沙河 一名巫咸河發源中條山出巫咸谷經夏縣南關外西流三十餘里南轉會入姚暹渠

涑水河 聞喜縣南門外十餘步源出絳縣横嶺山乾㵎泉引爲四渠西流經夏縣界西三十里即司馬温公所居地又西至安邑縣北二十里又西入猗氏縣境南入臨晉縣境五姓湖過蒲州孟明橋入黄河智伯曰絳水可以灌安邑是也是水舊經三娶里爲鹽池患廵鹽御史曾大有導之使如今行

巫咸水出夏縣東五里巫咸谷中其西入黑龍灘相傳能壞鹽池故曰無鹽河又東南二里爲玉溪司馬温公讀書處

青石泉安邑縣東南三十里出中條山由青石槽經東郭入黑龍灘

湧金泉安邑縣東南十餘里源出夏縣墻下村西入黑龍潭世傳此水潛行地中入鹽池則生鹽花故名

玉鈎泉玉鈎山下水光澄澈如鏡一名玉女泉南入姚暹渠

野狐泉安邑縣西南十八里鹽池北岸味甚井冽亭榭佳麗一方勝槩

淡泉安邑縣西南十六里鹽池北岸池水皆鹹此獨淡故名

李綽堰舊名永樂渠在夏縣南發源平陸縣至夏縣王谷口而出北流合史家谷鴨崖溝等八澗水至

卓義橋會爲一西轉三里許名爲姚暹渠明隆慶五年
廵鹽御史郜永春檄取蒲州所屬夫役修築高厚堅固
有功鹽池時有損壞本縣歲加修補

姚暹渠堰詳見李綽堰下

白沙堰詳見白沙河下

蓮花堰二俱在夏縣墻下村南防湧金泉水流入鹽池
匙尾堰中花堰軒轅堰二以上諸堰皆防姚暹
渠水崩決之患而殺其急流之勢也總之永豐渠白沙
河二水下流疏通諸堰不必修築而鹽池之患可免若
下流壅塞諸堰雖固終不足障狂瀾而庇鹺海矣

黑龍堰自安邑縣東郭北抵任村防條山磨兒盤窰子
溝界灘諸水衝夾鹽池

壁水堰自安邑縣聖惠鎮抵界村防黑龍堰潰決

東禁堰在安邑縣聖惠鎮南與壁木堰相隣防東灘諸水

雷鳴堰在安邑縣東郭村南

常家月堰蝦蟆堰俱在安邑縣西姚村

小李村堰大李村堰西姚村東南堰俱防中條山一帶諸水

新堰沈家堰申家堰白家堰匙尾堰俱在安邑縣湯裡村

備水月堰河北小月堰河南小月堰俱在安邑縣苦池村

小堰在安邑縣界村西北

十里堰在安邑縣張村俱防東灘諸水

姚暹堤在安邑縣城東北自楊家庄西至五姓湖障夏縣西流諸水

涑水堤在安邑縣北相鎮之北

明萬曆間會勘分修堰工碑

日運司爲嚴究奸徒以飭急工事蒙守東道案驗蒙鹽院楊批據解州裴冠閻從訓等告稱堤堰原爲防護鹽池等情具告蒙批守東道轉批司府並蒲解二州猗氏臨晉襄陵等縣會審明白看得天下事凡一切推諉分爭皆從權宜之説誤之耳五龍堰之修築既專爲保障鹽池非兼爲防禦解郡則其工不應以解獨力肩之易知也况解之幅幀孰與蒲解之力役孰與蒲今查解州分工至二千八百餘丈多寡勞逸之數試平心而語亦自當有不昧者而蒲人力競心争告牘紛紛迄無已日者則以或者日當年條議有助修之説遂以其身爲局外之人以其事爲分外之役乎而不知鹽池非解之鹽池也况趙家灣之堰與五龍等工耳在趙家灣者額派臨猗未常獨諉于解而蒲州顧獨嘵嘵是倡亂也葢凡事但以萬物一體者視人則人自平以天下一家者視事則事自理况事已樂成而非慮始人已仍舊而非

創新乎合無將五龍堰分泒蒲州者著爲功令今後遇有衝决即自行修築如解州于黄牛等堰亦不得妄扯他人更不得執功修之説以爲辯竇則事有專成工無他諉利賴亦永矣李登雨長奸始亂敢有阻撓情難輕貸杖而加責或可以懲至孟承孔等或推諉避役或遲誤取咎均屬不法杖警尤幸耶供仍擬李登雨董天興藐害頭孟承孔姚邦新樊養蒙付開化嚴道年各前罪招解府道俱覆審相同解赴本院楊除批各犯責治外蒙批各堰護衛鹽池分修向有成例李登雨等何物么麽敢爾恃奸推諉作俑阻撓玩法極矣本當重究姑念年荒依擬發落仍抄招帖行蒲解臨夏等州縣各遵行訖但堰工分修雖有定界而歲久吏更難保招案常存相應立碑以垂永久今將分修數目刊後官民一體遵守施行

蒲州分修五龍堰工八十二丈

榮河縣分修五龍堰工一百二十丈卓刀堰工一十五丈姚暹渠工一千四百九十六丈

河津縣分修五龍堰工一百二十八丈卓刀堰工二十丈姚暹渠工一千六百三十九丈

萬泉縣分修五龍堰工四百九十丈卓刀堰工二十五丈姚暹渠工一千六百四十四丈五尺

猗氏縣分修趙家灣堰工三百七十五丈卓刀堰工六十五丈姚暹渠二千七百六十五丈五尺

臨晉縣分修趙家灣堰工三百七十五丈卓刀堰工九十五丈姚暹渠工一千四百八丈

觧州分修卓刀堰工九十五丈七郎堰工八十七丈黃牛堰工六十八丈長樂堰工八十丈硝池堰工九百二十四丈鳳尾堰工二百一十丈涑水河堰工八百五十丈桑園堰工三百四十丈常平堰工三百四十丈龍王堰工一百一十丈短堰工九丈賀家灣堰工三十七丈姚暹渠工一千四百二十四丈五尺

聞喜縣分修卓刀堰工五十五丈七郎堰工八十七丈黃牛堰工六十七丈長樂堰工七十九丈桑園堰工三百四十丈龍王堰工四十四丈短堰工二十五丈賀家灣堰三十六丈姚暹渠三千六十丈

平陸縣分修卓刀堰工二十五丈七郎堰工八十七丈黄牛堰工六十七丈長樂堰工七十九丈龍王堰工三十丈短堰工五十丈賀家灣堰工一百二十丈姚暹渠工三千二百四十丈

芮城縣分修卓刀堰工六十五丈七郎堰工八十七丈黄牛堰工六十七丈長樂堰工七十九丈常平堰工二十丈龍王堰工一百二十二丈五尺短堰工三十一丈賀家灣工三十七丈姚暹渠工二千九十五丈五尺

夏縣分修卓刀堰工六十五丈七郎堰工八十七丈黄牛堰工六十七丈長樂堰工七十九丈常平堰工二十丈龍王堰工四十四丈短堰工二十五丈賀家灣堰工一百二十丈李綽堰工二千七百丈白沙堰工三千六百丈横洛渠堰工三千六百丈蓮花堰工五百四十丈蓮花二堰工三百六十丈中花堰工一百八十丈匙尾堰工三百六十丈軒轅堰工三百六十丈軒轅二堰工三百六十丈苦池灘堰工九百丈通稷堰工三千

六百丈姚暹渠工三千二百五十八丈

安邑縣　分修黑龍堰工一千二百六十丈雷鳴堰工一十二丈小月堰工一千二百六十丈白家堰工六十丈新堰工七十五丈張村朱里堰工二百丈西姚西南堰工九十丈西姚東南堰工八十五丈西姚東北常家月堰工一百丈蝦蟆堰工四丈大李村西南堰工一百七十丈小李村東南堰工五十二丈匙尾堰工七十四丈蚩尤堰工三十丈備水月堰工五十一丈東禁堰工一千五百丈申家堰工八十丈沈家堰工七十五丈苦池堰備水月堰工四十丈苦池灘河南小月堰工五百四十丈苦池灘河北小月堰工七百二十丈楊家庄堰工一百八十丈湯里堰工一百一十丈姚暹渠工三百六十九丈

太平縣　分修卓刀堰工五十五丈桑園堰工二百丈短堰工十丈

附

馬淑援曰甚哉渠堰關於池也源委起止標本緩急先

民既詳言之渠不深無以導諸水以瀦於湖而達於河故緩則治其本堰不固無以障諸水以蓄諸灘而遠於池故急則治其標然急之中尤有急焉諸堰皆池保障皆防霪澇客水之患而尤急者則驟雨駭浪旦夕不測是慮以余所見池東白沙堰李綽堰爲尤急池西五龍堰爲尤急此皆中條山谷大水出處每暴發驅石衝激沙堤難立極爲危險池北唯姚暹渠爲本匯東南諸水經解北境五姓湖受之以達河綿亘數百里極長而多淺狹久則易淤水漲梗不得西行必潰而南諸堰莫克

支池以大病止知增堰使高不知濬渠使深者闇於標本者也止知積壅養癰而不知暴决剥膚者闇於緩急者也堰側有澗使之北下渠邊有堰防其南潰者則濬築兼施而標本緩急互爲用者也分修之後責成旣專尺寸難移晷刻莫踰民無偏於勞佚官以殿其功過庶石畫不刊鹽筴常裕矣

平陽府志卷之十六

郵政

平陽當秦蜀之衝西域朝貢皆取道焉時而乘傳大至行李供億數倍額設而且咄嗟難辦其勢不得不備之於蚤洎乎歲終計報僅如常額不識額外之費於何取之惘官民之交困議舊章之酌復是所望於經國者作郵政志

臨汾縣建雄驛馬八十六匹内

本縣馬五十七匹　馬夫二十八名半　損夫九十

五名　共工料銀二千八百五十九兩四分九釐
襄陵縣協濟馬二十九匹　馬夫一十四名半　共
工料銀八百七十六兩九錢六分
洪洞縣普潤驛馬七十二匹　馬夫三十六名　槓夫八
十六名　共工料銀三千一百八十八兩五錢九分
六釐　本縣獨應
霍州霍山驛馬七十九匹内
本州馬三十八匹　馬夫一十九名　槓夫八十六
名　共工料銀二千六十兩一錢二分

趙城縣協濟馬四十一匹　馬夫二十名半　共工
料銀一千二百三十九兩八錢四分
靈石縣瑞石驛馬七十九匹　馬夫三十九名半　損夫
一百三十二名　共工料銀四千二兩三錢四分六
釐　本縣獨應
仁義驛馬七十九匹内
汾西縣協濟馬三十二匹　馬夫一十六名　共工
料銀九百六十七兩六錢八分
浮山縣協濟馬三十二匹　馬夫一十六名　共工

料銀九百六十七兩六錢八分
岳陽縣協濟馬一十一匹　馬夫五名半　共工料
銀三百三十二兩六錢四分
隰州協濟馬二匹　馬夫一名　共工料銀六十兩
四錢八分
鄉寧縣協濟馬二匹　馬夫一名　共工料銀六十
兩四錢八分
曲沃縣蒙城驛馬七十九匹内
本縣馬二十一匹　馬夫十名半　共工料銀六百

三十五兩四分

翼城縣協濟馬三十四匹　馬夫一十七名　共工料銀一千二十八兩一錢六分

太平縣協濟馬二十二匹　馬夫一十一名　損夫八十六名　共工料銀一千八百七十六兩二錢八分

絳州協濟馬二匹　馬夫一名　共工料銀六十兩四錢八分

侯馬驛馬七十九匹内

本縣馬四十匹　馬夫二十名　損夫八十六名

共工料銀二千三百二十九兩一錢五分

太平縣協濟馬十七匹　馬夫八名半　共工料銀

五百一十四兩八分

絳州協濟馬二十二匹　馬夫一十一名　共工料

銀六百六十五兩二錢八分

聞喜縣涑川驛馬七十九匹内

本縣馬五十四匹　馬夫二十七名　損夫八十六

名　共工料銀二千七百五十二兩五錢一分

稷山縣協濟馬七匹　馬夫三名半　共工料銀二
百一十一兩六錢八分
絳縣協濟馬一十八匹　馬夫九名　共工料銀五
百四十四兩三錢二分
安邑縣泓芝驛馬七十九匹　馬夫三十九名半　損夫
一百二十九名　共工料銀三千八百七兩四錢九
分八釐四毫一忽四微五纖九沙四塵　本縣獨應
臨晉縣樊橋驛馬七十九匹　馬夫三十九名半　損夫
七十一名　共工料銀三千二百七十七兩四錢九

分二釐　本縣獨應

蒲州河東驛馬七十三匹內

本州馬五十五匹　馬夫二十七名半　損夫八十

六名　共工料銀二千七百七十四兩六錢八分六

釐五毫

滎河縣協濟馬一十二匹　馬夫六名　共工料銀

三百六十二兩八錢八分

芮城縣協濟馬一匹　馬夫半名　共工料銀三十

兩二錢四分

平陸縣協濟馬五匹　馬夫二名半　共工料銀一百五十一兩二錢

右列工料銀兩皆奉裁以後額數其原設銀兩見各州縣田賦志内

霍州志　霍州霍山驛霍州趙城二處朋當霍州額應一十九頭趙城縣應二十一頭其錢糧二處俱照頭數接濟

趙城志　舊例止貼站銀九百三十兩趙城徵銀解府霍州馬戶按季支領此定例也自軍機緊急恐致失悞各上臺暫准分上下半月分驛應差趙民力弱不勝遂於每月十五日至三十日赴霍餵馬走差百年成規一旦變更不思往返奔馳之馬騾與居家坐餵之馬騾疲勞頓殊僑居駝運之草料與土著隨便之草料艱難倍懸是豈可以一時權宜之計執爲多年不更之法乎今國家大定百凡仍舊而於驛馬一事霍餐趙幫獨不可仍舊耶是在當路仁人君子議

復爲
曲沃縣志 曲沃一縣除縣馬二十五頭外又有蒙
侯兩驛侯馬一驛額設馬四十頭曲沃二十頭絳州
十一頭太平九頭是以曲沃爲主他縣協濟蒙城一
驛距曲沃四十里距翼城四十五里額設馬四十頭
翼城二十二頭半太平十一頭曲沃五頭半絳州一
頭是以翼城爲主而他縣協濟所以翼城通無一驛
曲沃且有兩驛賦役全書可考數百年來絳州太平
各照額走遞會明末綱紀廢弛晉省廵方李嵩譽翼
令也翼人翟化麟等因伊縣新令李士淳調沃上下
合謀硬將翼城驛馬一十一頭强推曲沃有敢不從
殃禍立見代應驛馬三十餘載沃民任大經等始以
背制倒驛卭閽二次仍具告部院楊蒙批霍臨太三
州縣會審會看得曲翼驛馬一案合斷仍遵順治二
年之
旨仍協蒙馬六頭共襄驛務庶爲情法兩平等語又轉批
絳州稷山二處會審又轉批平刑廳又復批太原府
及軍廳並汾刑廳會審俱仍照前議糧驛道詳院蒙

督撫於康熙四年七月二十九日具題疏稱由沃翼
城以分協棠馬之故連歲搆訟審據該道詳稱故明
時翼城縣分協棠城馬二十二頭半至崇禎年間止
協馬一十一匹頭今沃民任大經等疊告稱苦斷令
翼城縣除協馬一十一匹頭外再協馬六頭赴棠城
驛走遞以均勞逸等因康熙四年八月三十日部覆
查翼城縣協棠城驛六匹頭既經該督撫酌議妥確
相應如議九月初一日奉
旨依議
汾西縣志　順治十七年汾西縣攄士民閻邦周等
通詳看得協馬之例汾西十頭芮城四頭此載在馬
政全書者也芮城丁糧八萬止協四頭汾西丁糧九
千有餘反協十頭推當年立法之意原爲芮城窵遠
故丁糧獨多協馬獨少明季亦俱協銀令靈石縣自
行喂養自我
清定鼎之後奉文各養己馬芮人抗不赴驛累汾西代走
者九年苦累不堪屢經告辯蒙憲斷芮城養馬三匹
遵行在案今芮城兵書趙連葛思義等復唆芮民誑

申憲臺希圖卸驛馬於中取利獨不思芮城協濟者
靈石之仁義驛也汾西之協濟者亦靈石之仁義驛
也若協馬俱應協馬若協銀俱應協銀何芮城獨欲
協銀而苦汾西代應耶汾芮何讐而欲以此苦累獨
貽汾西耶懇乞憲臺電察原案嚴催赴驛應驛遞不
致偏累等緣由自順治十二年驛傳道盛蒙巡撫陳
批該道呈據平陽府呈詳到道據此看得芮城縣協
濟仁義河東二驛驛馬一節前經議允協馬遵行在
案今紳衿陰潤等復行具呈既經平陽府覆查無容
紛更再議呈詳前來似宜准從相應呈請合候院示
行令遵守施行惟復別有定奪本道未敢擅專等緣
由照詳蒙批既經該道府覆查無容紛更再議准如
詳行令遵守蒙此仰府即便轉行芮城縣將詳允協
濟仁義河東二驛作速勤令赴驛走遞守取馬夫姓
名並馬騾毛齒膘膪及到驛日期甘結具報本道以
憑轉報到府隨據芮城縣申觧協濟仁義驛馬夫三
名馬騾六匹頭到府轉發仁義驛走遞取獲該驛收
驛馬夫姓名毛齒并入驛日期呈報本道明白訖不

料知府吳竟翻舊案復拘問邢周聽審覆詳看得汾芮互爭一案擾詳各有所據但汾西乃明季叔書而芮城係須發定例本道覆加条酌似不敢以前朝故帙而易　昭代之典章也且芮城距仁義七百餘里而汾西不過四十餘里以道路之遠近定協馬之去留法無善於此者兩造亦可免後言矣至覓馬收驛當差站銀赴府支領在汾西亦無偏累惟行該府嚴加查飭務令官喂官養不得私派民間可也相應仍照原議伏候憲裁呈詳蒙批既無偏苦如議行仍勒石永遵以杜爭端郎飭官自喂養不得私派民間蒙此自茲已往遂爲汾西萬年之累强弱不敵爲之柰何溢茲土者徒扼腕已爾

芮城縣志　驛糧道張覆詳蒙督撫部院白批據詳仁義一驛雖設于靈石地方全賴各邑協濟賦役開載芮城站銀解府支用向無馬匹何以令其協馬三匹手且往返千里應付維艱允爲不便如議仍勒石永爲遵守繳此順治十七年事也何汾奸鷹啨未化故智復萌于康熙六年再行聳扠楚羅公命生員王

者佐赴府據前案直陳蒙驛糧道繆批驛遞馬匹官養官喂久奉
嚴旨遵行在案與芮無涉仰府確查詳報嗟乎三百里不協馬誠善制也况屢經憲斷鐵案如山乃妄欲翻之竟違
旨違禁矣

聞喜縣志　順治九年五月絳稷協馬不至聞喜士民陳告屢蒙驛傳道守道斷明按院劉撫院劉批准牒行三縣遵照舊制協馬

稷山縣志　按舊例協銀至順治三年間聞喜民堅欲協馬兩縣搆訟七載上臺斷令協馬至今治之雖係官喂然兩縣相隔百里山川中界道路崎嶇芻牧輸運維艱而驛卒且更易不常咸稱苦焉

岳陽縣志　岳邑協馬六匹今赴仁義驛親支每年站銀三百八十八兩八錢舊日以岳係僻邑協濟靈石縣仁義驛馬六匹每年折銀六百三十三兩八錢順治四年撫臺按臨平陽憐念協銀太重檄催親支原爲輕省不期親支之後其苦反倍於昔日照舊協

銀之恩猶望後日上臺憐念

協濟驛馬一事霍與趙沃與翼汾與芮互爭不已郎

聞喜稷山岳陽各以煩苦載在縣志州縣推卸如此

則驛遞之累可知也山西爲秦蜀大道差使絡繹每

驛額設馬七八十匹不等應支工料銀不過三四千

兩有餘查直省各驛或倍之或再倍之而晉省額銀

最少則支用之不敷此一苦也平陽以饒裕著經過

者多索夫馬苛求折乾鞭撻驛夫雇覓馬匹雖奉有

騷擾驛遞許郎申報之例每以投鼠忌器不敢輕發

難端日復一日賠累無窮則往來之需索又一苦也不時調撥雲代等處千里應差芻粟價值數倍厥號槽鍘費用更多又一苦也夫利之所在則獨應者樂于獨協濟者亦樂于協累之所在則獨應者謂一木難支協濟者謂鞭長莫及人情之常無足怪者今平郡所轄十一驛歷奉各憲較量地之遠近斟酌糧之多寡或獨或協定有成規所當永遠遵守不可復啓紛更之漸惟望協人者夫馬如期赴差人協者客主互相照應相爲唇齒毋致參商至于過往差使額外

誅求則在各憲嚴行飭禁加意體恤驛遞之積困庶
可以少甦矣乎兹者令甲維嚴官馬官喂絶不派累
里下萬一時値差多馬不足用抑或歲際歉收草料
騰貴州縣長吏不妨大聲疾呼當有起而憐之者勿
以官之困轉而困民民之父母諒有同心也

平陽府志卷之六

平陽府志卷之十七

兵防

建威銷釁莫大於兵三晉爲
神京右臂而平陽又三晉要衝往者自守巡二道設有標
兵外其他爲營者十叅遊守把各以地形輕重爲差法
綦善矣今
上御極更念腹心之地非重鎮不可於是罷置道標而移
太原旗鼓駐節郡治居重馭輕臂驅指使其於勢尤宜
焉夫額無多寡在乎置得其所士無勇怯要於馭得其

人礪戈矛完甲盾嚴訓練申約束衛民而無滋民擾是

所賴於主者作兵防志

太原鎮平陽舊設道標國朝康熙元年奉裁改設提督衙門四年移駐太原府十四年復移駐平陽後提督奉裁二十二年移太原鎮駐平陽

總兵官一員歷任姓名附

王用予陝西固原人官籍二十年任

吳啓爵福建人二等侍衛二十四年任

胡戴臣陝西西安人二十五年任

周復興山東兗州人三十三年任

毛來鳳遼東人三十四年任
韓天伏直隸天津人三十七年任
馬見伯陜西寧夏人進士四十二年任
鎮標左營中軍遊擊一員　中軍守備一員　千總二員
把總四員
馬戰兵一百七十名步戰兵四百七十六名守兵一百
二十九名共官兵七百八十三員名
鎮標右營遊擊一員　中軍守備一員　千總二員　把
總四員

馬戰兵一百四十名步戰兵四百九十九名守兵一百三十六名共官兵七百八十三員名

平陽營參將一員　中軍守備一員　千總一員　把總三員

馬戰兵七十八名步戰兵二百八十九名守兵四百四名共官兵七百七十七員名

分防地方

曲沃縣侯馬鎮兵二十五名　蒙城鎮兵五名　隘口鎮兵五名

臨汾縣北高舖兵五名　南大韓舖兵五名

岳陽縣兵十六名　草峪嶺兼防三不管嶺兵十六名

浮山縣兵十六名留平把總來往巡查
趙城洪洞曲沃兵三十名分派防禦左哨把總來往巡查
襄陵太平絳州稷山河津兵五十名分派防禦右哨把總來往巡查

吉州營守備一員　千總一員　把總一員

馬戰兵十名步戰兵二十五名守兵一百八十名共

官兵二百二十六員名

分防地方

吉州平渡關兵四名　李兒坡兵四名　馮家集兵五名
官灘裏兵四名把總來往巡查
七郎廟兵四名　釣魚崖兵四名　師家灘兵四名
船窩鎮百總一名兵二十九名

平陽府志　卷之十七兵防　三

鄉寧縣晉隊一名兵十名　俱千總來往巡查

隰州營守備一員　千總一員　把總一員

馬戰兵十名步戰兵二十五名守兵一百八十八名共

官兵二百二十六員名

分防地方

隰州上庄村兵十名　辛庄村兵十名　大麥交兵十名義泉鎮兵五名　水頭村兵五名　圓龍鎮兵五名紅寺則兵五名　石口則兵五名　蓬門村兵五名

汾西縣百總一名兵十九名

靈石縣冷泉關營把總一員住劄水頭鎮

馬戰兵十一名步戰兵十一名守兵八十八名

防伏地方

靈石縣仁義鎮兵十名　韓信嶺兵三名　两渡鎮兵十名　夫妻廟兵三名　張家峪口兵三名　呉家坟兵三名　北路交界兵三名　郭家溝兵二名　逍遥嶺兵三名　東山曲買村兵十名

靈石縣百總一名兵十七名

霍州管隊一名兵十六名

蒲縣黒龍關營把總一員　守兵九十名

防伏地方

蒲縣惡野嶺兵十名　義祉庄兵十名　分水嶺兵五名

蒲縣管隊一名兵十九名

霍州辛置鎮管隊一名兵十九名黒龍關與永和營大

寧營每季更換

永和營把總二員一員駐劄永和縣 一員駐劄永和關 守兵九十名

防伏地方

永和縣雙山嶺兵五名　大寨嶺兵五名　劉家圪台兵五名

大寧營把總一員　守兵九十名

防伏地方

大寧縣東路羅曲村兵四名　西路道教村兵四名 南路寺落村兵四名　北路房村兵四名

翼城縣西塢嶺把總一員駐劄吴村鎮

馬戰兵三名步戰兵九名守兵六十九名共官兵八十

二員名

分防地方

翼城縣臨口兵十名　程公村管隊一名兵十九名翼城縣管隊一名兵十九名

蒲州營遊擊一員　中軍守備一員　把總二員一員駐劄安邑縣一員駐劄臨晋縣

馬戰兵五十四名步戰兵一百九十二名守兵二百八十七名共官兵五百三十七員名

駐防蒲州官兵三百六十六員名

分防地方

蒲州栲栳鎮兵三名
安邑縣運城兵四十九名　北相鎮兵七名　泓芝驛
兵十五名
猗氏縣兵十五名　油村鎮兵十名
解州兵十五名
芮城縣兵十名　條山嶺兵十五名
臨晉縣兵二十五名　樊橋鎮兵五名　虞鄉街兵五
名　孫常鎮兵十名
萬泉縣兵十名
榮河縣兵十名
平垣營遊擊一員駐劄平陸縣中軍守備一員駐劄夏縣把總二員
左哨駐劄聞喜縣
右哨駐劄垣曲縣
馬戰兵四十名步戰兵六十五名守兵三百九名共官
兵四百十八員名

分防地方

平陸縣兵二十二名　茅津鎮官兵一百六十一員名

夏縣南關官兵五十五員名　温峪山兵三十一名

水頭鎮兵八名

垣曲縣官兵三十二員名　皐樂鎮韾塚山兵三十一名

絳縣沙峪口兵六十名　絳縣兵十六名

聞喜縣横水鎮兵二十一員名　東關兵十名　西關兵十二名　東鎮兵十名

黃河河岸分防地方冬月氷结撥官兵防守驚蟄各回原訊

禹門等處

壺口等處吉州

于家坡等處

永和閔等處

銀坑塔浪等處大寧

馬戰兵月支銀二兩内除朋銀一錢支米三斗馬月支草銀四錢二分料豆九斗

步戰兵月支銀一兩五錢除朋銀五分支米三斗

守兵月支銀一兩除朋銀三分支米三斗

平陽府志卷之十八

帝王

書傳止紀堯舜禹都在平陽蒲坂閒而遠稽荒史旁參
舊蹟自堯以前已有都者雖事難盡信然亦未可竟沒
其文也垣曲故名亳城葛伯寨湯妃墓皆在境上北距
桐宫西距湯陵皆不及二百里大河景山流峙其南疑
若湯所都者而漢晉儒者所稱三亳俱不之及則寧從
其闕祖乙遷耿下逮盤庚之遷世凡七傳皆湯孫也開
闢以來帝王代興未有盛於斯土矣后妃自華胥以下

非聖母則聖配至若三代而上建國者多神明之胄漢唐而後剖符者悉戡定之臣蓋亦未可畧焉其宅乘亂割據僭竊名號雖大統未許輕干而他無可屬故附及之作帝王志

鉅靈氏出於汾脽握大象持化權揮五丁之士驅陰陽反山川居無恒處而跡纒於蜀 出猶生也汾脽汾尻也謂汾陰脽上也脽音誰

泰逄氏司之於萯山之陽 世紀云即首山首山在蒲坂

太昊伏羲氏 今趙城有伏羲服牛臺

女皇氏媧媧雲姓一曰女希太昊氏之女弟出於承匡生

而神靈佐太昊正姓氏職婚姻通行媒以重萬民之利是曰神媒太昊氏衰共工惟始作亂振滔洪水㠯禍天下繄天綱絕地紀覆中冀人不堪命於是女皇氏役其神力以與共工氏較滅共工氏而遷之然後四極正冀州寧地平天成萬物復生炮媧氏乃立號曰女皇氏治於中皇山之原所謂女媧山也在位百三十載今趙城縣東八里有媧皇陵高二丈上有松栢

史皇氏蒼帝名頡有睿德生而能書及長登陽虛之山臨於玄扈洛水之汭靈龜負書丹甲青文著帝受之遂窮

天地之變仰觀魁星圜曲之勢俯察龜文鳥羽山川指
掌而㵾文字文字成天爲雨粟鬼爲夜哭居陽武葬利
鄉一以爲黄帝史官今臨汾城南有蒼頡故里
炎帝神農氏姜姓以火德王故曰炎帝采首山之銅鑄三
鼎嘗百草至羊頭山得秬黍羊頭山在長子
帝堯陶唐氏帝嚳之子母陳鋒氏女曰慶都孕堯十有四
月當高辛丁亥歲乃於丹陵生堯後徙耆以祁爲姓故
曰伊祁氏帝嚳崩而長子摯代立封堯爲唐侯帝摯立
不善在位九年唐侯德盛乃禪位於唐以甲辰即位都

平陽號陶唐氏在位七十年薦舜攝政又二十八年崩
在位九十八年壽一百一十八歲首甲辰盡癸未
帝舜有虞氏帝顓頊八世孫瞽瞍之子姓姚氏玄德升聞
帝堯舉之攝行天子事終受堯禪即帝位都蒲坂其後
禪於禹在位六十一年壽一百有十歲
大禹夏后氏帝顓頊之孫姓姒氏父鯀娶有莘氏女曰志
是爲修已修已見流星貫昴夢接意感孕歲有二月生
禹於石紐鄉舜既攝位舉禹使續父業治水禹爲人敏
給克勤其德不違其仁可親其言可信聲爲律身爲度

傷父鯀功不成而受誅乃勞身焦思居外十三年過家
門不入陸行乘車水行乘舡泥行乘橇山行乘檋左準
繩右規矩以開九州通九道陂九澤度九山於是水害
皆息九州攸同四隩可居堯乃錫禹玄圭告其成功舜
即位舉禹爲司空宅百揆使攝行天子事自丁巳攝政
十七年又癸酉服舜喪三年避位陽城而天下歸之乃
踐位以金王色尚黑都安邑國號夏仍以建寅月爲歲
首十歲癸未禹崩於會稽在位二十七年壽百歲益避
位於箕山天下之人不之益之啟啟即天子位

啟卽位乃卽鈞臺以享諸侯時有扈氏無道威侮五行
怠棄三政啟伐之大戰於甘不勝退而修德有扈服在
位九歲
太康嗣位以佚豫滅厥德畋於洛表十旬弗反有窮后
羿因民弗忍距於河厥弟五人咸怨述皇祖之戒作歌
閔焉在位二十九歲
仲康立羲和廢厥職酒荒於厥邑時季秋月朔辰弗集
於房瞽奏鼓嗇夫馳庶人走羲和罔聞乃命徇侯徂征
在位十有三歲

帝相羿逐之播於商丘依斟灌斟鄩氏羿遂篡位寒浞殺羿自立弑相滅夏

帝少康初相之被弑后緡方娠逃出自竇歸於有仍之國生少康旣長爲仍牧正忌羿而能戒之奡使臣椒求之奔有虞爲之庖正虞君思妻之二姚而邑諸綸今滎河縣古綸地有田一成衆一旅能布德兆謀旋收夏衆而用之夏有舊臣靡自有鬲氏收灌鄩二國之燼舉兵滅浞而立少康滅澆豷澆豷浞之子少康使其臣女艾滅澆於過使其子季杼滅豷於戈乃歸故都即位在位二十有

八歲

帝杼少康子都於原在位十有七歲

帝槐帝杼子在位二十有六歲

帝芒如一云帝槐子元歲首以元圭賓於河乃東狩海

在位十有八年

帝泄一云洩帝芒如子六服來御始加爵命在位十有

六歲

帝不降帝洩子六歲伐九苑在位五十有九歲

帝扃帝不降弟在位二十有一歲

帝廑帝扃子在位二十有一歲

帝孔甲一云印甲帝廑子得乘龍於河漢命劉累豢之好鬼淫亂諸侯畔之在位三十有一歲

帝皐帝孔甲子在位十有一歲

帝發帝皐子在位十有九歲

帝履癸帝發子是爲桀自孔甲以來諸侯多叛桀尤爲無道暴戾頑狠貪虐荒淫武傷百姓天下顫怨而患伐有施氏有施以妹喜女焉桀得妹喜信寵之滅德作威爲湯所伐戰於鳴條師敗湯放之南巢夏亡在位五十

一歲

殷祖乙姓子成湯五世孫河亶甲子都於相有河決之患

遷都於耿耿卽今河津縣在位十九祀

祖辛祖乙子在位十六祀

沃甲祖乙弟在位二十五祀

祖丁祖辛子在位三十二祀

南庚沃甲弟在位二十五祀

陽甲祖丁子在位七祀

盤庚陽甲弟耿又圮於河水乃自耿遷都於亳時世族

安於沃饒之利而民又安土重遷於是反復誥諭作盤

庚三篇

帝王幸晋者附

上古黄帝有熊氏　炎帝氏衰蚩尤惟始作亂爰暨風后力牧神皇之徒較其徒旅以曷小顥而弭大災得一奉宸乃臨晟水錄龜符納三宫五意之機受八門九江之要衍握奇以爲式故五旗五麾六毒而制其陣年三十七戰於阪泉戮蚩尤於中冀

商湯　有夏昏德民墜塗炭湯伐桀升自陑遂與桀戰於鳴條之野

太甲　初立顛覆湯之典型伊尹放之於桐在曲沃古桐鄉今聞喜縣

周穆王　戊子至於盬巳丑南登於薄山寘軨之隥乃宿於虞

厲王名胡夷王子暴虐侈傲國人生謗乃使衛巫監謗國人作亂王出奔彘時三十七年也又十四年崩於彘卽今霍州

漢武帝元狩六年行幸河東祀后土顧視帝京欣然中流與群臣飲燕歡甚乃自作秋風辭元鼎六年將幸緱氏駐蹕左邑之桐鄉聞南粤捷改桐鄉爲聞喜元封四年帝至代出蕭關歷獨鹿鳴澤以至於代遂幸河東中都

獻帝興平二年帝御牛車幸安邑河東太守王邑奉獻綿帛建安元年春正月郊祀上帝於安邑大赦六月乙未車駕還洛陽

唐太宗貞觀十二年二月丁卯車駕觀鹽池

五代漢高祖初卽位自晋次絳郡有司奏頓阨口帝曰地名惡安可宿之朕記此別有好路遣人導之

坦平至聞喜從騎橐駝由陒口者多墮絕壑從臣神之以爲前高祖不宿栢人後高祖不由陒口前後一揆如此

宋真宗祥符四年祀汾陰宿於寶鼎縣之驛中大宴群臣於穆清殿有延慶亭爲致齋之所時鑾輿還縣見八龍垂像宛然八羊俄頃不見因建寺以記瑞又有榮光溢河故改縣爲榮河縣云

國朝康熙四十二年冬十月

聖駕西巡駐蹕平陽幸鹽池渡潼關蠲四十二年以前租賦由陝西幸河南還都

后妃附

聖母華胥太昊伏羲氏之母履巨人跡於雷澤而生太昊於成紀雷澤在蒲州

姜嫄棄之母郃侯之女帝嚳元妃姜嫄出野見巨人跡心忻而履之歸而有娠益以浸大心怪惡之卜筮禋祀以弗無子爾月生子以爲不祥棄之隘巷牛馬避而不踐乃送之平林伐平林者咸薦之覆之乃取置寒氷之上飛鳥翼之嫄以爲異乃收以歸因名曰棄姜嫄之性清靜專一好種稼穡及棄長而教之種樹桑麻棄能育其教卒致其名今聞喜北稷山麓有氷池村卽棄稷處

慶都帝嚳次妃陳鋒氏女十四月而生堯皇甫謐曰堯初生時在三河之南寄於伊長孺之家故從母所居爲姓者妄也

簡狄有娀氏長女帝嚳次妃嘗與其妹娣遊於元丘之水有鳳啣卵過而墜之五色甚好簡狄與其妹娣競往取之簡狄得而含之誤吞有娠遂生契焉簡狄性好人事之治上知天文樂於施惠及契長而教之理順之序契能育其教卒致其名

聖后女皇　帝王世紀云堯娶散宜氏女曰女皇生丹朱

握登　瞽瞍妻生舜於姚墟因姓姚氏史云見大虹而意感生舜者妄也

修巳　鯀妻帝王世紀云修巳見流星貫昴夢接意感又吞神珠薏苡胷拆而生禹

娥皇　堯長女嬪於虞立爲后無子

女英　堯次女嬪於虞立爲妃生商均書云釐降二女於嬀汭是也

塗山氏　禹妻禹曰予娶於塗山生子啟辛壬癸甲啟呱呱而泣予弗子是也今夏縣禹城內有臺世傳塗山所築以望禹其說近誣

漢薄太后　漢文帝母父吳人姓薄氏與故魏王宗家女魏媪通生后許負相后當生貴子魏豹立爲魏王魏媪內其女於宮豹初與漢擊楚及聞許負言心獨喜因叛漢漢討平之以后入織室高祖見后色內入宮后

一夕夢蒼龍據腹後有娠生子是爲文帝封於代后從焉文帝卽位尊爲皇太后

南齊武穆皇后姓裴氏聞喜人璣之女性剛嚴竟陵王子良妃袁氏布衣時有過后加訓罰昇明三年爲齊世子妃建元元年爲皇太子妃二年薨謚穆妃塋休安陵時議石誌王儉引禮止之齊武帝卽位追尊皇后

唐孝敬皇后姓裴氏聞喜人冀國公居道女

明李太后太后翼城人初爲穆宗妃生神宗萬曆元年尊爲皇太后

封建附

唐國堯始封地也卽今翼城縣堯子九人舜受禪封堯長子朱於丹淵封其庶子於唐以奉堯祀括地志云故唐城在絳州翼城縣西二十里卽堯裔子所封國

虞商均　舜之子也皇甫謐曰女英生商均或云舜封子均於商號商均或又云夏封舜子商均於虞在今臨晉縣之虞鄉

夏綸國　名左傳云少康逃奔有虞虞思於是妻之以二姚邑於綸即今滎河縣

商虞　商諸侯與芮伯爭田來質成文王感而相讓今平陸縣東北有虞城

芮　即與虞君讓田者後至春秋時芮伯萬多寵其母惡之逐居於魏秦師圍魏執萬以歸尋復納之後爲晉所滅國在芮城縣西芮故城猶存

周郇　文王第十五子封郇伯爲郇國治諸侯有功詩曰四國有王郇伯勞之今觧州北曲范村有郇瑕故城春秋傳曰必居郇瑕之地是也

叔處　周武王弟既克商封兄弟之國叔處封於霍爲霍叔今霍州

虞公　姬姓仲雍後武王即位封爲虞公解州平陸縣吳山上有虞城

韓國　在河東郡周同姓諸侯左傳曰昔周公弔二叔之不咸故封建親戚以藩屏周邘晉應韓武之穆也今太原平陽即其地

叔虞　周成王之弟王即位之五年削桐葉爲珪戲以封叔虞史佚以爲言遂封叔虞於堯之故墟曰唐侯子燮立因晉水改國曰晉十四傳至湣侯爲曲沃武公所併

原伯　姬姓名紋文王第十六子武王十三年封初爲公尋爲伯傳魯魯傳貫襄王三年晉侯圍原降遷翼

晉　春秋魯隱公七年曲沃武伯卒子稱代立是爲曲沃武公謂之後晉請命於周列而爲諸侯獻公嗣位殺世子申生而立奚齊里克之難作焉惠懷無親外內棄之文公出亡歸而定國主盟諸夏功與齊桓比赫襄公未替前烈靈公立遇弒於桃園成公有伐秦攘楚之績景公得繼盟昌業之稱厲公無道國亂而不免於難悼

公賢明能復霸業歷平昭至頃公六卿强而公室弱矣又歷定公至出公始與韓趙魏分范中行氏公怒四卿反攻之出奔而死哀公時韓趙魏滅智氏而分之幽公立止有絳曲沃二邑餘皆入於韓趙魏號爲三晉烈公立三卿以周威烈王命爲侯又立孝公至靖公廢爲庶人而晉祀絶

趙造父周穆王御臣封於趙城其族由此爲趙氏郎戰國趙之祖

楊姬姓爵未具國今在河東楊之先出自有周伯僑者以支庶初食采於晉之楊因氏焉其後晉滅之以賜大夫羊舌肸爲采邑

韓周同姓姬氏其後苗裔事晉封於韓原今在陜西同州郃陽縣武子三世有韓厥從封姓爲韓氏其後宣子徙居州今在河內縣宣子子貞子徙居平陽至韓虔始與魏趙共分晉地受命爲諸侯二年滅鄭因徙都鄭

魏先畢公高周同姓畢萬事晉獻公封於魏數世生絳事悼公至桓子始分晉地孫斯爲文侯敬賢禮士納

諫恤民稱爲七國之賢主武侯嗣稍侵與國惠王結怨韓趙秦取其西河後遷都大梁至安釐而滅於秦

趙 先世造父封於趙城趙夙爲晉獻公將生衰事文公至烈侯趙籍遂分晉地自居其國惠文用趙奢而破秦師孝成受韓之上黨而用趙括大敗於長平至幽繆而滅於秦

秦西魏王 項藉欲取梁地乃徙魏王豹爲西魏王王河東都平陽

漢平陽侯 曹參以中涓從起沛至霸上爲侯以將軍右丞相出征齊魏後封爲平陽侯惠帝二年參代蕭何相一遵何約束百姓歌之參卒子窋立窋卒子奇立奇卒子時立時尚平陽公主生子襄時卒襄立襄尚衛公主生子宗襄卒宗立征和二年坐太子死國除

絳侯 周勃以中涓從起沛至霸上爲侯爲將軍入秦定隴西擊項羽守嶢關定泗水東海惠帝時爲太尉高后末誅諸呂文帝時爲丞相卒子勝之立勝之尚公主坐法國除絕一歲文帝擇絳侯之子賢者亞夫封條

侯續絳侯景帝三年平吳楚中三年以法除其國又絕一歲帝更封絳别子堅爲平曲侯續絳侯卒子建德立元鼎五年坐酎金不善有罪國除

汾陰侯周昌嘗擊破秦兵入漢出關以內史堅守敖倉以御史大夫封卒子開方立以罪廢文帝初别子意續侯復以罪廢景帝中二年封昌孫左車爲侯建元元年有罪國除

猗氏侯陳遬以舍人從起豐入漢以都尉擊項羽有功封卒子交立交卒子差立差卒無後國除

蒲侯蘓昌以圉小吏捕反者有功封

東漢聞喜侯竇武永康元年桓帝録定策功封

臨晉侯楊賜弘農震之孫靈帝時爲太傅司徒以師傅恩封

魏安邑侯毋丘儉曹操時討公孫淵有功丕立進封

晉臨晉侯　楊駿后父文帝封爲賈后所殺

平陽侯　賈模充之從子以預誅楊駿有功惠帝封

安邑公　薛興滎河人以尚書右僕射封

聞喜公　名子良元帝建元元年封後進封竟陵王

南宋聞喜公　裴德以金吾大將軍封

陳河東王　叔獻字子恭高宗第九子性恭謹好學大建五年封

元魏平陽王　名熙道武子天興年封

河東公　薛彪子道武時以部落歸國封

河東王　苟頽太武時進爵公後進爵王

平陽伯　堯瞌以祖父事燕來歸封

汾陰侯　薛辯以軍功封

夏陽子　裴寬以戰功封由男爵進

安邑子　裴雙碩位弘農太守封

平陽王　爾朱隆普定元年封

河東公　閻毗以文成母恭皇后兄封

臨晉伯　薛貞度河東人以歸功封

汾陰公　薛守仁以善政封

聞喜公　裴弘陀裴延慶裴胄俱封

汾陰侯薛辨榮河人以來歸封

河東公薛洪祚榮河人以戰功進封子印襲封

北齊趙郡王名琛神武弟天平三年追封

平陽靖翼王名淹神武第四子天保初封

後周河東郡公李檽子嗣爵改封

平陽縣公伊婁穆以戰功封

平陽公李彦以功封

隋聞喜公裴矩煬帝以經畧封

河東公裴衍儼中書舍人有威名封

唐霍王名元軌高祖子武德四年封

河東王名承德建成子

絳王名悟憲宗子元和初封

平陽王敬暉中宗時以定策功封

霍山王名連封代無考

霍山公名洪嗣以漢陽郡王瓌子繼謚曰武

聞喜公裴寂中書令以開國功封又裴宣機以禮部尚書封裴法師以都督將軍封裴行儉以總管尚書封裴託以都督大將軍封裴修巳以金吾大將軍封裴紹業以秦州都督封裴茲明以青州刺史封

桐鄉男王景暠聞喜人以軍功封

河東公裴律師寂子以駙馬都尉封子裴承祿襲封裴秉以禮部尚書封裴諗以刑部侍郎封裴郁以太常封
河東郡公裴思諒以靈武大總管封
平陽郡公裴確以金吾將軍封
河東男裴鉷以叅將封
郇國公裴均以左僕射平章事正平男進封
翼城公裴佡先以工部尚書封
晉城子裴思義以河東太守封
冀國公裴熙績以刑部尚書封子居道襲封又裴晃以靈武功封實封五百户

絳郡公　裴士淹以禮部尚書封又裴伯神封裴仲將吏部尚書封

正平公　裴灌以禮部尚書封

河東伯　裴弘泰以義成等節度使太子少傅封

正平子　裴洪以司農少卿封

河東郡公　薛苹憲宗時以御史大夫封

明高平王　名濟恭王第二子永樂二年封平陽府城後革爵止襲管理府事

平陽王　名濟熿恭王第三子永樂年封後革爵

交城王　名美垸定王第二子正統三年分封平陽府謚恭順凡五世後革爵止襲管理府事

陽曲王　名美垅定王第三子正統二年分封平陽府後革王爵止襲管理府事

西河王　名美埻定王第四子正統二年分封平陽府謚恭靖

河東王　名鍾鏸憲王第三子正統十三年分封謚昭靖

山陰王　名遜㷂簡王第四子天順四年分封蒲州謚康惠

襄垣王　名遜焯簡王第五子天順四年分封蒲州謚恭簡傳安惠王後莘王爵襲管理府事

靈丘王　名遜烇簡王第六子天順四年分封絳州謚榮順歷傳靖莊和凡四世後莘王爵襲管理府事

懷仁王　名遜熥簡王第八子天順四年分封霍州謚榮定歷安僖恭和溫惠無嗣後以侄嗣封

隰川王　名遜㸅簡王第十子天順四年封隰州謚懿安歷恭僖莊隱康肅莊惠無嗣後以次管理府事

吉陽王　名聰惠王第三子成化十九年分封謚恭順

稷山王　名佶焆簡王第五子宣德三年分封謚悼靖

竊據附

上古共工氏太昊之沒共工氏曰康回者髦身朱髮任智自神假亂天常竊保冀方自謂水德以水紀官師虞於湛樂淫泆其身欲壅防百川墮高湮卑以害天下皇天弗福庶民勿助女媧戮之共工遂亡

夏窮后羿夏太康失馭畋於洛表十旬弗反羿乃乘民怨距於河因立其弟仲康而相之及帝相立乃擅權逐相而自立以代夏政恃其善射不修民事淫於原獸棄武羅伯因熊髡龍圉而用寒浞政歸浞羿將歸自畋家衆殺而烹之以食其子子不忍食并殺於窮門

浞伯后寒之讒子弟相羿行媚於內施賂於外愚弄其民內外咸服娛羿出畋因令其家衆殺之而代立因羿室生澆及豷後澆長使之滅斟灌斟鄩氏弒帝相后緡方娠逃歸有仍生少康少康乃滅浞與復夏道

漢劉淵冒頓之後以先世爲漢高之甥故冒姓劉在惠帝永興元年爲冠軍將軍淵從祖右賢王宣謂其族

人曰今司馬氏骨肉相殘四海鼎沸復呼韓邪之業此其時也乃相與謀推淵使其黨呼延攸詣鄴告之淵白皇太弟穎請歸會葬穎弗許及王浚東瀛公騰起兵淵說穎曰請爲殿下還說五部以赴國難二豎之首可指日而懸也穎悅拜淵爲叅丞相軍事淵至左國城二旬之間有衆五萬淵謂群臣曰昔漢有天下久長恩結於民吾漢氏之甥約爲兄弟兄亡弟紹不亦可乎乃建國號曰漢卽漢王位改元元熙懷帝二年淵卽皇帝位四年七月卒

劉聰淵之子驍勇絕人博涉經史善屬文淵卽帝位以聰爲大將軍淵卒聰殺其兄太子和而代立使呼延晏將兵二萬七千冦洛陽比及河南晉兵前後十二敗死者衆執懷帝建興元年聰宴群臣於光極殿使懷帝着青衣行酒二月帝遇害四年九月曜攻陷長安執愍帝於平陽聰出畋以愍帝行車騎將軍戎服執戟前導後饗群臣使愍帝行酒洗爵而更衣又使之執蓋十二月帝亦遇害太興元年聰卒太子粲卽位爲靳準所

殺丞相曜即皇帝位

劉曜　淵之族子也淵即位以曜爲龍驤大將軍聰即位以曜爲大司馬逼長安克之遂以曜爲雍州牧聰卒曜代立遷都長安改國號曰趙咸和三年其臣石勒殺曜太子熙奔上邽勒取長安遂亡直十二年

後趙石勒　初爲人所掠賣與母王氏相失劉琨得之遣使併其從子虎送於勒勒報書謝之事劉淵屢建大功後僭帝位是爲後趙嘗大享群臣謂徐光曰朕可方前代何如主對曰神武謀畧過於漢高無可比者勒笑曰人寧不自知卿言太過朕若遇漢高當北面事之與彭韓比肩若過光武當並驅中原未知鹿死誰手大丈夫行事宜磊磊落落如日月皎然終不效曹孟德司馬仲達欺人孤兒寡婦狐媚以取天下也勒雖不學好使諸生讀書而聽之時以其意論古今得失嘗使人讀漢書酈食其勸立六國後驚曰此法當失何以遂得天下及聞留侯諫乃曰賴有此耳按石勒武鄉人字世隆生時山川草木皆成鐵騎形後傳國其子弘石虎廢而

立遂後廢遂自立爲冉閔所殺石氏遂亡

西燕慕容冲 冲慕容儁之子暐泓弟也小字鳳凰初封中山王苻堅滅燕擒暐入關中冲姊清河公主年十四有殊色堅納之冲年十二亦美麗堅又幸之姊弟專寵長安歌之曰一雌復一雄雙飛入紫宮後爲平陽太守道武七年苻堅敗於淮南慕容垂叛堅攻苻丕於鄴暐弟濟北王北地長史泓聞之亡奔關東還屯華陰冲亦起兵河東泓進向長安年號燕興泓謀臣高蓋宿勒崇等以泓德望後冲且持法苛峻乃殺泓立冲爲皇太弟承制行事置百官乙酉春進據阿房後聞暐爲堅所殺遂自稱尊號年號更始居平陽攻破長安苻堅奔五將山越明年冲爲左將韓延所弒立冲將段隨爲燕王慕容恒慕容永誅隨立冲子瑶改元建平永又弒之立慕容泓之子忠改元建武忠後亦被弒乃立慕容永爲河東王改元中興稱帝於長子甲午爲慕容垂所滅凡十年西燕遂亡

平陽府志卷之十九

職官

士之吏於土者動曰循分稱職談何易也令統於守自守而上更有統者田賦刑獄具文書使可覆視特有所懼而不敢弛耳若夫問疾苦勤撫字端表率美風俗治其民俾無失業教其民俾無失性此豈簿書期會可幸無過者哉朝考典型久修職業古之人苟守一官皆兢兢焉况令德之不彰而乃以賄聞其何賴之有噫良吏豈盡顯擢墨吏亦或倖遷而姓名長留頌詛難改可不

畏與作職官志

國朝現設職官

府

知府一員同知一員駐蒲州通判一員理刑推官一員今裁經歷

一員照磨一員司獄一員儒學教授一員訓導一員如

京倉大使一員建雄驛驛丞一員陰陽醫學正術正科

僧綱道紀各一員

所屬州縣

州

知州一員　州同惟蒲絳二州各設一員　州判惟蒲霍二州各設一員今絳州州同州判俱裁　吏目一員　儒學學正一員　訓導一員吉隰二州訓導裁　陰陽醫學典術典科僧正道正各一員

縣

知縣一員　縣丞惟臨汾襄陵洪洞曲沃翼城靈石臨晉猗氏安邑夏縣聞喜稷山十二縣各設一員　典史一員　儒學教諭一員浮山岳陽蒲縣汾西萬泉鄉寧大寧永和教諭裁　訓導一員　陰陽醫學訓術訓科僧會道會各一員

巡檢九員　河津縣禹門渡　風陵渡　解州長樂鎮　盐池司　安邑縣聖惠鎮　平陸縣沙澗毛津渡　芮城縣陌底渡　垣曲縣橫嶺司　隰州廣武莊

驛丞九員洪洞縣普潤驛　曲沃縣侯馬驛　蒙城驛　臨

靈石縣瑞石驛　仁義驛　蒲州河東驛

晉縣樊橋驛　聞喜縣涑川驛　霍州霍山驛

知府

明

謝瑩　洪武浙江鄞縣人初年任

徐本

陳敏道　泗州人五年任

王簡夫

徐鐸　江西南昌人

孫仲昱　十二年任

宋中順　河南開封人二十七年任

永樂楊睿　河南柘城人初年任

宣德孫倚　四年任

正統萬觀　江西南昌人進士初年任

張鑑　山東商河人監生

成化胡睿　直隸長垣人進士

賈奭　四川巴縣人進士十年任

毛松齡　江西豐城人進士十五年任

李琮　浙江鄞縣人十九年任

弘治樊瑩　浙江常山人進士三年任

杜忠河南河陰人進士五年任

張文佐河南西平人進士十一年任

正德張忠山東泰安人進士二年任題名碑上不載

賈瓘陝西寧州人進士三年任

周導山東歷城人進士五年任

郭桂陝西咸寧人進士六年任

閔槐直隸任丘人進士九年任

嘉靖廖紀江西九江衛人進士元年任

王溱直隸開州人進士三年任

葛　潭　河南磁州人進士九年任

張潤身　直隸成安人進士十二年任

李　櫝　河南許州人進士十五年任

鄔　紳　丹徒人進士十七年任

莘　鎜　丹徒人進士十八年任

聶　豹　江西永豐人進士二十一年任

李乘雲　河南鈞州人進士二十二年任

石　永　直隸威縣人進士二十六年任

張　松　河南洛陽人進士二十七年任

王　楠　德州人進士三十一年任

王良貴　直隸寧津人進士三十七年任

傅鳴會　直隸靈壽人進士四十年任

江　北　直隸霸州人進士四十二年任

孫　濬　宣城人進士四十三年任

毛自道　山東平原人進士四十五年任

隆慶

呂鳴珂　浙江麗水人進士三年任

劉世昌　陝西高陵人進士四年任

萬曆

胡來貢　泰州人進士元年任

蹇達四川巴縣人進士四年任

王汝魯河南南陽人進士八年任

張修吉山東高苑人進士十一年任

蔣希孔山東滋陽人進士十五年任

任甲第四川資陽人進士十八年任

盛稔儀眞人進士二十一年任

張宗孔浙江龍遊人進士二十七年任

李元齡四川華陽人進士三十年任

李從心直隸南樂人進士三十二年任

黄道亨陝西咸寧人進士三十六年任

高登龍山陽人進士三十九年任

傅淑訓湖廣孝感人進士四十三年任

于之大河南陳州人進士四十七年任

天啓

張維世河南太康人進士二年任

劉餘祐順天宛平人進士五年任

崇禎

敷教遼東東寧衛人進士元年任

鄭履祥江西浮梁人進士三年任

王喬棟直隸雄縣人進士六年任

黄運恒　陝西咸寧人進士八年任

李　陝西韓城人進士十二年任

程世昌　河南光山人進士十五年任

國朝

順治

張尚　奉天人監生二年任

齊國儒　奉天人舉人二年任

秦嘉兆　奉天人三年任

王化隆　奉天人監生四年任

徐來麟　奉天人五年任

張雲龍　奉天人貢生八年任

李月桂　奉天人貢生十年任

萬永祚　湖廣襄陽人監生十六年任

吳用光　陝西高陵人進士十六年任

康熙程先達　湖廣景陵籍休寧縣人舉人四年任

劉儀恕　陝西涇陽人舉人七年任

袁國梓　江南華亭人進士十二年任

李廷梅　奉天人十六年任

梁繼祖　奉天人舉人十九年任

祝萬祉奉天人二十三年任

周士賢奉天人二十四年任

石文晟奉天人三十年任

王輔奉天人三十三年任

甘國璧奉天人廕生三十八年任

秦棠奉天人監生四十年任

馬朝瓚奉天人官生四十二年任

劉棨山東諸城人進士四十三年任

通志宦績志內載有毛愷嘉靖間任而職官志內遺之題名碑亦不載

同知

明

洪武　胡維賢定遠人初年任　尹　遲安豐人初年任

孔志魯山東曲阜人十五年任

宣德　孔　哲四年任

成化　李　鳳陝西扶風人舉人五年任　孫　蘭浙江餘姚人舉人九年任

劉　傑陝西高陵人十五年任　沈　志淮安人舉人

弘治　童　祝浙江人進士七年任　騫　堦陝西永壽人舉人九年任

蔡　鑑河南祥符人監生十四年任　許　莊直隸灤州人進士十六年任

平陽府志　卷之十八

正德于　茂山東寧海人進士二年任　張　文河南洛陽人進士三年任

李　滄直隸密雲人舉人六年任　李　鳳題名碑在張衍瑞之後

張衍瑞河南汲縣人進士十五年任

嘉靖趙　璧　許　琦陝西咸寧人舉人四年任

蔡鳳翹河南汝寧人舉人十年任　劉崇儒河南通許人舉人十三年任

許勉仁四川雙流人進士二十年任　許　樾河南蘭陽人進士二十一年任

呂應期山東章丘人舉人二十七年任　靳學曾山東濟寧人進士三十一年任

胡邦佐山東濰縣人舉人三十三年任　劉衍祚河南洛陽人進士三十四年任

周　誥河南汲縣人舉人三十八年任　李　春河南臨漳人舉人四十二年任

隆慶趙世相 直隸臨城人舉人元年任　王敬 直隸固安人舉人五年任
萬曆王思睿 山東掖縣人舉人七年任　史自上 浙江餘姚人舉人十三年任
黄嘉善 山東即墨人進士十八年任　夏尚金 山東滕縣人舉人二十年任
馬拯 山東武定人進士二十七年任　梁隆吉 陝西長安人進十三十一年任
白鯤 直隸南和人舉人三十四年任　張仲紆 錢塘人舉人三十八年任
劉芬 陝西三原人舉人三十九年任　焦思忠 河南延津人舉人四十三年任
闞名教 廣東南海人舉人四十六年任
天啓胡騰蛟 直隸人舉人二年任　萬德鴻 宜典人舉人七年任
崇禎李國禎 陝西寧夏人舉人五年任　盧恹徇 直隸永年人舉人八年任

游鯉化 北直肥鄉人舉人三十年任　　秘業提 直隸晉州人舉人十五年任

國朝

順治 張一漸 山東蓬萊人官生二年任　　張益慶 順天大興人舉人六年任

錢茂泰 浙江慈谿人進士十一年任　　張增寅 江南桐城人恩貢十三年任

葉承祧 山東歷城人生員十六年任

康熙 張光烈 宣鎮萬全都司人進士三年任　　胡來朋 江南石埭人恩貢六年任

趙森 奉天人貢九年任　　孟三遷 順天豐潤人貢九年任

朱士毅 奉天人廩生十二年任　　佟世俊 奉天人廩生二十一年任

沈駿聲 浙江仁和人監生二十五年任　　章時化 浙江會稽人例監二十六年任

姜植奉天人廩生三十四年任　姚哲湖廣黄陂人歲貢三十六年任

劉民瞻奉天人恩廩三十八年任

通志宦績有徐彪以臨汾丞陞本府同知祀名宦舊志及題名碑俱不載

通判

明

洪武周凱直隸棗強人初年任　黎性中四川人

宣德蔣瓛四年任

成化王宗直隸祁州人舉人初年任　陳凱七年任

弘治路仁俊舉人初年任　張經陝西涇陽人舉人

王鐸遼東人舉人　劉仲剛河南汝寧人舉人

熊飛四川成都人舉人　高英直隸人舉人

馬魁山東禹城人舉人　李文陝西人監生

唐　儼　河南羅山人舉人
張　奎　河南裕州人舉人

正德
柴　凱　河南武陟人監生
韓邦奇　陝西朝邑人進士八年任

閻　鎧　山東蓬萊人舉人十年任
李　聚　四川青川衛人監生九年任

趙　元　河南汲縣人監生十五年任
張　仁　山東觀城人舉人十五年任

嘉靖
黄　鍾　順天人舉人四年任
張雲鵬　直隸河間人舉人十二年任

陳　實　山東費縣人舉人十五年任
李東生　山東東阿人舉人十五年任

于　慧　牧馬千戸所人進士十七年任
高　釆　河南郟縣人舉人二十一年任

顧王柱　常熟人二十三年任
蘇承芳　山東濵州人監生二十四年任

孔廷詔　福建永寧人監生二十五年任
賀　府　陝西渭南人進士二十五年任

宋大才直隸新城人舉人二十八年任　胡滈陝西咸寧人舉人二十九年任

馬翽直隸永年人舉人三十一年任　祁珖陝西狄道人舉人三十一年任

張時舉雲南大理人舉人三十四年任　司堂監生三十四年任

姚之風山東聊城人舉人三十六年任　張文林直隸虎賁衛人舉人三十八年任

楊杲陝西岷州衛人舉人三十八年任　牛鉞陝西郿陽人監生四十年任

曹應禎陝西鳳翔人舉人四十二年任　馬元河南林縣人監生四十三年任

齊魯直隸静海人舉人四十四年任　邊維垣四川彭縣人進士四十五年任

隆慶張學古直隸南宫人進士元年任　胡從夏山東壽光人舉人元年任

脱鎬直隸新河人舉人元年任　鄭粹直隸稾強人監生六年任

李養浩　直隸武邑人監生四年任　吳應台　湖廣宜都人舉人六年任

萬曆

賈　緣　陝西韓城人舉人元年任　謝庭菊　山東章丘人官生三年任

李　鈇　陝西階州人歲貢五年任　鄭文彬　遼東安樂人恩貢六年任

馬斯組　河南禹州人舉人十年任　路　曄　直隸饒陽人恩貢十四年任

杜　彭　直隸景州人十七年任　張承祚　直隸肥鄉人官生二十年任

張　謹　河南固始人選貢二十四年任　楊承恩　山東歷城人選貢二十四年任

張　榮　山東壽光人舉人二十七年任　張道傳　雎寧人選貢三十二年任

汪道崇　婺源人舉人三十五年任　陳　憲　順天東安人舉人三十六年任

蕭貽朔　廣東潮陽人選貢三十七年任　張維綱　直隸清苑人選貢四十一年任

高　鈳　直隸清苑人舉人四十五年任　萬一本　全椒人選貢四十八年任

天啓念　易　陝西鳳縣人選貢二年任　李不矜　山東壽光人舉人四年任

吉　贄　直隸開州人准貢七年任

崇禎李應期　廣東翁源人選貢元年任　李四端　河南武陵人恩貢二年任

趙景星　山東大嵩人恩貢五年任　徐　嵩　河南光山人舉人七年任

楊天際　四川龍安人恩貢九年任　王之　陝西咸寧人舉人十年任

朱　佶　河南人貢十四年任

國朝

順治董宗聖　奉天人生員元年任　左光先　直隸塩山人貢三年任

陸世楷 浙江平湖人貢五年任　蘇本眉 山東霑化人貢十年任

孔尚經 山東曲阜人十二年任　陳沃心 直隸河間人廕生十五年任

康熙

朱啓元 陝西膚施人貢元年任　盧仲魁 奉天人筆帖式三年任

唐光椿 福建仙遊人十二年任　林芃 福建閩縣人貢十七年任

周元善 奉天人廕監二十二年任　朱心逸 福建莆田人二十八年任

朱价 順天大興人官監三十三年任　張瀚 順天大興人例監四十一年任

董紳 奉天人監生四十三年任

推官

明

永樂王　倫浙江餘杭人

宣德楊　春

成化郝　貴山東東昌人舉人七年任　楊　輗直隸保定人舉人九年任

郝　杰陝西後衛人舉人十一年任

弘治王　銘直隸灤州人舉人十三年任　姜　閦山東黄縣人進士十五年任

正德田　瀾陝西咸寧人進士四年任　童　寬陝西葭州人進士六年任

東　郊陝西華州人進士七年任　張　綸直隸任丘人舉人十五年任

嘉靖喬　年直隸肥鄉人舉人三年任　張　相山東臨清人進士五年任

黃　綬陝西寧夏衛人進士九年任　焦　璉涿州人進士十五年任

馮時雨直隸景州人進士十八年任　龔　黃陝西咸寧人舉人二十一年任

趙世奎神武衛人進士二十四年任　黃希周山東滕縣人進士二十六年任

楊　敷四川西充人進士二十九年任　劉　贊河南洛陽人進士三十年任

陳　旌直隸故城人進士三十五年任　雷稽古山東恩縣人進士三十九年任

艾　杞陝西米脂人進士四十一年任　侯于趙河南杞縣人進士四十五年任

隆慶劉　魯河南安陽人進士二年任　劉登庸河南洛陽人進士六年任

李天植廣德人進士六年任

萬曆喬　巖河南商丘人進士五年任　王之猷山東新城人進士六年任

崔景榮直隸長垣人進士十一年任　楊耿光山東平度人進士十六年任

蘇光泰山東濮州人進士十七年任　楊正芳湖廣均州人進士二十三年任

李忠臣陝西涇陽人舉人二十九年任　張　銓直隸大名人進士三十三年任

張　僎山東壽光人進士三十九年任　周　鼎宜興人進士四十一年任

宋治寧直隸棗強人進士四十七年任

泰昌杜齊芳河南柘城人進士元年任

天啓白　楹山東平山衛人進士五年任

崇禎柳似祀河南祥符人進士二年任　劉士璉江西泰和人進士四年任

劉光采直隸內丘人舉人九年任　常克念河南登封人進士十年任

景　星河南登封人進士十三年任

國朝

順治石崑田直隸清苑人貢元年任　張四教山東萊蕪人進士三年任

唐　稷宣城人進士六年任　彭　翮陝西真寧人進士十年任

沈貞亨海寧人進士十三年任　毛　逵江西新昌人進士十六年任

康熙井　在順天文安人進士二年任　林士起福建侯官人舉人四年任

今裁

經歷

明

天順　符　璉　五年任

成化　楊　儉　十七年任

正德　高　臣　陝西米脂人監生四年任　　張　珏　直隸南宫人監生十二年任

萬曆　景物鮮　　張武卿

王時舉　　王子大　興濟人選貢三十七年任

孫繩祖　河南太康人監生四十一年任

萬曆四十二年以後無考

國朝

順治 卞世珍 滿州人元年任
平　裕 七年任

謝應奎 山東人歲貢十六年任

康熙 陳　華 浙江紹興人吏員元年任
唐開先 江南天長人貢士二年任

周　憲 湖廣應城人吏員九年任
顧世臣 浙江山陰人吏員十二年任

龔國賓 浙江錢塘人吏員十五年任
陳　情 浙江山陰人吏員十八年任

吳賓彥 浙江錢塘人吏員二十一年任
王雝臣 順天大興人三十五年任

馮　賡 浙江錢塘人三十九年任

照磨

明

天順 黄 玘 五年任

成化 劉從道 十七年任

正德 李 臺 陝西米脂人監生四年任　白繼宗 陝西清澗人監生十三年任

萬曆 張鳳翼　劉大期

郭如岱 山東單縣人監生三十五年任　靳 徵

李自榮 江西永新人監生四十一年任

萬曆四十二年以後無考

國朝

順治 顧鴻 直隸人元年任　劉國盛 湖廣潛江人吏員十六年任

康熙 顧雲路 直隸通州人吏員九年任　龔兆錫 直隸延慶人吏員二十年任

曹世禎 江南懷寧人吏員三十一年任　章自建 浙江會稽人監生四十四年任

府學教授

明

成化劉和河南彰德人　張昉陝西扶風人

弘治田耕陝西咸寧人　仇昉陝西朝邑人

正德皮正河南商城人舉人　張俊山東臨清人舉人

王宗哲直隸元氏人舉人

嘉靖顧紹六年任　張鋐九年任

車寵十二年任　戚大英十四年任

解清二十三年任　齊忠二十八年任

趙大本 三十二年任　李曉 三十五年任

高桂 四十年任　趙雲程 四十一年任

尚同津 四十五年任

隆慶 張永廉 二年任　王弘化 三年任

紀會 四年任

萬曆 袁棟 元年任　王崇瀾 五年任

孫日培 九年任　郭鍇 直隸晉州人歲貢十二年任

毛似徐 山東掖縣人選貢十六年任　韓必光 安丘人舉人十九年任

張雲漢 陝西盩厔人選貢二十二年任　楊禎 直隸南樂人選貢二十四年任

辛蒙四川峩眉人選貢二十七年任　趙志伊直隸保定人歲貢二十九年任

趙來慶河南温縣人歲貢三十一年任　張應龍河南歸德人歲貢三十二年任

江渤陜西静寧人選貢三十三年任　郭必久山東長武人歲貢三十五年任

陶濬直隸通州人歲貢三十六年任　王東璧陜西臨潼人歲貢三十八年任

何廷俊山西大同人選貢三十九年任　白愛采直隸新城人進士四十三年任

啓禎及國朝順治間俱無考

國朝

順治　畢振姬高平人進士

康熙　時鵬雲介休人舉人七年任　賈宗孟大同右衛人舉人十二年任

席待聘介休人舉人二十二年任　焦暎斗高平人舉人二十三年任

宋文鐘澤州人舉人三十五年任　李修詩介休人舉人四十四年任

府學訓導

明

成化鍾　昇山東德州人　何　傳陝西寧夏人

弘治杜　純河南襄城人　侯　相河南汜水人

劉　聰山東蒲臺人　吳　洪陝西咸寧人

姚　斂河南確山人　張　健陝西安化人

楊　鳳陝西興平人　金　溥陝西鞏昌人

正德何　溥山東平山衛人　張　孝山東高密人

李　昭直隸開州人　張　燊陝西三原人

楊　鉞　直隸完縣人　陳　琅　直隸深澤人

張　澄　山東長清人　吴　偉　山東海豐人

霍景英　陝西西安前衛人

嘉靖許　鳳　三年任　郭　瀾　六年任

張　繹　六年任　吴　賢　六年任

張　贊　十年任　戴　惠　十年任

張　選　十年任　單　翔　十二年任

李際春　十六年任　郭汝愚　十八年任

牛文周　十八年任　黄守正　十九年任

李　佑十九年任　　孫　綸二十年任

楊　溢二十三年任　　李　秀二十八年任

陰　綸二十八年任　　高崇勳二十八年任

高　琳三十二年任　　張　模三十二年任

竇　金四十年任　　周餘澤四十年任

石邦柱四十二年任　　楊　萬四十二年任

楊廷玉四十二年任　　井　雨四十五年任

王先民四十五年任　　賈　銓四十五年任

趙永和四十五年任

隆慶王　鑄元年任　　高　軒二年任

賈　澧三年任　　馬堯夫四年任

馬騰衢四年任　　屈　緒五年任

李孔昭五年任

萬曆周欽順元年任　　王景龍二年任

吳堯佐三年任　　李　認三年任

俞　瑶六年任　　劉　彌六年任

張坤元六年任　　呂　向八年任

王尚絅八年任　　張黃裳九年任

宋家宦陝西永壽人十三年任

李應春山西平定人十三年任

楊伊訓永寧人十四年任

楊時春長子人十四年任

趙秋芳襄垣人十四年任

宋寄鄜州人十五年任

呂鏞祁州人十六年任

樊登高榆次人十七年任

王守業沙河人十八年任

白顯陝西膚施人十九年任

郝希孟太原人二十二年任

董三輔公安人二十三年任

張峩三水人二十四年任

張問政遼州人

李生芳嵐縣人二十六年任

張正棠和順人二十六年任

郭西河平定人二十七年任

袁一寵蔚州人二十八年任

黃增業襄垣人三十一年任　畢應元繁峙人三十二年任

羅三晉朔州人三十二年任　杜椰太谷人三十四年任

李友直代州人三十五年任　張惟恭武功人三十六年任

牛𤛓清源人三十八年任　程尚勤長治人三十八年任

劉思第平凉人三十八年任　田弘甸高陵人三十八年任

張極平定州人四十年任

啓禎及國朝順治間俱無考

國朝

康熙韓萬選沁水人歲貢七年任　陳廷扆澤州人歲貢二十一年任

張瑄陽曲人歲貢二十六年任　周廷昌榆社人歲貢三十一年任

田洤陽城人歲貢三十六年任　馬越大同人歲貢三十七年任

臨汾縣

明

洪武　丁　憲　直隸棗強人四年任　畢文煥　揚州人七年任

焦士廉　直隸行唐人

永樂　劉　濬　江西臨川人進士四年任　趙思本　河間人五年任

宣德　袁　衢　四年任　馬文智

正統　劉　郁

成化　楊　重　陝西靈臺人六年任　李　勤　直隸易州人進士十年任

弘治　許　莊　直隸欒州人進士七年任　馬　龍　河南衛輝人進士十年任

李　伸陝西三原人進士十六年任

正德李　隆河南洛陽人舉人二年任　王　杲山東汶上人進士九年任

崔　海直隸新城人舉人十五年任

嘉靖張　佑直隸天津衛人進士元年任　袁　淮直隸任丘人進士五年任

董　珊陝西膚施人進士七年任　劉世用直隸束鹿人進士十一年任

趙　統臨潼人進士十五年任　雷　潤陝西咸寧人舉人十九年任

郭　本山東曲阜人舉人二十一年任　祁　玳陝西狄道人舉人二十五年任

楊君璽彭城衛人進士三十二年任　李之本河南洛陽人舉人三十六年任

嚴　鎡直隸豐潤人進士四十一年任　徐維楫錦衣衛人進士四十四年任

隆慶　陳萬言　錦衣衛人進士二年任　徐學禮　留守中衛人進士五年任

萬曆　劉　金　山東禹城人進士二年任　盧學禮　直隸東明人進士七年任

和　震　河南祥符人進士十年任　邢雲路　直隸安肅人進士十四年任

胡　忻　陝西秦州人進士十九年任　吳聞詩　山東萊蕪人進士二十四年任

秦道顯　河南洛陽人進士二十九年任　孫延長　山東禹城人進士三十三年任

盧養浩　順天薊州人舉人三十七年任　賈繼春　河南新鄉人進士三十八年任

張廷王　陝西膚施人進士三十九年任　張惟一　河南睢州人進士四十四年任

劉四端　河南息縣人進士四十六年任

天啓　孫延洞　山東萊陽人進士元年任　張學周　四川内江人進士三年任

崇禎周文斗山東沂州人進士元年任　張質河南商水人進士七年任

連璧山東曹州人進士十二年任　尹任山東臨清人進士十三年任

劉達直隸濬縣人進士十五年任

國朝

順治陳九奇奉天人生員二年任　張大用奉天人監生三年任

潘伯隆浙江會稽人監生四年任　李一槐奉天鐵嶺人貢生九年任

艾元建直隸通州人選貢十一年任　杜景元陝西安化人恩貢十三年任

李庋四川保寧人舉人十六年任

康熙劉日升陝西平利人歲貢二年任　張克晋河南祥符人貢生五年任

林弘化福建莆田人舉人九年任	劉通濬奉天人舉人十三年任
方輔圓浙江開化人貢監十六年任	沈駿聲浙江仁和人監生十八年任
王承露山東益都人進士二十三年任	賽璋山東靜海衛人進士二十六年任
林登虎福建漳浦人舉人二十八年任	彭希孔奉天人廩生三十一年任
秦棠奉天人監生三十九年任	趙鳳詔江南武進人進士四十年任
徐國琇奉天人監生四十一年任	李廷璦山東諸城人舉人四十六年任

畢文煥以下五人縣志不載孫延長縣志張延長

襄陵縣

明

洪武　余正　王固

沈原道　孫子英

盧智　周郁山東濟南人三十一年任

張枀河南滎澤人　彭文瑩

張允恭　趙聰陝西平京人

周濟陝西洛川人　韓忠河南盧氏人

成化　薛驥華亭人舉人二年任　朱耀丹徒人

謝　謙　山東章丘人舉人　七年任　　李　明　直隸漷縣人

張　鼐　山東歷城人進士　十二年任　　李　谷　直隸故城人進士　十八年任

郝　瑄　直隸安肅人　　張文佐　河南西平人進士　二十二年任

弘治　張　賢　河南祥符人進士　七年任　　李　高　河南虞城人進士　十年任

張　雲　河南信陽人進士　十五年任

正德　李茂元　河南祥符人進士　二年任　　胡汝楫　陝西寧夏人進士　五年任

劉　諭　河南懷慶人舉人　十年任

嘉靖　孫　源　陝西咸寧人舉人　二年任　　程　緒　陝西寶鷄人進士　三年任

張　儁　直隸河間人舉人　五年任　　王　庚　直隸灤州人進士　十年任

何　思直隸雄縣人進士十三年任　高　節陝西咸寧人進士十六年任

邢　淳山東濟陽人舉人十七年任　劉希召河南衛輝人舉人二十年任

尚　薰陝西武功人進士二十三年任　趙希益山東樂安人舉人二十八年任

王如綸直隸安平人進士三十年任　羅　田河南光山人進士三十三年任

侯廷柱山東諸城人進士三十六年任　宋　訓河南新蔡人進士三十八年任

張國彦直隸邯鄲人進士四十二年任　宋之韓河南武安人進士四十四年任

隆慶史思敬直隸棗强人進士二年任　祁　鯨直隸阜城人進士五年任

萬曆錢節用四川人進士五年任　蕭大才山東堂邑人進士七年任

陳　昜山東莒州人進士十二年任　杜養性進士十七年任

李之芬河南西平人進士二十一年任　房壯麗安州人進士二十七年任

丁自勸山東諸城人進士三十三年任　楊作楫四川蓬溪人進士三十八年任

馬逢皐陝西三原人進士四十一年任　史高徜山東人進士

周維新河南濟源人進士

天啓

衞先範陝西韓城人進士元年任　趙京仕陝西城固人進士

馬宗謙直隸河間人舉人　陸之元直隸大興人

崇禎

薛所藴河南孟縣人進士二年任　蕭譜元河南永城人進士十一年任

李用質山東濟寧人進士十四年任

國朝

順治韓養醇山東人舉人二年任　徐長青山東東萊人貢三年任

張　珥陝西同州人進士四年任　黃道隆奉天人貢七年任

胡秉忠奉天人貢八年任　王德明順天人舉人十二年任

鄭應鄭浙江永嘉人歲貢十八年任

康熙謝國傑福建建寧人舉人五年任　徐之駿浙江永康人舉人十五年任

夏紹軾奉天人監生十九年任　馮　勸浙江諸暨人舉人二十七年任

諸來晟浙江山陰人進士三十年任　惲東生江南武進人進士三十七年任

宋繼均四川夾江人舉人四十四年任

成化以前俱無年分

洪洞縣

明

洪武　楊茂三年任　夏處仁

石隱八年任桃源人監生二十

建文　王坦元年任直隸祁州人監生

永樂　余試忠二年任　龔友賢六年任

鄭韶十五年任

宣德　韓企元年任

正統　魯執中元年任　王彧六年任

景泰　趙翔　元年任　尹鑑　雲南太和人舉人四年任

天順　程章　直隸保定人五年任

成化　梅輔　山東臨清人監生　焦舉　陝西宜君人舉人

錢貫　直隸霸州人舉人　馬震　直隸東光人舉人

倪森　山東濮州人監生

弘治　趙溥　陝西寶鷄人舉人元年任　賈琰　陝西韓城人舉人二年任

楊光澤　山東沂水人舉人四年任　邢昭　北直三河人進士十年任

鄭選　河南光州人進士十五年任

正德　馬馴　山東益都人進士二年任　皮正　河南商城人舉人五年任

何琪　直隸鷄澤人舉人九年任

薄廷輔　睢州舉人十二任

浦鋐　十三年任

嘉靖

孫巨鯨　陝西徽州人進士二年任

姚時中　陝西咸寧人舉人五年任

程緒　陝西寶鷄人進士八年任

楊鉞　直隸涿州人舉人十一年任

石宗嶽　山東長山人舉人十四年任

昝如思　陝西三原人進士十五年任

楊九澤　陝西華陰人進士十八年任

陳宗仁　山東濰縣人進士二十一年任

趙宸　直隸平輿人進士二十四年任

王業　陝西蒲城人舉人二十九年任

王大任　陝西保安人進士三十三年任

張守蒙　山東滕縣人進士三十六年任

隨承業　山東聊城人進士三十八年任

楊起元　直隸欒城人進士三十九年任

李與善　山東長清人進士四十三年任

隆慶匡鐸　山東膠州人進士元年任　張崝　直隸開州人進士二年任

王詔　直隸博野人進士三年任

萬曆熊鎡　河南光州人進士元年任　蕭大才　山東堂邑人進士三年任

南兆　山東濮州人進士五年任　喬因羽　陝西耀州人進士八年任

胡三省　直隸沙河人進士十三年任　李炳　河南盧氏人進士十六年任

李汝材　山東德州人舉人二十年任　馬從龍　山東安丘人進士二十一年任

王起蛟　山東鄆城人進士二十三年任　周永春　山東金鄉人進士二十九年任

駱任重　四川墊江人進士三十年任　方應明　河南光州人進士三十五年任

李禎宁　直隸任丘人進士三十八年任　馬鳴世　陝西武功人進士四十四年任

天啓李若梓四川南充人進士二年任　趙京仕陝西城固人進士五年任
崇禎李喬崑陝西高陵人進士元年任　張問行直隸易州人進士四年任
袁葵直隸東明人進士六年任　楊天精河南虞城人進士七年任
石確湖廣人十二年任　王廷掄直隸長垣人進士十三年任
范士楫直隸定興人進士十六年任
國朝
順治秘業廣直隸晉州人貢元年任　崔宗恒山東蓬萊人貢二年任
李成龍奉天廣寧人監生三年任　金貴奉天人貢六年任
張世麒江南休寧人貢十年任　洪其清浙江山陰人貢十二年任

趙三長 江南繁昌人貢十三年任　吳騰鳳 順天人貢十八年任

康熙

張教民 順天大興人監生五年任　劉 揖 江南潁州人進士六年任

邵 琳 浙江餘姚人舉人十二年任　羅映台 浙江鄞縣人進士十三年任

朱 璘 浙江上虞人貢監十七年任　王 芝 江南長洲人監生二十一年任

王 爆 江西上饒人舉人二十二年任　張夔統 奉天人監生二十四年任

丁 珩 江南宿州人例監二十六年任　鄧 嵊 湖廣京山人舉人三十一年任

李 宣 山東登州人拔貢三十四年任　杜連登 奉天人歲貢四十二年任

陳兆業 福建閩縣人舉人四十五年任

浮山縣

明

洪武陳安福建人二年任　徐秉彞河南杞縣人

趙思義河南杞縣人五年任　易昌湖廣人

衛靖　高友諒

宣德王磐山東沂州人　吳安

李安　王鏜山東武城人舉人

李信

成化徐泉直隸宛平人監生　岳宗陝西狄道人舉人

李龢直隸饒陽人舉人　劉祥山東歷城人監生

羅端河南鄧州人舉人縣志弘治間任

弘治鄭昌山東臨清人舉人縣志成化間任　李鼎河南郟縣人舉人

王綸直隸開州人進士　文朴陝西武功人舉人

正德徐環河南羅山人舉人　朱王陝西臨洮衛人

顏德山東文登人　袁寧陝西淳化人

趙資隆巢縣人　劉緒陝西邠州人

李軒河南通許人舉人

嘉靖許安直隸龍門人十一年任　雎廷直隸滑縣人

毛逑古直隸滑縣人舉人二十二年任　　王文瑞善縣人

雷光前陝西朝邑人三十七年任　　李崇文

趙炳直隸真定人　　李希顔陝西咸陽人舉人

張師伊直隸大名人舉人　　李樂江西臨川人舉人

劉孜湖廣人舉人　　董大衆陝西鳳翔人舉人

隆慶
吳增光陝西盩厔人舉人　　王棟山東臨邑人舉人

萬曆
左桐直隸審雲人歲貢二年任　　連守珪直隸栢鄉人歲貢

馬禮山東益都人舉人　　高冠陝西靖魯衛人

奚子厚陝西白水人　　王櫝陝西盩厔人

辛　光陝西耀州人監生　鄭元龍湖廣襄陽人舉人

李　宲山東臨清人監生　劉伯綬山東歷城人舉人

張檢躬陝西同州人舉人　朱夢歐河南温縣人監生

楊逢春陝西乾州人舉人　宗繼壽溧陽人

鄭邦僑山東范縣人選貢　趙應斗直隸鷄澤人舉人四十二年任

陳崇虞雲南呈貢人舉人　宋光顯陝西洮州人

劉之豸陝西宜川人　李秉雲直隸高陽人舉人

張　任直隸滳縣人　徐顯基直隸河間人

劉永慶睢寧人舉人　李　湛直隸定興人

國朝

順治董應徵直隸高陽人貢二年任　楊三戻奉天人貢二年任

王廷佐奉天人貢五年任　鄧源鴻江南江寧人生員

安應耀奉天人貢六年任　李景楝奉天人貢九年任

郝中桂直隸故城人貢十三年任　楊名世河南商城人舉人十四年任

康起學直隸滿城人貢十七年任　甯日宣直隸宛平人貢

康熙張燦江南丹徒人吏員三年任

羅傳河南鄭州人進士七年任　丘士鏞福建漳浦人舉人九年任

潘廷矦奉天寧遠人舉人十一年任　李錦奉天鐵嶺人監生十九年任

王調元陝西洋縣人舉人　王槐河南安陽人舉人

張腁陝西盩厔人舉人　何朝宗河南息縣人進士

盧承宗奉天人三十四年任　王士陟福建寧化人舉人三十九年任

劉銘鍾大興人吏員四十二年任　張昌吉奉天人四十四年任

李鼐舊府志監生宋繼壽舊府志不載府縣志先後俱不符

趙城縣

明

洪武 蕭九成 楊擴

永樂 王寧 李洵

宣德 楊瓚直隸蠡縣人進士 閆政直隸薊州人監生

正統 何子聰直隸呉橋人進士

成化 井儀 高騰山東嶧縣人

弘治 李俊遼東金州衛人監生 向明巢縣人舉人

張轂河南舞陽人舉人

正德　于洪　直隸任丘人舉人　張宇賢　河南河內人監生
顏德　山東文登人監生　倪繼志　山東禹城人舉人
于璉　直隸人
嘉靖　連悅之　河南鈞州人監生　邢倫　山東丘縣人舉人
古儒　陝西咸寧人舉人　安夏　陝西渭南人舉人
李程　直隸阜城人監生　陳秉忠　直隸遵化人舉人
李本　陝西咸寧人舉人　陳正　陝西富平人舉人
宋時　河南鈞州人舉人　萬選　直隸易州人監生
朱文　直隸保定人舉人　王訓賢　陝西綏德人舉人

袁　勿　山東德州人舉人　　賀國定　河南獲嘉人舉人

殷　渠　直隸長垣人進士

隆慶　王　謐　直隸臨城人歲貢　　張舜年　直隸成安人舉人

王承旨　山東恩縣人舉人

萬曆　王起潛　山東青城人舉人　　張　鑑　陝西涇陽人恩貢

楊本古　陝西漳縣人恩貢　　劉世光　山陽人舉人

王之屏　山東曹州人選貢　　史記勳　河南祥符人舉人

董厥修　山東長清人舉人二十一年任　　鄭國勳　河南葉縣人舉人二十五年任

李　旟　陝西富平人歲貢　　張如鈺　直隸隆平人舉人三十一年任

郭俊 陝西通渭人舉人三十五年任　吳之儒 陝西高陵人歲貢三十七年任

朱時麟 直隸南和人選貢三十九年任　李世榮 陝西西寧人貢

劉四端 河南息縣人進士　吳道明 直隸邢臺人舉人

天啓

陳時春 直隸唐縣人舉人　秦樂天 陝西三原人進士

崇禎

索鳴鶴 直隸衡水人舉人　黄纘祖 陝西咸寧人進士

楊琦 山東濰縣人進士　張斗 河南温縣人拔貢

王保鼎 直隸長垣人舉人　陳君舜 河南虞城人

孫份 河南汜水人舉人

國朝

順治

秦嘉兆　奉天人貢二年任

田起龍　奉天人生員三年任

趙祥星　奉天人貢四年任

卞世貴　奉天人貢六年任

葉萬善　江南和州人進士九年任

安錫祚　山東章丘人進士十二年任

趙志抃　直隸藁城人進士十六年任

康熙

袁鼎先　湖廣江夏人進士二年任

陳履卿　福建莆田人舉人十二年任

呂維㰥　山東益都人進士十四年任

李　楷　奉天人監生十八年任

陰本隲　湖廣江陵人監生二十四年任

張問達　江南江都人舉人二十六年任

張以仁　江南丹陽人監生二十八年任

卞永茂　奉天人監生三十年任

劉顯文　奉天人監生三十四年任

徐　容　浙江海鹽人進士四十一年任

王維　河南新鄉人貢四十七年任

史紀勳縣志史紀勳

太平縣

明

洪武　葛洪　劉養直宣城人

沈士廉蘇州人

正統　王貫直隸保定人

景泰　岳嵩

成化　吳譽山東館陶人監生　李滸直隸定州人舉人

徐欽江寧人進士

弘治　展經綸　尹球陝西秦州人進士

荀　鳳徐州人進士　　柴　王直隸景州人舉人

程　銘

正德王　寵山東平度人舉人　　衛濟民陝西韓城人監生

龔　進江西高安人進士　　盛　琛河南商城人舉人

王致中河南洛陽人舉人

嘉靖姚　鄉山東德州人舉人　　王　緒陝西高陵人監生

馬　山山東臨清人舉人　　黄廷璽河南尉氏人舉人

李應霑陝西三原人舉人　　耿　儒陝西武功人舉人

張拱北陝西華州人舉人　　張一誠山東壽光人舉人

牛　綱河南祥符人舉人　王汝鹽直隸真定人監生
袁從道直隸曲周人舉人　鄒學書陝西咸寧人舉人
張　勲直隸寧晉人監生　劉廷芝直隸唐縣人舉人
孫忠朝陝西岐山人歲貢　羅　潮直隸三河人舉人
隆慶
牛思牧直隸清河人舉人　林　桂河南中牟人舉人
萬曆
武　成陝西寧州人舉人　黄　榜陝西寧夏人貢
賀文明陝西臨潼人舉人　胡　璉陝西城固人舉人
婁應奎河南河内人貢　周　諏河南延津人貢
侯于魯陝西渭南人舉人　王一之直隸肅寧人進士

陳堯天 新添衛人舉人二十一年任　張　誼 陝西渭南人舉人二十二年任

劉民望 陝西韓鄭人舉人二十五年任　楊家學 順天固安人舉人三十年任

朱　杞 陝西南城人舉人三十二年任　劉儀鳳 陝西盩厔人舉人

趙天宿 陝西朝邑人進士三十六年任　謝登第 直隸滑縣人舉人三十七年任

郭　峻 陝西通渭人舉人四十一年任　王化行 直隸鉅鹿人舉人四十三年任

衛先範 陝西韓城人進士

天啓

秦一範 陝西蒲城人舉人元年任　馬從朱 陝西同州人舉人三年任

趙京仕 陝西城固人進士三年任　劉鼎卿 陝西同州人舉人四年任

李喬崐 陝西高陵人進士六年任

崇禎劉大猷陝西文縣人舉人元年任　魏公韓湖廣黄岡人進士三年任

荀如桂山東萊陽人舉人四年任　李之實陝西朝邑人舉人七年任

康春聲陝西乾州人舉人十年任　謝繼遷山東掖縣人進士十二年任

張國勳直隸密雲人貢士十三年任　楊標陝西漳縣人貢生十五年任

賈登瀛山東萊陽人貢士十六年任

國朝

順治袁克賢直隸萊水人貢元年任　何廻秀直隸真定人舉人二年任

孟繼昌奉天人貢三年任　劉芳聲直隸滄州人進士四年任

李元忠奉天鐵嶺人貢四年任　負國祥奉天人貢六年任

程衡 奉天人貢九年任　　盧昜 福建惠安人進士十三年任

李本先 湖廣枝江人貢十八年任

康熙
陸舜臣 浙江山陰人貢元年任　　緱酉生 河南安陽人舉人四年任

郭傑 奉天鐵嶺人貢九年任　　何煒然 浙江臨海人舉人十年任

吳軫 廣西容縣人進士十二年任　　白九蛟 陝西長安人吏員二十一年任

趙心抃 四川西充人舉人二十六年任　　譚廷占 廣東番禺人舉人三十年任

臧長源 江西長興人歲貢三十三年任　　沈端理 江南泰州人例監三十五年任

李清鐙 奉天人監生三十六年任　　彭兆逵 江西寧都人進士四十一年任

顧欽 江南吳江人貢生四十五年任

岳嵩劉儀鳳舊府志俱不載鄒學書宦績志寧晉監
生劉鼎卿由萬泉調太平萬泉志宛平人

岳陽縣

明

洪武　楊守忠三年任　劉　謙欒安人舉人六年任

劉君純招棟人貢十年任　金　銘舉人十五年任

陳宗哲河南歸德人舉人二十年任

永樂　馬　驌遵化人舉人

景泰　劉　興山東人元年任

天順　辛　能山東臨清人舉人元年任　王　用陝西乾州人貢生六年任

成化　岳　讓陝西涇陽人舉人二年任　楊　銘山東商河人監生八年任

朱　景陝西寧州人舉人十年任　張　翼陝西寧夏人舉人十五年任

武　壇山東肥城人監生十九年任　蘇　澤山東膠州人監生二十二年任

弘治

尚　達陝西同州人監生元年任　姚　顯浙江德清人舉人十一年任

常　定山東堂邑人舉人十五年任

正德

李昌言陝西秦州人舉人元年任　石　巍舉人五年任

趙　聰河南衛輝人舉人六年任　元思永河南湯陰舉人十年任

孫繼武山東濟寧人十四年任

嘉靖

李　儒南樂人元年任　張　泰涇州人舉人七年任

周　冕貴州人　馬　能陝西靜寧人舉人十五年任

隆慶

萬曆

李文煥　湖廣石首人十九年任
杜名世　山東平原人舉人二十年任
褚　祖　浙江山陰人舉人二十一年任
劉　東　河南扶溝人舉人二十二年任
邊　价　直隸完縣人舉人二十八年任
解中建　陝西武功人舉人三十一年任
聶　儀　直隸新河人舉人三十年任
劉性孝　邠州人舉人三十五年任
李應奇　鎮原人進士三十八年任
李學思　昌黎人舉人四十五年任
隆慶褚　賓　通州人舉人元年任
羅大宗　略陽人
李　貞　河南潁川人舉人五年任
萬曆李元亨　山東新城人舉人元年任
畢三留　直隸井陘人貢元年任
寥　鈿　陝西伏羌人貢二年任
袁汝楫　山東武定人二年任

王協夢　山東利津人五年任　　張惟直　直隸延慶衛人歲貢十一年任

祝永康　河南太康人歲貢十三年任　　逹兼善　直隸邢臺人舉人十四年任

韓應期　潼關人舉人十七年任　　張應壁　順天房山人舉人二十年任

范　堤　陝西郃陽人選貢二十五年任　　陳天季　江西崇仁人選貢二十七年任

白可畏　直隸獲鹿人選貢二十九年任　　魏學張　陝西紫陽人選貢三十一年任

安　思　山東長山人選貢三十二年任　　許期順　山東冠縣人舉人三十五年任

趙汝鋭　山東長清人選貢三十六年任　　傳爾恒　山東聊城人選貢四十二年任

羅日瑞　江西南昌人舉人

天啓

袁允堯　江西南昌人舉人　　晏　相　西鄉人貢

周宇泰南和人恩貢

崇禎

王　慥河南濟源人貢　崔　庚直隸容城人舉人

周萬程直隸香河人貢　邢孔誘山東丘縣人貢

喬王翰陝西富平人舉人　戢邦禮遼陽人貢

國朝

順治

高鍾岐直隸衡水人舉人元年任　黃士奇奉天人生員三年任

劉光裕遼陽人貢士五年任　張應第奉天廣寧人貢士六年任

郭奇勲奉天遼陽人舉人九年任　葉馨然浙江慶元人貢士十四年任

徐兆極順天大興人舉人十五年任　袁一誠浙江新城人貢士十六年任

曹爾鈁直隸樂亭人監生十七年任

高元勳浙江山陰人貢士十二年任

康熙李丕先山東長山人進士元年任

趙時可江南涇縣人進士十四年任

屠天佑湖廣江夏人進士十三年任

朱亮釆浙江秀水人舉人

朱岱山東臨清人拔貢二十年任

盧振先遼東人監生

祖建樞遼東人廕生

王昜陛山東萊陽人舉人

張榮廣東大埔人舉人

王昌祚江南高郵人舉人

周國貺湖廣江夏人進士

曲沃縣

明

洪武李　擴四年任　朱　武華亭人六年任

徐　毅歸德人　宫可初十年任

永樂傳　榮陝西洋縣人　邵　德浙江金華人舉人十年任

武　德廣平人監生　楊　安

洪熙解　義

宣德燕　雲陝西咸寧人舉人七年任　劉　庸

朱　俊

正統黄信　王徽陝西華州人

王政堂邑人　張璠直隸清苑人舉人

張寧清苑人

景泰郭誠湖廣潛江人監生四年任　潘燊陝西長安人

天順王聰直隸青縣人監生

成化高隆陝西白水人監生　李淮直隸東光人監生

張孜河南永城人　劉璣陝西咸寧人進士二十三年任

弘治劉盎山東汶上人　姜實陝西蒲城人進士三年任

周雲徐州人舉人十一年任　陳鼐直隸遷安人進士

正德王　諤右護衛人進士二年任　　翟　銓河南洛陽人二年任

黨　爵陝西朝邑人舉人八年任　　葛　禬錦衣衛人進士九年任

侯　秩直隸長垣人進士十二年任　　李　暹直隸滑縣人舉人十六年任

嘉靖潘如壽陝西三原人舉人四年任　　楚　書陝西寧夏人進士七年任

岳　倫淮安人進士十一年任　　徐用賢山東濵州人監生十二年任

趙　弘河南滎陽人進士十五年任　　陳萬言河南河內人舉人二十二年任

蔣　巖直隸定州人舉人二十三年任　　石　鯨山東益都人進士二十四年任

劉魯生山東恩縣人進士二十七年任　　陰秉暘河南汲縣人進士三十一年任

張學顏直隸肥鄉人進士三十三年任　　劉　孝河南安陽人進士三十六年任

張鏄 陝西武功人進士 四十年任
郭廷梧 河南新鄉人進士 四十四年任

隆慶 楊時寧 河南祥符人進士 二年任
李桐 陝西長安人舉人 六年任

萬曆 韓易知 陝西涇陽人舉人 四年任
沈時叙 河南祥符人進士 六年任

何出光 河南扶溝人進士 十一年任
柳佐 山東臨清人進士 十六年任

楊檟 山東德州人進士 二十年任
蒯諫 陝西寧夏人進士 二十七年任

李焞 直隸長垣人進士 三十三年任
趙彥復 河南杞縣人進士 三十六年任

何承祚 陝西涇陽人進士 四十年任
周士樸 河南商丘人進士 四十二年任

王明善 新城人進士

天啓 倪成章 梓潼人進士
張元俊 山東人進士

崇禎張文光河南祥符人進士　余一鵾河南信陽人進士

李士淳廣東人進士　耿章光山東館陶人進士

王九牧陝西醴泉人進士　石瑩玉陝西延安人進士

國朝

順治田一冲直隸内丘人貢二年任　張爌河南商丘人進士三年任

李倬棟奉天人貢六年任　董亨奉天人貢十年任

劉國禎福建閩縣人貢十三年任　聶榛山東鄒縣人貢十七年任

康熙朱光祚陝西渭源人貢二年任　周鉞福建莆田人舉人五年任

熊僎江西新淦人進士十八年任　何遵約陝西雒南人二十三年任

蔣　琦　浙江嘉善人舉人二十五年任　王立極　江南太倉人舉人二十七年任

黄明豫　河南尉氏人舉人二十九年任　潘　錦　福建崇安人進士三十三年任

彭兆邕　浙江海鹽人貢生四十六年任

徐毅舊府志不載翟銓舊府志在王諤之前岳倫縣志懷安衛人蔣㠑縣志長安人

翼城縣

明

洪武　李諒　山東濰縣人二年任　王源渭　八年任

宣德　丁璉　河南祥符人舉人十年任

景泰　徐禎　湖廣遠安人舉人元年任　王綱　河南洛陽人舉人四年任

順治　王珵　山東昌邑人歲貢六年任

成化　賴英　直隸任丘人舉人九年任　王琮　河南新野人舉人

曹俊　陝西臨洮人舉人二十年任

弘治　段應　河南固始人舉人二年任　馬瓛　陝西蘭州人舉人五年任

張忠 山東泰安人進士十三年任
羅璋 陝西安化人舉人

正德
蔣瓚 山東高唐人舉人二年任
宋汝澄 河南武陟人舉人五年任

崔仲進 直隸昌黎人舉人十年任
靳顯 直隸滑縣人舉人十二年任

嘉靖
孫昴 山東昌邑人進士元年任
王利 山東陽信人舉人三年任

楊縉 山東壽張人進士六年任
張廷實 陝西臨潼人舉人八年任

羅紳 直隸寶坻人舉人十四年任
劉洛生 山東恩縣人進士十九年任

鄢桂枝 四川大足人舉人二十二年任
劉光遠 河南杞縣人進士三十一年任

朱本固 河南洛陽人舉人三十五年任
魏濟民 直隸定興人進士三十八年任

趙江 河南祥符人舉人四十年任
單訥 直隸棗強人進士四十二年任

陳　琦　河南洛陽人進士　四十五年任

隆慶

劉竟成　河南確山人進士　二年任

張　綸　直隸淸苑人進士　六年任

萬曆

紀　會　陝西洋縣人舉人　元年任

孫　充　河南固始人進士　三年任

周　詩　山東德州人進士　七年任

賈名儒　直隸真定人進士　十二年任

卜自用　山東益都人舉人　十四年任

宋　薦　直隸肥鄉人進士　十六年任

陳所聞　河南考城人進士　十九年任

孫　琡　陝西渭南人進士　二十五年任

張五典　山東陽信人進士　三十一年任

何　篪　河南洛陽人舉人　三十三年任

崔儒秀　河南陝州人進士　三十五年任

王褒善　山東昌邑人舉人　三十七年任

陳諫言　四川資縣人舉人　三十九年任

單　崇　山東高密人進士　四十五年任

天啓 李嵩 直隸棗強人進士三年任

崇禎 王脩長 直隸吳橋人舉人三年任　李士淳 廣東程鄉人進士四年任

李秉雲 直隸高陽人舉人七年任　趙堪 山東汶上人進士八年任

劉居廣 直隸滄州人舉人十年任　程沘 河南郟縣人舉人十二年任

李根深 直隸宛平人舉人十五年任　李可植 陝西武功人進士十六年任

國朝

順治 祁還春 直隸靈壽人貢士元年任　趙坊 山東武城人進士三年任

何斯美 陝西鎮番人舉人五年任　白珍 奉天人生員七年任

胡獻珵 奉天人進士九年任　左斗光 陝西膚施人拔貢十五年任

鄭之衡浙江西安人舉人十八年任　涂夢花福建漳浦人進士八年任

康熙王考祥山東淄川人進士七年任

陳應富奉天人舉人十一年任　王　鏐直隸真定人監生二十年任

司　鉉直隸寧晋人進士二十四年任　徐國顯江南合肥人拔貢二十七年任

李祖諫浙江義烏人舉人三十三年任　臧含璧山東壽張人拔貢三十六年任

馬文鏞江南吳縣人貢士三十八年任　李在兹河南睢州人舉人四十七年任

楊緍縣志壽光人

汾西縣

明

洪武　洪彦昇　福建莆田人進士八年任　劉　亨　直隸遵化人監生二十九年任

正統　陰　俊　賈　珪　四川巴縣人監生

成化　賈　宣　直隸冀州人監生十四年任

弘治　王　旋　河南洛陽人進士元年任　安　祥　河南儀封人舉人

正德　曹　記　陝西人舉人元年任　路　欽　直隸永年人監生五年任

高　福　大興人舉人十年任　張大威　河南杞縣人舉人十二年任

嘉靖　何　魯　山東萊州人歲貢十一年任　馬汝駿　揚州人舉人二十四年任

黃　甲陝西人　王　錦二十六年任

朱　輝三十四年任　胡大爵直隸晉州人歲貢四十四年任

隆慶谷　金直隸人歲貢元年任　蔣成光直隸保定人舉人三年任

萬曆喬　傳直隸三河人舉人元年任　高應選順天人歲貢四年任

孫從教陝西韓城人舉人七年任　王自謹河南洧川人恩貢八年任

陳王道直隸蠡縣人歲貢十年任　張問善河南祥符人舉人十二年任

孫延卿直隸王田人歲貢十五年任　王　汲陝西西鄉人選貢十七年任

王　賓陝西榆林衛人歲貢二十年任　袁一俊河南祥符人舉人二十一年任

桑正衍山東濮州人舉人二十四年任　甯　瑨廣德州人選貢二十六年任

秦宇直隸東光人舉人三十二年任　毛烱直隸任縣人舉人三十四年任

王騫河南湯陰人舉人三十九年任　張延祚山東館陶人

李本植直隸玊田人　牛耀漢直隸獲鹿人

孫以約山東棲霞人　周夢麟

崇禎張爾維陝西咸陽人舉人四年任

王道行　張翼明高苑人

陝一桂丼州人　孫允升直隸阜平人

國朝

順治郭九固順天廣宗人貢士二年任　王三接山東曹縣人進士三年任

王守節　奉天人貢八年任　党　傑　陝西澄城人貢十年任

周受殷　直隸欒城人恩貢十三年任　李邑蔚　直隸棗強人官監十四年任

康熙周　皐　陝西朝邑人舉人二年任　蔣鳴龍　浙江建德人拔貢八年任

沈　寧　浙江石門人進士十四年任　金玉相　奉天人廕生二十年任

郝鯍嵃　河南穎川人舉人二十七年任　孫　渭　浙江仁和人例監三十年任

靳　讓　河南尉氏人進士三十四年任　徐　炘　山東蓬萊人歲貢三十九年任

金舜白　江南上海人教習四十三年任

黄甲舊府志不載蔣戍光縣志蔣戍先啓禎間縣志俱不分某朝某年

靈石縣

明

洪武 朱賡七年任　張光十一年任

李尚文濟南人十六年任

宣德 馬進獲鹿人貢九年任

正統 文盛三年任　李閆五年任

張翼七年任

景泰 范寧郎墨人七年任

天順 王珏五年任

成化李瑛二年任　張騰涿州人五年任

王雄十一年任　梁搢長安人十九年任

楊懋二十三年任

弘治劉嵩鹽山人舉人七年任　閆誼邠州人舉人十二年任

黃鑑十年任

正德程倫元年任　宋愷廣平人三年任

韓德新蔡人三年任　孫璲韓城人舉人七年任

楊龍易州人舉人十年任　陳元延慶衛人監生十四年任

劉頫壽光人十五年任

嘉靖　吳　深　定陶人元年任　　稍騰漢　安定人四年任

王　敏　龍門衛人監生九年任　　劉應祥　開州人舉人十三年任

种　奎　階州人監生十七年任　　汪文昭　山東膠州人監生二十三年任

吳　府　青州衛人舉人二十六年任　　李　徵　陝西寧夏人舉人二十七年任

趙　炳　曲陽人監生三十三年任　　魯汝舟　富順人舉人三十四年任

董大經　臨潼人舉人三十五年任　　王　植　安定人舉人三十八年任

蔡鍾靈　瑞昌人監生三十九年任　　謝永昌　招遠人監生四十一年任

陳嘉謨　伏羌人舉人四十三年任　　申嘉言　安化人舉人四十四年任

隆慶　曹　乾　保安衛人監生五年任

萬曆白夏　潁川衛人二年任　林蘊　郾城人恩貢七年任

周守正　豐潤人恩貢九年任　萬嘉會　太康人恩貢十三年任

何錦　安州人選貢二十年任　趙民容　巴縣人舉人二十四年任

袁應春　鳳翔人舉人二十四年任　路一麟　栢鄉人進士二十七年任

潘鳳梧　普安人舉人三十二年任　李登　靈壽人歲貢三十四年任

馬國藩　平鄉人舉人三十六年任　楊于庭　隴西人選貢三十八年任

沈復禮　仁和人恩選四十二年任　卜應第　唐山人舉人四十七年任

天啓丁仕俊　武功人舉人二年任　趙民徵　獲鹿人舉人二年任

齊士斌　昌黎人恩貢四年任

崇禎史臣贊山東濟南人恩選元年任　趙一龍遼東人恩貢五年任

王惟衡滑縣人恩貢十年任　孫敬十七年任

國朝

順治張曝直隸趙州人舉人二年任　徐來麟奉天人生員三年任

張世綬奉天人生員五年任　趙希普奉天人貢六年任

狄其麟江南溧陽人歲貢十年任　孟嵺陝西涇陽人進士十二年任

徐用華浙江江山人拔貢十六年任　李廣生直隸大興人拔貢十七年任

康熙侯榮圭濟源人舉人十年任　任楓河南汝州人進士十三年任

金王衡奉天人十九年任　張琪奉天人監生二十五年任

郎國禎奉天人監生三十二年任

梁國光奉天人監生三十九年任

蒲縣

明

洪治陳善陝西人舉人　尹信直隸通州人舉人

張純陝西潼關人舉人

正德傳鼎直隸新河人舉人　劉鶚直隸趙州人歲貢

李冕直隸慶都人歲貢　安富陝西三原人歲貢

孟順陝西金州人歲貢　魏能四川長壽人舉人

嘉靖王能直隸樂亭人歲貢　趙顯直隸鉅鹿人歲貢

強中陝西中部人歲貢　劉奎順天寶坻人舉人

高郁山東利津人歲貢　葛蘭河南信陽人進士

牛惠陜西咸寧人舉人　丁介順天人舉人

牛潤河南胙城人歲貢　李燧直隸新城人歲貢

周良轉直隸獲鹿人歲貢　李居仁山東觀城人歲貢

韓竹直隸高陽人選貢　邊像直隸任丘人舉人

尉恭合肥人恩貢　宋益陜西隴西人舉人

孔繼武直隸安肅人歲貢　席鸞陜西潼關人選貢

杜梧陜西寧遠人歲貢

隆慶韓超然山東臨淄人歲貢　朱肯構直隸涿州人歲貢

楊乂學陝西商州人選貢　賈三友直隸固城人舉人

萬曆何應昌陝西秦州人選貢　毛一鳳陝西南鄭人舉人

孫光庭陝西徽州人歲貢　吴崇禮山東寧陽人進士

何一理河南靈寶人選貢　張滚山東齊東人歲貢

王化陝西蘭州人舉人　高應斗直隸邢臺人歲貢

彭潤山東歷城人舉人　曹立陝西慶陽人選貢

李自成陝西伏羌人歲貢三十年任　李方升陝西咸寧人舉人三十二年任

鄭可行山東臨淄人選貢三十四年任　段鳴雷河南舞陽人選貢三十六年任

徐應元直隸棗強人舉人三十九年任　于連躍直隸肅寧人舉人四十年任

宋足徵 山東濮州人舉人　劉自治 遼東瀋陽人歲貢

王攀龍 河南虞城人舉人

天啓 羅永新 順天三河人貢三年任

崇禎 王桂 陝西高臺人貢元年任　蘇萬邦 山東膠州人舉人三年任

田時茂 陝西富平人貢四年任　張啓謨 四川仁壽人舉人五年任

沈第 直隸邢臺人貢七年任　陳國籌 直隸文安人舉人八年任

蕭奇棟 直隸撫寧人選貢十一年任　劉政德 陝西寧夏人貢十五年任

國朝

順治 郭琯 直隸沙河人貢二年任　馮美王 浙江嘉興人進士五年任

馮國柱遼東人貢七年任　王永祚遼東杏山人貢九年任

張之鳳陝西華陰人舉人十一年任　董珏直隸高陽人貢十三年任

張晟湖廣應城人舉人十四年任　王國鼎山東武城人選貢十六年任

吳循光直隸霸州人舉人十八年任　吳運新江南貴池人進士七年任

康熙

王啓泰山東淄川人舉人二年任

胡必蕃湖廣孝感人舉人十年任　顧鼎銓浙江仁和人舉人十五年任

朱元袷江南嘉定人進士十九年任　張嵋順天籍貢監年任

劉佐國廣東新會人舉人二十三年任　張元英正藍旗增生三十四年任

陳法河南柘城人舉人四十四年任　朱龍耀廣西臨桂人舉人四十六年任

趙顯縣志不載何一理張滾舊府志不載劉奎縣志

劉魁高應斗縣志高應科

蒲州

明

洪武徐政湖廣大冶人三年任　孫毅山東茌平人舉人十一年任

蕭士名河南溫縣人舉人二十二年任

建文王綷陝西秦安人二十五年任　楊清山東青城人

永樂王亨陝西清水人八年任　劉儀陝西清澗人舉人二十年任

宣德胡善山東臨清人舉人十年任

正統王績興濟人二年任　張廉陝西長安人

景泰劉九皋四川眉州人舉人四年任　葉旭浙江麗水人五年任

徐　孚浙江黃巖人舉人七年任

成化張本濟湖廣潛江人進士三年任　蔡　晟河南睢州人進士七年任

蔣　睿武進人進士十年任　陳　相泰州人進士十三年任

許　鵬山陽人舉人二十三年任

弘治胡　昂直隸真定人進士元年任　趙　淵山東人舉人十一年任

盛　茂直隸順義人舉人十八年任

正德梁　辨山東武城人舉人元年任　曹　銘山東臨清人監生五年任

殷　鏃丹陽人進士六年任　楊　譽浙江昌化人進士九年任

王俊民湖廣石首人進士十三年任　葉　鳴江西上饒人進士十五年任

嘉靖
高　淪　江都人進士元年任
華　湘　泰州人進士四年任
朱應昌　順天人進士八年任
楊儒魯　湖廣興國人進士十年任
楊順明　四川南充人進士十一年任
趙　維　湖廣武昌人進士十三年任
陳崇慶　江陰人進士十五年任
趙　統　陝西臨潼人進士十九年任
李秉雲　河南鈞州人進士二十二年任
馮惟訥　山東臨朐人進士二十三年任
陳皐謨　江陰人進士二十四年任
朱熙載　山東平山衛人二十九年任
陳應和　浙江歸安人進士三十二年任
王文源　山東青城人舉人三十四年任
胡　濡　陝西咸寧人舉人三十五年任
邊　像　直隸任丘人舉人三十六年任
劉　旦　陝西咸寧人舉人三十九年任
張佳徜　四川銅梁人進士四十一年任

吳一瀾　江西南昌人進士四十四年任

隆慶

宋　訓　河南新蔡人進士元年任　　許希孟　河南固始人進士三年任

陳以朝　江西寧州人進士五年任

萬曆

陳治典　山東東平人舉人四年任　　胡峻德　河南光州人進士五年任

何允升　河南杞縣人進士七年任　　鄭文彬　湖廣黃岡人恩貢十一年任

屈拱北　陝西咸寧人舉人二十年任　　郭元柱　四川隆昌人進士二十五年任

孫好古　河南湯陰人進士二十七年任　　勇　慎　順天霸州人舉人二十九年任

王堯民　陝西漢中人進士三十四年任　　鄭賡起　直隸深州人舉人三十五年任

張羽翔　浙江龍遊人舉人三十五年任　　程　志　桐城人舉人三十九年任

楊必達陝西寶鷄人舉人四十三年任
苟虞龍河南洛陽人舉人四十五年任
胡大壯湖廣巴陵人舉人四十八年任
魏良槐陝西三原人舉人四十八年任
天啓
白宗舜陝西清澗人舉人元年任
吳　淑丹徒人進士三年任
梁弘建廣西永福人舉人五年任
崇禎
畢　達四川華陽人舉人元年任
張文乙山東濟寧人舉人四年任
趙承華山東冠縣人舉人八年任
王𢐅徵河南安陽人舉人十年任
潘同春浙江餘姚人進士十一年任
張弘發陝西洛南人舉人十六年任

國朝

順治
林天擎奉天人貢士二年任
李　彬直隷開州人舉人二年任

錢法裕　浙江仁和人三年任　高應聘　奉天錦州人貢七年任

周夢熊　江南江寧人監生九年任　馬翰如　陝西隴州人舉人十二年任

侯康民　江南海門人貢十八年任

康熙　張九纛　奉天錦州人舉人七年任　李雄飛　四川巴州人舉人九年任

許嗣印　奉天開原人廕生十一年任　紀大昇　奉天人廕生十六年任

吳　瑾　湖廣黄州人進士二十三年任　蔣嘉謨　奉天人二十六年任

柴應辰　直隸容城人舉人二十八年任　謝廷璣　奉天人二十八年任

李六成　河南寧陵人進士三十六年任　朱　碞　河南陳州人貢四十四年任

徐政州志洪武二年任王亨州志不載陳皋謨州志嘉靖二十六年任王堯民州志萬曆三十三年任

臨晉縣

明

洪武　郭　或　　孫　集山東寧海人

倪　晃鹽城人

永樂　李　讓山東海豐人　　閻　鐸直隷滄州人舉人

宣德　趙　固陝西咸寧人　　張　黥山東武城人

正統　郝　璵河南武陟人　　徐　純湖廣慈利人

盧　淵直隷滁縣人

景泰　張　平山東濟寧人　　王　恭陝西邠州人

趙　訥　山東淄川人

天順　李　驥　陝西涇陽人舉人

成化　飽　孜　四川重慶人　　楊　璘　陝西莊浪人

毛鳳來　河南西平人進士　　張　安　陝西環縣人

弘治　李　煥　河南杞縣人　　劉紹宗　山東武城人

王　鑑　陝西安定人舉人五年任　　劉　泮　河南上蔡人舉人九年任縣志劉洋

正德　許　鑑　河南靈寶人四年任　　劉　錫　河南淅川人六年任

任　恩　直隸南宮人舉人八年任　　蔺　鏜　河南陽武人舉人十四年任

丁守忠　陝西慶陽人舉人十六年任

嘉靖 高仲福 陝西三原人進士九年任
焦子林 山東淄陽人舉人十一年任

孫　格 河南信陽人舉人十四年任
王九思 山東膠州人十八年任

張舜臣 山東章丘人進士二十年任
何時昌 陝西咸寧人舉人二十三年任

闞治教 山東泰安人舉人二十四年任
王顯忠 直隸保定人進士二十六年任

李　豸 山東齊東人進士二十八年任
蕭九峯 直隸三河人進士三十二年任

李世藩 直隸臨城人進士三十二年任
王嘉祥 山東莘縣人進士四十二年任

韓可教 直隸欒城人四十三年任
閻　漳 山東蓬萊人進士四十四年任

李　繼 陝西三原人舉人四十五年任

隆慶 黄　茂 湖廣武昌人進士二年任
史邦直 山東樂陵人進士四年任

程　楮　陝西朝邑人舉人六年任

王毓陽　陝西綏德人進士三年任

萬曆

張　燮　直隸晉州人舉人二年任

趙　岍　陝西盩厔人進士九年任

劉　卿　廣西全州人進士八年任

吳崇禮　山東寧陽人進士十五年任

王　化　陝西蘭州人舉人十三年任

楊廷受　直隸定州人進士二十一年任

李呈瑞　陝西咸寧人舉人二十年任

張羽翺　山東洞水人二十五年任

王國禎　陝西咸寧人進士二十三年任

朱　堦　河南固始人進士三十三年任

高惟岡　陝西神木人進士二十六年任

楊名顯　陝西富平人舉人四十一年任

葛如麟　山東德平人進士三十八年任

葉萬禛　山東人舉人四十六年任

天啓陳　韜河南光山人進士元年任　秦懷慶直隸平山人舉人三年任

崇禎高向輝陝西三原人舉人元年任　盧錫瓊廣東人進士六年任

駱方璽浙江永嘉人進士八年任　王之瓚北直人舉人十一年任

楊日昇陝西富平人十一年任　閔白寅十三年任

馬魁選陝西華亭人貢十六年任

國朝

順治李盛枝萊蕪人進士二年任　趙之華唐山人歲貢三年任

青伯昌洛陽人進士三年任　李如瑜登封人進士四年任

李起龍奉天人貢六年任　何紘度臨海人進士十一年任

孫宗元 淄川人進士十三年任

康熙 郭理陽 祁州人恩貢三年任　王鼎 華陰人舉人六年任

張湛逢 宣城人進士八年任　潘士瑞 奉天錦州人舉人十二年任

李國華 奉天人廕生十四年任　張之奇 河南祥符人舉人十六年任

王景晉 河南新鄉人舉人十九年任　賈振裘 直隸武強人舉人二十二年任

齊以治 湖廣應城人進士二十四年任　徐煜 浙江山陰人貢監二十七年任

潘鵬雲 山東樂陵人進士二十八年任　陳彬 福建晉江人舉人三十三年任

王光皐 河南西華人進士三十五年任　戴錫蕃 江南休寧人貢士四十一年任

徐炘 山東蓬萊人貢士四十三年任

榮河縣

明

洪武　施　原七年任

宣德　張　坦山東博平人監生二年任

正統　趙　瑢浙江嘉興人監生　范　顏山東沂州人監生六年任

景泰　甄　璣山東武城人監生二年任　于　縉河南上蔡人監生三年任

曹　相宿遷人監生五年任

天順　李逢春陝西隴西人舉人二年任

成化　馬　遜山東臨清人監生二年任　張　寧山東歷城人監生十三年任

陳　魁 山東益都人監生十九年任　孫　賢 山東陽信人舉人二十三年任

弘治 高　騰 河南臨潁人舉人四年任　王　洪 山東德州人舉人

魏　昴 錦衣衛人進士十五年任

正德 趙　琨 河南永城人舉人　宋　緯 直隸高陽人舉人四年任

董　弼 河南鈞州人舉人　馬　安 陝西武功人監生十年任

李景和 直隸保定人舉人

嘉靖 邵　縉 陝西西安人舉人　張　讓 山東諸城人進士八年任

賈　鎬 陝西寧州人監生　唐　縮 山東曲阜人監生

劉　俊 山東章丘人監生　高雲鵬 河南彰德人舉人

吕　信 直隸順德人舉人　賈守正 陝西三原人舉人

劉元登 陝西朝邑人舉人　高承恩 河南祥符人舉人

楊　灝 河南汝陽人舉人　蕭奇亨 陝西咸寧人歲貢

陳　霆 萬全都司人歲貢　賈汝塤 直隸慶雲人歲貢

侯　祁 山東鄆城人進士三十五年任　魏崇叙 陝西咸陽人監生

王嘉言 直隸樂亭人歲貢　楊　詢 陝西邠州人監生

徐　騰 浙江崇德人舉人　吳　朝 陝西西安人舉人

隆慶

雷大壯 河南上蔡人進士　劉　珍 陝西漢陰人歲貢

焦景光 直隸沙河人歲貢

萬曆
呂　亮直隸高邑人　　卓世彥河南祥符人進士
王可久河南安陽人舉人　　郝朝臣直隸邢臺人恩貢
沈名實河南商城人恩貢　　謝賜紀陝西郃陽人恩貢
曹　倌望江人舉人　　吳來朝山東萊蕪人歲貢
張應嗶陝西隴西人歲貢　　王昌道陝西咸寧人歲貢
王立本直隸灤州人歲貢　　梅　燠直隸遵化人舉人二十四年任
強自修陝西韓城人舉人三十一年任　　賈之琜陝西鎮原人選貢三十三年任
宋名世河南商丘人進士三十六年任　　楊尙寬直隸良鄉人選貢三十七年任
王天民遼東蓋州人舉人三十九年任

田有年　陜西扶風人舉人　　王會蕭　河南鄢陵人舉人

天啓

智錠　北直元氏人舉人　　高之儁　直隸阜城人舉人

索鳴鶴　直隸衡水人舉人

崇禎

倪秉誠　直隸阜城人舉人　　陳萬化　福建閩縣人歲貢

王之麟　陜西延川人歲貢　　馬登龍　河南新野人歲貢

曹自省　陜西涇陽人歲貢　　石　貴　陜西石泉人歲貢

李從繩　河南禹州人舉人　　王心正　直隸曲陽人歲貢

張相漢　山東新泰人歲貢

國朝

順治　姜應蛟直隸任縣人貢元年任　黃家宰陝西靖邊人貢四年任

裴雲龍奉天人貢五年任　武振國奉天人貢六年任

李九疇奉天人貢八年任　張錫文江南江都人貢十六年任

康熙　陳覲聖湖廣武陵人進士二年任　李長庚奉天人舉人十二年任

趙國宜奉天人廕生十八年任　逯維垣奉天人廕生二十六年任

郭金門湖廣善化人舉人三十六年任　梅夢級江南宣城人貢生四十一年任

猗氏縣

明

洪武　岳大初六年任　王　鈍太康人

吳　琰十六年任　葛宗仁二十七年任

永樂　郭　慶四年任

宣德　張　嵩潁州人十年任

正統　馬　智七年任　魏文正

景泰　徐　善元年任　耿　熙直隸高陽人五年任

天順　左　寅山東沂州人六年任

成化楊文 陝西寶鷄人元年任　張經 陝西涇陽人十三年任

弘治王憲 元年任　劉麒 直隸新樂人五年任

徐誼 長山人歲貢十一年任

正德馬綸 直隸真定人舉人五年任　李鳳鳴 七年任

翟聰 直隸任縣人舉人九年任　王哲 河南祥符人歲貢十年任

鎖鑰 江西永寧人舉人十六年任

嘉靖王準 陝西長安人進士二年任　張誼 陝西人舉人五年任

路雲霄 陝西人舉人八年任　翟居仁 河南人歲貢十二年任

賈汝淮 臨潁人舉人十五年任　李奇 河南洛陽人歲貢十八年任

齊君問 河南偃師人舉人 二十年任
邢綸 陝西南鄭人舉人 二十二年任
陳邦彥 直隷容城人選貢 二十五年任
宋九紹 山東德州人舉人 三十年任
李世藩 三十一年任
韓應春 山東茌平人舉人 三十三年任
扈鏜 河南汲縣人歲貢 三十七年任
劉夢舜 直隷三河人舉人 四十一年任
姚謙夫 山東聊城人歲貢 四十五年任

隆慶

江潤 山東即墨人選貢 二年任
崔守義 山東莘縣人歲貢 四年任
樊釭 陝西富平人舉人 六年任

萬曆

何允升 河南祁縣人進士 三年任
管皦如 陝西白河人舉人 六年任
賈一鶚 直隷霸州人進士 十年任
陳經濟 河南禹州人進士 十三年任

黃道見 陝西咸寧人舉人 十七年任
李景登 遼東廣寧衛人進士 二十年任
李存 河南寧陵人歲貢 二十三年任
郭九有 陝西涇陽人進士 二十四年任
王道平 山東高苑人進士 二十九年任
馬逢慶 直隸平谷人舉人 三十三年任
馬孔昭 山東諸城人舉人 三十七年任
賈鈳 直隸清苑人舉人 四十二年任
白汝珩 陝西雒南人舉人 四十六年任

天啓
房學顏 直隸南和人貢元 年任
曹暹 陝西岐山人進士 三年任

崇禎
李樹聲 陝西岐山人舉人 元年任
岳呈秀 直隸隆平人舉人 七年任
李昌齡 陝西咸寧人舉人 十年任
楊弘道 陝西隴州人舉人 十二年任
牟先苞 陝西南鄭人舉人 十三年任
于廷臣 直隸滄州人舉人 十五年任

國朝

順治楊春茂直隸昌平人舉人元年任　陳映星直隸滑縣人貢二年任

陳素抱奉天人監生三年任　于時榮遼陽右衛人貢五年任

高向極奉天人貢六年任　陳堯江南崑山人貢十年任

房拱極山東東阿人貢十二年任　韓豫江南丹徒人進士十五年任

王中興山東齊東人貢十六年任　楊乾晉湖廣黃陂人貢十七年任

康熙劉堡湖廣廣濟人貢七年任　夏日瑚江西德化人貢九年任

東京江南丹陽人舉人十年任　陳一魁浙江金華人貢十一年任

吳祚昌江南沭陽人舉人十六年任　王纘昊福建漳州人貢二十年任

趙　德　廣東順德人舉人二十三年任　李　澍　直隸大興人例監二十八年任

陶自悅　江南武進人進士三十四年任　封　鄴　江南泰興人舉人四十二年任

葉弘綬　江南崑山人進士四十四年任

劉　麒　縣志弘治七年任

萬泉縣

明

洪武　汪俊德　　高志學

永樂　劉英　　陳鉞

洪熙　張惠河南陽武人

正統　齊肅山東臨淄人　　鄭昭山東泰安人

景泰　于彦信山東棲霞人　　趙行山東恩縣人

天順　梁棟直隸固安人

成化　崔明河南新鄭人　　王聰山東膠州人

鄭旻山東金鄉人　蘇鎮山東臨清人

弘治劉晙山東泰安人　張信山東曹縣人

章溥山東人　毛鳳直隸欒城人

彭檜陝西平京人　崔蓁河南襄城人舉人

正德張席珍山東長山人　王顯陝西長安人舉人

逯鼎山東章丘人舉人　李翀直隸天津衛人監生

嘉靖王大節直隸大名人元年任　楊蘭山東曹州人監生

張鯨河南汲縣人監生　馮鎮直隸保定人舉人

梅雲陝西咸寧人舉人　傅秀直隸棗強人監生

王　欽陝西安定人監生　袁一誠陝西慶陽人歲貢

寇良經河南洛陽人　金　瓛陝西金縣人監生

雷　震山東張秋鎮人　項　瓊浙江永嘉人舉人

薛文通直隸三河人歲貢　劉文光山東平原人歲貢

李　鑰直隸瀋陽衛人舉人　張　恪山東觀城人舉人

陳奉珪河南寧陵人歲貢　桑　梓陝西咸寧人舉人

隆慶李廷棟直隸淶水人舉人三年任　李汝栢陝西芮泉人歲貢

萬曆孟國正河南信陽人監生元年任　李　寅陝西涇陽人舉人四年任

郝　恍山東魚臺人恩貢五年任　別　方陝西咸寧人舉人八年任

王惟中　陝西鄠縣人恩貢　十年任
徐　棟　河南寧陵人恩貢　十二年任

符嘉訓　河南内鄉人選貢　十三年任
秦效鵬　直隸永年人舉人　十六年任

林喬木　廣西全州人舉人　二十年任
王藎臣　直隸河間人貢士　二十三年任

馬一廉　河南安陽人舉人　二十五年任
洪世弼　江西樂平人舉人　二十七年任

符剛中　直隸永清人舉人　三十三年任
趙乾清　陝西華陰人舉人　三十五年任

呼延楫　陝西宜川人選貢　三十六年任
藺　桂　陝西扶風人舉人　四十年任

姚惟業　陝西靈臺人選貢
范文源　北直定興人選貢　四十五年任

天啓
劉鼎卿　北直宛平人舉人
劉大猷　陝西文縣人舉人

崇禎
許　倜　北直高陽人舉人
張　斗　河南温縣人選貢

陳培基遼陽人貢　張鳴鶴北直深州人貢

馬負圖陝西麟遊人貢生　李　珍直隸安肅人貢生

朱率錞陝西寧夏人

國朝

順治周之桓順天大興人舉人元年任　賈之禛順天延慶人貢士二年任

王　訓山東安丘人進士四年任　甯維忠撫順人貢六年任

趙世猷順天大城人舉人十年任　王　堦山東掖縣人舉人十二年任

鄭　章福建閩縣人進士十七年任

康熙蔡啟新順天大興人監生三年任　歐陽鼎湖廣景陵人進士七年任

周敬修湖廣當陽人貢九年任　丘圜卜江南睢寧人進士十一年任

陳見智山東曲阜人進士十四年任　丁珩江南宿州人貢十九年任

卞三提奉天蓋平人廕生二十四年任　瞿亮邦江南常熟人歲貢三十四年任

杜能忠山東樂陵人進士四十七年任

劉英舊府志不載遜鼎縣志不載張惠舊府志永樂間任鄭旻縣志蘇旻系梓縣志系樟李廷棟舊府志李廷陳傳秀縣志舉人崔明宦績內并霍州志俱北直新城人

河津縣

明

洪武 王汝霖 江西湖口人進士

宣德 王政 山東棲霞人四年任

正統 趙郁 山東金鄉人元年任 張濟 直隸曲周人

天順 唐祥 直隸靈壽人七年任 趙愷 陝西清水人七年

成化 韓宣 直隸滿城人二年任 李壁 直隸通州人十年任

陳斂 山東東平人十一年任 李珩 山東濟寧人

李佐 山東東平人

弘治
金　茂直隷撫寧人五年任
劉永昌山東東萊人

高　堅十三年任
王　翔十七年任

正德
晁　讓山東東阿人舉人三年任
韓　相山東人舉人

王　諤陝西西安人進士
程勉學陝西寶鷄人

嘉靖
姚繼先山東濟寧人舉人二年任
郭世祿直隷內黄人舉人五年任

耿　儒陝西武功人舉人八年任
樊得仁陝西郃邑人舉人十一年任

陳大策河南登封人監生十五年任
張　芹河南許州人舉人十九年任

梁　秀山東曹州人舉人二十一年任
雍　焯陝西臨洮人舉人二十五年任

滕　蛟山東聊城人舉人
高文學直隷寶坻人選貢三十年任

梁　昂　山東登州人貢三十七年任　　王光裕　山東高苑人貢三十九年任

李學詩　陝西延安人舉人四十一年任　　李成棟　湖廣人舉人四十五年任

隆慶　崔元吉　山東濟南人舉人二年任　　張汝乾　陝西洛南人貢四年任

萬曆　盧重華　直隸永年人貢　　杜　漸　山東清平人貢

劉希孟　山東安丘人進士五年任　　閻廷梓　河南項城人舉人八年任

卜自用　山東益都人舉人十二年任　　張紹文　陝西延安人貢十四年任

杜　桐　山東冠縣人貢十七年任　　張　洪　直隸順義人舉人十九年任

張崇儒　四川巴縣人舉人二十二年任　　崔　講　山東新城人舉人二十七年任

白　鯤　直隸南和人舉人三十二年任　　冀從勤　直隸成安人三十五年任

吳致知山東濰縣人舉人三十五年任　周　愼山東諸城人舉人三十七年任

黄中色直隸長垣人舉人三十八年任　文　煒河南禹州人舉人四十三年任

王世芳直隸成安人舉人四十六年任

泰昌孫延洞山東萊陽人進士元年任

天啟智　鋌直隸元氏人舉人元年任　馬文烇河南項城人舉人五年任

邊之靖河南封丘人進士七年任

崇禎郭景昌河南洛陽人進士二年任　李士焜直隸任丘人進士七年任

柴可久河南人貢十二年任　許　宸河南内鄉人進士十四年任

劉　達直隸濬縣人進士十五年任　劉芳久貴州人舉人十七年任

王　新山東人舉人十七年任

國朝

順治馬之驪直隸雄縣人舉人二年任　李　源山東德州人進士四年任

孟　泰奉天人貢六年任　王應泰河南臨潁人貢十年任

賈士遴直隸大興人貢十三年任

康熙王乾元山東聊城人舉人二年任　崔鳴鷟直隸內丘人進士八年任

馬光遠山東人進士十年任　鍾儀奇陝西洵陽人進士十三年任

曲維喈直隸獻縣人廩生十四年任　賈還朴河南淅川人進士二十三年任

楊　王江南武進人監生二十六年任　史可述貴州貴定人拔貢三十二年任

吳寶林　浙江石門人貢生三十七年任

聶　儆　福建永安人舉人四十四年任

盧重華杜漸周慎縣志不載劉希孟縣志萬曆四年任張紹文縣志居庸人文煒縣志金谿人

解州

明

洪武　洪範四年任　史弼直隸河間人

魯執中八年任

永樂　李恕

宣德　戚寧

正統　吳惠江西浮梁人進士七年任

景泰　郭攀浙江錢塘人舉人元年任

天順　張恪陝西米脂人監生三年任　趙盈直隸天津人舉人八年任

成化張寧河南夏邑人舉人元年任　張華上元人舉人十五年任

張鉞遼陽人舉人二十一年任

弘治任福陜西耀州人舉人二年任　劉濟直隸趙州人進士五年任

李溥直隸定州人進士九年任　程觀山東寧陽人舉人十年任

趙忠錦衣衛人舉人十二年任

正德李昆山東高密人進士二年任　李文敏河南汲縣人舉人四年任

陳傑直隸蠡縣人舉人十一年任　衛桓河南葉縣人舉人十一年任

朱環直隸大興人舉人十三年任

嘉靖黄敏才　解情山東東平人十八年任

張習　進士三十年任

徐祚　宣城人進士三十三年任

王惟寧　陝西興平人進士三十五年任

趙廉　陝西寧羌人三十七年任

陳秉政　直隸遵化人四十一年任

隆慶

呂文南　陝西咸寧人舉人元年任

萬曆

李廷棟　直隸淶水人舉人元年任

王喬衡　湖廣石首人舉人四年任

劉九澤　直隸延慶人進士六年任

王無逸　直隸獲鹿人舉人八年任

周世科　四川內江人進士十年任

宋昂　陝西咸寧人舉人十一年任

李御情　直隸蠡縣人舉人十四年任

魏養蒙　河南洛陽人進士十六年任

王道正　山東霑化人進士二十二年任

賈化淳　山東高唐人進士二十四年任

張汝雨　直隸栢鄉人舉人　二十六年任　　張仕周　二十九年任　選貢

陳堯言　浙江餘杭人舉人　三十二年任　　王應昌　浙江嵊縣人舉人　三十三年任

張如鈺　直隸隆平人舉人　三十五年任　　李士英　陝西咸寧人舉人　三十八年任

唐謙吉　直隸曲周人舉人　四十一年任　　熊萬騰　陝西人

天啓

張起龍　直隸高邑人　　羅成才　四川人

徐文煒　溧水人舉人

崇禎

羅于垣　湖廣人舉人　　李弘禎　陝西三原人舉人

王冶　直隸薊州人舉人　　曹宇躋　山東人舉人

張其瑾　河南洛陽人進士　　閆堯年　直隸隆平人貢士

宗鴻議　靖邊所人舉人

國朝

順治胡向明　河南郾城人貢二年任　田一倫　直隸内丘人進士三年任

徐良卿　奉天人貢五年任　趙斯傑　奉天人貢六年任

崔天爵　奉天人貢八年任　鄒蘊賢　奉天人貢十年任

馬雲騰　河南河内人舉人十三年任　呂兆璜　河南新安人貢十八年任

康熙曾懋蔚　福建古田人貢五年任　陳士性　浙江會稽人貢七年任

王朱旦　浙江鄞縣人貢十六年任　潘天植　奉天鐵嶺人貢十八年任

萬象　湖廣麻城人監生二十年任　江闓　貴州貴陽人舉人三十一年任

王柱國奉天人監生四十年任

趙盈州志趙鑑張寧解州名宦傳成化五年任趙忠通志名宦傳弘治十三年任通志名宦內有林元叙傳查解州舊志呂修而主之者元叙也林呂俱有志序可考而職官竟遺其名

安邑縣

明

洪武劉芳　田貞二十五年任

晋之用二十九年任　鄭岩陜西武功人貢

永樂白威河南新野人七年任　稽銘

曹嚴　王理

蘇洪河南南陽人進士十九年任　黎宣湖廣荆門人貢

馬泰直隸滑縣人貢

正統黄琮

景泰 稽巖

天順 楊磬 陝西靈臺人舉人六年任　李寬 直隸盧龍人貢

劉謹 陝西靈臺人貢

成化 王徵 直隸南樂人舉人十三年任　竇祥 河南鞏縣人進士十八年任

弘治 朱智 河南滎澤人進士五年任　李震 陝西榆林衛人監生

楊文 山東館陶人貢　李鑾 山東東阿人十二年任

正德 霍恩 直隸易州人進士二年任　解晃 四川巴縣人進士

魏瓚 陝西涇陽人舉人八年任　晁寵 陝西膚施人貢

張鏜 陝西咸陽人舉人十二年任　李銳 瀋陽衛人貢

陳邦敷陝西乾州人進士　余昇直隸薊州人進士

嘉靖郭世祿直隸內黄人貢五年任　王鋭河南信陽人進士

馬汝徐州人　韓㷲直隸任丘人舉人

劉金四川馬湖人貢　劉汀直隸南宫人進士二十年任

張世昌山東平原人舉人　齊忠山東濟寧人舉人

劉儒陝西中部人舉人　吳大道直隸任丘人舉人

李瑜陝西三原人進士　傅希摯直隸衡水人進士三十七年任

朱擢陝西渭南人進士四十三年任　錢楷山東冠縣人進士四十四年任

隆慶袁弘德直隸曲周人進士四年任　劉希孟山東安丘人進士六年任

萬曆卓世彥河南祥符人進士三年任　牟可立河南汝陽人進士六年任

李嶶猷山東臨邑人進士十二年任　賈名儒直隸眞定人進士十四年任

路一麟直隸栢鄉人進士十八年任　王一之直隸肅寧人進士二十一年任

王璽河南胙山人進士二十七年任　呉愈河南洛陽人進士三十一年任

邢其任山東臨清人進士三十六年任　劉弘化湖廣長沙人進士四十一年任

耿啓直隸東鹿人進士四十四年任

天啓王楫山東泰安人進士元年任　曹麟趾山東汶上人舉人二年任

崇禎張問明直隸邯鄲人舉人二年任　陳鈿山東昌邑人舉人

王嘉謨山東樂陵人舉人　房之屏直隸宛平人舉人十五年任

國朝

順治 韓逢陽 直隸雄縣人舉人二年任　王榮寵 河南太康人恩貢二年任

劉禮典 山東東阿人恩貢三年任　佟國鼎 奉天人貢四年任

張元品 奉天人貢生七年任　王秉樞 直隸良鄉人恩貢十一年任

孫自俊 陝西同州人舉人十二年任　白意 陝西澄城人舉人十五年任

康熙 鹿盡心 直隸定興人舉人元年任　趙增 山東汶上人進士五年任

楊茂熙 奉天人廩生十四年任　高遠 湖廣漢陽人舉人十六年任

周振瑗 浙江嘉善人進士十八年任　戴謙 江南人監生二十年任

尤則顴 山東泗水人貢監二十三年任　柯世榮 福建人二十六年任

林　秀福建莆田人舉人二十七年任　俞宗文浙江富陽人貢生三十年任

邵錫蔭浙江仁和人監生三十三年任　曾　旭雲南建水人舉人三十六年任

張　縉雲南通海人舉人四十六年任

陳邦敷縣志張邦敷韓縣志韓煖朱擢縣志嘉靖四十二年任李嶶猷縣志萬曆十一年任

夏縣

明

洪武　閻育　浙江會稽人四年任

永樂　劉珪　興平人二年任

正統　雷縉　陝西同州人舉人七年任

成化　鄭明　河南固始人三年任　楊通　陝西鄠縣人舉人十三年任

李嵩　山東德州人舉人十五年任　陳潤　浙江臨安人進士十八年任

弘治　姜洪　廣德人進士二年任　丁順　河南許州人舉人八年任

羅九思　陝西淳化人監生十一年任　許瑾　陝西咸寧人十七年任

正德楊樞陝西臨潼人舉人六年任　高福北京人舉人十二年任

棨察陝西藍田人進士十四年任

嘉靖楊宜直隸衡水人進士二年任　單文彪山東單縣人進士三年任

吉顯東陝西長安人七年任　鍾恕河南南陽人舉人八年任

朱鎰遼東廣寧衛人監生十二年任　徐祚宣城人進士十六年任

黃楝河南湯陰人舉人十七年任　李全四川內江人進士二十一年任

朱鑑順天人舉人二十五年任　岳粹山東冠縣人進士二十七年任

沈瑬浙江德清人進士三十二年任　康世耀直隸完縣人進士三十五年任

劉寧直隸定州人舉人三十七年任　任子勤陝西渭南人監生三十九年任

王言大河南衛輝人舉人四十年任　岳　相山東壽光人進士四十二年任
季遐齡山東夏津人舉人四十二年任　李　溥直隸定州人進士四十五年任
隆慶
陳世寶直隸鉅鹿人舉人五年任
萬曆
楊　溢陝西臨潼人舉人三年任　孫養默山東鄒平人舉人九年任
員惟蓁陝西華陰人舉人十三年任　柳　佐山東臨清人進士十五年任
張重恩河南祥符人舉人十六年任　高　奎直隸清苑人舉人十七年任
王邦靖河南祥符人舉人二十一年任　李汝禎懷安衛人選貢二十三年任
韓　薰陝西洋縣人歲貢二十六年任　袁應春陝西鳳翔人舉人二十八年任
賈熙載直隸鷄澤人舉人　姜承德海門人選貢三十年任

胡　耩陜西洵陽人選貢三十四年任　潘　箕山東濟寧人舉人三十八年任

石可久陜西延川人舉人四十一年任　杜　喆山東博平人舉人

張升一河南人舉人

天啓劉　斌河南光山人進士　程登龍湖廣江夏人舉人

王彦葵陜西南鄭人舉人

崇禎張美含河南裕州人進士　許　倜直隸高陽人舉人

袁　葵直隸東明人進士　邊惟隆直隸任丘人舉人

楊雲梯陜西郃陽人舉人　王　位陜西鳳翔人舉人

國朝

順治吳明儒直隸保定人貢元年任　戴　興直隸大名人貢二年任
劉之屏直隸萬全人進士四年任　遲日巽奉天廣寧人貢七年任
鄭四端河南陳留人進士十三年任　丘宗文奉天人貢十六年任
康熙羅于廷四川閬中人舉人元年任　劉壯國河南潁州人進士五年任
羅在公四川營山人舉人十年任　張林綸浙江仁和人進士十七年任
丘淑文山東濟寧人監生十九年任　史　晟廣東饒平人舉人二十一年任
宋國賢奉天人例監二十三年任　高其志陝西商南人舉人二十六年任
陳龍震廣東海豐人舉人二十八年任　孫　鈞湖廣黄岡人舉人二十九年任
李中瑚湖廣蘄陽人舉人三十一年任　郎廷枚奉天人例貢三十三年任

蔣起龍廣西全州人舉人四十三年任

縣志吉顯東嘉靖六年由永和調繁

聞喜縣

明

洪武　張同文十二年任　陰　皣容城人十九年任

正統　侯　琳山陽人

景泰　郝　斌元年任

天順　石　堅四年任　張　翼八年任

成化　邢　懋元年任　燕　春關輔人

王　輅十年任

弘治　楊　澤直隸河間人進士　李　凱

羅　經十二年任　　呉　璇山東高唐人舉人十三年任

正德
閻良貴直隸隆平人監生元年任　　李　時直隸涿州人進士

王棨霄陝西淳化人舉人　　蔣　亨武進人進士八年任

王　琳山東安丘人舉人十一年任　　段　瓚河南夏邑人監生十三年任

劉鳳儀河南儀封人舉人十五年任

嘉靖
張問行直隸內黄人進士元年任　　李朝綱陝西武功人舉人五年任

閻　倬陝西隴州人進士八年任　　楊廷璋直隸樂亭人監生十四年任

劉　倌陝西中部人舉人十七年任　　史載德直隸任丘人進士二十一年任

郭秉藩山東金鄉人進士二十七年任　　楊九澤陝西華陰人進士三十年任

沈維藩　直隸定州人進士　三十二年任　杜　華　直隸霸州人進士　三十六年任

王學習　直隸安肅人舉人　三十七年任　羅　田　河南光山人進士　三十九年任

李復聘　陝西盩厔人進士　四十年任　馬三樂　山東陽信人進士　四十二年任

隆慶　文　作　四川涪州人進士　二年任　王象乾　山東新城人進士　五年任

萬曆　陳　識　陝西乾州人舉人　五年任　康　梣　陝西武功人舉人　十一年任

仙　豸　山東濟寧人舉人　十四年任　申　田　直隸靈壽人進士　十八年任

喬允升　河南孟津人進士　二十二年任　曹光讓　山東蓬萊人舉人　二十二年任

徐　明　陝西岐山人進士　二十四年任　李養正　直隸魏縣人進士　二十八年任

李果就　河南孟津人舉人　二十八年任　喬嘉棟　河南洛陽人舉人　二十九年任

方以知　河南人舉人三十二年任　　雷復豫　陝西高陵人選貢三十三年任

霍　琚　山東青城人舉人三十五年任　　楊作楫　四川蓬溪人進士三十六年任

周鳴秦　陝西商州人舉人三十八年任　　劉似鰲　直隸高陽人進士

時　化　山東濰縣人舉人　　劉士璉　陝西三原人舉人

天啓　苗思順　河南寧陵人進士　　張守約　陝西三原人舉人

張　耀　陝西三原人舉人

崇禎　劉大知　天津人舉人　　周成德　貴州人舉人

李華先　陝西郿縣人舉人　　楊偉績　山東萊陽人貢士

賈之驥　直隸延慶人貢士　　李　茬　河南原武人舉人

劉芳久 平溪人舉人
王殿國 河南柘城人舉人

國朝

順治
李震成 直隸滄州人進士二年任
高之恒 直隸青縣人貢三年任

孫之華 河南虞城人進士四年任
鍾萬靈 奉天人貢六年任

鄭奕垣 廣東河源人進士十年任
劉珏 湖廣潛江人貢十二年任

鄒白淑 湖廣江陵人進士十四年任
李如蘭 河南武陟人進士十六年任

康熙
梁參乾 陝西山陽人貢三年任
邵時夔 江南無錫人貢五年任

沈光瑀 浙江鄞縣人舉人九年任
韓維基 山東淄川人進士十三年任

王士美 江西金谿人舉人十五年任
許自俊 江南嘉定人進士十九年任

武宣奉天人監生二十一年任　王景皐奉天人監生三十年任

佟國琪奉天人監生三十六年任　江國棟奉天人監生四十四年任

張問行舊府志張問行縣志無燕春有王璵燕壽郭秉藩舊志名宦傳郭東藩

平陸縣

明

洪武姜儀二年任　張謙山東人

孔守道十八年任

正統李恭

天順開志三年任

成化王圓十二年任

弘治王文舉山東肥城人舉人　喬恕河南寧陵人進士六年任三年任

侯尚文山東掖縣人舉人十年任

正德
苗　盛陝西同州人舉人五年任
申　綸直隸永年人進士八年任
夏古淵河南西平人舉人十年任
李　鋭直隸河間人舉人十四年任
賈　深直隸東鹿人舉人十六年任
嘉靖
桑　玕陝西平凉人進士元年任
王　紳陝西涇州人舉人四年任
徐元孝浙江餘姚人舉人七年任
李東生山東東阿人舉人十一年任
郭　錢河南夏邑人監生十六年任
劉　金四川馬湖人監生十八年任
童　珊陝西長安人舉人二十一年任
魏宗倫直隸清苑人舉人二十六年任
杜　爵陝西興平人舉人二十九年任
田克國陝西商南人舉人三十二年任
王　坤河南遂平人監生三十四年任
趙重器直隸天津人舉人三十五年任

馬　義直隸灤縣人監生三十六年任　吳守禮山東莒州人監生三十七年任

王發蒙直隸鉅鹿人貢四十一年任　張　相直隸人監生四十三年任

王學孟直隸安平人舉人四十五年任

隆慶費　桂大興人舉人五年任　丁一元山東掖縣人舉人六年任

萬曆李　澤山東嶧縣人恩貢五年任　陶萬象直隸棗強人恩貢十年任

劉　誼陝西臨洮人選貢十三年任　吕一元直隸滄州人恩貢十四年任

邊自化陝西咸陽人舉人十六年任　鄭　金直隸廣平人舉人十八年任

郭　烋陝西咸寧人選貢二十一年任　張　瑆山東曹州人進士二十二年任

王懋官山東平度人歲貢二十三年任　吳友直順天人舉人二十四年任

王　取陝西藍田人選貢二十六年任　馬民牧直隷南和人舉人二十八年任

魏學徵陝西咸陽人舉人三十二年任　強自修陝西韓城人舉人三十三年任

彭　搏直隷蠡縣人舉人三十五年任　谷樂民河南許州人舉人三十六年任

李時榮河南確山人選貢三十八年任　胡承志直隷唐山人舉人四十年任

張惟一河南睢州人進士四十四年任　劉士璉陝西三原人舉人四十六年任

劉孟科陝西平凉人舉人四十八年任

天啓李韞秀直隷永年人舉人二年任　陸之元浙江平湖人舉人

崇禎湯維新山東濟寧人進士　黄　鏘福建人舉人

王冲漢河南商丘人舉人　耿大節河南洛陽人舉人

趙鳳雛 陝西三水人舉人
賈士璋 直隸人貢

趙兆麟 山東單縣人舉人

國朝

順治 何斗光 浙江山陰人吏員元年任
王德顯 河南偃師人進士四年任

崔倬 奉天廣寧人貢七年任
李德論 河南寶豐人舉人十八年任

康熙 陳國泰 湖廣麻城人生員五年任
徐吳錦 江南武進人貢九年任

柴應辰 順天永清人舉人十三年任
易體震 湖廣宜都人貢十九年任

魯賡呂 廣東高要人舉人二十年任
馮遵祖 浙江歸安人進士二十三年任

董佩蘅 奉天人例監二十七年任
金煒 浙江會稽人貢監三十一年任

孫肯穫奉天人貢三十四年任　王匡國四川納溪人進士三十六年任

董之燧江南天長人進士四十二年任

張謙侯尚文舊府志不載李滜蔚萬象劉詛彭搏谷樂民縣志不載吕一元至馬民牧府縣志先後俱不符

芮城縣年俱無考

明

張友直 蔡希仁

俞士真婺源人進士 張智直隸河間人監生

孟濟陝西朝邑人監生 魏謙直隸南樂人監生

武英陝西葭州人監生 王安河南商水人舉人

李英陝西寶鷄人監生 任亨山東滕縣人舉人

張仲篙河南羅山人舉人 岳嵩山東武定人監生

李濟陝西三原人監生 盧欽直隸涿州人監生

張珏直隸慶都人監生　石守正陝西同州人舉人

楊志直隸容城人舉人　韓鶚直隸高陽人舉人

張訓山東長清人監生　張世恭陝西邠州人舉人

馬思敬直隸東鹿人監生　王安山東文登人監生

高儀陝西膚施人舉人　張來鳳直隸覇州人舉人

張效仁直隸新安人舉人　劉珦山東文登人監生

秦瑁直隸涿州人舉人　白世卿陝西秦州人進士嘉靖十四年任

郭顯宗高邑人監生　孫大有直隸衡水人監生

朱篪河南光州人舉人　周時相直隸安州人舉人嘉靖二十二年任

何可能　河南衛輝人舉人
鍾如嵩　湖廣辰溪人監生
強自省　陝西鳳翔人舉人嘉靖三十五年任
魏　民　河南柘城人嘉靖三十七年任
楊繼志　直隸曲陽人歲貢嘉靖三十九年任
錢萬選　直隸濬縣人貢嘉靖四十三年任
隆慶
胡　佐　陝西邠州人監生元年任
李　斗　陝西鳳翔人舉人五年任
萬曆
張廷賢　陝西漢中人舉人
裴希孟　直隸邯鄲人舉人
李　選　陝西白河人恩貢十一年任
李居泰　陝西武功人舉人
張　鯉　山東膠州人恩貢
程　策　山東濟陽人選貢十八年任
鄒學詩　陝西西寧人選貢
徐伯蕽　山東寧海人選貢
楊之栢　陝西河州人選貢
王養心　陝西蒲城人舉人二十八年任

江　渤 陝西靜寧人選貢　張　遂 陝西華州人舉人三十三年任

趙庭琰 山東濱州人舉人三十六年任　宋子質 山東昌邑人舉人四十一年任

郝土膏 陝西郿縣人進士四十四年任　陳　瑞 陝西潼關人舉人四十七年任

天啟

王來鳳 雲南人舉人二年任　張　堪 陝西褒城人進士三年任

姜士佐 山東膠州人舉人五年任

崇禎

傅永淳 直隸靈壽人進士三年任　任　濬 山東益都人進士五年任

范廷輔 山東滋陽人舉人六年任　陶徜譽 陝西雒南人舉人八年任

趙一彩 山東青州人十年任　倪光薦 天津衛人貢士十年任

閻拱宸 北直通州人貢士十四年任　陳達德 浙江義烏人貢士十六年任

國朝

順治

呂秉忠奉天人貢二年任　黃雙璧山東寧海人貢三年任

韓日旭江南臨淮人貢四年任　李浹山東德州人進士五年任

金國璽奉天人貢七年任　吳成功奉天人貢八年任

張天維陝西蒲城人舉人十二年任　郭嵩直隸故城人貢十四年任

王自修河南新鄉人貢十五年任

康熙

羅于田湖廣應城人貢六年任　畢盛讚山東淄川人進士八年任

胡心尹順天昌平人舉人十三年任　尹從王山東樂安人進士十八年任

蕭長祚湖廣漢陽人貢二十三年任　武廷弼奉天人監生二十六年任

高壽名　直隸大興人進士三十一年任　邵璿　江南無錫人選貢四十四年任

舊府志縣志俱無歷任年分先後俱不符傳永淳縣志名宦傳傳從淳

絳州

明

洪武顧　登十年任　　吳居仁十七年任

石　稳二十八年任

正統李　學河南祥符人四年任　　王汝績江西金谿人九年任

景泰劉　詵直隸昌黎人三年任

天順李　瓊廣西靈川人元年任

成化許　茂陝西乾州人二年任　　言　芳山東鄒平人六年任

林士弘湖廣湘陰人監生九年任　　許　珙山東滋陽人十三年任

劉觀 山東平度人十五年任　　賈定 河南通許人進士十八年任

弘治　董寧 順天漷縣人進士二年任　　時中 常熟人進士五年任

徐崇德 山東濟寧人舉人十二年任

正德　趙希夔 河南儀封人舉人三年任　　江璋 歙縣人舉人五年任

韓轍 遼東衛人舉人六年任　　易謨 河南固始人進士九年任

費一本 湖廣江華人舉人十年任　　李文絜 江西貴溪人舉人十二年任

程鴻 陝西延安衛人舉人十六年任

嘉靖　黃建 浙江人舉人七年任　　錢貢 蘄水人舉人十年任

劉璲 陝西潼關人舉人十三年任　　高光烈 山東膠州人舉人十四年任

葛㸅北直人舉人

崇禎何言常州人舉人　雷翀陝西郃陽人舉人六年任

黨琓陝西城固人　賈我年山東定陶人進士

蔣汝賢北直人舉人　孫順貴州人進士十四年任

白爾王北直人舉人　石瑩王陝西芮泉人進士

國朝

順治陳維新奉天廣寧人二年任　聶源直隸萬全人舉人二年任

馮雷鳴江南金壇人進士四年任　張雲龍奉天人貢六年任

單惺直隸棗強人舉人九年任　薛世望湖廣江陵人貢十四年任

王琦直隸大興人舉人十六年任　　張琰圭山東堂邑人廕生九年任

康熙劉顯第奉天人貢二年任　　蒲昌廸四川渠縣人舉人十七年任

曹廷俞直隸景州人廕生十五年任　　高士鵠直隸灤州人恤廕二十八年任

劉滋直隸宣化人廕生十九年任　　董匡祚奉天人監生三十一年任

魯史直隸大興人歲貢三十年任　　胡一俊直隸灤州人例監三十六年任

汪曾垣浙江錢塘人貢三十四年任

黃儒州志貢儒啟禎間州志俱不分某朝某年

稷山縣

明

洪武　李恭讓　山東濮州人二年任　茹伯賢　陝西人選貢八年任

李均保　白璧

永樂　張旭　溫縣人選貢　陳暉　直隸元城人貢二十二年任

宣德　楊春

景泰　胡士寧　江西樂平人元年任　傅柔　江西人貢四年任

天順　張琦　山東霑化人貢三年任　張諒　河南鹿邑人監生八年任

成化　溫和　涇州人舉人十二年任　蔡清　山東歷城人貢十四年任

孫　節　通州人舉人二十年任

弘治徐　璟　直隸武清人舉人二年任　邢　旭　直隸深州人舉人六年任

柳　聰　河南睢州人舉人十年任　崔　蓁　河南襄城人舉人十一年任

彭　檜　陝西平凉人貢十三年任

正德張　善　平陰人舉人三年任　來　亨　肥城人舉人五年任

張廷康　直隸文安人舉人八年任　袁　梧　陝西醴泉人舉人十四年任

嘉靖蘇　煥　山東曹縣人舉人二年任　張鳳翔　山東招遠人舉人四年任

賈　憲　安定人貢四年任　高　義　河南葉縣人舉人八年任

馮應元　陝西咸寧人進士十二年任　田　澤　懷柔人舉人十七年任

張昺陝西涇陽人舉人二十年任　于槀直隸長垣人舉人二十二年任
馬鐸陝西固原人貢二十五年任　楊文卿直隸鹽山人舉人二十六年任
崔乾直隸薊州人舉人三十二年任　匡允甫山東膠州人貢三十四年任
杜萬斛河南新蔡人貢三十八年任　王下賢陝西鳳翔人舉人四十一年任
趙應乾山東蓬萊人貢四十四年任　孫倌陝西安化人舉人四十五年任
隆慶甯科河南孟津人舉人五年任
萬曆李汝器陝西葭州人選貢元年任　王無逸直隸獲鹿人舉人四年任
劉圻順天大興人恩貢八年任　王自謹河南洧川人選貢九年任
馬懋山東安丘人恩貢十年任　殷煉直隸長垣人舉人十二年任

董繼祖 河南洛陽人進士十五年任
王司諫 山東掖縣人舉人十六年任

苗應元 山東武定人舉人十七年任
劉一相 山東長山人進士十九年任

李希召 河南蘭陽人進士二十一年任
吳　美 陝西高臺人選貢二十三年任

王豫立 陝西涇陽人進士二十四年任
王重光 直隸魏縣人舉人二十六年任

張學韓 山東曹州人舉人三十一年任
吳　俊 陝西鳳翔人舉人三十五年任

薛承教 陝西咸陽人進士三十六年任
張思恭 河南許州人舉人三十七年任

李三畏 陝西臨潼人恩貢四十二年任
劉三錫 直隸大興人舉人四十四年任

郭守畿 直隸開州人舉人四十八年任

天啟 焦　浴 陝西寧夏人貢四年任

崇禎李燧庭山東肥鄉人貢二年任　許連榜河陰人貢士六年任

徐率性直隸平谷人貢七年任　薛一印陝西韓城人舉人十年任

白足長陝西清澗人貢十三年任

國朝

順治楊之柄直隸良鄉人舉人二年任　王登祿直隸任丘人進士五年任

張拱端直隸完縣人恩貢七年任　姚延敵浙江烏程人進士十年任

畢際有山東淄川人貢十四年任　韓應恒安丘人舉人十八年任

康熙孟孔脈陝西冨平人舉人元年任　于越江南金壇人貢八年任

顧涞初浙江歸安人進士十年任　張希哲江南廣德人貢十四年任

朱天爵奉天人貢監十八年任　梁永淳直隸容城人舉人二十二年任

傅宗浙江蕭山人舉人二十八年任　侯文燦江南無錫人貢監三十年任

暢泰兆河南新鄉人進士三十五年任　侯嶽琦河南獲嘉人舉人四十三年任

謝兆龍浙江會稽人歲貢四十四年任

李恭讓縣志李公讓楊春縣志楊椿傅彔縣志傅彔

徐璟縣志徐景張延康縣志張延康許連榜徐率性

薛一印白足長縣志俱不載于槀縣志嘉靖二十三年任吳峻縣志萬曆三十四年任

絳縣

明

洪武林永和六年任　林實八年任

張億十七年任

永樂李順四年任

正統劉智山東長城人監生十四年任

天順齊斌山東昌邑人監生八年任

成化陳能陝西安化人舉人七年任　蔡清山東歷城人監生十四年任

智宿山東德州人監生十六年任　李恕直隸任丘人舉人二十年任

楊　景　陝西涇陽人舉人　二十年任
張士英　陝西膚施人舉人　二十三年任

弘治

康　恕　山東陵縣人舉人　五年任
崔　鑑　山東德州人舉人　十七年任

蘇　昱　直隸武邑人監生　十八年任

正德

許　堂　山東東昌人舉人　三年任
田　鎡　陝西富平人監生　五年任

王一麟　四川青神人進士　七年任
包得仁　山東蒙陰人舉人　九年任

陳　逵　直隸晋州人舉人　十六年任

嘉靖

王　鉞　河南孟津人舉人　二年任
唐夢璋　陝西咸寧人舉人　五年任

馬應麟　陝西靖寧人舉人　十一年任
李光遠　直隸平山人監生　十三年任

蔡　椿　遼東都司人舉人　十七年任
嚴天祥　陝西朝邑人進士　二十三年任

趙三聘　直隸廣宗人監生二十八年任　陳　訓　陝西高陵人舉人三十五年任

徐　富　直隸淶水人舉人三十八年任　陶光宇　直隸固安人監生四十一年任

牛應龍　直隸固安人進士

隆慶

翟來旬　山東齊東人舉人二年任　張　芹　直隸清苑人監生六年任

萬曆

閻　傅　直隸滑縣人舉人二年任　王思治　陝西同州人舉人三年任

徐三畏　直隸任丘人進士五年任　郝世相　陝西華陰人恩貢六年任

沈　照　河南歸德人監生八年任　杜無咎　河南夏邑人恩貢十年任

傅應元　江西臨江人選貢十二年任　閻　勵　陝西寧州人舉人十七年任

季大本　直隸滄州人選貢二十年任　葛爲綌　直隸灤州人監生二十五年任

黃維翰湖廣長沙人舉人二十七年任　崔儒秀河南陜州人進士三十三年任
宋應䆸陜西乾州人舉人三十五年任　趙士元直隸滦澤人舉人三十七年任
高雲程山東恩縣人舉人三十八年任　張九賢山東歷城人進士四十二年任
王紀陜西涇陽人貢士　劉繩祖河南汝陽人舉人
天啟
牛耀台直隸魏縣人貢士
崇禎
李雲程河南通許人舉人　毛士俊山東齊東人貢士
黃從德河南項城人貢士　王敏陜西郃陽人貢士

國朝

順治
郭昌期唐山人貢二年任　陳正心林縣人貢四年任

楊永俊　同州人舉人五年任　　吳洪佐　奉天人貢七年任

楊鴻謨　奉天錦州人貢八年任　　賀雲舉　丹陽人貢十年任

鄭始鴻　烏程人貢十三年任　　趙士弘　永年人進士十五年任

汪自潤　東流人貢十六年任

康熙陳大均　寧海人貢九年任　　曹開顯　江南無爲人舉人十三年任

吳昌仍　江南桐城人監生十五年任　　彭標　江南蕪湖人舉人二十年任

李文蘭　奉天人監生二十二年任　　張國弼　奉天廣寧人監生二十六年任

陳喬振　浙江嘉善人監生二十六年任　　薛文嶽　浙江山陰人廩生三十二年任

盧綘　湖廣黄安人舉人三十七年任

垣曲縣

明

洪武　崔弘毅丹徒人儒士　張功讓十四年任

戴　聚十五年任　李　厥湖廣長沙人二十五年任

王　忻河南南陽人三十年任

永樂　牛　鐸六年任　趙　益十五年任

宣德　魏　璭三年任　劉　岳五年任

正統　牛　寬元年任　李　哲十年任

景泰　朱　凱直隸肅寧人監生五年任

成化 鄭　恕 陝西宜君人舉人元年任　　馬　禎 直隸高陽人監生五年任

王　瑞 山東萊陽人監生十九年任　　茹紹賢 陝西鳳翔人二十二年任

弘治 魯　楷 江西太和人舉人三年任　　吳　璇 山東高唐人舉人九年任

羅　經 陝西安化人舉人十四年任　　傅良臣 直隸肅寧人舉人十七年任

安世賢 陝西泰州人舉人十八年任

正德 任　恩 直隸南宮人舉人四年任　　任　旒 陝西徽州人舉人七年任

閻　輔 直隸天津衛人監生九年任　　陳　標 河南真陽人舉人九年任

嘉靖 王本忠 湖廣松滋人舉人五年任　　董九川 直隸青縣人舉人七年任

李良翰 山東歷城人舉人九年任　　胡　銘 直隸香河人監生十三年任

李　袞　江西南昌人舉人十四年任

衛　湘　天長人監生十九年任

蕭九成　陝西潼關人監生二十五年任

趙仲王　陝西扶風人舉人二十八年任

張　恪　山東觀城人舉人三十一年任

闘　楚　直隸大名人舉人三十二年任

王邦正　四川人監生三十六年任

丁世臣　陝西西安人舉人四十年任

郭彦章　河南人監生四十二年任

廖際可　直隸永平人進士四十五年任

萬曆

李自發　陝西狄道人舉人元年任

黄　鸞　陝西合水人監生三年任

房　桂　河南汝寧人舉人五年任

蔣舜智　山東沂州人恩貢八年任

王文焯　山東東平人舉人十四年任

毛　巵　陝西鳳翔人舉人十五年任

馬負圖　陝西徽州人舉人十八年任

趙文炳　直隸任縣人舉人二十一年任

宋世良　直隸懷柔人舉人　二十二年任

李儒寧　河南祥符人舉人　二十二年任

仝梧　河南郟縣人進士　二十四年任

趙乾清　陝西華陰人舉人　三十二年任

呂恒　山東德州人舉人　三十五年任

喬中和　直隸内丘人選貢　四十年任

梁綱　河南嵩縣人舉人　四十五年任

天啟　張萬善　直隸靜海人選貢　二年任

鄭論　河南郟縣人舉人　五年任

崇禎　張天德　陝西涇陽人舉人　二年任

段自宏　陝西芮州人選貢　五年任

朱治泰　直隸豐潤人舉人　十四年任

國朝

順治　賈得勝　北直人　元年任

高爾憲　直隸靜海人舉人　二年任

張文德奉天人生員三年任
李榮宗山東費縣人進士四年任
邵起鳳奉天人貢七年任
徐繩武陝西朝邑人貢八年任
秦樂德陝西三原人進士十年任
呂崇簡浙江永康人貢十三年任
王　星江南沛縣人貢十四年任
董爾性河南洛陽人貢十六年任
康熙
朱尚義奉天人貢二年任
紀弘謨奉天開原人廕生三年任
袁生蘭順天良鄉人貢十三年任
黄有方浙江山陰人監生十七年任
陸爾超江南泰興人貢十九年任
張名世江南無爲人舉人二十三年任
杜亮采江南婁縣人監生二十七年任
劉東昇奉天人官生三十五年任
許　穀江南常熟人進士由庶吉士改授四十三年任

張功讓舊府志張恭讓牛鐸縣志永樂三年任趙益
縣志五年任李哲縣志正統十五年任黄鸞縣志萬
曆二年任毛卮縣志十六年任馬負圖縣志二十年
任宋世良縣志二十一年任仝梧縣志二十六年任
趙乾清縣志三十一年任喬中和縣志四十一年任

霍州

明

洪武　呂稷山東濟南人　綽思

永樂　張鑑四川人監生　王鐸

正統　董謙山東臨清人監生

景泰　蔡卲江西人舉人

天順　璩琡直隸邢臺人舉人　趙瑄徐州人

成化　張玘直隸霸州人監生　鮑克恭壽州人舉人

崔明直隸新城人舉人　包璽陝西莘州人舉人

衛溥　陝西人　　張紀　山東堂邑人舉人

弘治　劉昂　直隸宛平人進士　　劉玘　河南杞縣人監生

李舉　河南人　　員鼐　陝西咸陽人舉人

閻傑　河南內鄉人舉人

正德　張獻　山東福山人舉人　　吴山　武進人進士

白汝舟　河南祥符人舉人　　劉璨　河南河內人舉人

嘉靖　宇文鏞　陝西乾州人舉人元年任　　陳采　直隸宛平人舉人六年任

李承嗣　陝西長安人舉人九年任　　沈濙　吴縣人進士十年任

王子謹　浙江淳安人舉人十一年任　　耿鑑　直隸河間人舉人十二年任

路天衢　直隸肅寧人舉人十三年任　　畢　成　山東新城人官生十四年任

安如岡　直隸邯鄲人舉人十八年任　　湯克寬　江西永豐人舉人二十一年任

蔣　祐　直隸涿州人舉人二十二年任　　劉　橋　直隸獻縣人舉人二十三年任

陳嘉言　河南祥符人舉人二十八年任　　杜學易　河南祥符人舉人二十九年任

褚　相　浙江海寧人舉人三十五年任　　李　春　河南臨漳人舉人三十九年任

何思問　直隸棗強人舉人　　馬　端

隆慶

許　任　河南靈寶人舉人　　山　禹　崑山人舉人

劉　禋　陝西咸寧人舉人　　呂　珩　直隸完縣人舉人

萬曆

孫　烺　陝西新建人舉人　　王之輔　山東新城人舉人

公一陽　山東蒙城人進士

高　舃　河南郟縣人舉人

吳　過　陝西寧夏人舉人

張天秀　直隸深州人舉人

許　範　定遠衛人歲貢

張文炳　直隸真定人舉人

董尚智　直隸晉州人監生

王肇元　湖廣漢陽人舉人

杜從心　直隸清豐人監生

羅敌先　江西吉水人選貢　三十五年任

張　遂　陝西華州人舉人　三十六年任

劉逢禎　陝西長安人舉人　三十八年任

楊　楠　陝西盩厔人選貢　四十二年任

王化行

張　秀

天啟

洪文淵　雲南人

崇禎張夢鯨陝西蒲城人舉人　韓中孚碭山人選貢

宋坤遼東人貢士　丁時學北直人

國朝

順治王國梁山東茌平人貢二年任　黄登孝奉天人二年任

趙崇秩奉天人生員四年任　王來覲奉天人五年任

閻承儒奉天人貢六年任　周文奉天人九年任

劉浩奉天人廕生十四年任

康熙張法孔奉天人貢元年任　查振宗奉天寧遠人廕生十一年任

黄復生南昌人貢十二年任　董永荃奉天人廕生十六年任

王雲鳳　浙江分水人舉人十九年任

程啟忠　江南休寧人廕生二十二年任

朱大任　湖廣大冶人進士二十五年任

葉九思　奉天人三十一年任

成堯　直隸大名人例貢三十六年任

李紹祖　直隸完縣人三十九年任

孔興璉　山東曲阜人舉人四十二年任

許任舊志名宦傳內許仁楊楠州志舉人

吉州

明

洪武　許志昇六年任

正統　伍秀湖廣松滋人舉人　侯充

戚宣陝西靜寧人舉人　譚昇

天順　葉穆福建漳浦人舉人

成化　徐政直隸永年人舉人　張諒河南鹿邑人舉人

胡璉巢縣人舉人　謝鎮直隸薊州人舉人

王燮陝西鄠縣人舉人

弘治　馬　馴　陝西澄城人舉人　　蕭　鶚　山東膠州人舉人

正德　邢　懋　山東濵州人舉人　　田　耘　河南祥符人舉人

何　洽　浙江富陽人進士　　冉繼志　直隸蠡縣人進士

高　遷　陝西高陵人進士　七年任　　史　紀　陝西華陰人舉人　九年任

宇文鏞　陝西乾州人舉人　十二年任　　劉　璨　河南河内人舉人　十四年任

嘉靖　史立誠　浙江鄞縣人進士　元年任　　王希用　直隸河間人舉人　二年任

虞文翃　浙江義烏人舉人　八年任　　夏　濬　浙江餘姚人舉人　十二年任

宋　蕃　寶應人監生　十七年任　　張維賢　陝西環縣人監生

蔣　暘　山東樂安人進士　二十一年任　　扈　經　山東嘉祥人舉人　二十三年任

雲　棟　山東高唐人舉人　二十八年任
喬　文　河南安陽人舉人　三十一年任

張　槐　陝西南鄭人官生　三十五年任
劉顯道　直隸南皮人舉人　三十六年任

韓朝鳳　直隸定州人舉人　三十八年任
劉　岸　陝西高陵人舉人　四十五年任

隆慶
崔學謙　直隸昌平人監生　四年任

萬曆
姚思義　直隸棗強人舉人　二年任
李　瑚　直隸霸州人舉人　七年任

孫温如　山東濱州人進士　十一年任
趙有功　直隸鷄澤人舉人　十三年任

王法祖　山東寧陽人恩貢　十四年任
張問善　河南祥符人舉人　十五年任

左世奎　四川中江人舉人　十六年任
白應乾　山東博興人舉人　十八年任

周　逵　陝西西鄉人選貢　二十四年任
福文明　直隸東安人舉人　二十六年任

常時芳 直隸交河人舉人三十二年任　蕭櫟韶 江西新建人選貢三十四年任

董三奇 湖廣廣濟人舉人三十八年任　張廷煥 浙江德清人舉人四十一年任

張應春 陝西華州人舉人四十二年任　張世維

天啟
魏可教 山東汶上人舉人二年任　沈瑜 陝西寧羌人舉人五年任

崇禎
陳諤言 保定府人舉人二年任　黃光煒 羅山人舉人五年任

國朝

順治
李蘭芳 直隸人貢二年任　崔起鵬 奉天人生員四年任

馬得路 奉天人　龍起運 兗州人五年任

曹振彥 奉天人貢七年任　紀振邉 海州人進士九年任

于三躍 義州人貢十四年任　葛全忠 奉天寧遠人十六年任

康熙

林家徵 福建長樂人舉人二年任　南鵬 陝西新安人廕生七年任

吳延庚 奉天開原人廕生十三年任　張純慎 奉天人廕生十八年任

石顯貴 奉天人廕生十九年任　楊樞 奉天人監生二十八年任

程俊 奉天人廕生三十五年任　劉儼 直隸景州人例監三十六年任

張燦 奉天人監生三十七年任　田鳴王 浙江山陰人貢四十六年任

侯充譚昇舊府志不載虞文詡舊志名宦傳虞文翊

鄉寧縣

明

洪武 荆守正 八年任

宣德 王璉

正統 王錦　陶鎔

成化 楊薦　袁瓚

弘治 崔瑺 直隸東鹿人　劉毅 河南鈞州人十三年任

彭瑀 河南靈寶人十七年任

正德 党爵 陝西朝邑人舉人　趙元 河南汲縣人監生

嘉靖王錫直隸高陽人舉人元年任　崔志仁山東膠州人舉人

原述陝西蒲城人舉人八年任　許廷璋順天人舉人

王賢山東汶上人舉人　李洪江西人舉人

楊鵬直隸新城人舉人　張思正陝西洛南人

梁守簡直隸涿州人舉人　惠及民陝西三原人舉人

張季霖山東恩縣人舉人　陳淑善陝西涇陽人舉人

楊九皐陝西涇陽人舉人　張雲從陝西秦州人舉人

王天祐河南偃師人舉人　劉旁湖廣興國人舉人

王國禎山東陽信人

隆慶馬秉直廣東三水人選貢二年任　張一敬山東朝城人舉人六年任

萬曆李　枝陝西咸寧人舉人四年任　劉　昇山東萊陽人選貢九年任

崔允恭山東膠州人選貢十三年任　焦守巳青城人舉人十七年任

王承教陝西朝邑人舉人二十二年任　唐允中直隸威縣人舉人二十四年任

李時茂陝西乾州人舉人二十六年任　徐鳴瑶山東德州人選貢三十一年任

彭萬里湖廣景陵人舉人三十四年任　高　塽直隸清苑人舉人三十八年任

王家桂河南偃師人選貢四十一年任　紀大緒直隸文安人歲貢

秦一藩蒲城人舉人　王承惠開平衛人歲貢

陸宗贇江陵人舉人　張文熠褒城人歲貢

吉三重陝西華州人歲貢　張鳳行山東掖縣人舉人

楊儁績山東萊陽人歲貢　李節亨貴州人恩貢

王楹直隸沙河人歲貢

崇禎楊家龍直隸曲陽人選貢十年任

國朝

順治王昌運直隸沙河人貢二年任　張士彪奉天人生員三年任

王翰直隸吳橋人進士五年任　侯世爵奉天人貢七年任

崔俊奉天人貢九年任　莊際耀福建晉江人舉人十四年任

徐杆山東蓬萊人進士十五年任　高淀山東膠州人貢十六年任

康熙

章 皐 江南定遠人舉人元年任

張聯箕 山東益都人進士三年任

董宬林 奉天人官生十三年任

張祿徵 山東新城人進士十七年任

程式琦 江南江都人舉人二十四年任

柴應逮 直隸大興人舉人二十八年任

田文鏡 奉天廣寧人監生三十二年任

屠 煇 大興籍浙江人歲貢四十五年任

楊薦縣志不載王錫縣志王楊

隰州

明

正統馮賓四年任

天順田澤河南洛陽人四年任　趙寬順天東安人七年任

成化墨春陝西高陵人舉人元年任　董瑜直隸内黄人舉人四年任

汪縩十三年任

正德貟鼐三年任　吳智浙江餘姚人進士

范初休寧人舉人十二年任

嘉靖黄傑淮安人舉人十五年任　陳大濩福建長樂人進士十九年任

何繼武　河南靈寶人二十二年任　　靳東齊　直隸順天人舉人二十四年任

高尚義　直隸阜城人舉人三十年任　　李洴　山東曹縣人舉人三十三年任

宗傑　淮安人舉人三十六年任　　趙思濬　陝西南鄭人舉人四十一年任

魏宗芳　山東濟南人舉人四十四年任

隆慶　季遐齡　山東夏津人舉人三年任　　齊仲賢　直隸平山人舉人四年任

劉寅　山東壽張人舉人五年任

萬曆　王之輔　山東新城人舉人三年任　　劉應兆　山東郯城人舉人五年任

李賦愚　陝西延安人舉人七年任　　許東漸　山東東昌人舉人八年任

宋瑋　直隸慶都人歲貢十一年任　　嚴自求　湖廣德安人舉人十二年任

何　珠山東鄒縣人歲貢十八年任　官延澤山東平度人舉人二十一年任

李呈瑞陜西咸寧人舉人二十二年任　劉　嵩四川巴縣人舉人二十六年任

李應聘陜西乾州人舉人二十八年任　范守已河南洧川人進士二十九年任

張嘉謨陜西城固人舉人三十三年任　陳正言興濟人選貢三十四年任

臧文元陜西耳州人選貢三十五年任　張鉉極直隸新城人選貢三十六年任

王茂錫涇縣人舉人三十八年任　應汝稼浙江臨海人舉人四十一年任

儲至俊湖廣靖州人選貢四十三年任　汪紹元湖廣襄陽人舉人四十七年任

天啟　姚國樞崑山人舉人元年任　方應翰江西上饒人舉人二年任

楊起鳳陜西寶鷄人舉人六年任

崇禎　宋文燻　北直昌黎人舉人三年任　楊瑋　河南祥符人恩貢四年任

周培忠　陝西興平人恩貢七年任　綦廷陳　山東利津人恩貢十二年任

戈用忠　浙江嘉善人歲貢十四年任

國朝

順治　楊祖訓　雲南嵋峩人選貢三年任　王道興　奉天人貢三年任

孫應龍　浙江餘杭人進士四年任　陳宗膽　直隸清苑人歲貢五年任

王添貴　奉天人貢七年任　祖澤潤　奉天寧遠衛人進士九年任

白崇周　奉天人貢十三年任　張灼鼎　陝西商南人歲貢十八年任

康熙　胡文煥　奉天人舉人四年任　邵鳳翼　奉天人廕生十五年任

張綏遠奉天廣寧人監生二十一年任　王鄰曲周人進士十七年任

鄭徇豐潤人進士三十七年任　錢以塏浙江嘉善人進士四十四年任

張嘉謨舊府志萬曆三十二年任儲至俊舊府志舉人

大寧縣

明

洪武　郁傑　李居

永樂　霍毅陝西蒲城人監生　趙祥

劉紹宗山東武城人　柳聰河南雎州人舉人

鄧安直隸大興人舉人　路佐直隸永年人監生

艾芳陝西米脂人監生　許諫河南靈寶人監生

高岳陝西咸寧人舉人　閻佑陝西人監生

曹綸　王溥

李倫　河南原武人監生　馮鎮　直隸保定人舉人
曹俸　山東歷城人舉人　蔡蘭　河南湯陰人監生
楊允　河南新鄉人舉人　蔡璠　陝西慶陽人監生
馬鏜　河南人　劉景陽　密雲衛人監生
張琚　陝西葭州人監生　呂鉞　陝西岐山人監生
李永齡　山東濟寧人監生　任佳　陝西臨潼人舉人
甯策　河南河內人舉人　何廷錡　陝西麟遊人監生
楊守信　陝西高陵人舉人
隆慶邵蕙　陝西寧州人舉人六年任　蕭繼達　山東平原人監生

羅　斐四川重慶人監生　蘇　權

萬曆蔡天祿直隸通州人監生元年任

張　橋舉人九年任　張鴻圖恩貢十年任

姚可仕選貢十二年任　程　橓選貢十五年任

張守謙舉人二十年任　崔　接選貢二十三年任

王　容選貢二十六年任　宋紹冉選貢二十八年任

黄　偕四川墊江人舉人三十三年任　候體乾河南歸德人選貢三十八年任

馬如龍山東膠州人恩貢四十年任　王雲龍河南唐縣人選貢四十二年任

劉澹然河南人　趙士直四川人

劉丕聲陝西人

崇禎丁加謨陝西洮州人貢七年任　李茂春北直南宫人貢十一年任

王象明山東新城人歲貢十三年任

國朝

順治周懋文浙江山陰人副榜二年任　王　忭山東蒲臺人貢三年任

潘鳳翼奉天人貢四年任　田思孔奉天鐵嶺人貢五年任

金　肇奉天人貢七年任　吳興祚奉天人貢十二年任

康熙王國棟奉天鐵嶺人貢元年任　李爲國陝西膚施人貢六年任

馮應泰陝西延長人貢九年任　梅　銅江南宣城人進士十四年任

王維藩　江西奉新人舉人二十年任

吳　顺　河南商丘人監生二十一年任

劉芳永　順天宛平人官生二十六年任

沈王賓　浙江山陰人監生

許　晋　直隸昌平人監生

胡文焕　江南太平人舉人

郁傑李居趙祥舊府志俱不載馬鏜舊府志馬堂蕭繼遠舊府志蕭繼進永樂至萬曆舊府志縣志先後不符俱不分某朝某年

永和縣

明

洪武　李昇陝西盩厔人　孫讓河南鈞州人舉人

辛耀山東即墨人監生二十三年任

正統　胡禎陝西扶風人舉人五年任

成化　穆恭宿州人舉人　劉源陝西乾州人監生五年任

潘進直隸成安人監生二十三年任

弘治　陳安潘西安人監生　向明巢縣人舉人四年任

楊源騰驤衛人十一年任

正德　許寔　直隸肅寧人舉人　馬鋐　直隸昌平人恩生八年任

吉顯東　陝西長安人舉人

嘉靖　宋鰲　陝西高陵人監生　張侃　山東武城人舉人

陳鈞　河南祥符人舉人八年任　陳環　直隸宛平人舉人

郗聰　直隸栢鄉人監生十五年任　鄭文祿　陝西兩當人監生

楊錫　河南武安人例貢　祝永順　河南太康人舉人

閻司衡　陝西隴州人舉人　張淵　山東聊城人監生

曹文輝　陝西安定人監生三十五年任　張守正　陝西韓城人監生

陳大夏　陝西蘭州人舉人　韓爵　河南洛陽人舉人

張守禮直隸廣宗人監生

隆慶楊自然山東平度人歲貢四年任

萬曆吴一桂直隸成安人歲貢元年任　藺東祥陝西汧陽人歲貢七年任

段炳陝西南鄭人恩貢九年任　宋京山東壽光人歲貢十三年任

李東光河南孟縣人選貢十五年任　葉如翠四川邛州人選貢十七年任

曹立陝西慶陽衛人選貢二十二年任　王正直河南洛陽人監生二十四年任

蔡根直隸成安人監生二十九年任　羅大愛陝西洛南人監生三十年任

吴望嵩陝西會寧人舉人三十二年任　龐進賢直隸永年人舉人三十五年任

邢有恒山東昌邑人監生三十八年任　張萬目直隸遵化人選貢四十一年任

田畛　直隸饒陽人歲貢　　余建隆　浙江開化人歲貢

羅秀士　陝西人歲貢　　張　直隸任丘人歲貢

天啟趙玠　陝西人歲貢　　霍珍　陝西人舉人

崇禎謝廷諤　陝西人歲貢　　張崇德　北直人歲貢

孫存誠　北直人歲貢　　吳光泰　遼東人歲貢

董理政　陝西人歲貢　　嚴廷俊　陝西人舉人

巢之元　山東人拔貢

國朝

順治刁昌世　直隸南和人貢元年任　　楊泰　直隸豐潤人進士五年任

梁可興奉天人貢七年任　卞化龍奉天人貢九年任

武士豪直隸真定人進士十二年任　周學鵬江西人舉人十五年任

馮國徵陝西人拔貢十六年任　潘正開福建人貢十八年任

康熙

馬掞四川南部人舉人元年任　王爾楫湖廣安陸人舉人十年任

張君美河南汲縣人貢十二年任　張鴻儀直隸元城人進士十四年任

孫士禎陝西咸寧人監生十八年任　王輔江南南陵人監生二十七年任

李邁新河南延津人歲貢三十年任　趙堯章江南武進人監生三十七年任

王士儀貴州銅仁人進士由庶吉士改授四十五年任

潘進陳安潘向明蔡根邢有恒縣志俱不載陳鈞舊府志不載張侃縣志張保吳望嵩縣志吳嵩通志官

績內有余建隆縣志無余建隆有于見龍籍貫同

《山西文華》編纂委員會 編

山西文華·史料編

平陽府志

清康熙版 第五册

卷二十一至卷二十二

劉益令◎整理

山西出版傳媒集團
三晋出版社

山西文華

平陽府志卷之二十一

選舉

古之用人賓興於鄉獻書於朝尚巳賓興失實而後有徵辟徵辟失實而後有科目法制代異蓋亦世變使然平陽地稱奥衍人負奇傑歷代以來上之所以取者不一格士之所以進者亦不一途英雋踵接後先掩映噫亦盛矣哉策名而後或豐功偉績爛於天壤或隨地自効卓乎有立語具人物志中茲篇特爲别其世代繫以姓名邑里而各著其始進之階凡屬縉紳比而書之無

軒輊焉作選舉志

薦辟之制最爲近古故序於選舉之首次進士次舉人次歲貢士重科目也次武科甲重干城之選也次上舍掾史宦績之表著者重異才也茂陵司馬擅美西京考邑仇香傳芳主簿人貴自樹立夫亦何常之有哉

晉裴楷聞喜人辟國掾中書令

南北朝裴政聞喜人辟法曹參軍　裴邃聞喜人舉秀才揚州刺史　裴鍾聞喜人舉秀才戶部郎中　裴延儁聞喜人舉秀才中書令　裴聿聞喜人舉孝廉太守　薛麟駒滎河人舉秀才

中書博士　裴宣聞喜人舉秀才益州刺史　裴敬憲聞喜人舉秀才太學博士　裴羨聞喜人舉秀才　裴佗聞喜人舉秀才荊州刺史　裴世綸聞喜人舉秀才華州刺史　張元芮城人舉孝廉朝散大夫

隋王業河津人舉孝廉秘書正字

唐裴守貞稷山人進士舉中六科　王績河津人舉孝廉秘書正字　裴行儉聞喜人舉明經禮部尚書　裴炎聞喜人舉明經中書令　裴漼聞喜人擢明經吏部尚書　裴寬聞喜人擢明經禮部尚書　裴諝聞喜人擢明經河南尹　裴光寬弟舉明經朔州刺史　裴歆聞喜人舉明經大理正　裴恂聞喜人舉明經河內太守　裴式寬弟舉明經大理卿　裴即聞喜人舉明經侍御史　裴冑聞喜人擢明經節度使　樊澤蒲州人舉賢良方正　裴銑聞喜人舉秀才御史　柳

澤蒲州人舉賢良方正　樊宗師蒲州人舉軍謀宏詞科　董道全臨晉人擢明經著作郎

柳冕蒲州人舉博學宏詞科　盧綸蒲州人舉才子　柳璟蒲州人舉博學宏詞科　裴均

聞喜人舉明經郇國公　羅道琮臨晉人舉明經　柳冲蒲州人舉賢良方正　董晉臨晉人明

經及第平章事　裴子餘稷山人中明經　董溪晉次子舉明經　郭義言翼城人進士　盧

簡辭蒲州人進士　盧簡能蒲州人進士　盧簡求蒲州人進士御史　盧汝弼

蒲州人進士　王勃河津人進士　王勔河津人進士　王勮河津人進士　王助河津

人　裴遵慶聞喜人進士第一平章事　宗楚客蒲州人進士　敬播蒲州人進士給事中

薛播滎河人禮部侍郎　薛稷滎河人進士學士　張巡芮城人進士　崔元亮

吉州人進士虢州刺史　裴說聞喜人進士禮部員外　敬晦蒲州人進士太子賓客　呂諲

蒲州人進士侍御史柳芳蒲州人進士太學士裴思謙聞喜人狀元裴儆聞喜人進士大

理卿衛次公蒲州人進士節度使裴耀卿稷山人進士平章事呂渭蒲州人進士刺史

王曙河津人進士裴瑾儆子進士侍御史薛存誠榮河人進士御史大夫薛公

達榮河人進士助教薛放榮河人進士侍郎薛庭老榮河人進士學士暢當蒲州

人進士刺史薛逢蒲州人進士侍御史耿湋蒲州人進士李純夫臨晉人進士柳

宗元解州人進士刺史胡証解州人進士裴垍聞喜人進士平章事裴度聞喜人進

士中書令史珵芮城人進士裴佶稷山人進士郭正禮翼城人進士裴休聞喜

人進士第一平章事盧陵河津人進士裴儔聞喜人進士觀察使裴俅聞喜人進士諫議大

夫裴諝聞喜人進士侍郎司空圖臨晉人進士侍郎裴樞聞喜人進士張瓚

河中府人舉人　裴贊聞喜人進士司空　裴皡聞喜人進士　馬展驥太平人舉人　裴
坦聞喜人進士平章事　王顏臨晉人進士　王質河津人進士
五代高錫臨晉人擢明經掌書記　桑維翰浮山人進士　曹志和解州人進士　裴
迪聞喜人司空
宋郭純洪洞人薦辟進士宣德郎　解榮萬泉人舉孝廉臨潁尹　司馬康夏縣人明經上第
郭旦洪洞人純子薦辟　鄭專知洪洞人　鄭小傳知洪洞人　鄭諤洪洞人俱
進士　許岳曲沃人進士　甯智曲沃人舉人教授　吳勉之曲沃人進士　郝戬一
翼城人　李諤翼城人　田泗欽翼城人　田泗明翼城人俱進士　薛田蒲州人進
士　薛南蒲州人進士　劉綜臨晉人進士郎中　劉綽臨晉人進士郎中　高銑臨晉

人進士　南公佐解州人　李光元解州人　衛蒙解州人俱進士　趙鼎聞喜人進士左相　李周民聞喜人進士　張覯絳縣人中宏詞科左丞　荆岦絳縣人進士　荆岷絳縣人進士　崔洙絳縣人進士　吴石芮城人進士　劉冠芮城人進士　吕任芮城人進士　李本芮城人進士　丁彦師翼城人鄉舉　張會元翼城人鄉舉　馬忠絳縣人舉人　師守信靈石人進士　師克奇守信子進士　師範克奇子進士　司馬池夏縣人進士　司馬光池子進士　申甫洪洞人鄉貢進士　麻有成虞鄉人進士　邢昺浮山人進士　宋唐卿洪洞人鄉貢進士

金

陳揮猗氏人舉賢良方正司市曹　陳灝猗氏人舉賢良方正儒林郎　陳仲謙猗氏人舉賢良方正　陳賡猗氏人舉明經中書省議　陳膺猗氏人舉明經勸農使　劉從謙安邑人舉

明經主簿毛麾臨汾人舉學行特賜進士郭子通洪洞人進士舉詞賦崔邦昌冀城人以
詞賦登第陳庾猗氏人舉明經陳賡猗氏人舉明經王濟稷山人舉文藝知縣趙文昌
臨汾人進士監使荀植岳陽人進士喬扆洪洞人進士按察使董威洪洞人進士鄭
時昌洪洞人狀元教授鄭當時洪洞人進士教授邢天祐浮山人狀元王綱
趙城人狀元脩撰段鐸稷山人進士張繼祖臨晉人狀元節度使陳規稷山人進士
宗經稷山人進士郝衙殿稷山人進士段成巳稷山人進士段克巳稷山
人進士王天祥絳縣人進士胡光謙蒲州人進士李獻誠蒲州人進士李
獻卿蒲州人進士李獻甫蒲州人進士節度使田世英蒲州人進士縣尹王廷
筠蒲州人進士脩撰陳克基臨晉人進士監丞劉祖謙安邑人進士李士謙

聞喜人進士梁襄芮城人進士史天驥芮城人進士許安上芮城人進士襄樂令

李愈稷山人進士賈邦獻霍州人進士馮延登吉州人進士侍郎楊貞吉州

人進士招討使李元弼翼城人中會選知曲沃晉康侯聞喜人鄉貢進士祁午聞喜

人鄉貢進士解彥升聞喜人鄉貢進士程大中曲沃人進士史惠和曲沃人進

士李源曲沃人進士賀偲曲沃人進士郭用中臨汾人進士孔之固襄陵

人進士喬宇洪洞人進士王佐襄陵人進士楊政洪洞人侍郎邢德貞浮山

人禮部侍郎許琇岳陽人大定進士楊普岳陽人進士李民獻岳陽人進士丁

利用翼城人進士屈讓璋翼城人進士王則翼城人集賢學士李獻能蒲州

人狀元麻思誠有成子進士段整稷山人貢士鄉賢麻秉彝臨晉人進士賈

恕臨晉人進士　李華河津人進士祀鄉賢　許安世芮城人進士　楊溥芮城人進士

王元芮城人進士　張濤絳州人進士　梁襄絳州人進士　張謣絳州人進士　梁

持勝襄子進士　孫鎮絳州人進士　孫鉉鎮弟同榜進士　段鈞稷山人詞賦進士　郝

希文稷山人舉人　張田稷山人舉人　楊奭白稷山人舉人　衛唐大寧人進士

賀時行大寧人進士　郝郛大寧人進士　張鉉蒲州人

元　張克寬蒲州人舉儒士　何約蒲州人舉儒士　謝天佑蒲州人舉儒士　陳元凱猗氏

人舉明經廉訪使　陳敬立猗氏人舉明經治中　牛光祖襄陵人薦辟行省掾　邢飛翰

霍州人辟舉　張著襄陵人以詞賦選　張翥襄陵人以隱逸薦　韓恭洪洞人以人才薦任

御史僉事　李謙亨曲沃人以儒進歷內臺御史　裴居敬蒲州人舉儒士　郭思貞蒲州

人舉儒士王德卿濟孫姚天福　姚祖舜天福長子段思誠　段思
溫　段思義　段輔　姚侃　王仁甫德卿子舉明經段循思義
子段經　段㬋思義子俱稷山薦辟薛謙大寧人翰林學士王士元臨汾人進
士張昌臨汾人進士田九嘉臨汾人進士許寅臨汾人進士續執中襄陵
人進士張思溫襄陵人進士靳廷周襄陵人進士盧希古襄陵人進士靳
桂襄陵人進士鄭龍洪洞人進士字子雲江西提學孫抑洪洞人進士董師言洪洞
人進士唐天瑞浮山人進士知府徐毅趙城人進士中丞郭崇約太平人進士
靳榮曲沃人進士劉尚質曲沃人進士張師道曲沃人進士許惟忠曲沃
人進士譚惟一曲沃人進士靳果曲沃人進士李明德曲沃人進士劉尚

德曲沃人進士 康希孟翼城人進士 吉祥汾西人進士 傅巖起汾西人進士

薛天福臨晉人進士 杜成之夏縣人進士御史 趙質翁聞喜人進士助教 蘇

觀聞喜人進士學士 李唐佐絳縣人進士 李倶絳縣人進士 張鳴鶴稷山人進

士 王遵道垣曲人進士 程睿霍州人進士 董謙鄉寧人進士相副 費瑆鄉寧

人進士 賈天䁹太平人舉人 康惟方太平人舉人 郭晋太平人舉人 陳

彧太平人舉人主事 賈義甫夏縣人舉人判官 姚庸稷山人舉人 房希文臨汾

人解元 花鼎襄陵人舉人 修翼襄陵人舉人 王鄰襄陵人舉人 李天祐絳州

人舉人 張嵩絳州人舉人 屈繼平翼城人鄉薦 尚邦榮翼城人舉人 尚賢

翼城人鄉薦 張遵信翼城人鄉薦 賈之美翼城人鄉薦教諭 楊侃聞喜人進士

薛邦榮聞喜人進士　喬世綱靈石人進士　何南鄉芮城人進士　郝溫冀城人御史　續繼祖冀城人　楊守則冀城人翰林歷戶部侍郎　任重大寧人進士正議大夫　喬思庸霍州人隰州學正　石慶甫洪洞人晉寧路絳州知州　石文晦洪洞人興元路府判泰州知州　石磋洪洞人臨汾縣尹　段崧稷山人薦舉刑部主事　段承祚稷山人鄉薦祀鄉賢　段承初稷山人鄉薦工部主事　馮邦寧大寧人鄉薦　劉克仁大寧人鄉薦　吉徵大寧人鄉薦　李元大寧人鄉薦　張震大寧人鄉薦　王佐才大寧人鄉薦　曹希顏大寧人鄉薦　房侍問大寧人鄉薦　尉俊臣大寧人鄉薦

明

薦辟

張昌臨汾人聘辟助教　婁仕臨汾人舉人材知縣　張進臨汾人舉賢人僉事　暴昭浮山

人洪武薦舉北平布政司叅政　張廷琰襄陵人舉賢人知州　劉思濟襄陵人舉賢人典簿　范

希政襄陵人舉人材知縣　王逵襄陵人舉儒士教諭　劉祥襄陵人舉人材縣丞　李原道

襄陵人舉孝廉提領　劉銓襄陵人舉人材縣丞　李冲翼城人舉通經按察使　符旭翼城人舉

儒士本縣訓導　張祥翼城人舉儒士右贊善　魯暹芮城人舉明經推官　李信浮山人舉能吏

吏部尚書　諸葛覃浮山人舉儒士教諭　趙傑芮城人舉明經推官　王恂芮城人舉明經給事

中　劉平翼城人舉明經知縣　柳新翼城人舉經明行修知縣　張伯祥翼城人舉明經贊善

績佐翼城人保舉保定丞　李恭翼城人舉孝友運司　郭進太平人舉經明行修知州　儀恒

道太平人舉人材御史　李默太平人舉人材御史　張順卿太平人舉人材知縣　翟珪太平

人舉人材知府　張彧太平人舉孝廉知縣　李士林絳州人舉秀才知縣　張文郁絳州人舉

人李翰絳州人舉人材楊繼光絳州人舉人材仝德嶶平陸人舉儒士邠州知州胡林平陸人舉人材官至少卿段好禮洪洞人秀才舉惠安縣主簿李貞絳州人薦辟主簿李彥英絳州人舉通經本州訓導李幹元絳州人聘四輔官改博士劉受祖絳州人舉孝廉受祖子舉斷事劉泰明經通判龔逸民稷山人舉通經本縣訓導梁周文稷山人舉通經本縣訓導梁伯達稷山人舉儒士同知史恭稷山人舉儒士本縣訓導祝春蒲州人舉儒士少詹事陳彭年蒲州人徵辟布政使陳有年彭年弟洪武初徵有病辭羅文金蒲州人徵辟御史謝冕蒲州人舉儒士左丞高鵬舉解州人舉明經參議岐祖訓解州人舉賢良方正左都御史岐廷訓祖訓弟舉明經知縣陳有良解州人舉明經推官史誠祖解州人舉人材知縣喬砙安邑人舉茂才少卿李祐安邑人舉儒士太子賓客薛彥文

安邑人舉儒士知府馬繪安邑人舉儒士給事中王侃安邑人舉儒士監正王翰夏縣人舉
通經教諭藺芳夏縣人舉孝廉侍郎郭極夏縣人以五經儒士召賜安車還里周遜夏縣人字
尚謙保舉主簿賈正儀聞喜人舉秀才御史閻賡河津人徵辟御史李新民曲沃人舉
明經僉事郝修巳曲沃人舉明經郎中邊煥曲沃人舉明經博士李汝翼曲沃人舉賢良
承直郎衛珪曲沃人舉人材知府衛秉傑曲沃人舉人才知州楊積聞喜人舉明經本縣
訓導吉時中曲沃人舉人材知府仇基曲沃人舉直言極諫知縣趙濳垣曲人舉儒士僉事
焦思忠垣曲人舉人材縣丞蘇景楊霍州人舉明經教授郭順霍州人舉賢良方正知縣
李晟霍州人舉賢良方正入監敬明霍州人舉通經學祿劉讓趙城人舉明經訓導藺昉
趙城人舉明經本縣訓導王贇蒲縣人舉賢良方正袁得才萬泉人舉人材知縣王晋汾西

人舉通經知府李希顏臨晉人舉儒士寺丞陳倫猗氏人舉人物員外張謙夏縣人舉人材

知府郭成夏縣人舉人材孫居寧夏縣人舉人材段畜稷山人舉人材王有稷山人舉

人材縣丞趙亨稷山人舉人材員外葛真浮山人舉人材授大使陞本縣縣丞張玘浮山人舉

人材授經歷李得賢浮山人舉人材授太僕寺丞孔詔趙城人舉才能授知縣郇海

曲沃人授本學訓導張志學曲沃人舉授本學訓導靳淵曲沃人舉授本學訓導楊積

聞喜人舉明經任本縣訓導樊宗孝夏縣人舉通經博學授知縣郭確極子舉賢良方正不

起召賈儀甫夏縣人舉人材德州判官王克名河津人主事王純河津人布政使劉

嶶河津人御史陳昇河津人知府楊思明解州人舉明經呂敬方解州人舉人材

雷泰亨解州人舉人材仝德嶶平陸人舉儒士知州薛鸞絳縣人舉人材主事楊繼

先絳縣人舉人材知府楊健絳縣人舉人材知縣許能絳縣人舉人材同知周得方絳縣
人舉人材同知盧岩絳縣人舉人材縣丞普濟垣曲人授河泊所翟安禮垣曲人授
本縣教諭宋克明垣曲人授經歷又薦陞員外閻誠垣曲人徵授照磨王鵬蒲州人徵
儒士知縣謝伯榮蒲州人舉儒士謝麟蒲州人舉儒士張文侑稷山人舉人材江西左布
政使王志舉人材甯孝賢舉人材程克名舉人材張彬舉人材知縣臺
伯賢舉人材薛志春舉人材俱稷山人以上陳行義絳州人舉人材知州田錫
絳州人舉人材同知楊繼光絳州人舉人材辛全絳州人理學薦辟知府裴黃裳平陸
人崇禎間舉賢良方正李在公解州人薦舉知縣段好禮洪洞人舉秀才主簿劉冀
河津人特典鄉貢舉知縣任賢河津人特典貢舉劉漢卿翼城人肅王薦辟慶知府王

章翼城人肅王薦齊南同知王憲章絳州人原名大武舉人王育民絳州人秀才歷中書

晉太僕少卿馬嘉會翼城人秀才授序班晉太僕少卿

明進士

辛亥科洪武四年吳伯宗榜 共一百二十人又有安大全榜金璹榜不可攷俱載是科

王進 襄陵人主事　劉曇 襄陵人御史　仇敬 曲沃人知府

高翀 翼城人郎中　袁泰 萬泉人都御史　尹宗伊 萬泉人

高鐸 絳州人進士官侍郎舊志并州志俱爲甲子解元甲戌進士按李彥英傳洪武初門人高鐸薦授本州平陽兩學訓導二十七年甲戌始中進士是洪武末矣鐸之鄉會必在甲子乙丑之前故附於辛亥之後

乙丑科洪武十八年丁顯榜

韓毅 曲沃人縣丞　仇益 汾西人按察使　孫達 猗氏人

郭　祥臨晉人御史　王　達絳州人縣丞　張　犹稷山人知縣

趙　朗垣曲人御史　汪　麟隰州人御史

戊辰科洪武二十一年任亨泰榜

閻　璸榮河人教諭

辛未科洪武二十四年許觀榜共取三十一人

衛　志曲沃人知縣　張　麟垣曲人知縣

丁丑科洪武三十年韓克忠榜時主考學士劉三吾白信蹈取宋琮等五十一人中原西北無一登第者及廷試以陳䢴爲首尹昌隆次之劉士諤又次之有以三吾等南人爲言者命儒臣再閱落卷中文理長者第之侍讀張信侍講戴彝賛善王俊華司直郎張謙司經校書嚴叔載正字董貫長史王章紀善周

衕蕭楫及郊昌隆士謗各閱十卷或言劉𠷣信等以陋卷進呈上閱卷益怒於六月初一日親賜策問取韓克忠六十一人皆山東山西北直河南陜西四川人考官信等俱獲罪世稱春夏榜又謂之南北榜

梁誠稷山人知縣

庚辰科建文二年胡廣榜共取一百一十八人

李寅臨汾人參議　馬負圖臨汾人布政　李謙稷山人知縣

甲申科永樂二年曾棨榜是科取士四百三十二人以狀元授修撰榜眼探花授編修永爲定例按癸未年禮部言科舉舊例子午卯酉鄉試去年兵革倉卒有未及舉行者請以今年秋八月皆補試制曰可故會試改于甲申

王韜垣曲人知府　楊庸曲沃人評事　靳勉曲沃人知縣

焦　旭稷山人主事　葉　林翼城人參政　杜　芳翼城人知縣

丙戌科永樂四年林環榜

劉　敏太平人知府　王　彬絳縣人知縣

辛卯科永樂九年蕭時中榜　先是己丑三月當廷試會文皇巡狩北京詔禮部以所取舉子陳燧等寄監讀書辛卯年車駕還京乃舉廷試

李　春稷山人主事

乙未科永樂十三年陳循榜共取三百五十人　是科始詔天下舉人會試北京

崔　矩襄陵人庶吉士　宋　極洪洞人僉事　范　琮汾西人庶吉士

辛　音岳陽人　王　瑛猗氏人編修　王　礪夏縣人主事

戊戌科永樂十六年李騏榜共取二百五十人

續　旻翼城人郎中

辛丑科永樂十九年曾鶴齡榜共取三百人

寇　厚臨汾人評事　張　瑩岳陽人郎中　薛　瑄河津人大學士

李　輅安邑人布政

甲辰科永樂二十二年邢寬榜共取一百五十人

趙　馴蒲州人行人　劉　海運司學衆議

丁未科宣德二年馬愉榜共取一百人　是科會試分南北中卷遂爲例

王　濬蒲州人御史　李　磐稷山人御史

庚戌科宣德五年林震榜

衛　淳曲沃人　李　素安邑人通政使　陳　浩吉州人參政

壬戌科正統七年劉儼榜共取一百五十人

甯　瑛稷山人參政　張　惠吉州人知府　王　正夏縣人知府

乙丑科正統十年商輅榜共取一百三十人

衛　儀安邑人行人　陶　銓絳州人參議

戊辰科正統十三年彭時榜

邢　讓襄陵人侍郎

辛未科景泰二年柯潛榜共取三百人

樊　晃滎河人參政

丁丑科天順元年黎淳榜共取三百人

梁　明臨汾人主事　薛　璘河津人知府

庚辰科天順四年王一夔榜共取一百五十人

任　璽太平人副使　楊　瑩蒲州人參議　王　哲聞喜人布政

甲申科天順八年彭教榜　先是癸未二月會試塲屋災焚死舉人九十餘人俱賜進士詔八月再試

甲申三月廷試共取二百四十七人

張　璡安邑人知府　鄭　泰曲沃人副使　薛　基河津人員外

陶　璽絳州人運使　王　衡稷山人布政

丙戌科成化二年羅倫榜共取三百五十人

韓　文洪洞人尚書　張　岫安邑人都御史　崔　縉聞喜人主事

郝　琪安邑人主事

己丑科成化五年張昇榜共取二百五十人

董　逼臨汾人主事　李　進曲沃人都御史　王　廷蒲州人知縣

張　燧安邑人少卿　吳　岷靈石人都御史

壬辰科成化八年吳寬榜共取二百五十人

金舜臣襄陵人同知　李　隆河津人叅政　陳　孜浮山人布政

乙未科成化十一年謝遷榜共取三百人

耿文睿曲沃人參政　毛　倫太平人通政　馬　璠安邑人僉事

戊戌科成化十四年曾彥榜共取三百五十人

李　贇臨汾人參政　鄭　傑洪洞人知府　王　謙太平人知縣

暢　亨河津人御史　張　芮安邑人太常卿　楊　縉聞喜人副使

韓　重絳州人尚書　史　瑛稷山人副使　荆　茂絳州人

甯　賢稷山人

辛丑科成化十七年王華榜共取三百人

王　泰翼城人布政　張　隆夏縣人御史　趙仲輝聞喜人知府

陶　琰絳州人尚書

甲辰科成化二十年李旻榜共取三百人

安惟學臨汾人都御史　馬鸞太平人僉事　李浩曲沃人尚書

丁未科成化二十三年費宏榜共取三百五十人是科許舉人教官會試遂爲例

邢霦襄陵人運使　支夔聞喜人知府

庚戌科弘治三年錢福榜共取三百人

翟敬猗氏人少卿　景佐蒲州人叅政

癸丑科弘治六年毛澄榜共取三百人

馬馭夏縣人知州　張環絳縣人知州

丙辰科弘治九年朱希周榜共取三百人

秦　昂蒲州人副使　秦誠通聞喜人長史　馬　騤夏縣人知府

文　瑎垣曲人副使

己未科弘治十二年倫文叙榜共取三百人

趙　鐸曲沃人知府　劉　慶芮城人御史　郭　韶霍州人布政

壬戌科弘治十五年康海榜

韓士奇洪洞人參政　張　潤臨汾人尚書　薛　玠蒲州人知縣

王宗貴猗氏人員外　張　鉞夏縣人主事

乙丑科弘治十八年顧鼎臣榜共取三百人

張克温臨汾人員外　曹　倣解州人　甯　河稷山人僉事

戊辰科正德三年吕柟榜共取三百五十人

樊　文（太平人）　史　魯（蒲州人 給事中）　郭　震（蒲州人 少卿）

陳維藩（吉州人 郎中）

辛未科正德六年楊　榜共取三百五十人

易　瓚（臨汾人）　許鳳翔（洪洞人 參議）　劉成德（蒲州人 參議）

劉一中（蒲州人 知縣）　楊守禮（蒲州人 尚書）　張鵬程（蒲州人 主事）

王　璽（猗氏人 僉事）　程　鵬（解州人 員外）　劉　翀（平陸人 御史）

裴繼芳（靈石人 主事）　李孟旭（靈石人 僉事）　趙　載（垣曲人 初名君

琰 都御史）

甲戌科正德九年唐皐榜共取四百人

朱　昭太平人知府　宋九齡猗氏人副使　李　淮聞喜人都御史

曲　環安邑人主事　祁　鶴安邑人僉事　相世芳安邑人郎中

張淳甫安邑人主事　陶　滋絳州人郎中　賈繼芳靈石人

丁丑科正德十二年舒芬榜共取三百五十人

劉　穆臨汾人少卿　劉一正蒲州人叅政　張邦教蒲州人按察使

謝　誥安邑人員外

辛巳科正德十六年楊維聰榜　庚辰會試後武廟南巡未及廷試至次年世宗登極始舉行之

景　溱蒲州人府丞

癸未科嘉靖二年姚淶榜

康天爵臨汾人僉事　韓廷偉洪洞人太僕卿　樊景麟蒲州人

張時亨安邑人教授　薛　華河津人知縣

丙戌科嘉靖五年龔用卿榜共取三百人

李　鏞曲沃人府丞　李文會趙城人主事　王　珂蒲州人中式

喬　瑞霍州人叅政　錢士聰翼城人知府　劉　志翼城人叅政

己丑科嘉靖八年羅洪先榜共取三百三十三人

楊　愽蒲州人尚書　王　珂蒲州人中書　趙九思聞喜人知縣

王培齡鄉寧人　王與齡鄉寧人

壬辰科嘉靖十一年林大欽榜

孫繼先安邑人知縣　路天亨安邑人布政

乙未科嘉靖十四年韓應龍榜共取三百二十五人

王應期蒲州人主事　王光宇臨晉人僉事　楊奬安邑人主事

梁格稷山人給事中　許評曲沃人副使

戊戌科嘉靖十七年茅瓚榜共取三百二十三人

劉廷臣洪洞人參政　劉選安邑人　孫璧蒲州人少卿

裴紳蒲州人都御史　王輪蒲州人都御史

辛丑科嘉靖二十年沈坤榜共取二百九十八人

郭維寧太平人主事　王崇古蒲州人尚書

甲辰科嘉靖二十三年秦鳴雷榜共取三百一十七人

張廷栢蒲州人叅政　何尚賢猗氏人知府　胡志夔安邑人副都

丁未科嘉靖二十六年李春芳榜共取三百一人

亢思謙臨汾人布政　王三接洪洞人叅議　宋文明洪洞人郎中

劉應時洪洞人叅政　李承華曲沃人少卿　孫永思蒲州人御史

庚戌科嘉靖二十九年唐汝楫榜

任民望臨汾人副使　呂　陽臨汾人中書　崔　都蒲州人叅政

閻望雲安邑人給事中

癸丑科嘉靖三十二年陳謹榜共取四百二人

徐節臨汾人布政　張四維蒲州人大學士　馮舜漁蒲州人都御史

王宗舜聞喜人僉事　杜鵬翔隰州人主事　趙桐絳州人知縣

楊世鳳絳州人　李如松洪洞人知州　毛綱太平人侍郎

丙辰科嘉靖三十五年諸大綬榜共取三百三人

羅尚德臨汾人推官　史永壽翼城人知縣　史官翼城人知府

晉應槐洪洞人都御史　介一清解州人知府　侯居艮解州人知府

侯居坤解州人太僕卿　王得春安邑人御史　李汝寬聞喜人評事

薛一諤芮城人僉事　周心易絳州人同知　李瑆解州人

己未科嘉靖三十八年丁士美榜共取三百三十人

董文寀臨汾人參政　邢實洪洞人

壬戌科嘉靖四十一年徐時行榜共取二百九十九人

王澤臨汾人苑馬卿　陳于階臨汾人副使　賈應元臨汾人尚書

楊俊民蒲州人尚書　洪忻蒲州人副使　段𦈡蒲州人主事

任汝亮猗氏人知府　張問明猗氏人知府　賈仁元萬泉人侍郎

丁誠安邑人副使　翟𦈡裳聞喜人巡撫　孫光祐絳州人都御史

梁綱稷山人參政　柴宗義安邑人都事　王宇運司人副使

乙丑科嘉靖四十四年范應期榜共取三百九十四人

楊　沭 臨汾人 知縣　李日強 曲沃人 參政　王應吉 襄陵人 太僕卿

楊　相 蒲州人 參政　韓　楫 蒲州人 右通政　董汝漢 萬泉人 布政

孫維清 解州人 太僕卿　楊一魁 安邑人 尚書　陳　栢 絳州人 主事

戊辰科 隆慶二年羅萬化榜　時取李長春王家屏田一儁已定內旨忽於二甲前易羅萬化等三人

陳王道 臨汾人 同知　劉守仁 洪洞人 參政　劉　朴 曲沃人 主事

李大嘉 曲沃人 郎中　李尚思 曲沃人 巡撫　王大用 趙城人 參政

王體復 太平人 都御史　郭有金 蒲州人 知府　趙三聘 河津人 副使

李春光 解州人 侍郎　趙欽湯 解州人 府尹　李　瑱 解州人 參政

解學禮 安邑人 參政　李尚賓 夏縣人 主事

辛未科　隆慶五年張元　榜共取四百十五人

董光裕　洪洞人　叅政　　劉應元　洪洞人　叅政　　燕好爵　翼城人　副使

吉可久　曲沃人　推官　　何汝誠　蒲州人　叅議　　周有光　榮河人　叅議

裴　晹　稷山人　副使　　高應聘　稷山人　知縣　　李廷儀　霍州人　都御史

茹宗舜　臨汾人

甲戌科　萬曆二年孫繼臯榜共取三百五十人

李承志　曲沃人　副使　　張　珩　趙城人　知府　　楊俊士　蒲州人　推官

胡希舜　臨晋人　叅政　　張雲翱　安邑人　郎中　　司馬祉　夏縣人　少卿

任養心　芮城人　都御史　　丁汝謙　吉州人　副使

丁丑科萬曆五年沈懋學榜共取三百五十人

楊起元臨汾人主事　李弘道襄陵人參政　呂乾健曲沃人員外

韓應庚趙城人御史　李應遐趙城人郎中　王謙蒲州人少卿

荊州士臨晉人都御史　劉敏寬安邑人總督　馬崇謙安邑人按察使

陳遇文安邑人御史　張夢鯉絳縣人知縣

庚辰科萬曆八年張懋修榜共取三百人

郭萬里太平人參政　張泰徵蒲州人按察使　劉以平猗氏人苑馬卿

王明解州人巡撫

癸未科萬曆十一年朱國祚榜共取三百六十人

曹　楷 洪洞人 御史　張甲徵 蒲州人 郎中　楊元祥 蒲州人 檢討

荊州俊 猗氏人 巡撫　鄭國俊 解州人 按察使　南邦化 安邑人 主事

王時濟 稷山人 知府　薛繼先 芮城人 御史

丙戌科萬曆十四年唐文獻榜共取三百五十人

李養質 蒲州人 副使　張時脩 蒲州人 知府　趙　標 解州人 太僕卿

弋　鶴 安邑人　杜允繼 隰州人 參議

己丑科萬曆十七年焦竑榜共取三百五十人

賈維嶽 臨汾人 郎中　盧夢麟 洪洞人 副使　楊天民 太平人 少卿

盧世登 曲沃人 知縣　馬　洙 蒲州人 少卿　張三聘 蒲州人 參政

侯加釆 解州人 郎中　馬邦瑞 安邑人 行人　王國禎 安邑人 叅政

王　紀 芮城人 巡撫

壬辰科 萬曆二十年翁正春榜

史學遷 翼城人 御史　韓　爌 蒲州人 大學士　朱　繪 蒲州人 員外

喬應甲 猗氏人 巡撫　杜思望 猗氏人 知縣　王國瑚 猗氏人 少卿

趙邦清 洪洞人 郎中　曹于汴 安邑人 都御史　景　明 安邑人

陶　登 絳州人 知縣

乙未科 萬曆二十三年朱之蕃榜共取三百人

李沐民 臨汾人 郎中　安良澤 臨汾人 主事　高邦佐 襄陵人 叅政

白　瑜 翼城人給事中　李　瑾 襄陵人給事中　沈光祚 襄陵人按察使

趙用光 河津人學士　楊一桂 安邑人御史　姚誠立 安邑人按察使

景　昉 安邑人布政　李　俸 聞喜人知府　張應徵 猗氏人主事

荊養喬 臨晋人御史

戊戌科 萬曆二十六年趙秉忠榜共取三百人

仇時古 曲沃人知府　張雲翼 太平人叅政　孟時芳 蒲州人尚書

王之寀 鄉寧人侍郎　洪世乱 蒲州人主事　史記言 河津人主事

張應昌 解州人知縣　王　柱 解州人知縣　劉崇文 安邑人郎中

辛丑科 萬曆二十九年張以誠榜

晉承寵洪洞人行人　翟師雍襄陵人布政　梁一龍襄陵人知府

楊世增蒲州人御史　孟希孔蒲州人知縣　張士俊猗氏人副使

萬時俊安邑人主事　毛維驄太平人員外

甲辰科萬曆三十二年楊守勤榜

任正斗安邑人行人　白養粹翼城人副使　馮勞謙蒲州人叅政

令狐泌猗氏人知縣　李棲鳳臨汾人右侍郎　李嵩榮河人左侍郎

楊如皐蒲州人御史

丁未科萬曆三十五年黄士俊榜

張廣蒲州人侍郎　韓原善趙城人僉事　張庭蒲州人中式

王槐秀 蒲州人 叅議　張之琮 蒲州人 巡撫　王春禎 猗氏人 行人

吳養源 安邑人 叅政　甯三韓 聞喜人 布政　王鶴齡 平陸人 郎中

任光統 芮城人 叅議

庚戌科 萬曆三十八年韓敬榜

張庭 殿試

癸丑科 萬曆四十一年周延儒榜共取三百五十人

張杰 臨汾人　呂維寧 翼城人 少卿　康四海 安邑人 按察使

高士望 襄陵人 知府　韓繼思 洪洞人涇陽籍 兵科給事

丙辰科 萬曆四十四年錢士升榜共取三百四十八人

田時春襄陵人參議　晉淑朴洪洞人員外　王公弼蒲州人侍郎

丁沆芳翼城人副使　張其實蒲州人右寺丞　龎尚廉河津人僉事

鄭崇儉鄉寧人右侍郎　宋學郊霍州人　韓一良洪洞人澄城籍

巳未科萬曆四十七年莊際昌榜

安良温臨汾人主事　王家楹洪洞人同知　楊時芳蒲州人少詹

楊進蒲州人廵撫　張輦蒲州人副使　王鼎新臨晉人僉事

王凝祚安邑人參政　楊炳安邑人給事中　葉振生聞喜人參議

張翰芳垣曲人中書　王時英垣曲人御史　韓琳洪洞人澄城籍

壬戌科天啟二年文震孟榜

劉令譽洪洞人右侍郎　張鮮化太平人副使　宋之儁靈石人參議

李紹賢蒲州人侍郎　楊中極蒲州人御史　姚昌錄臨晉人參議

王國祚平陸人主事　裴居賜安邑人給事中　李日儼安邑人知府

劉席民安邑人主事　任贊化聞喜人參政　王國訓解州人知縣

李虞夔平陸人巡撫　韓之良芮城人　馬逢造垣曲人知縣

乙丑科天啟五年余煌榜

韓續祖洪洞人行人　申嘉言洪洞人給事中　李建泰曲沃人大學士

張養初曲沃人知縣　張斗耀蒲州人知縣　張宸極河津人右侍郎

李國俊芮城人郎中

戊辰科崇禎元年劉若宰榜

楊　義洪洞人尚書　王之楨靈石人監軍道　張希夏蒲州人給事中

雷一鳳蒲州人知府　荆祚永臨晉人給事中　荆爾植臨晉人主事

荆可楝猗氏人給事中　楊雲梯解州人知縣　張鳴鳳安邑人知府

辛未科崇禎四年陳于泰榜

梁州杰襄陵人主事　郭衛宸太平人主事　張煦宿猗氏人推官

王含光猗氏人按察使　介松年解州人主事　郭連城平陸人推官

成　德霍州人員外　韓文鏡洪洞人杭嚴道

甲戌科崇禎七年劉理順榜

崔育梗 襄陵人 知縣　衛周亂 曲沃人 知縣　韓承宣 蒲州人 知縣

劉世俊 蒲州人 主事　韓啟泰 臨晋人 主事　王應元 猗氏人 推官

耿始然 猗氏人 給事中　賈鶴年 萬泉人 知縣　趙煇 河津人 僉事

侯佐 解州人 員外　李恪 安邑人 僉事　陰潤 芮城人 給事中

李皐 翼城人 副使　韓文銓 洪洞人

丁丑科 崇禎十年劉同升榜共取三百人

李綦昌 洪洞人 知縣　韓接祖 洪洞人 僉事　宋炳奎 洪洞人 苑馬卿

衛周祚 曲沃人 大學士　李丕著 曲沃人 副使　楊惠芳 蒲州人 主事

張慎學 夏縣人 御史

庚辰科崇禎十三年魏藻德榜共取三百人

段耀然洪洞人知縣　許日可曲沃人推官　王則堯翼城人僉事

崔允升翼城人副使　張耿翼城人知縣　荆世爵猗氏人知州

宋東壁安邑人知事　馬鳴騄垣曲人知府

癸未科崇禎十六年楊廷鑑榜　是科因用兵改八月會試十月殿試取四百人

薛昌亂河津人知縣　魯廷芝垣曲人知縣　朱鼎寔絳州人

朱永康蒲州人推官　聶玠蒲州人寺丞　丁期昌安邑人推官

呂崇烈安邑人侍郎　王道成安邑人叅政　上官鉝翼城人僉都

史起明翼城人叅政　安世鳳太平人　鄭琬夏縣人知縣

賈席宣萬泉人　席敎事臨汾人中式　劉濬本臨汾人

呂雲藻臨晉人參議　喬庭桂解州人侍讀

成充翬洪洞人元城籍大學士

明舉人

庚戌科洪武三年　按洪武三年始行科舉詔各行省連試三年是辛亥壬子皆行鄉試至癸丑停科舉者一十二年諸志已酉戊午辛酉等名皆屬誤傳惟陵川縣志載壬子科三人餘俱無考乃在甲子以前者槩入是科以存疑云

解元仇　敬曲沃人進士　高　翀翼城人進士　任　翔安邑人知縣

黎　銘聞喜人訓導　韓　震絳縣人訓導　張　葢絳縣人御史

楊　昭吉州人經歷　張良彦吉州人經歷　尹宗伊萬泉人進士

袁　泰萬泉人進士　王　進襄陵人進士　鄧　曇襄陵人進士

劉　詳吉州人訓導

再行科舉　洪武四年辛亥科舉人不可考

賀　貫趙城人參政　舊志云解元無科分按趙城志癸亥科必是辛亥之訛

再行科舉　洪武五年壬子科舉人不可考

高　鐸猗州人進士侍郎

甲子科　洪武十七年

郭　廸臨汾人　賀　鹵臨汾人教授　師　道洪洞人知縣

張廉 浮山人教諭　郭瑄 浮山人助教　辛華 浮山人通判

郭祥 臨晉人進士　仇益 汾西人進士　薛貞 河津人教諭

孫達 猗氏人進士　張肅 聞喜人郎中　王達 絳州人進士

姚嗣清 稷山人　田深 稷山人知縣　張狃 稷山人進士

趙朗 垣曲人進士　汪麟 隰州人進士　周郊 隰州人

趙荆 河津人

應天中式

韓毅 曲沃人進士

丁卯科 洪武二十年

趙　益臨汾人主事　秦　俊臨汾人僉事　適　煩臨汾人

張時振趙城人長史　秦　鈞曲沃人叅政　王　綱曲沃人訓導

田　琛蒲州人知事　郅　敏蒲州人國學正　閻　賚榮河人進士

李　泰平陸人教諭　范　業絳州人　薛　敬絳州人

陳　琦霍州人知州　梁　毅鄉寧人御史　張　威浮山人教諭

翟　俊絳縣人知縣　張商霖隰州人　喬　巖翼城人教授

庚午科洪武二十三年

盧　勝襄陵人長史　賈用中洪洞人主事　張　翥曲沃人知府

賈希誼曲沃人經歷　李　璡曲沃人行人　李　瀹曲沃人主簿

焦朔 曲沃人御史　常貞 翼城人學正　李嵩 翼城人教授

張敔 蒲州人知縣　陳榮祖 臨晉人知縣　李睿 榮河人教諭

張韜 絳州人斷事　張麟 垣曲人進士　張瑛 鄉寧人主事

鄭效 大寧人序班　郭彥文 靈石人長史　高進 萬泉人教授

趙彥亨

應天中式

衛志 曲沃人進士

癸酉科 洪武二十六年

吳本 臨汾人　亢順 臨汾人知縣　姚時敏 太平人

張　順太平人知縣　孫　善太平人學正　姚時傑太平人

高　進榮河人　仰　昻聞喜人經歷　梁　驥絳州人知縣

祁　弜絳州人知縣　張　本霍州人　柴　權曲沃人主事

許　容曲沃人　趙　裔蒲州人教諭

丙子科洪武二十九年

解元侯　睿曲沃人知縣　盧　俊臨汾人　翟　進臨汾人同知

景　銘襄陵人照磨　張　成浮山人教諭　盧　益曲沃人知縣

張　讓曲沃人御史　吉　安曲沃人主事　李　冬曲沃人知縣

呂　哲蒲州人訓導　姬　煥蒲州人同知　吉　議夏縣人郎中

王觀聞喜人　梁誠稷山人進士　王紀垣曲人知事

柳春洪洞人御史　董實洪洞人教諭　殷本臨汾人少卿

應天中式

王雅曲沃人教授　龎安曲沃人主事

河南中式

石璞洪洞人尚書

巳卯科建文元年

賈禎臨汾人知縣　雷亨臨汾人伴讀　范敏臨汾人訓導

李寅臨汾人進士　鄧鐸臨汾人署正　王昱臨汾人

李　端浮山人庠班　常　執禮岳陽人主事　薛　宣曲沃人助教

楊　武曲沃人知縣　王　皐蒲州人教諭　盧克敏蒲州人知縣

薛　魯蒲州人給事中　辛　儼蒲州人學正　韓　温蒲州人給事中

李　謙稷山人　史　英霍州人教授　王　立臨汾人訓導

應天中式

馬負圖臨汾人布政使

壬午科建文四年　永樂二年禮部言科舉舊例子午卯酉鄉試去年兵革倉卒有未及舉行者請以今科八月補試本省補未補不可知祗以壬午冠之

陳　孚襄陵人教諭　冀　良襄陵人　李　寧猗氏人教授

李　隸猗氏人　葉　林翼城人進士　杜　芳翼城人進士

張　達翼城人學士　姚　鑄猗氏人　董　實猗氏人教諭

鍾　鑄猗氏人　張　縉猗氏人　李　琰夏縣人教諭

張　昭浮山人訓導　高　昭趙城人訓導　王　輅絳州人訓導

張　開絳州人教諭　鄭　瑛稷山人訓導　王　韜垣曲人進士

王　佐霍州人教諭　鄭　效大寧人御史　楊　謙大寧人參政

任敏學大寧人知府　楊　庸曲沃人進士　靳　勉曲沃人進士

郭　巽蒲州人教諭　孟　恭蒲州人訓導　焦　旭稷山人進士

王　彬絳縣人進士　魯　暹芮城人僉事　王　恂芮城人給事中

陳榮

乙酉科永樂三年

解元周麟臨汾人　張吉臨汾人同知　劉頊臨汾人副使

寇厚臨汾人進士　黨衢襄陵人縣丞　鄭瑀襄陵人知縣

梁珉襄陵人縣丞　張廸猗氏人縣丞　范源猗氏人知縣

郭誼猗氏人縣丞　郭敏趙城人通判　劉敏太平人進士

楊威太平人知縣　郭昇太平人知縣　楊誼曲沃人教授

劉頊曲沃人副使　李恭翼城人知縣　衛昉翼城人知縣

栢梁汾西人知縣　王端蒲縣人　馮懋蒲州人主事

張達臨晉人通判　楊晉臨晉人經歷　王暹萬泉人知府

史記解州人教諭　張翥安邑人訓導　王齡聞喜人經歷

李春稷山人進士　解昌稷山人御史　黄士奇稷山人推官

張觀稷山人主簿　王賁稷山人　翟範絳州人經歷

李瑛絳州人知縣　續鏞絳州人　普有年垣曲人學正

王獻垣曲人經歷　馬壁霍州人教授　張芝解州人訓導

戊子科永樂六年

段英襄陵人檢校　宋昶襄陵人審理　沈祥太平人教諭

王岳曲沃人　王錫翼城人　續旻翼城人進士

楊　達汾西人同知　陳　汴汾西人州判　石　温蒲縣人

楊　琳蒲州人知縣　姚　謹萬泉人　郝　政安邑人運同

李　顯安邑人知府　張　巖聞喜人訓導　張　徽絳州人知縣

薛　繪垣曲人知縣　馮　寧吉州人經歷　朱　森霍州人推官

邢　麟霍州人知縣　曹　端曲沃人河南籍

辛卯科永樂九年

張　盛臨汾人同知　段　禮臨汾人知縣　婁　俊臨汾人經歷

王　鏞臨汾人同知　段　琛襄陵人　張　魯襄陵人

周　冕猗氏人縣丞　張　珙猗氏人經歷　李　愜太平人教諭

師　晃岳陽人知縣　辛　音岳陽人進士　李　震曲沃人主簿

晋　昇趙城人　董　純汾西人經歷　李　威蒲州人同知

王　聚蒲州人同知　馬　恕解州人司務　宋　恭聞喜人推官

王　壽聞喜人叅議　劉　震絳州人知縣　行　正絳州人司務

鄭　登稷山人知縣　衛　美稷山人　史　源稷山人

柴　望垣曲人　秦　昭霍州人訓導　杜　經吉州人錄事

張　恕陽州人同知　尚　淵解州人主簿　左　清解州人主簿

應天中式

郭　亨太平人州判　曹　璘太平人縣丞

甲午科　永樂十二年

岐宣臨汾人知府　王順臨汾人御史　劉啟臨汾人知府

張晟臨汾人太僕卿　范規臨汾人知縣　孟諒襄陵人訓導

崔矩襄陵人進士　宋拯洪洞人進士　樊謙洪洞人主簿

郭弘猗氏人司務　安寧浮山人知縣　張進曲沃人

許顯曲沃人經歷　范琮汾西人進士　柴莊汾西人知縣

文斌太平人主事　賀郁蒲縣人　柴銘汾西人經歷

趙馴蒲州人進士　張昭蒲州人縣丞　王靖臨晋人同知

劉達安邑人訓導　王礪夏縣人進士　王暹夏縣人

李　實絳州人州判　趙　晉絳州人縣丞　陳　恕絳州人參議

岳　崇稷山人　王　坦垣曲人通判　郭　睿霍州人知州

成　禮霍州人照磨　梁　弼霍州人　郭　晟霍州人

楊　清霍州人經歷　李　本霍州人　史　録鄉寧人知縣

應天中式

王　瑛猗氏人進士　任　宣霍州人同知　李　貞霍州人通判

丁酉科永樂十五年

解元張　隨芮城人王事　楊友文臨汾人知縣　宋　議臨汾人知縣

劉　淙臨汾人參議　張　睿臨汾人知州　劉　志襄陵人

景　春洪洞人主事　劉　澄洪洞人知縣　王　本洪洞人州同

李　矩岳陽人經歷　鄭　談曲沃人推官　胡　璉太平人訓導

郭　瑛太平人　張　瑩岳陽人進士　鄒　顯曲沃人教諭

趙　寧曲沃人通判　王　敏翼城人知州　閻　立翼城人學正

馮　昱翼城人知縣　賀　威蒲州人　周　炭蒲州人

賈　斅蒲州人吏目　郭　祥蒲州人州同　楊　秀蒲州人經歷

衛　政蒲州人知縣　范　翔蒲州人　史　彬蒲州人

楊　儉猗氏人知縣　賀　威臨晉人州同　周　爰臨晉人

楊　鐸河津人知州　吕　遜解州人經歷　郭　齡夏縣人知府

弋恕安邑人教諭　夏杲安邑人　景輝安邑人
曲新安邑人　張官安邑人　朱瓚安邑人運同
杜禮平陸人　呂遜平陸人郎中　李信平陸人
呂恭芮城人　王斌絳州人少卿　安貞絳州人主簿
郭馴絳州人　段深稷山人　張本稷山人監事
張翶絳縣人縣丞　薛熙霍州人　李叙霍州人訓導
梁惠霍州人　田甫霍州人訓導　劉勝霍州人通判
張謙吉州人經歷　郭琮吉州人　丁寧鄉寧人
賈禎鄉寧人　仇鎮汾西人知府　段任解州人吏目

庚子科永樂十八年

解元劉　海運司學進士　薛　融臨汾人照磨　郭　資臨汾人知府

李　榮臨汾人主簿　郭　鏞臨汾人訓導　范　志臨汾人訓導

劉　安臨汾人　李　榮洪洞人經歷　田　耕浮山人

衛　鏞浮山人署正　王　盤曲沃人訓導　劉　濬趙城人知縣

孔　璉趙城人　王　佐岳陽人知縣　戴　麟翼城人

畢　昶翼城人御史　栢　通汾西人通判　張　福蒲州人知府

楊　珪蒲州人斷事　李　昇臨晉人苑馬卿　楊　敏榮河人照磨

張　純猗氏人州同　耿盃亨榮河人經歷　李　敬河津人訓導

扆昭解州人御史　邵浩安邑人經歷　張敏夏縣人監丞

衛聰夏縣人教諭　解通夏縣人大使　高斌夏縣人縣丞

張益夏縣人　張旵聞喜人推官　陳英聞喜人

張雄平陸人吏目　段純平陸人縣丞　段會平陸人

党質芮城人寺丞　劉良絳州人　柴衡絳州人知州

任榮絳縣人主事　李演吉州人知縣　謝荆鄉寧人主事

馮敬永和人　張昺解州人

應天中式

李輅安邑人進士

河南中式

解元薛　瑄河津人進士　衛　淳曲沃人進士

癸卯科永樂二十一年

郝　約臨汾人知縣　王　彧臨汾人州同　賈　㒟臨汾人知縣

侯　循臨汾人教諭　張　旻臨汾人寺丞　柴　盛臨汾人知府

安　貴臨汾人檢討　衛　儼臨汾人吏目　史　英襄陵人知縣

段　安洪洞人知縣　南　剛洪洞人序班　賈　進洪洞人御史

宋　徵洪洞人知縣　程　禮浮山人　孔　昭岳陽人知縣

張　斌岳陽人同知　李　倫翼城人　蘇　誠蒲縣人

謝　琚蒲州人御史　王　璽蒲州人訓導　范　英蒲州人教授

胡　篚蒲州人　杜　熙蒲州人長史　史　頤蒲州人叅政

閻　勵蒲州人　董　灝蒲州人　姬　昇蒲州人

李　傑蒲州人照磨　張　楚臨晋人教諭　李　樂臨晋人教諭

暢　輿榮河人　牛　耘萬泉人王簿　暢　儒萬泉人

吴　真萬泉人　孫　諲萬泉人　解　章萬泉人教諭

尚　銜解州人王簿　盧　叢安邑人　賀　讓安邑人知縣

王　松安邑人　李　彬聞喜人州同　闞　中聞喜人經歷

王　端聞喜人訓導　張　潚聞喜人　李　逵芮城人同知

鄭　景芮城人　閻　㒷絳州人縣丞　段　埜絳州人典簿

王　棨絳州人訓導　閻　閱絳州人知州　任　昭絳州人

李　儀絳州人　張　紳絳州人　魯　檜絳州人

段　書稷山人　史　演稷山人訓導　田　寧稷山人訓導

朱　玊絳縣人　王　道垣曲人經歷　張　振垣曲人

高　彧霍州人縣丞　張　倫霍州人吏目　張　俊霍州人

衛　儼霍州人吏目　張　弘吉州人　李從吉大寧人知州

楊希賢大寧人布政　馬　驥大寧人教授　王　輝永和人訓導

路　達永和人　吳　瑾永和人

丙午科宣德元年

解元王牧浮山人訓導　景恭蒲州人州同　王濬蒲州人進士

李瑀蒲州人州同　孫晟滎河人　李齡曲沃人助教

郭昌聞喜人教諭　尚厲芮城人知事　張永芮城人御史

趙璧絳州人　李盤稷山人進士　王安絳縣人知縣

張謙靈石人經歷

己酉科宣德四年

邊昱曲沃人教授　范進臨晋人訓導　張景岳陽人教諭

王惠蒲州人　樊矩臨晋人教諭　趙煥猗氏人長史

李素安邑人進士　郭鑑絳縣人參政　史濡霍州人知府

張義霍州人學正　陳浩吉州人進士　張輝靈石人同知

陳凱靈石人知州　席偰浮山人州判　韓伯彰夏縣人教授

壬子科宣德七年

鄧賢臨汾人教諭　李輔臨汾人知府　王霖襄陵人

王璉滎河人教諭　陳豫猗氏人縣丞　何清猗氏人訓導

趙璘河津人　費寧河津人知縣　劉誠河津人

史宗禮解州人知府　翟恕絳縣人　米厥霍州人訓導

趙信靈石人教諭　田璡靈石人教諭　馮鉉大寧人知縣

暢茂大寧人教諭　楊輗聞喜人同知

應天中式

耿純曲沃人通判

乙卯科宣德十年

王叙臨汾人知府　劉翔襄陵人教授　羅獻趙城人知縣

龎隆趙城人知縣　高政趙城人　樊稠岳陽人署丞

王宗猗氏人教授　何亮河津人進士　郜暹河津人同知

楊峙河津人　薛璘河津人進士　李春絳州人教諭

蓋獲絳州人知州　張景絳縣人　温恭夏縣人推官

高　舉霍州人知府

戊午科正統三年

刁　鋭臨汾人經歷　陳　紀臨汾人知州　吴　純臨晋人同知

徐　恭榮河人縣丞　張　琦安邑人知縣　衛　儀安邑人進士

王　正夏縣人進士　劉　釗夏縣人訓導　陳　璉聞喜人教諭

趙　璧聞喜人教諭　韓　英絳州人知州　邢　鑑霍州人訓導

郭　固浮山人

辛酉科正統六年

宋　敬臨汾人知縣　郭　晟翼城人通判　胡　海臨晋人教諭

宋　茂洪洞人都事　王　垐襄陵人訓導　薛　慶襄陵人訓導

王　安猗氏人訓導　趙　普猗氏人推官　曲　巘安邑人同知

康　巘安邑人教諭　吕　宣安邑人知縣　李　通夏縣人訓導

甯　瑛稷山人進士　張　瓚垣曲人知縣　姚　遜霍州人州同

張　惠吉州人進士　喬　崇解州人

甲子科正統九年准在京各衙門吏典承差人等禮部嚴考通經無犯者許送鄉試

宋　昌臨汾人　李志學臨汾人長史　劉　剛臨汾人同知

宋　敞臨汾人　邢　讓襄陵人進士　李　楫洪洞人知縣

史　鑑趙城人訓導　郭　斌曲沃人進士　董　鋮蒲州人訓導

郭　瑄臨晉人學正　賈　聰柴河人教諭　李　濡解州人教諭
南　璧安邑人教授　盧　瑞安邑人知縣　劉　銓芮城人教諭
陶　銓絳州人進士　普　經垣曲人教諭　趙　亨稷山人知州
史　素霍州人　左　濬夏縣人州同　王　俊夏縣人教授
郭　璿夏縣人知府　李　誠太平人　裴　繡解州人
閻　浩解州人知州　鍾　鑄蒲州人

丁卯科正統十二年

柴　良襄陵人知州　喬　銘趙城人　祁　宣安邑人訓導
荊　詡猗氏人同知　郇紹夔絳州人教諭　郭　璟夏縣人教諭

張傑靈石人知縣　費旺解州人同知

庚午科景泰元年令各衛官舍軍餘曾送學者許入鄉試以英宗北狩歸減場經義二道

金全襄陵人知府　劉震臨汾人同知　安亨臨汾人知州

劉潤臨汾人訓導　康遜臨汾人推官　李麟洪洞人知縣

張禮浮山人訓導　任璽太平人進士　丁琰曲沃人教諭

因禮曲沃人教授　李翔翼城人州判　戴昌翼城人訓導

吉泰岳陽人知縣　侯銘汾西人僉事　衛述蒲州人知州

馮盛蒲州人紀善　孟琳蒲州人同知　王琄萬泉人

南宮安邑人　張振夏縣人太僕卿　丁政聞喜人知縣

王　哲聞喜人進士　韓　文芮城人知府　王　忠絳州人訓導

李　淑絳州人訓導　鄭　瑀稷山人同知　張　鸞稷山人訓導

劉　度霍州人教授　趙　燧霍州人　喬　盛霍州人知縣

張　敬隰州人

癸酉科景泰四年

解元謝廷桂蒲州人知府　梁　明臨汾人進士　李天綱臨汾人御史

安　廣臨汾人教諭　李　潤臨汾人　孔　旺臨汾人知縣

王　瑄襄陵人知州　趙　信臨汾人知縣　王　澤臨汾人知縣

郭　岑臨汾人知縣　楊　欽洪洞人　衛　英洪洞人參政

温　昱洪洞人通判　李　敏浮山人署丞　韓　智太平人通判

儀　表太平人知縣　顏　郁岳陽人　張　本岳陽人運同

續　儀曲沃人州同　鄭　恭曲沃人進士　郭　鎔翼城人知縣

周　玨翼城人訓導　張　侃蒲州人知府　盧　淵蒲州人知縣

蔡　真臨晉人教授　衛　聰猗氏人知縣　吳　真萬泉人

宋　怡安邑人訓導　王　輔安邑人知縣　李　穗絳州人知縣

白　素絳州人訓導　李　琳稷山人訓導　喬　深稷山人訓導

董　淳垣曲人訓導　陳　頤霍州人通判　李　麟霍州人知縣

張　璿霍州人通判　楊　潤河津人監丞

丙子科景泰七年　是科乃定遍省六十五名永爲常例

陳　縉臨汾人知縣　吉　麟臨汾人教諭　孫　麟臨汾人訓導

柳　暘洪洞人教諭　陳　齡猗氏人長史　李　杲安邑人教諭

王　勝安邑人知縣　張　璡安邑人進士　張　岫安邑人進士

任　桓聞喜人教諭　馮　愁聞喜人知縣　陶　壐絳州人進士

李　興絳州人典簿　王　明垣曲人署正　普　暉垣曲人知縣

劉　洋霍州人　張　翱隰州人　裴　泰靈石人知州

吴　琨靈石人進士

己卯科天順三年　令兩京天文生陰陽生及官生子弟許在京鄉試

彭英 臨汾人知縣　王世英 臨汾人訓導　段讓 洪洞人知縣

劉環 趙城人知縣　張安 太平人　賀新 太平人

辛英 蒲州人訓導　楊瑩 蒲州人進士　劉銘 蒲州人御史

薛璟 蒲州人博士　郭凱 臨晉人通判　路聰 河津人教諭

薛基 河津人進士　袁暉 河津人教諭　邵瑾 河津人教諭

毛深 夏縣人参政　毛整 夏縣人教諭　郭琰 夏縣人知縣

王勣 稷山人　張嵩 霍州人訓導

壬午科 天順六年

劉珍 臨汾人知縣　董通 臨汾人進士　王瓛 襄陵人知縣

杜　誠 太平人 知縣　耿文聰 曲沃人　郭　廣 襄城人 司務

陳　燿 蒲州人 長史　張　錫 猗氏人 州同　樊　瑛 解州人 知府

王　徵 安邑人 知縣　郝　珙 安邑人 進士　馬　恍 夏縣人 州判

郭　翰 聞喜人 知縣　崔　縉 聞喜人 進士　楊　海 聞喜人 知縣

王　衡 稷山人 進士　馬　瓘 稷山人 經歷　李　威 靈石人

宋　恕 隰州人 知州

乙酉科 成化元年

武　泰 人　韓　文 洪洞人 進士　李　杲 洪洞人 知州

席　文 浮山人 學正　陳　孜 浮山人 進士　李　進 曲沃人 進士

耿文明曲沃人同知　張志翼城人通判　張琮猗氏人審理

李隆河津人進士　李棠安邑人知縣　馬祥安邑人教諭

張燧安邑人進士　嘉縉夏縣人訓導　溫洪夏縣人

秦㮔聞喜人知縣　仇儒聞喜人教諭　趙仲輝聞喜人進士

杜寅平陸人同知　王延稷山人知縣　李璽稷山人通判

吳忠稷山人知縣　張文絳縣人教授　張憲霍州人同知

荀世美霍州人知縣　王文解州人教諭

戊子科成化四年

李瓘臨汾人　王全臨汾人　馮春臨汾人教諭

劉　良襄陵人教授　郭　溥洪洞人知縣　鄭　傑洪洞人進士

高　鐙趙城人知縣　王　謙太平人進士　耿文膺曲沃人進士

郝　瓛翼城人知縣　王　庭蒲州人進士　宋　鈞猗氏人知縣

薛　敎河津人知縣　薛　海安邑人知縣　温　源夏縣人

崔　繆聞喜人同知　張　翰平陸人知府　李　徽絳州人

高　明稷山人訓導　高　逵霍州人知縣　白　述吉州人教諭

辛卯科成化七年

解元陶　琰絳州人進士　杜　信臨汾人州判　秦　志臨汾人御史

安惟順臨汾人經歷　安　壽臨汾人　金舜臣襄陵人進士

盧　晃洪洞人知州　喬　嵩趙城人訓導　賈子明趙城人推官

張　銘翼城人經歷　范　鵬蒲州人知縣　楊　蓁蒲州人知縣

劉　進臨晋人　梁　昭榮河人　王　龍猗氏人知縣

段　鑑河津人知州　扆　錦解州人　崔　福夏縣人教諭

韓　重絳州人進士　劉宗迒絳州人通判　苗　蓁霍州人訓導

靳　愉霍州人訓導　劉　琰霍州人　張　紀吉州人知州

甲午科成化十年

李　瓚臨汾人進士　王　錫洪洞人知縣　馬　鸞太平人進士

周　整曲沃人知縣　張　逵蒲州人知州　姚　鳳蒲州人同知

張　恕蒲州人　李九皐臨晉人知縣　陳　宏滎河人知州

王　瓚萬泉人知縣　暢　亨河津人進士　馬　璠安邑人進士

張　隆夏縣人進士　王　璘聞喜人　李　泰聞喜人知縣

韓景暘芮城人知縣　儀　昭絳州人教授　王　珙稷山人教授

闞　重絳州人知州　史　英稷山人進士

順天中式

甯　賢稷山人進士

丁酉科成化十三年

邢　霖襄陵人進士　安惟學臨汾人進士　杜　麟臨汾人知縣

樊　榮襄陵人　盧　景襄陵人　因　綱曲沃人知州

羅　廸蒲州人　張　芮安邑人進士　韓　鉉安邑人教授

郭　崧安邑人同知　馬　珩安邑人知縣　邢　俊夏縣人知縣

任　宗聞喜人訓導　楊　縉聞喜人進士　姚　逵絳州人

吴　經靈石人通判　王　泰翼城人進士

順天中式

李　勝安邑人知縣

庚子科成化十六年

梁　璞襄陵人知縣　王藎臣曲沃人　薛　勝蒲州人訓導

翟敬 猗氏人進士　薛鋐 河津人知州　張法 安邑人知縣

宋玘 安邑人知縣　毛鳳 夏縣人知縣　柳芳 夏縣人通判

宋鐸 聞喜人　張環 絳縣人進士　史綜 霍州人知縣

馮綸 吉州人　溫淳 靈石人知縣

癸卯科 成化十九年

張衡 臨汾人知縣　劉傑 臨汾人知府　溫濬 洪洞人

李鉞 太平人僉事　李浩 曲沃人進士　趙鐸 曲沃人進士

惠欽 蒲州人通判　景佐 蒲州人進士　薛鑑 蒲州人知州

馬淳 河津人知縣　侯禋 安邑人同知　路顯 安邑人知縣

張　聰安邑人知州　李　偉安邑人經歷　馬　馭夏縣人

毛　學夏縣人知縣　衛　原夏縣人　秦誠逼聞喜人進士

支　夔聞喜人進士　閻　珪絳州人傳士　王　瓚翼城人知縣

丙午科成化二十三年

安惟恒臨汾人通判　劉　和臨汾人通判　張　懷臨汾人長史

張　麒臨汾人知州　郭　登洪洞人知縣　張　譜太平人知縣

荊　銳蒲州人長史　馮從政蒲州人知縣　李　奎榮河人知縣

王廷輔榮河人知縣　宋　震猗氏人知縣　薛原賦萬泉人

孟　睿萬泉人教諭　解　常萬泉人知縣　龎　整萬泉人教授

張　璧安邑人知州　衛　傑夏縣人知縣　馬　騤夏縣人進士

任　良夏縣人　李　傑聞喜人知縣　毛　憲絳州人長史

郝　崧絳州人知州　范　通絳州人知縣　李　倫稷山人

劉　銘稷山人　丘　茂聞喜人

己酉科弘治二年

張志高臨汾人知縣　段　欽臨汾人知縣　周　鑑臨汾人知縣

張克温臨汾人進士　賀　鋭臨汾人副使　范　晟襄陵人知縣

張　琮襄陵人教諭　韓士奇洪洞人進士　秦　昂蒲州人進士

謝　豸蒲州人僉事　靳志良絳州人　梁　溥稷山人長史

陳　銳絳縣人推官　高　遷霍州人學正　李　恂霍州人知縣

劉　桀霍州人教諭　呂子固解州人教諭

壬子科弘治五年

韓士聰洪洞人知州　盧　倫洪洞人長史　儀鳳禎太平人知縣

周　義翼城人知州　賀延年曲沃人教授　吳廷贇翼城人寺丞

梁　拱蒲州人知縣　王瀛洲蒲州人知州　張紹祖蒲州人同知

張　荼安邑人僉事　張　蔓安邑人知府　郝　芹安邑人知縣

張　鉞夏縣人進士　南　滇安邑人　薛　甫安邑人知縣

喬遷岐安邑人同知　楊　謙聞喜人知縣　陶　溥絳州人

張　璉絳縣人知州　喬　翥霍州人知縣　劉文表霍州人知府

裴繼芳靈石人進士　任守德靈石人知府

乙卯科弘治八年

解元張　蓰安邑人同知　劉　穆臨汾人進士　刁尚古臨汾人

賈　明臨汾人　韓士賢洪洞人運同　王　相洪洞人知縣

李　偉洪洞人訓導　張　學太平人教諭　馬　拭安邑人同知

郭　貞安邑人知縣　仝　鏊安邑人知縣　郭名世運司學知縣

王巨臣夏縣人知縣　鄭　紹稷山人訓導　文　皓垣曲人進士

張延壽霍州人知州　荀　玹霍州人知縣

戊午科弘治十一年

解元張　潤臨汾人進士　劉　倫臨汾人司務　馬　昱臨汾人推官

史　魯蒲州人進士　周　禮翼城人知州　薛　价蒲州人進士

焦　端臨晉人知縣　王　璽猗氏人進士　馬　鵬安邑人知縣

王　益聞喜人　郝　清安邑人推官　李　昉安邑人知縣

謝　譽安邑人知州　陳希良絳州人推官　高廷禄絳州人知縣

南　拱絳州人知縣　張　讓絳縣人　趙　寛垣曲人知縣

胡重光霍州人　郭　韶霍州人進士　張　坦霍州人

藺文章靈石人通判　侯　鋭解州人

順天中式

王　宗猗氏人進士

陝西中式

劉　慶芮城人進士

辛酉科弘治十四年

郭世榮洪洞人知縣　杜　介太平人知縣　衛　燮太平人知縣

郝　釜翼城人通判　張　憲翼城人通判　高　崙蒲州人推官

張廷珪蒲州人知縣　樊　瑩安邑人　王　鎬安邑人知縣

白　錦安邑人知縣　王　誼安邑人知縣　劉良臣芮城人通判

李 淮 聞喜人 進士　張進言 絳州人 長史　楊 澤 絳州人 知州

陳維藩 吉州人 進士　程 鵬 解州人進士郎中　史 臣 解州人 知縣

甲子科 弘治十七年

賈 智 臨汾人 知州　李 珍 洪洞人 知縣　盧大經 洪洞人 知州

南 仝 洪洞人 御史　于 僕 洪洞人 同知　馬 聰 太平人 知府

郭 震 蒲州人 進士　史 周 蒲州人 知縣　謝奇齡 蒲州人 知縣

郭士奇 臨晉人 知縣　宋九齡 猗氏人 進士　謝 詰 安邑人 進士

曲 環 安邑人 進士　孟 隆 夏縣人　郭大經 夏縣人 知縣

劉 翀 平陸人 進士　李應奎 絳州人 知州　張 環 垣曲人 知縣

王　江鄉寧人通判　周　淳靈石人知縣　閻　輔解州人推官

甯　河稷山人進士　家文慶太平人主事

順天中式

丁卯科正德二年

金禹積臨汾人知州　宋子隆臨汾人通判　康天爵臨汾人進士

劉　芳襄陵人知縣　楊世禎臨汾人　許翔鳳洪洞人進士

李時憲太平人知州　李　鏞曲沃人進士　周　道翼城人通判

盧廷用蒲州人　王　紹猗氏人通判　荆　晟猗氏人知州

祁　鶴安邑人進士　王濟民平陸人知縣　吳祥麟絳州人

張廷舉絳縣人知縣　劉從學吉州人副使　趙　載垣曲人進士

順天中式

朱　昭太平人進士

庚午科正德五年　是科逼省九十名

于　容臨汾人　張懷邦臨汾人同知　綦　錡曲沃人州判

張　頤曲沃人知縣　衛　賢翼城人知州　常　睿翼城人知縣

段　逵蒲州人通判　張永寧蒲州人　王　麒蒲州人

劉一中蒲州人進士　張鵬程蒲州人進士　劉成德蒲州人進士

楊守禮蒲州人　薛　華河津人進士　張濂甫安邑人僉事

胡　諧安邑人參政　孫　環安邑人知縣　相世芳安邑人進士

張　祚安邑人同知　宋學顔聞喜人知縣　甯　絜稷山人

癸酉科正德八年

賈　隱臨汾人　劉宗哲臨汾人通判　梁　昂臨汾人知縣

張　道洪洞人知縣　柴　選太平人教諭　梁　綸曲沃人知州

胡　鑄翼城人通判　姬　鵬蒲州人知縣　衛　卿蒲州人推官

郭廷臣蒲州人知縣　景　溱蒲州人進士　趙　璡安邑人學正

王一中安邑人知縣　張淳甫安邑人進士　劉　鯨夏縣人長史

王天爵絳州人　陶　滋絳州人進士　范　昕絳州人

加　睿稷山人教授　侯　瑞稷山人學正　王　道絳縣人

丘東魯解州人同知　楊　澤解州人知州

順天中式

姚　禄稷山人知縣

丙子科正德十一年

杜　鏞襄陵人知縣　喬　遷洪洞人長史　趙　傑洪洞人教諭

李復初洪洞人副使　趙　進翼城人知州　梁　榆蒲州人長史

張　馨蒲州人教諭　劉一正蒲州人進士　范　玹蒲州人知州

張邦敎蒲州人進士　衛延才安邑人　崔　金安邑人知縣

崔巍安邑人　劉鎬安邑人知縣　張時亨安邑人進士

周官安邑人知縣　陶情安邑人知縣　張玟夏縣人知縣

楊嘉猷聞喜人知縣　馬璟稷山人知縣　任佐稷山人按察使

王昱稷山人知縣　王時雍垣曲人同知

己卯科正德十四年

常秉燮曲沃人知州　張瓘翼城人推官　崔紳蒲州人知府

姒昂蒲州人通判　張廷璽蒲州人通判　王珂蒲州人進士

楊瞻蒲州人僉事　孫繼先安邑人進士　楊士元聞喜人知縣

梁承福絳州人知縣　韓瓚絳州人知州

順天中式

甯　伻稷山人

湖廣中式

李景逵夏縣人

壬午科嘉靖元年

王　璣靈石人通判　郭　光臨汾人知州　秦新民臨汾人推官

張光哲臨汾人　韓廷臣洪洞人　韓廷偉洪洞人進士

錢士聰翼城人進士　杜　緯蒲州人寺丞　羅　浙蒲州人知府

孫　璧蒲州人進士　何尚德猗氏人同知　李如圭猗氏人知州

杜　漸猗氏人知縣　王　命安邑人寺丞　郭鳴鳳安邑人

翟　潤安邑人　楊　奬安邑人進士　楊　瓊安邑人

郝汝舟安邑人通判　楊晉亨聞喜人　吉大來絳縣人知縣

喬　瑞霍州人

順天中式

吴夢麟翼城人苑少卿

乙酉科嘉靖四年

李廷賓曲沃人長史　楊汝江翼城人長史　楊　傅蒲州人進士

郭三仁蒲州人知州　史資德蒲州人知縣　鞏　鑑解州人知州

馬　駼 安邑人　孟汝濬 蒲州人知府　秦師心 蒲州人副使
荀汝安 蒲州人僉事　孫　梯 蒲州人僉事　常　較 安邑人
喬一峯 安邑人知縣　孫由義 安邑人知縣　梁　格 稷山人進士
王培齡 鄉寧人進士

戊子科 嘉靖七年

劉光裕 臨汾人　王　鯤 臨汾人知縣　鄧　鈺 臨汾人
符應時 翼城人　劉　志 翼城人進士　李　澐 翼城人通判
王　輪 蒲州人進士　侯　藎 蒲州人知縣　張　宜 蒲州人知縣
王光宇 臨晋人進士　仝大言 安邑人知縣　楊　琯 安邑人知縣

何天錫安邑人知縣　張良知安邑人員外　張誼安邑人知縣

張雲翰安邑人知州　趙九經夏縣人　趙九思聞喜人進士

趙師道平陸人通判　李開絳州人　温旻靈石人知州

王與齡鄉寧人進士

順天中式

馬天麟安邑人知縣

辛卯科嘉靖十年

解元王應期蒲州人進士　范汝敬臨汾人通判　張鵬程太平人知縣

儀世麟太平人知縣　王承志蒲州人知縣　張廷美蒲州人

張邦士蒲州人參政　雷世榮蒲州人知州　賈東山蒲州人通判

段子愚蒲州人同知　韓志仁蒲州人郎中　衛　鈿蒲州人知州

路天亨安邑人進士　王嘉會安邑人知縣　劉　熙霍州人知縣

劉　煦霍州人知縣　任中立夏縣人

甲午科嘉靖十三年

解元亢思謙臨汾人進士　劉光啟臨汾人知縣　阮師瞻臨汾人同知

侯效古臨汾人知州　王三接洪洞人進士　史資敎蒲州人同知

裴　紳蒲州人進士　馮舜田蒲州人同知　裴　中蒲州人知州

李鴻漸蒲州人知州　陳經正蒲州人知州　賈　璋蒲州人長史

陶　梓　絳州人運副　張邦柱　安邑人知州　丘民望　安邑人通判

丁酉科嘉靖十六年

解元劉廷臣　洪洞人進士　李　愚　臨汾人長史　秦　健　臨汾人通判

劉廷相　洪洞人通判　張　涵　洪洞人知縣　宋文明　洪洞人進士

李承華　曲沃人進士　許　遜　曲沃人知縣　續　續　翼城人通判

王崇古　蒲州人進士　張　藩　蒲州人知縣　孟汝蒞　蒲州人通判

段子魯　蒲州人通判　李　詡　蒲州人知縣　魏　廷　蒲州人知縣

馬　寫　安邑人知府　張良輔　安邑人　李維喬　安邑人知州

李汝寬　聞喜人進士　雷　亨　聞喜人知縣

河南中式

劉　遝安邑人進士

庚子科嘉靖十九年

陳嘉言臨汾人知縣　陳嘉謨臨汾人知縣　晉朝臣洪洞人員外

韓廷芳洪洞人知縣　宋　溱洪洞人知州　張廷栢蒲州人進士

王永興蒲州人知縣　郝永貞蒲州人叅議　孫永思蒲州人進士

何尚賢猗氏人進士　楊時芳猗氏人通判　閻望雲安邑人進士

胡志夔安邑人進士　劉從寬安邑人　楊𦚏肖聞喜人

癸卯科嘉靖二十二年

李時芳臨汾人知州 喬 梁臨汾人通判 李汝松洪洞人進士

劉應時洪洞人進士 趙克勤洪洞人知縣 鄭盡忠太平人同知

張 鋹翼城人知縣 馮 鑑蒲州人 羅鳳翔蒲州人郎中

張邦禮蒲州人同知 祁天叙蒲州人太僕卿 范學禮蒲州人知州

丁成式蒲州人知縣 師 儒蒲州人主事 馮 儼蒲州人知縣

王三錫蒲州人教諭 李守秀蒲州人郎中 張 弛蒲州人知縣

沈應坤猗氏人運副 胡登庸安邑人進士 王宗堯聞喜人郎中

景一元聞喜人長史 李 柟安邑人知縣

順天中式

梁如京太平人知縣

丙午科嘉靖二十五年

盧學韶臨汾人通判　呂　陽臨汾人進士　宋良弼臨汾人知縣

任民望臨汾人進士　鄭朝臣臨汾人　羅尚德臨汾人進士

賀　溱臨汾人叅政　柳世謙洪洞人通判　鄭朝臣趙城人

劉天義趙城人　高　官翼城人知縣　傅希孟蒲州人知府

張廷弼蒲州人僉事　任　賢蒲州人知府　羅鳳翱蒲州人都御史

崔　都蒲州人進士　馬紹賢安邑人知縣　路　梅安邑人知州

解知幾稷山人知縣　房韞王靈石人知縣

己酉科嘉靖二十八年

解元王崇雅蒲州人少卿　金商質臨汾人　徐　節臨汾人進士

林遇春曲沃人　史永壽翼城人進士　史　官翼城人進士

張四維蒲州人進士　馮舜漁蒲州人進士　劉汝登蒲州人通判

杜　鶴蒲州人通判　馮　珍蒲州人知縣　惠及民蒲州人知州

衛　鈞臨晉人知縣　介一清解州人進士　史　篆解州人通判

趙　翰解州人長史　李邦道解州人知縣　張守中聞喜人都御史

劉鳳朝夏縣人僉事　崔汝孝平陸人員外　加　傳稷山人知縣

梁　紀稷山人

壬子科嘉靖三十一年

解元梁綱 稷山人進士　張朝聘 臨汾人　狄用賓 臨汾人

張仲禮 臨汾人知州　王嘉禮 臨汾人知縣　郭用良 臨汾人知縣

李葆 襄陵人　孫守謙 蒲州人知州　韓楫 蒲州人進士

任彬 蒲州人副使　魏體謙 蒲州人教諭　傅世臣 蒲州人教諭

楊俊民 蒲州人進士　任汝亮 猗氏人進士　何東序 猗氏人進士

王得春 安邑人進士　馬家 安邑人知縣　馬時才 安邑人知縣

劉得寬 安邑人進士　張集 安邑人御史　劉弼寬 安邑人同知

王宗舜 聞喜人進士　趙桐 絳州人進士　王時濟 稷山人進士

杜鵬翔 隰州人進士　李瑆 解州人進士　李木 解州人

順天中式

毛綱 太平人進士

乙卯科嘉靖三十四年

于邦棟 臨汾人知縣　張正思 臨汾人　李思忠 臨汾人知州

晋應槐 洪洞人進士　邢寶 洪洞人進士　劉應科 洪洞人知府

范啟光 洪洞人知州　劉天仁 趙城人通判　楊緯 翼城人知州

侯九臣 翼城人知縣　陳永直 蒲州人知府　傅應卜 蒲州人知州

楊躍川 蒲州人長史　楊良才 蒲州人知州　羅節 蒲州人知州

李敦信榮河人知縣　令狐鏓猗氏人知州　楊聯芳猗氏人

衛　生河津人知縣　令狐一槐猗氏人副使　柴宗義安邑人進士

趙文奎安邑人知州　馬紹英安邑人主事　喬翔鳳安邑人知縣

薛一鶚芮城人進士　周心易絳州人進士　呂士偉垣曲人知州

喬承詔霍州人　侯居震解州人知縣　張　旆解州人知州

順天中式

李尙賔夏縣人進士

戊午科嘉靖三十七年

解元李尙思曲沃人進士　羅師倫臨汾人　宋國卿臨汾人

黄景澤 襄陵人 知州	王應吉 襄陵人 進士	劉應元 洪洞人 進士
張朝卿 洪洞人 通判	李秉愚 洪洞人 通判	韓景暨 洪洞人 知縣
劉坤亨 洪洞人 通判	曹光啟 太平人 通判	洪　忻 蒲州人 進士
馮　化 蒲州人 郎中	張崇謙 蒲州人 副使	張問明 猗氏人 進士
陳　力 猗氏人 通判	薛居芳 河津人 知縣	趙三聘 河津人 進士
衛汝霖 解州人 通判	王　琰 解州人 知縣	李　瑱 解州人 進士
張新翼 絳州人 知州	王士魁 解州人 知縣	暢孟樂 河津人 通判
景東生 安邑人	王　宇 安邑人 進士	蘇養蒙 安邑人 進士
楊一魁 安邑人 進士	陳　栢 絳州人 進士	高應聘 稷山人 進士

梁　維稷山人

辛酉科嘉靖四十年

李日強解元曲沃人進士　樊時中臨汾人　亢思禮臨汾人知縣

楊　沭臨汾人進士　郭　濂襄陵人監正　韓景閔洪洞人通判

李大巖洪洞人　于應昌洪洞人御史　鄭廷相洪洞人知州

張嘉樂洪洞人同知　劉　朴曲沃人進士　石天麟翼城人長史

祁應聘蒲州人通判　段　繡蒲州人進士　張　齊蒲州人知縣

楊子莊蒲州人知縣　劉尚智蒲州人知縣　張惟庸蒲州人知縣

王承休蒲州人副使　韓　梅蒲州人知縣　陳鳴羽臨晉人知縣

衛　鏻臨晉人知縣　賈仁元萬泉人進士　董汝漢萬泉人進士
李　茂解州人同知　趙欽湯解州人進士　張成翼解州人進士
侯居艮解州人進士　李春光解州人進士　侯居坤解州人進士
介不易解州人教諭　南邦化安邑人進士　李夌王安邑人進士
宋應昌安邑人知縣　丁　誠安邑人進士　翟繡裳聞喜人進士
李如金聞喜人知縣　孫光祐絳州人進士　楊守川絳州人知縣
裴　賜稷山人進士　鄭　命稷山人知縣　甯　桂稷山人郎中
丁汝謙吉州人進士

順天中式

杜　璉平陸人知州

甲子科嘉靖四十二年

陳王道臨汾人進士　任民悦臨汾人知縣　劉守仁洪洞人進士

麗希文洪洞人　左邦彦洪洞人教諭　柳應侯洪洞人知縣

王體復太平人進士　吕乾健曲沃人進士　楊　相蒲州人進士

高　嶽蒲州人知府　馮福謙蒲州人同知　楊　皤蒲州人知縣

王　謙蒲州人進士　郭　甲蒲州人知州　何汝成蒲州人進士

樊一陽蒲州人推官　郭有金蒲州人進士　楊德耀蒲州人推官

趙廷璧臨晋人知縣　胡希舜解州人進士　張正蒙解州人知縣

李汝藩解州人知縣　孫維清解州人進士　吳從周安邑人同知

喬起鳳安邑人少卿　宋　洛安邑人同知　張邦臣安邑人知縣

解學禮運司學進士　張與行絳州人知府　趙國相稷山人通判

楊春芳稷山人　李廷儀霍州人進士　張夢鯉絳州人進士

順天中式

王大用趙城人進士

丁卯科隆慶元年

解元張四端蒲州人郎中　郭之屏安邑人知縣　劉登朝解州人知縣

秦希相翼城人知縣　劉貞寬安邑人知州　吉可久曲沃人進士

薛鳳翔平陸人知縣　李日煦曲沃人同知　楊俊蒲州人知縣

衛民望翼城人知縣　荆州士臨晉人進士　周儒翼城人知縣

曹相太平人知縣　崔沂安邑人　黄應科翼城人知縣

楊應春蒲州人同知　趙嘉猷稷山人知州　劉應聘翼城人叅議

邵寵河津人知州　燕好爵翼城人進士　高拱辰河津人郎中

衛善誘曲沃人通判　楊培解州人知縣　李大嘉曲沃人進士

師嘉言河津人同知　張珩趙城人進士　李應科霍州人通判

順天中式

楊俊士蒲州人進士

庚午科　隆慶四年

解元馮懋仁　蒲州人 知縣　亢孟禧　臨汾人　楊起元　臨汾人 進士

荀時中　臨汾人 知縣　董光裕　洪洞人 進士　韓應奎　趙城人 知州

曹永年　太平人 同知　王承教　太平人 通判　郭璲　曲沃人 知州

李承志　曲沃人 進士　范學顏　翼城人 知縣　賈生潢　翼城人 知州

馬洛　蒲州人 同知　盧論　蒲州人 知縣　周有光　榮河人 進士

賀朝嘉　解州人　薛應麟　河津人 知州　杜可久　解州人

張克明　解州人 教諭　劉崇文　安邑人 進士　張時義　安邑人 知縣

王士毅　安邑人 知縣　劉濟教　安邑人 知縣　馬邦珍　安邑人 同知

孫榮先安邑人　葉士敦聞喜人知府　劉遇平陸人

雷應時芮城人同知　因於夏絳州人通判　許恩絳州人郎中

楊煥霍州人同知

癸酉科萬曆元年

解元馬司晰夏縣人　陳遇文安邑人進士　蒲三善解州人推官

馬邦瑞夏縣人進士　李弘道襄陵人進士　侯命解州人知縣

祁士充安邑人　李應選趙城人進士　馬登高安邑人知縣

韓拭蒲州人知縣　王國瑚猗氏人進士　曹世卿稷山人知縣

司馬祉夏縣人進士　朱萬邦蒲州人知州　馬一田安邑人知縣

王之翰絳州人知縣　馮　淪蒲州人都御史　王　津安邑人知州

張雲翺安邑人進士　杜志晦蒲州人知縣　張一藩翼城人教諭

馬　洙蒲州人進士　任養心芮城人進士　王　明解州人進士

順天中式

王承統蒲州人知縣

丙子科萬曆四年

李祺齡臨汾人　楊崇儒臨汾人知縣　楊遇時臨汾人知州

喬　梗襄陵人知州　王家棟洪洞人知縣　韓應庚趙城人進士

郭萬里太平人進士　李承顏曲沃人長史　戴天德太平人知州

李　梗　翼城人通判　張泰徵　蒲州人進士　楊　煊　蒲州人

李自治　榮河人通判　何東鳳　猗氏人教諭　常守忠　猗氏人知縣

衛　濂　猗氏人叅政　劉敏寬　安邑人進士　景　明　安邑人進士

馬崇謙　安邑人進士　景　昉　安邑人進士　王遇春　安邑人知州

張　棅　安邑人副使　李學書　安邑人　張　念　安邑人

吳養淳　安邑人知縣　劉行寬　安邑人　張　杲　安邑人

弋千仞　安邑人知州　樊民望　安邑人　司馬瑋　夏縣人知縣

馬化龍　夏縣人通判　郭連城　夏縣人教授　陶　登　絳州人進士

劉志仁　解州人知州

己卯科萬曆七年

解元李永培曲沃人　吳行可臨汾人知縣　盧夢麟洪洞人進士

曹楷洪洞人進士　王體恒太平人知縣　仇時隆曲沃人知縣

楊俊臣蒲州人忝政　張時修蒲州人進士　朱繪蒲州人進士

尚從試蒲州人同知　姚維新臨晋人知縣　荊州俊猗氏人進士

劉以平猗氏人進士　吳内萬泉人　昝融解州人同知

王約解州人　趙梓解州人　賈鋐解州人知縣

衛都解州人知縣　杜凌雲解州人　王柱解州人進士

張大化安邑人　崔一鳳安邑人知縣　李圭安邑人同知

王應期 安邑人同知　景登第 安邑人同知　薛　郭 安邑人通判

劉中寬 安邑人知縣　石　岑 安邑人　姚進福 絳州人通判

薛國民 絳州人知縣

壬午科 萬歷十年

楊天民 太平人進士　張爾恕 太平人同知　劉繼志 曲沃人通判

張唐封 曲沃人知縣　李　循 曲沃人知縣　高登明 翼城人同知

薛九經 翼城人　張甲徵 蒲州人進士　馮嘉慶 蒲州人教諭

劉漢書 蒲州人同知　楊　敎 臨晉人知州　張啓蒙 猗氏人教諭

沈　愻 猗氏籍蒲州人通判　介夢龍 解州人主事　鄭國俊 解州人進士

李廷桂解州人　楊學詩安邑人通判　吳養溫安邑人

馬崇化安邑人　王國楨安邑人進士　閻庚安邑人

盧應議夏縣人

順天中式

楊元祥蒲州人進士

乙酉科萬曆十三年　是科復差京官主考永爲例

王邦麒臨汾人通判　鄭爾偉臨汾人知縣　于陛臨汾人

郭俊卿太平人知縣　張光宇太平人運使　衛民敎曲沃人

盧世登曲沃人進士　王來蘇曲沃人知縣　白瑜翼城人進士

張一相翼城人知縣　李養質蒲州人進士　洪崇禮蒲州人進士

王藩蒲州人知縣　張名坤蒲州人同知　孟希孔蒲州人進士

杜思望猗氏人進士　任三錫河津人知縣　李崴解州人知州

趙標解州人進士　侯加卺解州人知縣　弋鶴安邑人進士

吳養源安邑人進士　姚誠立安邑人進士　馬斯才安邑人知縣

李士養安邑人同知　宋時際安邑人郎中　曹信之安邑人

楊有成夏縣人知縣　雷鳴芮城人　陳紹吉絳州人知縣

王炳鄉寧人　蘭世清靈石人　杜允繼隰州人進士

王煜鄉寧人

戊子科萬曆十六年

楊一桂安邑人進士　韓爌蒲州人進士　趙用光河津人進士

吳養洵安邑人同知　劉登相夏縣人知縣　崔日進稷山人

王紀芮城人進士　賈學路翼城人　王汝爲河津人同知

王三錫翼城人同知　喬應甲猗氏人進士　南拱極安邑人同知

韓冲斗夏縣人　張三聘蒲州人進士　因其志曲沃人知縣

董三邊河津人知縣　沈光祚襄陵人進士　袁啓泰翼城人

杜邦棟翼城人同知　喬士鶚安邑人知縣　竇師偁安邑人知縣

王垣豫蒲州人司務　侯加釆解州人進士　景尹安邑人

李　瑾襄陵人進士　衛永康解州人　秦三奇夏縣人

侯加乘解州人知縣　劉應宿垣曲人知縣　朱　紹蒲州人知州

陳王綱絳州人知縣

辛卯科萬曆十九年

解元曹于汴安邑人進士　李致道襄陵人孔目　晉承命洪洞人知縣

張雲翼太平人進士　衛際可曲沃人　蘇州俊曲沃人同知

趙邦清洪洞人進士　張國光曲沃人員外　史學遷翼城人進士

安汝止翼城人　張一翰翼城人寺副　郅述中蒲州人知縣

孟時芳蒲州人進士　張　煇蒲州人同知　任諫辰蒲州人同知

郭守仁臨晉人　甯晉芳河津人知縣　師兆吉河津人

王命榮解州人　介夢熊解州人知縣　朱時勳安邑人知縣

楊時隆安邑人　周敬止安邑人同知　王廷俊安邑人同知

王一大安邑人教諭　李應期安邑人　毛中豸夏縣人同知

陳奇策絳州人知縣　梁一道稷山人知縣　文具道垣曲人知縣

景陞威安邑人

甲午科萬曆二十二年

解元張應徵猗氏人進士　李沭民臨汾人進士　高邦佐襄陵人進士

杜承柱襄陵人知縣　邢大壯洪洞人　楊茂績洪洞人知縣

左立功洪洞人知縣　商希禹洪洞人知縣　韓惟叙太平人通判

李　儁曲沃人知府　李　仰曲沃人知州　張自省曲沃人通判

王之枉蒲州人　王繼祖蒲州人知縣　王之采蒲州人進士

王三欽蒲州人　荆養喬臨晋人進士　邵希孟猗氏人知縣

令狐一伸猗氏人同知　邵希堯猗氏人知縣　劉國翰河津人

史記言河津人進士　孫　綸解州人知縣　馮士奇解州人知縣

姚　櫝安邑人　相邦敎安邑人知州　景應舉安邑人知縣

吳養浛安邑人知州　王嘉績安邑人知縣　丁應時安邑人同知

王化熙安邑人　張起季聞喜人　李　俸聞喜人進士

楊　聯聞喜人知州　王廷齡平陸人　薛　倫芮城人知縣

梁　芸稷山人知縣

順天中式

陰象坤芮城人同知

丁酉科萬曆二十五年

解元王自亨安邑人知縣　張　廣蒲州人進士　梁一龍襄陵人進士

翟師雍襄陵人進士　康四海安邑人進士　鄭國彦解州人國學正

晉承寵洪洞人進士　令狐泌猗氏人進士　田時春襄陵人進士

楊夢熊聞喜人參政　張文德安邑人知州　侯加地解州人推官

王自脩安邑人知縣　張守約臨汾人知縣　周天孕安邑人同知

許　佳曲沃人知縣　張紹芳絳州人知縣　荆可禎猗氏人主事

李文聰翼城人知縣　張永淳猗氏人教諭　張應昌解州人進士

郭士偉曲沃人　楊元裕蒲州人　晋應蘭洪洞人

范應宿蒲州人　仇時古曲沃人進士　李三陽安邑人知州

亢孟檜臨汾人知府　楊世增蒲州人進士　衛得止曲沃人

高士望襄陵人進士　韓繩武絳州人知縣　路應聘安邑人知縣

庚子科萬曆二十八年

王承緒洪洞人　晋承忠洪洞人知縣　王應豫趙城人同知

張文封曲沃人知縣　辛我德曲沃人同知　王三槐翼城人教諭

王國封翼城人知州　趙弘道蒲州人推官　侯來貢蒲州人

郝士遂蒲州人　李棲鳳臨晉人進士　張士俊猗氏人進士

劉有容河津人　萬時俊安邑人進士　景永禎安邑人

蘇希軾安邑人　劉定民安邑人　孔問官安邑人提舉

任光統芮城人進士　任治統芮城人知縣　王臣直絳州人知州

王聯科絳州人知州　趙懋德稷山人同知　賈四維吉州人知縣

劉有學河津人

癸卯科萬曆三十一年

翟師偃 襄陵人 員外　趙同泰 洪洞人　陰應坤 洪洞人

李元標 洪洞人　李成棟 洪洞人　張雲鴻 太平人 教諭

周學閔 曲沃人 知縣　賈楫 曲沃人 知縣　李齊沆 曲沃人

王槐秀 蒲州人 進士　郭之琮 蒲州人 進士　馮勞謙 蒲州人 進士

王守正 臨晋人 知縣　荆應喬 臨晋人　李昺 榮河人 進士

王春禎 猗氏人 進士　荆肇封 猗氏人　陳國柱 猗氏人 知縣

荆三奇 猗氏人　任正斗 安邑人 進士　蘓希轍 安邑人 推官

葉震生 聞喜人 進士　鄭寅 稷山人 僉事　魯廷彦 垣曲人 參政

王志禹 靈石人 知縣

丙午科　萬曆三十四年

解元常啓乱翼城人　李大本臨汾人　張　杰臨汾人進士

韓纘祖洪洞人　王家楹洪洞人進士　晉承憲洪洞人

楊泰禎曲沃人知州　韓原善趙城人進士　薛天培翼城人

王天臣翼城人　張　華蒲州人進士　尙士醇蒲州人

李紹芳蒲州人進士　張　杲蒲州人郎中　馮鳳雛蒲州人推官

張　庭蒲州人進士　范希滂蒲州人　楊　鑛蒲州人教諭

周　煥滎河人　沈　懋猗氏人知縣　張魁宿猗氏人進士

郭迎褒河津人僉事　喬國楝安邑人知縣　景永慶安邑人知縣

石懷珍 夏縣人　甯三翰 聞喜人進士　王鶴齡 平陸人進士

王國祚 平陸人進士　韓育中 絳州人　王永興 安邑人司務

喬國禎

巳酉科 萬曆三十七年

晋淑文 洪洞人　韓繼思 洪洞人進士　安良澤 臨汾人進士

李永植 翼城人知縣　李肇登 臨汾人　翟師有 襄陵人知縣

王一鵬 洪洞人　晋承眷 洪洞人　李茂桂 太平人

張養初 曲沃人進士　趙承節 曲沃人知縣　高佐 翼城人

張其實 蒲州人進士　姚昌籙 臨晋人進士　吕鳴鳳 河津人檢校

景　運安邑人　王化民夏縣人知縣　荆攀桂聞喜人

李虞夔平陸人進士　喬雲鳳平陸人知州　張煥乾猗氏人知州

孫思揚絳州人　張鵬翔垣曲人　郭永固絳縣人知縣

張拱極霍州人知縣　劉宅民安邑人知府　王凝祚安邑人進士

宋之儁靈石人進士　王者佐靈石人知縣　盧雲龍曲沃人

壬子科萬曆四十年

解元王時英垣曲人進士　郭守邦襄陵人知縣　荆王土猗氏人

韓　雲絳州人知州　裴君賜安邑人進士　晋淑扑洪洞人

高　遠蒲州人　李日儼安邑人進士　王朝麟絳州人推官

楊王國蒲州人　丁流芳翼城人進士　張希伊安邑人

馬　耿稷山人　張　泰猗氏人知縣　晉應斗洪洞人

楊中極蒲州人進士　王國相聞喜人知州　張昌會蒲州人

張鵬起洪洞人　甯獻禎稷山人　馮一鴻蒲州人同知

郭連城平陸人進士　呂維寧翼城人進士　李　櫺太平人

姚發祥臨晉人　任賛化聞喜人進士　晉淑周洪洞人

劉有綸河津人知縣　衛三俊翼城人　李　檠曲沃人同知

馬逢造垣曲人進士　曹大章襄陵人　杜鵬翔隰州人進士

乙卯科萬曆四十三年

王鼎新臨晉人進士　劉三英吉州人　楊自立垣曲人知州

陳幾鎔絳州人知縣　楊世芳蒲州人進士　姬文郁蒲州人郎中

韓焯蒲州人知州　裴之纁蒲州人知州　韓奎蒲州人主事

張宗顔蒲州人知縣　許曰可曲沃人進士　秦廷柱曲沃人知州

上官藎曲沃人知縣　王維垣曲沃人知縣　景永祐安邑人

謝傳顯安邑人知府　路行義安邑人　胡承裕安邑人知縣

符棐翼城人主事　李朴翼城人　袁宗顯翼城人知縣

王體豫太平人知縣　高捷浮山人　任道統芮城人知府

馮守禮猗氏人知縣　田瑄臨汾人知縣　王萬年臨汾人同知

李世程 臨汾人 知縣	侯孕隆 河津人	王秉中 襄陵人 知縣
麗尚廉 河津人 進士	鄭宗儉 鄉寧人 進士	趙國琮 解州人 知州
楊雲梯 解州人 進士		

戊午科 萬曆四十六年

解元 胡舜封 安邑人 知縣	王接武 絳州人	甯一鶴 絳州人 知縣
楊進 蒲州人 進士	范應軫 蒲州人 敎諭	雷一鳳 蒲州人 進士
聶雲翔 榮河人	許永禧 曲沃人 知縣	楊夢説 洪洞人
胡來陞 洪洞人 督糧道	李時俊 曲沃人	賀道昶 安邑人 僉事
楊炳 安邑人 進士	楊時嘉 安邑人	陶自性 安邑人

錢國用冀城人推官　薛綦隆冀城人知縣　張無化太平人進士

盧學古夏縣人知縣　裴章美夏縣人　王化淳萬泉人

李國俊芮城人進士　陰啓光芮城人知州　韓之良芮城人進士

荆可楝猗氏人進士　耿始然猗氏人進士　劉光宇臨汾人知縣

令狐永輝猗氏人知縣　周廷祚臨汾人知縣　郭象坤襄陵人

李蕃長聞喜人知縣　孫波桂臨晉人　樊文煥臨晉人知縣

韓啓泰臨晉人進士　張翰芳垣曲人進士　王國訓解州人進士

趙煇河津人進士　范啓科解州人同知　李昔解州人濟寧道

辛酉科天啓元年

解元
王國維安邑人主事　吉學夔洪洞人知縣　晉淑程洪洞人教諭
程萬里洪洞人知縣　趙邦輿垣曲人　車宗殷垣曲人
韓霖絳州人　孫有則絳州人知縣　朱世臣絳州人
孟綰祚蒲州人進士　張鼎徵蒲州人　馮一俊蒲州人知府
樊邦正蒲州人知府　許日強曲沃人通判　李建泰曲沃人進士
梁士毅曲沃人　李宄安邑人知縣　張龍翼翼城人
王道亨翼城人同知　任裕統芮城人知府　毛雲翰太平人知縣
張麥雲夏縣人　李讓夏縣人　姚汝明夏縣人
范學顏萬泉人僉事　安九域大寧人　閻養醇猗氏人教諭

董有聲河津人　甯超稷山人　黄説湯稷山人

劉令譽洪洞人進士　韓續祖洪洞人進士　張宸極河津人進士

李希梜解州人莊浪道　李灼解州人　趙濟昌解州人殉難

甲子科天啓四年

韓成德洪洞人　王之楨靈石人進士　賈鶴年萬泉人進士

張希夏蒲州人進士　王瑛河津人　任三奇臨汾人郎中

喬虞建猗氏人教諭　張斗耀蒲州人進士　楊義洪洞人進士

閻愷安邑人　李師泌解州人　韓家英芮城人

段煥然洪洞人　馮倬萬泉人知縣　申嘉言洪洞人進士

王應元 猗氏人進士　喬堯仁 襄陵人知縣　孫光述 聞喜人

盧以岑 太平人知縣　常道立 蒲州人僉事　董克賢 安邑人

因二卿 曲沃人　張文昺 安邑人知縣　閻從化 夏縣人

楊　枉 安邑人教諭　景永祚 安邑人　尚　衍 蒲州人僉事

劉培基 蒲州人參議　張養元 稷山人知縣　賀亂祥 蒲州人知縣

賈藎臣 萬泉人　鄭州俊 洪洞人　仇文茲 曲沃人

楊千古 洪洞人鉅鹿籍僉事

丁卯科 天啓七年

介松年 解州人進士　郭衛宸 太平人進士　賀　楩 蒲縣人

張光斗安邑人　韓居覲洪洞人　李蒙養太平人
趙之勵蒲州人知縣　王秉衡河津人　秦懷古曲沃人知縣
李伯陽曲沃人主事　崔育梗襄陵籍浮山人　吕佐周曲沃人知縣
張鳴鳳安邑人進士　姚昌祚臨晉人知縣　高士品人
荊祚永臨晉人進士　魯世任垣曲人知縣　荊爾植臨晉人進士
裴鶴章夏縣人　高允奎襄陵人　張精蘊安邑人知縣
王之庋靈石人　張鳳羽稷山人知縣　文國華絳州人
席敎事臨汾人　喬庭桂解州人進士　王國楠安邑人御史
李貞倓安邑人　范應壁蒲州人同知　楊自升夏縣人

賈前席臨晋人知縣　李丕挺曲沃人　李貞佐安邑人知縣

李　庚芮城人　張君憲安邑人　張斗星大寧人

景徽範蒲州人知州　師望雲太平人　李　皐翼城人順天籍

韓承宣蒲州人進士　張翼筍河津人　介元善解州人

庚午科崇禎三年

張緯漢臨汾人　李　推襄陵人　王大武解州人

梁州杰襄陵人進士　王巖楨猗氏人　郭　鋐臨晋人知縣

張　耿翼城人進士　王維屏襄陵人副使　楊惠芳蒲州人進士

許師衡曲沃人知縣　衛周乩曲沃人進士　李遇夏蒲州人

孟述唐蒲州人知縣　韓魁人　宋炳奎洪洞人進士

董一桂芮城人　宋夢熊太平人知縣　耿應昇猗氏人

衛應龍臨晉人　張駿烈曲沃人知縣　王含光猗氏人進士

呂雲藻臨晉人進士　張內有臨汾人知縣　張三槐霍州人知縣

李呈祥隰州人侍郎　相斗南安邑人知縣　張應昌襄陵人

李茂實洪洞人　魯庭芝垣曲人進士　衛民牧曲沃人同知

劉世俊蒲州人進士　鄭煇夏縣人僉事　晉淑說洪洞人

李丕著曲沃人進士　姚在朝臨晉人

順天中式

成德　霍州人　進士

癸酉科　崇禎六年

解元因貞卿　曲沃人　　侯佐　解州人　進士　　韓垍　蒲州人　知府

靳騰蛟　絳州人　　秦邑岐　曲沃人　　張世則　安邑人　知縣

李士古　曲沃人　知縣　　李恪　安邑人　進士　　郭允升　曲沃人　教諭

史起明　翼城人　進士　　秦鏡　翼城人　推官　　陰潤　芮城人　進士

李正茂　洪洞人　　王廷諫　翼城人　進士　　張佩訓　臨汾人　推官

馮皋衆　蒲州人　知縣　　桑拱陽　臨汾人　　李曄然　臨汾人　知縣

李在公　解州人　　劉光斗　夏縣人　推官　　耿奕漢　曲沃人

王道成安邑人進士　吉夢參襄陵人　吉康翼城人

衛日開曲沃人　王定乾夏縣人知縣　王都聞喜人

劉時俊趙城人知縣　胡國璉洪洞人　任國楨霍州人

王家俊河津人　馬鳴騄垣曲人進士　喬尚質襄陵人通判

孫啓烈解州人　喬周祚襄陵人　郭翰洪洞人

張慎學夏縣人進士

丙子科崇禎九年

解元衛周祚曲沃人進士　王則堯翼城人進士　韓接祖洪洞人進士

張維辰翼城人　賈席宣萬泉人進士　段耀然洪洞人進士

呂崇烈安邑人進士　康弘謨安邑人　杜篤祐蒲州人左都

范師鎮浮山人齊希賢子　李綦昌洪洞人進士　楊藻鳳鄉寧人進士

呂兆麟曲沃人知縣　王瑞蒲州人推官　李京藩曲沃人知縣

路斗光安邑人　羅人文翼城人學正　令狐燮猗氏人知縣

楊聲華翼城人　許翰儒曲沃人推官　李丕猷曲沃人

王洪亂蒲州人知縣　王舜民芮城人司務　崔允升翼城人進士

張光縉河津人　景淑範蒲州人知州　高從謙蒲州人知縣

劉濬本臨汾人進士　景星安邑人　張大養曲沃人

宋調元洪洞人御史　丁期昌安邑人進士　暢一鵬河津人知縣

劉　湛翼城人知縣　朱庭羅蒲州人　柴　檀河津人
張晉明襄陵人　史可證翼城人　師聞譚運司學
王孕隆翼城人　路光奎安邑人同知　羅人文翼城人沁水籍
己卯科崇禎十二年
解元郭可圻曲沃人　陳王紀猗氏人知縣　李秀龍蒲州人知縣
楊宗岱安邑人進士　翟鳳翥聞喜人進士　王用予河津人
荊州任猗氏人　李起龍榮河人　袁鏘珂翼城人
崔志乾蒲州人推官　上官鑑翼城人進士　張夢麟蒲州人
薛　柱蒲州人僉事　弋　琎安邑人知府　和鳴喈翼城人知縣

楊永寧 聞喜人進士　朱永康 蒲州人進士　王懋官 絳州人進士

樊甲第 蒲州人　宋東壁 安邑人進士　馬淑授 解州人

鄭琬 夏縣人進士　周遷鎬 安邑人　王天倪 安邑人知縣

荆世爵 猗氏人進士　喬震蕃 猗氏人進士　王澤溥 洪洞人

韓爲樞 曲沃人　祁化徵 安邑人　樊王室 臨晉人

王德明 翼城人教諭　鄭恂 稷山人教授　田厥茂 蒲州人進士

賈雲龍 夏縣人郎中　王錫隆 翼城人僉事

壬午科 崇禎十五年

王廷議 翼城人進士　薛昌亂 河津人進士　令狐泩 猗氏人知縣

袁鏘珩翼城人學正　馬弘志絳州人　馬雲錦安邑人
王體言聞喜人進士　王　佐翼城人御史　趙名世安邑人知縣
梁　棟絳州人　薛繼岩河津人同知　上官鉉翼城人進士
張景扆曲沃人知縣　郭百二臨晉人知縣　楊夌霓曲沃人
朱鼎娄絳州人進士　王皇極河津人　王維藩曲沃人
王而毅太平人　邢虞建安邑人知縣　武大正蒲州人知縣
聶　玠蒲州人進士　翟維恒襄陵人知縣　馬迪吉安邑人治中
張　姚翼城人　王永祚洪洞人　黄希聲絳州人
晋淑軾洪洞人進士　許文耀翼城人同知　相中貞安邑人

王　琦太平人知府　任　煥河津人　郭堯里安邑人

劉蚤譽洪洞人進士　常星景翼城人員外　李世顯臨晉人

張　錦翼城人副使　呂元聲翼城人學正　盧傳第臨汾人

浙江中式

沈希畢襄陵人

明

恩拔歲副貢生例貢監生附

府學

曹　琳經歷　屈　伸御史　孫　源主簿　朱　克通判

王　郁縣丞　周　志光祿署正　薛　鸞主事　范　銘縣丞

楊威縣丞　喬鑄上林監丞　陳善經歷　趙彬
梁知知縣　鄭武同知　李逵參政　侯敏同知
南嘉兵馬　張皐郎中　史忠知縣　周冕主事
景純知縣　逵頤兵馬　成信吏目　燕鐸照磨
沈毅縣丞　任勝知縣　商通縣丞　楊逵
茹鑑知縣　楊懋　杜巖給事中　王宣
張謙知縣　喬雲縣丞　張昭　甯益縣丞
段震　韓禮鴻臚序班　許斌　王俊
米益光祿署丞　樊紀　劉源序班　李學知縣

段廉　張賢吏目　彭遜主簿　賈慨主簿

張起經歷　賈智　張廣知縣　楊新同知

李珍判官　張煥　申琰知縣　李忠知縣

楊輝主簿　謝恭衛經歷　張翀　董榮主簿

張本　喬政知縣　王瓛　魏隆知縣

張顯　易恕主簿　宋端府知事　喬鑑引禮

喬鑄知縣　周盛　張進　劉貴序班

李敬縣丞　程憲知縣　張通州同知　武英

郭惠　劉順上林署事　賈幹　樊貴縣丞

張廸典史　劉表縣丞　李隆吏目　李方引禮

宋王吏目　賈璡典儀正　孟俊訓導　褚政吏目

閻永主簿　郭諒知縣臨汾　李進訓導　薛雄

亢資判官　寇傑主簿　方軌縣丞　王璽

李廣主簿　王鎧府經歷　張廣縣丞　李滋知縣

逯恭訓導　崔敏府經歷　郭貞　張謙主簿

曹新衛經歷　趙瑾衛經歷　王俊訓導　梁彬典史

王英知縣臨汾　姜泉知縣　鄧彬典史　張英縣丞

劉綸縣丞　許進衛知事　錢安縣丞　劉訓導名闕

賈　安主簿　趙　諒縣丞　許　宣　續　經衛經歷

李　全府知事　任　遠　張　澄縣丞　郝　經

楊　睿訓導　田　俊伴讀　徐　海知縣　亢　貞判官

任　純訓導　曹　震縣丞　鑑引禮姓闕　劉　縉教授

高　鐸　侯　相知縣　張　綸主簿　汪　宗

張希哲教授　王文泰　藺世振教諭　王延齡知縣

郭一元知縣　王延壽光祿寺丞　藺世揮教授　李　寬

茹　魁　李向春　茹　賢　段維登訓導

盧　愷　張希周　裴　裳　孫良佑

張元憲訓導　樊　森教授　張應奎教授　張　謨訓導
張一桂判官　康　莊教授　張文德　許　忠
王大用　張　環　孫良弼　段尚絅訓導
張汝梗教諭　李承科知縣　張　彀　姚時靜縣丞
畢濟川訓導　王納諫　孫光祖　張凝元主簿
陳嘉猷教諭　田萬策訓導　宋　奎教諭　劉一源訓導
鄭　臣訓導　賈雲翼教諭　張文通判官　盧學易訓導
安守愚訓導　郇邦瑞教諭　亢用中知縣　苗　禾主簿
陳文冕訓導　張學易訓導　崔　懿　徐繼美訓導

馬　乾　李友桂　關　節教諭　周尹東訓導

李沐民舉人　亢齊邦訓導　喬　蘭　賈允誠訓導

張養蒙教授　梁　士知縣　劉三益　劉汝禎教諭

李　杲教諭　阮有斐　朱孔麟訓導　馬化麒訓導

賈　瑾教諭　李果實訓導　劉舒遠訓導　鄭宗夏訓導

樊　簡　劉　澄主簿　劉　庸主簿　陳　禄知縣

羅永慶主簿　張思聰吏目　吳　賢王府教授　亢　隆檢校臨汾

王　綸兵馬　彭　鐸吏目　李　聰　茹　松

吉　人知縣　張　遜　李　瑋經歷　李　璘

范　誠訓導　王　茂　賈廷瑞吏目　尉　德縣丞
謝永安　康　鉉　景　正縣丞　陳　經主簿
郭　鳳　秦斯民縣丞　陳　宜訓導　吳　通縣丞
張　琮知縣　喬　海主簿　梁　益主簿　張　裕理問
賈　鸞　杜鳴鳳臨汾　段　彪臨汾　趙　雄臨汾
王良相臨汾人　安弘逵臨汾人　杜　岫臨汾人　張日縉臨汾人
續泰通縣丞　李　鳳臨汾人　劉世臣　張　璧
魏　懋　董天叙訓導　張宗彝　孫　漢
曹　聰縣丞　陳　鵬知縣　宋時林　亢良王

張孝忠　張思恭知縣　宋得時　牛綸
劉倫　張汝賓教諭　狄錦　郭天相
楊世清學正　王世臣縣丞　藺世才　張文通縣丞
裴景皐教諭　張景明知縣　錢鐸教授　田景隆
崔林　賈仁經歷　馬紹先教授　李贇
陳嘉謨　沈一誠　徐之行　畢逵
郭維藩　劉尚科　李淑民　范世卿
王自治定州學正　張青雲訓導　李丕則進士　高應節大同教授
劉繼業寧州訓導　因其秩宜賓教諭　吉瑞肇慶府訓　梁士弘吳堡教諭

郭邦元偃師訓導　周際顯石樓教諭　薛隣滕　趙紀

王者玆

運司學

周英開封知事　姚珪主簿　楊編經歷　薛昂大成知縣

吳旅膚施知縣　趙璧　劉本平凉通判　宋敦安華知縣

毛勝大名經歷　王安南章知縣　王聰蘭縣知縣　曹光華州知州

朱恭羽林衛經歷　馬淵鎮原主簿　孫昱蒙陰主簿　樊章固安主簿

李轍大城縣丞　席寧扶風教諭　秦顯通判　周玘東平判官

毛衡隆慶吏目　喬正樂陵主簿　胡睿伊川知縣　賀禎魚臺知縣

張敦臨淄縣丞　張宣兗州經歷　張海崇明縣丞　張禧隆德知縣

曲嶸京兆訓導　韓璲工部主事　任清　李鋭

齊銘　趙亨　郭珣吏目　賀禧

呂勝　李琰　孫霄南陽同知　李傑平山縣丞

曲誠　喬貴太僕主簿　宋璧主簿　孫源秀水縣丞

周盛　李昌通判　賀儒訓導　閻亨

吳大有　杜啓茌平知縣　宋萬令都司經歷　張璲訓導

康鼎王府教授　南勲經歷　翟定寧州訓導　閻方

郭瑞許州判官　韓章知縣　喬璠廣平檢校　楊福

宋　質德清縣丞　曹　震會稽主簿　趙　琇　李　福戎縣知縣

張　福魚臺主簿　李　綱　弋　華王府紀善　南　補宜興縣丞

張　誥邢臺訓導　趙　綸開平衛經　楊　壽訓導　趙　綬

馬　棐蘭州判官　侯　爵訓導　解　紳永清訓導　張　慶陳州判官

劉　憲王府伴讀　王　秀通判　馬　程臨朐主簿　朱　翊茌平縣丞

宋　經原城縣丞　張　護　曲　辯膚施訓導　賀　豸柘城訓導

楊　和　賀　龍東鹿訓導　李　璠上林監典　惠　錠引禮

楊　澤　何　鏜　王　鵬　劉　鎔

常　祐臨縣主簿　孫　鰲慈谿縣丞　弋　崇訓導　姚　金

李繼綱　崔　龔　曹希賢蒲城訓導　馬　玠

王廷弼　王希嵩磁州判官　馬　衍　曹司戎

張　鶴應天經歷　喬碧峰長安主簿　謝應徵撫寧知縣　呂　訓知縣

喬　蔓　張　衍大名訓導　解世忠富平訓導　陳　謀

陳舜道王府教授　李宗周　楊遵道蓬萊縣丞　王　幹華昌訓導

孔繼道　張維新　李德義蘭州訓導　靳　愷蘭州訓導

和　鈴　馬　懷朔州訓導　喬　琳安定訓導　喬九峰

王汝垣王府教授　趙維幾齊東訓導　郭繼勲蒲城訓導　孔繼賢

趙弘毅清水教諭　姚宗儒慶陽教諭　張惠甫鄆城知縣　張良貴禮縣知縣

王好賢青城教諭　李承華華州訓導　周士儒壺關教諭　王　令莊浪訓導

廖紀鯤　馬　模王府教授　郭東田汚縣知縣　周士偉王府教授

喬溥恩嵐縣訓導　王用弓華亭知縣　喬推恩文縣教諭　喬　桐河南教授

姚　璋王府教授　趙文光恩貢　王　民靜寧學正　孔學易周府長史

楊道南沂陽知縣　任紹祖　宋延齡祥符教諭　李時榮

張邦彦壺關教諭　劉克寬王府教授　謝　試儀封教諭　裴　衷贊皇訓導

劉繼紱澤州訓導　謝　郡長治訓導　王省方盂縣訓導　喬如岡臨漳訓導

胡舜臣建昌教授　周學思　王　治　張九經

王應運選貢　張邦珍保定衛授　李守廉靈寶訓導　喬謙亨

郭櫃　李茂春選貢　路尚賢　李呈秀

姚時叙恩貢　南邦柱　李承道　李汝王

胡志學盧龍教諭　劉從寬恩貢舉人　劉敏寬恩貢進士　王勑衛輝府教

孔賢胙城訓導　侯甸山陽教諭　李永芳　謝繩祖所訓導

蘇希洵杭州府訓　張文翰平定州訓　樊國藎忻州訓導　楊舒聲鳳陽府訓

紫希堯　范宗文崇陽知縣　張雲翎大同教授　謝傳心石樓教諭

張狃岑閬府教授　王佐榆次訓導　朱醇儒　馬之驥太谷訓導

王畿真廣昌教諭　王經世　劉啓甲　楊懋烈

王國賢　張九皐　丁應觀甘泉知縣　丁應睹

薛士吉　張斗南　李　格 恩貢進士　石應元 大同衛教

徐來庭 平遥訓導　王家禧 鳳翔府推　靳　斗 教諭殉難　邵三畏 鄉賢

曹應聘 副榜　王　晃 府訓殉難　楊時和 死難　張　遹 潞安教諭

賈希山　趙欽舜　關　芳 漢中經歷　翟夢標

孫　勳　介夢弼　陰啓昌

臨汾縣學

張定民 檢討　范　耘 通判　陳　敎 知州　姚　璉 平事

白　純 通判　劉　清 知縣　高　遠 知府　李　信 知州

高　英 知縣　趙　彬 知縣　鄭　復 知縣　鄭　武 同知

周　志光祿署正　李　滋知縣　張景安知縣　徐　升知縣

申　智知縣　秦　俊御史　杜　敏知州　李　亨巡撫

張　鎮知縣　李　輔知縣　呂　綸光祿署正　宋　泰通判

張　安知縣　郭　欽知縣　高　鍾知縣　寇　鸞知縣

王宗孟知縣　劉　璇知縣　嚴　端知州　何　潤知縣

安　睿知縣　孔　江訓導季子　崔文龍知縣　李天澤知縣

張甲楫拔貢通判　李廼康恩貢知縣　巨道凝恩貢知府　亢孟梗運判

朱逸泓恩貢通判　李光淳苑馬寺丞　李綮登府同知

例貢監生

宋國鳳光祿署丞　張汝讀知縣　李文達光祿署丞　張一貫通判

襄陵縣

靳　奎湖廣布政　王　霈兵馬指揮　白　賁鄞縣知縣　李　做莒州知州

李希哲衡陽知縣　張　鶴台州推官　段　誠容城知縣　張　鵬安陸通判

吳　璽海豐知縣　邢　雷魯山知縣　賈　河知州　李　蘭汾縣知縣

郭居敬長史　張　維臨安推官　盧學詩恩貢知州　盧以正知縣

薛連騰恩貢府同　秦　植拔貢知縣

例貢監生

喬　玘招遠知縣　高　瓚同知　喬　淮鴻臚寺丞　喬可久光祿寺丞

高鳴桐寺丞　高鳴楫南兵馬司　喬可升光祿署丞　高士聘北兵馬

李璵遵義府同

洪洞縣學

關和御史　于昭洪縣知縣　宋戴太僕寺丞　孔重枝江知縣

楊軏永和知縣　喬岳御史　李昉華亭知縣　王鞏定遠知縣

黃庭戶部員外　任重兵部主事　常吉定遠知縣　張維則兵馬指揮

續璡登州推官　郭祐知縣　孫彥文延安通判　陳貴聊城知縣

王英清河知縣　王璽永寧知縣　柳桼成縣知縣　南泰保安知縣

張天祿知縣　李深鄠縣知縣　石桂卿西安通判　董熏合水知縣

盧夢鳳兗州通判　李世龍知縣　張夢熊知縣　韓象翊寺丞

楊茂仁知縣　晋承露恩貢知縣　晋承宋訓導知縣　李際春副榜知縣

例貢監生

趙　壁清豐知縣　周　敏孝子　劉　榮通判　張　麒延昌知縣

曹　璿安化知縣　王家植工部員外　商　㫚光禄署丞　岳天祐副指揮

晋應兆光禄丞　故邦本光禄署監　韓承寵濟南通判　王邦任光禄署正

王邦璽光禄丞

浮山縣學

劉　驤汝寧推官　衛　壁原武知縣　賈　景知縣　王　相太僕寺丞

王　璽光祿署正　張　獻成縣知縣　陳大經禮縣知縣　葛　華永城知縣

李　彪山陽知縣　段良善定興知縣　陳　敵館陶知縣　陳大紀沂水知縣

楊　彪沂水知縣　陳大綱永清知縣　張永茂安定知縣　崔時亨洵陽知縣

張九德贊皇知縣　秦維垣平凉通判　蓋大就齊東知縣　姚　紀雩都知縣

郭經城恩貢知縣　楊郁然恩貢知州　楊　言通判　賈鍾秀恩貢知縣

郇道行館陶知縣　崔應鵬靈臺知縣　崔應鶴南皮知縣

趙城縣學

李　謙刑部主事　趙　幹嵩明知州　馬　燊廣平知縣　段　益工部員外

史　鐸江陵知縣　賈維新大理寺卿　賈　瑄御史　李希文大理推官

吳　玘霸州知州　楊　清即墨知縣　李　昌麟遊知縣　王　璡濟陽知縣

張　軏禹城知縣　張　祿藍田知縣　張　煥莊浪知縣　劉　芳清澗知縣

王尚志延川知縣　史雲鶴宜良知縣　劉元鳳霑化知縣　王邦命文縣知縣

李　簡寧遠知縣　劉國華隆德知縣　李果嘉工部員外　劉應鳳保安知縣

閻承寵恩貢知州

例貢監生

賈　琅狄道知縣　劉九皋保定通判　賈思齊慶陽通判　楊文炳光祿寺丞

太平縣學

梁　雄光祿寺丞　張　宴兗州府判　李　庸慶都知縣　曹　禧東昌推官

陳　敷遂平知縣　儀紹先滄州知州　史　驥確山知縣　柴　讓保定通判

郭　綸商城知縣　儀　像東阿知縣　王　迎知府　李　經平凉推官

李視遠真定知縣　梁　寬伏羌知縣　張　嶸舞陽知縣　賈　冲懷慶通判

韓光世蒲臺知縣　鄭應熊寶豐知縣　張受善莊浪知縣　梁守魯華亭知縣

張承業容城知縣

例貢監生

李　經平凉推官　郭如崑光禄寺丞　陳書圖光禄寺丞　衛泰時中書

岳陽縣學

王敏學交趾府判　張企魯華州知州　吉在中廣平知府　張　達新城知縣

郭思敬豐潤知縣　石　璉神木知縣　馬景春鞏昌府判　吉孔暘孝感知縣

張繼稷西安府判　趙廷伋知州　趙　汴泰安知縣　趙廷儼通城知縣

趙汝思莊浪知縣　趙　沛鞏昌府同　李天柱涉縣知縣　黨應期知州

王淦烋龍陽知縣　石應輔武城知縣　党應秋武陵知縣　李夢辰知州

李光裕萊州府判　喬起鳳兗州府判　趙汝壆望江知縣　趙　汶隴州知州

例貢

賀景魁副兵馬

曲沃縣學

王　訥廣南府判　李　濬山東僉事　李　潛武清知縣　周　郁金壇知縣

王　謙永平通判　許　信滕縣知縣　李　蓁獻縣知縣　李　禎定興知縣

秦　謙宜川知縣　郭　清隆德知縣　楊　琮金縣知縣　褚　英棗強知縣

李　柰楊州府判　張　通蘇州同知　李　林易州知州　耿良弼城武知縣

許　遷岳州府判　常天錫崇信知縣　崔學詩遂平知縣　梁　士漳州府同

李　植漢陽知縣　仇昌祚僉事　秦廷獻副榜知府　李春馥漢陽知縣

李天麟太僕少卿　柴茂禎沂陽知縣　張　顯岳州府判　房安宅河陰知縣

梁士純扶風知縣

例貢監生

梁　繪河間府判　李鳴川印江知縣　衛尚敬西城兵馬　因　桐潞府長史

李九成光禄署丞　張一鳳正兵馬　因其公中書舍人　李金宜君知縣

翼城縣學

魏正御史　段敏中給事　王肱光禄寺丞　賈麒知州

陳澤知縣　周邑大名知縣　楊喬廣東提學　刁鸞成縣知縣

師曇河南府推　段鎔知縣　王璋滕縣知縣　鄭守節馬湖推官

史臣順德通判　薛良棟高苑知縣　崔俊拔貢知縣　高賢膚施知縣

薛近滕獲鹿知縣

例貢監生

戴恩城固知縣　韓駟卭郲知縣　李錦吳堡知縣　李洋宛平知縣

陳　策 順天府判　張　琛 兵馬司副　王承恩 光祿丞　李　模 指揮

上官陞 大理寺副　薛光宙 中書舍人

汾西縣學

王　習 彰德知府　范　均 戶部員外　周　鑑 山東叅政　閻　郭 通州知州

王　賁 新城知縣　王　隣 臨洮推官　亢　彪 知縣

龎　誌 延川知縣　李　瑜 聊城知縣　郭文叙 河間通判　亢世英 泰安知縣

薛　倫 文縣知縣　傅　賢 臨洮通判　邢　郊 蒲臺知縣　郭邦瑞 長壽知縣

傅巖舉 扶風知縣　牛　璇 通判長史　程　傅 保慶通判　郭　瓊 臨洮同知

李　科 安塞知縣　逯光輝 兖州府同　郭安民 懷慶通判　傅永康 河州知州

閻調鼐運河同知 牛蔚然稽州知州 王永年武功知縣

例貢監生

郭文明成縣知縣 李廷珪冠縣知縣 侯世質米脂知縣 郭九叙濟南通判

閻國臣光禄丞

靈石縣學

吳文質山東僉事 張執中應天府丞 吳衢浙江參議 張達宛平知縣

吳基真定知縣 祁福高陽知縣 董誠舞陽知縣 耿輝南京兵馬

李彥環縣知縣 宋悦永清知縣 張尚仁平凉通判 王世顯武陽知縣

張公德深澤知縣 張鑑拔貢同知 閻國脉平凉府同 張鴻猷興平知縣

王　寵拔貢知府

例貢監生

裴紹芳伏羌知縣　張大明青縣知縣　劉復元孟津知縣　張廷周衢州府判

劉　銘富平知縣　張世緯深澤知縣　周良璋寧靜知縣　李陽春光祿署丞

蒲縣學

閻　敬知縣　張　旭通判　馬　進知縣　冀　善知縣

張　璠掖縣知縣　馮　輔知縣　馮　凱知縣　賀朝賢衢州府判

韓　弼慶陽府判　馮希曾白水知縣　常　熙階州知州　曹　勣壽張知縣

趙喬齡利津知縣　王與光完縣知縣　趙孔敘柘城知縣　曹懋時簡州知州

曹崇信無極知縣　馮主敬吉安府判　曹懋孝蘭陽知縣　曹傑士宜君知縣

曹佳士歸德府判　王世俊靈壁知縣

例貢監生

劉光正運判

蒲州學

趙旻上元知縣　魏　約御史　王　奇戶部郎中　苗　秀御史

景　政杭州推官　劉　質禮部主事　丁　逈兵科給事　張　瑯太平府判

古　憲盩厔知縣　張　瑜光祿寺丞　王　暹工科給事　王　思盩厔知縣

王　繕御史　張　賔袁州府判　王　鑑運判　崔　瑭晉州知州

梁　楫隆德知縣　王　圭平凉知府　翟　勉靈壁知縣　馬　俊新樂知縣

崔　進廣宗知縣　樊　恪壽光知縣　温　厚密縣知縣　史　暹知州

毋　欽彰德通判　田　棟靈臺知縣　賈　塤白水知縣　范　槐新泰知縣

田萬里河間通判　楊　璠國子監丞　張　綱武強知縣　南　椿高唐知州

傅弘烈高邑知縣　李東廓襄城知縣　馬　圖清水知縣　盧　儒辰州通判

馮惟慶郿縣知縣　郝承訓安定知縣　常　儀鄭縣知縣　楊景震交河知縣

賈　芳郎中　馮　治延津知縣　楊名遠臨洮同知　韓廷錀武昌知府

孫　謀拔貢府判　張永烈拔貢知縣　韓　莊拔貢知縣　韓　焥恩貢知州

郭　城恩貢知州　武連元恩貢知縣

例貢監生

韓煥淮安同知　王之標光祿署丞　王琬兵馬指揮　史選葭州知州

楊通鞏昌府判　魏秀山陽知縣　展學宜川知縣　温鍠同知

張江淮安通判　仙卿平凉推官　賈席光祿寺丞　楊恒兵馬副

王文登光祿署正　張循古上林監丞　張循占真定府判　張薦府判

王沼兵馬　王文芳光祿署丞　展自重光祿寺卿　張性徵光祿寺丞

范璜光祿署丞　羅奎光苑馬寺丞　范文炳光祿署丞　范文炤真定通判

孟聯芳光祿寺丞　王應圖加僕少卿　王弘詰建昌府判　賈維醇郎中

韓陛河南府判　孟景芳中書　李紹嘉歸德府判　李化桂中書

何其正兵馬司副　任聞喜監正　賈灝中書　韓來宣通判

張善徵長蘆運副　馮一傑上林監丞　楊四知通判　張應信光祿署丞

臨晉縣學

劉瑛保寧知府　李煥河間推官　樊義章丘知縣　侯冕知縣

王景山東提舉　張翕瀞縣知縣　吳讓知縣　李俊通判

張惠長史　吳方西和知縣　郭憲伏羌知縣　賈璉郃陽知縣

張恒恩貢府同

例貢監生

薛應奎鳳縣知縣　李廷祿容城知縣　李汝祐北城兵馬　姚昌侑苑馬寺正

賈允範苑馬寺正　荊爲楫中書舍人

滎河縣學

蔡瑄通政　范寬泰安知州　蘇茂靈川知縣　李達岳州推官

李思聰棲霞知縣　張養性渭源知縣　郭俊乂陸涼知州　屈震劉新安知縣

郭俊彥通渭知縣

侯貢

王翰知縣　李源兵馬　李岑彰德府判

猗氏縣學

李昇知府　陳廣蒲城知縣　荊縉通許知縣　張弘東昌通判

岳　秀會寧知縣　相　榮兵馬　潘　銓臨淄知縣　何廷瑞靜海知縣

王良卿同知　令狐一豸知縣　荆廷禮鎮安知縣　何　浩蒙陰知縣

趙　綸河間通判　陳嘉猷永年知縣　王　櫝霍山知縣　曹嘉績知州

耿顯世恩貢知縣　張至化恩貢通判　令狐一梗知縣　郭孔固拔貢知縣

曾桂芳羅山知縣　張問德通判　張　璞拔副知州　景可觀昌黎知縣

荆光國拔貢府同

例貢監生

喬　霔盩厔知縣　趙　錦鄜城知縣　翟燮髯兵馬

萬泉縣學

陳　聰刑部員外張　顯禮部員外姚　禮叅政賈　敏戶部主事

王　恪後府都事婁　進叅政張　延恩縣知縣牛　敬徐州知州

解　幹章丘知縣王　臣鎮安知縣孫企賈九真知州暢　宣大安知縣

黄　慶慶陽同知王　庭寧晉知縣薛雲霄鉅鹿知縣薛　昆故城知縣

李忠信汧陽知縣吳一儒汚池知縣吳國棟延津知縣

倒貢

賈萬年光禄署丞

河津縣學

薛秉文韓城知縣衛　撝安州知州徐　向徽州府同郭　溥肇慶通判

王　珪河水知縣　王　禧藍田知縣　任　磬淳化知縣　邵　深洛南知縣

高　堂秦州知州　王　禄鹿邑知縣　李　鼎鎮遠知縣　劉　達隆慶知州

邵世禄德府長史　薛惟傑河間府判　劉登雲元氏知縣　侯鶴齡深澤知縣

暢家傳恩貢知縣　高　守淳化知縣　薛士弘邠州知州　楊景宸交河知縣

邵文烺處州通判　薛　韶東鹿知縣　暢體元拔貢知縣　任弘彥衡水知縣

解州學

史　善邯鄲知縣　白　資華亭知縣　樊　庸同官知縣　李　彌會寧知縣

張　英淮安通判　馬　逵會寧知縣　龐　珣兵馬　趙景華兵馬

劉從仁　知州　侯加纓恩貢知縣　王毓麟漢陰知縣　侯世汾通判

例貢

楊茂兵馬

安邑縣學

關質御史　張晟萬縣知縣　馮泰刑部主事　侯琳高郵知州

劉浩均州知州　王英湖州通判　衛琬河間推官　樊瑚安樂知州

相世爵慶陽通判　弋正長盧運同　相希夔懷柔知縣　姚艮卿寧津知縣

景思新鄭知縣　牛惇拔貢通判　孔學易周府長史　郭萬程慶都知縣

呂大章鄠縣知縣　張省機拔貢通判

例貢監生

景管靈臺知縣　侯忠知縣　姚蕭孝子　郭敦知縣

胡瑜知州　王世相延川知縣　姚汝松知縣

夏縣學

馬瑛大理少卿　薛賓北平參政　衛浩交趾知縣　谷亨孝感知縣

劉儒蘇州府判　姜智太僕寺丞　裴祥工科給事　張連運使

左通汝上知縣　李威寧波推官　尉遲順天通判　車莊知縣

裴志東昌同知　賈貴固安知縣　賈正兵馬　韓時兩當知縣

張養志費縣知縣　蘇楠文縣知縣　裴誠白河知縣　張鳳池靈臺知縣

鄭從周保康知縣　秦士英昌黎知縣　吳炳宗拔貢通判

聞喜縣學

侯　鞴福建僉事　王　杲刑部主事　樊　彧太僕少卿　楊　兆長蘆運使

李　春萊州通判　牛　剛刑部主事　柴　鈞鄆城知縣　郭　麟青城知縣

楊　忠鳳縣知縣　裴　灌即墨知縣　孫　琰兵部司務　景志中寧州知州

喬　木知縣　王　濟神木知縣　李汝重拔貢知縣　楊　煦拔貢通判

王廷對府谷知縣　喬邦俊拔貢知縣　牛夢楨城步知縣　翟夢桂漳縣知縣

温素知華陰知縣

例貢監生

孫善教延安通判　甯一翰光禄署丞　任知化光禄丞

平陸縣學

呂　鄖刑部郎中　吳　鵬按察僉事　梁　泰臨洮推官　文　質澠池知縣

王　賁鄉城知縣　蔡　壽順德通判　呂　杲御史　王　泰知縣

呂　鵬僉事　王景隆太平府判　晁　瀛白水知縣　劉　瀚濟南通判

張汝翼象州知州　毛啓心會同知縣　劉爾蘇濟南通判

例貢監生

張朝宗慶陽通判　貟應昌撫州通判

芮城縣學

焦　正御史　杜　敬沂州知州　南　昱故城知縣　喬　良溧水知縣

楊矩知縣　胡璉章丘知縣　陳太同州知州　楊亮傅興知縣

趙惠東昌通判　馬敏香河知縣　呂瀚章丘知縣　蕭時中蒙化通判

王誥寧遠知縣　李洧平涼府判　李滂府谷知縣　韓士沙河知縣

藺正偉拔貢通判　李學堯鎮安知縣　馬如蛟長武知縣　張偉勳南溪知縣

薛志副榜孝義　陳愫東城兵馬

側貢

薛廷珍光祿寺丞　薛伸兵馬司副

絳州學

劉膺應天治中　劉裕中城兵馬　楊裕寶鷄知縣　侯敏保定同知

張　麟戶科給事　張　信上洪知州　郝　矩工部主事　李　穆刑部司務

趙　善永清知縣　賈　成霑化知縣　姚　監招定知縣　張　恭涇陽知縣

賈　顒通判　楊　衡隆平知縣　李　銓盧州推官　楊　晟莊浪知縣

張　錦襄城知縣　張雲漢崞縣知縣　李　蕚清平知縣　衛良相拔貢知縣

薛　淵臨邑知縣　韓　科長史　王一正滿城知縣　李長新龍泉知縣

王士俊金鄉知縣　張四端安丘知縣　陳士奇茸泉知縣　趙含真新安知縣

例貢監生

梁　淇真定通判　王育民太僕少卿　范　士光祿署丞　梁肇宋廣東提舉

陶重茂光祿署丞　楊培基光祿丞

稷山縣學

田　岩 吏科給事　梁　楹 昆山知縣　張　著 交趾府同　張　昇 齊東知縣

栢　森 淶水知縣　張　沐 內江知縣　陳　紀 鞏昌通判　史　簡 大城知縣

陳嘉言 威縣知縣　解啓袞 文登知縣　梁　仰 恩貢知府　高　頔 恩貢知縣

王世昌 恩貢知縣

例貢

裴　經 光祿署丞　王之屏 內閣中書

絳縣學

花　時 僉事　喬　儼 漢中府同　陳　寶 揚州知府　石　堅 行人司副

周　麟湖州通判　史　英鳳陽知縣　周進諒九江府同　晁　濟隆德知縣

趙　泰棠邑知縣　薛　鸞刑部主事　宋　容鳳翔知縣　任　整平鄉知縣

張　璀慶陽推官　常有年鞏昌府判　任維屏河陰知縣　譚登仕雒南知縣

垣曲縣學

席　通知縣　常　經戶部司務　王　綱思南府同　馬　章工部員外

石　敬長垣知縣　鄭　鼎光祿署丞　郭　玫咸遠知縣　文　昭知縣孝子

呂　選西和知縣　常　目順德通判　趙　鵬沁陽知縣　文武相武強知縣

馬　雲平利知縣　呂克勤府谷知縣　趙東魯靜寧知州　劉應科清澗知縣

張茂桂扶溝知縣　劉天與延安同知　張其郁知縣　文新命甲申殉難

張治光甲申殉難

例貢

席待時知縣　中　儒殉難

霍州學

薛　完苑馬寺正　周　正貴州僉事　李　龐光祿寺丞　邢　情知縣

王　用鎮遠知縣　馬　端壽州知州　郭大亨靈臺知縣　劉　衡肅寧知縣

張　璿廣平知府　王　瓚刑部郎中　侯　興宜君知縣　郭　衡崇寧知縣

李　瓘安塞知縣　張世顯通判　郝文粹知縣　趙　穗拔貢通判

李尚棠安塞知縣　劉如桐肇昌通判　劉南金國學助教　趙　柟寧國通判

趙　櫍恩貢知縣　周九功狄道知縣　朱鼐鋠常州通判

例貢監生

郭　紳河間知縣　賀允勤上蔡知縣　喬　琮莊浪知縣　高　玹莊浪知縣

楊　桐光祿寺丞　李惟杞德化知縣

吉州學

郝　玘蕭縣知縣　曹　寅黃巖知縣　白　王唐縣知縣　張　頔內丘知縣

張　淳藁城知縣　葛　壘丹徒知縣　劉　義泌陽知縣　白　麟兵馬司

苑　茂朝邑知縣　馮　俊興濟知縣　王　縉玉田知縣　劉　澤戶部郎中

馬　經順義知縣　陳廷顯刑部主事　王　沚樂亭知縣　王雲鴻中部知縣

劉如陵阜城知縣　劉學經府谷知縣　張仲友軍民府同　楊友松中部知縣

劉如麓鞏昌通判　白爾心府谷知縣　劉體宸梓潼知縣　馬喬蕃井泉知縣

虞紹唐徽州知州　白貢如平利知縣　劉德溥山海通判　曹養素昌邑知縣

登維屏掖縣知縣　劉弘諤滦州知州　虞重華遷安知縣　張我緒同知

鄧林楨茌平知縣　梁磐石固城知縣　杜長華永城知縣　劉三晋滑縣知縣

例貢監生

蘭　源南城兵馬　張　遜鎮遠知縣

鄉寧縣學

李　溥丹陵知縣　楊　善永寧知縣　劉　青蒲台知縣　喬　聰安化知縣

王　欽 會寧知縣　王　爵 薊州知州　李視遠 真寧知縣　張登龍 鄠縣知縣

王嘉政 太僕寺丞　陳　錦 長史　王　整 衛輝府判　喬光顧 桃源知縣

楊鳳鳴 沈丘知縣　成　美 金縣知縣　王廷俊 延川知縣　楊騰桂 咸寧知縣

隰州學

劉　潤 知州　吳　都 工部主事　張　諶 刑部主事　張　越 南皮知縣

許　壘 御史　吳　翔 石泉知縣　梁國賓 洛陽知縣　劉　勝 同知

王　朝 知縣　郭　賢 咸陽知縣　曹　倪 桐栢知縣　雷起東 富平知縣

牛光宇 拔貢知縣　蘇東陽 華亭知縣　賀國忠 成縣知縣　宋　鸞 蘇州通判

王夢鯉 武邑知縣　蘇東民 拔貢知縣　秦自治 拔貢運判　史光代 鄖陽通判

曹茂材恩貢知縣　賈汝棟靈臺知縣

例貢監生

解　揚南京兵馬　牛元吉長史

大寧縣學

曹　需御史　王　欽戶部員外　房　搆高陽知縣　馮　喬武城知縣

張　儼華州知州　丁　珣濮陽知縣　張　機孝子　暢廷弼房山知縣

暢　楊西安府判　馬行健綏德知州　馬中豸祿勸知州　馮國薦阜平知縣

安　民褒城知縣　馬九如崇寧知縣　曹　訥副使

永和縣學

成文秀御史　靳　獻御史　李　彬文縣知縣　李　琳兵馬指揮

張松齡井陘知縣　張桂齡靈壽知縣　李　瀾兩淮運判　李茂春通渭知縣

薛可化嶧縣知縣　郭一統黃岡知縣　薛治安葭州知州　郭一綸邢臺知縣

國朝薦辟

王來章靈石生員舉孝廉不仕
王鳳林芮城官生薦人材知府

范鄗鼎洪洞進士薦博學宏詞未仕
吳雯蒲州貢生薦博學宏詞

王含真猗氏進士舉博學宏詞
甯陞稷山人生員薦舉知縣

任芳稷山生員薦舉知州
高世昌稷山生員薦舉通判

國朝進士

順治丙戌科三年傅以漸榜共取四百人

胡希聖臨汾人僉事
席教事臨汾人僉事
柴濬臨汾人知縣

李脉健洪洞人行人
鄭瑛洪洞人知縣
晉淑軾洪洞人知縣

陰應節洪洞人給事中　趙齊芳曲沃人知縣　王廷諫翼城人給事中

上官鑑翼城人參議　李焯然翼城人知縣　田厥茂蒲州人參政

王春陽臨晉人知縣　李大升猗氏人知州　衛紹芳猗氏人參議

陸運際猗氏人知縣　喬震蕃猗氏人知縣　張翀河津人知縣

龎禔河津人知縣　楊原澄解州人僉事　楊宗岱安邑人參議

張奎昴安邑人知縣　馬纘緒安邑人推官　張聯第安邑人知縣

朱裴聞喜人戶部侍郎　翟鳳翥聞喜人布政使　王體言聞喜人知縣

王廷傑鄉寧人知縣　劉蚤譽洪洞人知縣　楊時薦洪洞人鉅鹿籍鴻臚少卿

丁亥科四年呂宮榜共取三百人

晋淑説洪洞人知縣　趙　編洪洞人知縣　劉復鼎趙城人知縣

劉緝堯曲沃人僉事　周文華翼城人僉事　賈　濬蒲州人主事

張台耀蒲州人知縣　陸運禧猗氏人知州　郭四維猗氏人知府

馬光裕安邑人郎中　邢以正安邑人知縣　楊藻鳳鄉寧人副使

己丑科六年劉子壯榜共取四百人

王禔躬臨汾人中式　湯家相趙城人知縣　王廷議翼城人知府

李祥光翼城人知縣　孟縮祚蒲州人知縣　董象乾萬泉人知縣

成　亮洪洞人侍讀學士

壬辰科九年劉忠倚榜共取四百七人

鄭明良太平人知縣　高鳳起曲沃人知縣　陳適度猗氏人推官

荊之茂猗氏人知縣　馬光啓安邑人員外　張　昤夏縣人推官

楊永寧聞喜人侍郎　孫錫齡絳州人通政叅議

乙未科十二年史大成榜共取三百八十五人

高　曦襄陵人知縣　鄭　珦洪洞人知縣　李弘敏太平人知縣

李丕則曲沃人知縣　張體元曲沃人教授　仇鳳翀曲沃人知縣

張鳳起翼城人御史　馮臯疆蒲州人知縣　謝敦懿臨晉人知縣

喬升德安邑人知縣　王震亨稷山人知縣　王永昇稷山人

吳來亨蒲州學正

戊戌科十五年孫承恩榜　共取四百一人

高　晫襄陵人知府　侯周臣襄陵人知縣　郭連城洪洞人推官

李廉士曲沃人中式　張　涵翼城人知縣　侯七乘汾西人同知

馮昌奕蒲州人知州　尚塈岐臨晋人知縣　孫啓烈蒲州人知縣

劉廸穀安邑人知縣　崔爾仰聞喜人僉事　王鍾靈聞喜人侍讀

甯世延聞喜人員外　趙憲鼎聞喜人中式　張大奇芮城人知縣

楊宏嘼芮城人知縣　王懋官絳州人中式

已亥科十六年徐元文榜　是年雲貴平八月冊行會試共取三百五十人

郭　鞏洪洞人知縣　李鼎生洪洞人助教　李廉士曲沃人推官

王大作曲沃人行人司　高鵬起曲沃人　張麟化翼城人知縣

袁舜蔭翼城人知縣　周　京翼城人知縣　上官鉉翼城人教授

范　儆蒲州人　王恭先臨晉人知縣　張維鼎臨晉人知縣

王　炳滎河人知縣　李際昌猗氏人博士　柴大伸河津人知縣

趙燦垣解州人瑞安知縣　周訓成安邑人郎中　王景賢聞喜人

楊　綸聞喜人知縣　趙憲鼎聞喜人知縣　趙士璠聞喜人

閻調鼎絳州人推官　王懋官絳州人推官　陳所抱絳縣人同知

張含瑾蒲州人推官　蔣弘道臨汾人都御史

辛丑科十八年馬世俊榜共取四百人

蔣弘緒臨汾人中式　范鄗鼎洪洞人中式　高鵬起曲沃人知縣

王萃曲沃人知縣　劉允升曲沃人知縣　王之旦曲沃人知縣

衛徵翼城人　李質素翼城人主事　喬甲觀翼城人知縣

侯維翰蒲州人　喬振翼蒲州人知縣　范孚嘉萬泉人中式

甯世琁聞喜人知縣　郭景汾聞喜人　薛佩玉芮城人知縣

謝櫺齡運司人中式　李時謙襄陵人知縣　李時震襄陵人中書

姚運昌曲沃人　崔九嶷霍州人　王念祖解州人知縣

柴勝任河津人知縣

康熙甲辰科三年嚴我斯榜　共取一百五十人

李本泓臨汾人中書　王錫韓太平人知縣　劉弘襄曲沃人知縣

雷竟振蒲州人知州　李世悳臨晉人主事　喬士增猗氏人知縣

衛旣齊猗氏人檢討　衛建藩河津人知縣　任紹爌河津人知府

介孝璹解州人主事　劉梁嵩河津人知縣　賈待聘夏縣人知縣

丁未科六年繆彤榜　共取一百五十人

賈鳴璽曲沃人中書　高向台翼城人同知　王昜蒲州人知縣

謝敦臨臨晉人　喬士容猗氏人中書　張潤民夏縣人中書

王斌安邑人中書　劉長發河津人　范鄗鼎殿試

庚戌科九年蔡啓僔榜　共取三百八人

崔　瀛襄陵人知縣　劉佐世曲沃人知縣　邵嗣堯猗氏人學院

王　寬安邑人編修　康如璉安邑人知縣　程軒舉聞喜人知縣

闔如玲絳州人知縣

癸丑科十二年韓菼榜共取一百五十九人

丁廷楗安邑人知府　王尹方聞喜人禮部侍郎

丙辰科十五年彭定求榜共取二百九人

景貞吉安邑人　楊念祖安邑人御史　王含真猗氏人

郭偉㦲曲沃人　張　瑾安邑人　張繼善蒲州人知縣

令狐永觀猗氏人　楊作楨絳州人贊善　王奐曾太平人御史

許克猷襄陵人主事　姚克欽夏縣人　李文燦翼城人教授

侯玉軫滎河人戍都知府

己未科十八年歸允肅榜　共取一百五十人

張克嶷聞喜人知府　孫子昶聞喜人知縣　吳道煥絳州人員外

陳惪敏猗氏人知縣　李峴壽解州人　薛兆麒襄陵人

韓　宣曲沃人　崔　靖聞喜人知縣

壬戌科二十一年蔡升元榜　共取一百七十九人

薛　釆翼城人　李復泌絳州人檢討　翟鴻儀聞喜人知縣

何星煜稷山人給事中　喬弘德安邑人　王宣猷翼城人知縣

衛建勳臨汾人知縣　張雲魁翼城人知縣　安方升聞喜人知縣

乙丑科二十四年陸肯堂榜

王人隆翼城人知縣　袁乃湔翼城人郎中　謝陳常臨晉人編修

景應熊安邑人知縣　劉喬齡安邑人知縣　甯堯采聞喜人知縣

喬士适猗氏人知縣　韓鼎盛洪洞人　介孝瑞解州人

戊辰科二十七年沈廷文榜

何　遠安邑人員外　馬　珽安邑人中翰　陳　綍猗氏人庶吉士

王　濬猗氏人知縣　聶淵耳滎河人知縣

甲戌科三十三年胡任輿榜

張友程翼城人知縣　張　纘襄陵人主事　劉五孚吉州人

康行僴安邑人知縣行取

丁丑科三十六年李蟠榜

許　琳曲沃人庶吉士知縣　王　焯臨晉人知縣　張樹侯芮城人知縣

王元佶翼城人　張允浣翼城人知縣　喬雲名猗氏人知縣

喬于溱猗氏人知縣

庚辰科三十九年汪繹榜

張象蒲臨汾人庶吉士　褚　緒曲沃人　謝　𤁋安邑人

裴家鐈夏縣人　葉思華聞喜人知縣　丁書升翼城人

喬于瀛猗氏人　郭九同猗氏人　荆文康猗氏人

介孝琛解州人庶吉士　衛　儁太平人

癸未科四十二年王式丹榜

劉　淓翼城人

丙戌科四十五年施雲錦榜

崔致遠曲沃人　張㬇樞曲沃人　閻堯熈夏縣人

杜　濵平陸人中書　陳維嶽猗氏人　衛士楨猗氏人

陳　綸猗氏人

巳丑科四十八年

國朝　舉人

順治乙酉科二年　共取八十人

解元朱裴 聞喜人進士　張奎昴 安邑人進士　王度 安邑人知縣

陰應節 洪洞人進士　常淑程 翼城人教諭　張聯第 安邑人進士

萬敷典 安邑人　劉緝堯 曲沃人進士紹台道　楊楚 安邑人知縣

馬光裕 安邑人進士　張家聲 洪洞人　李焯然 翼城人進士

陸運熺 猗氏人進士　王景賢 聞喜人進士　衛紹芳 猗氏人進士

王廷傑 鄉寧人進士　楊聲煥 解州人　張鋑 安邑人

李大升 猗氏人進士　楊帝培 垣曲人　扈禔 河津人進士

李脉健洪洞人進士　胡希聖臨汾人進士　常爾藻翼城人知縣

楊原澄解州人進士　馬纘緒安邑人進士　趙齊芳曲沃人進士

韓象愈洪洞人　鄭瑛洪洞人進士　周遠祚臨汾人

郭連城洪洞人進士　張柟蒲州人知縣　柴濬臨汾人進士

王春陽臨晉人進士　郭堯都曲沃人彰縣知縣　楊時薦洪洞人進士

順天中式

張翀河津人進士　王宗戌襄陵人　陸運際猗氏人進士

楊遵蒲州人知州

丙戌科三年　共取七十九人

周訓成安邑人進士　周文華翼城人進士　張洪孕曲沃人知縣

郭四維猗氏人進士　甯世珽聞喜人進士　趙　編洪洞人進士

侯萬里解州人知縣　韓威宣蒲州人知府　張大奇芮城人進士

賈　濬蒲州人進士　靳能健安邑人　李知白安邑人

高鵬起曲沃人進士　仇鳳翀曲沃人進士　邢以正安邑人進士

李鼎生洪洞人進士　張台耀蒲州人進士　上官鉉翼城人進士

王　价安邑人　盧世臣蒲州人推官　董象乾萬泉人進士

許元卿曲沃人知縣　薛天傑絳州人　湯家相趙城人進士

李際昌猗氏人　高鳳起曲沃人進士　劉復鼎趙城人進士

師覺先 翼城人湖廣籍同知

順天中式

仇文延 曲沃人知縣　王呈麟 蒲州人　王斌 安邑人進士

安漢勃 垣曲人

戊子科 五年 共取七十九人

趙璋 聞喜人教授　王家瑞 臨汾人知縣　王大作 曲沃人進士

高選 絳州人　介舜年 解州人知縣　劉振聲 臨汾人知縣

曹亂樾 平陸人　王禔躬 臨汾人進士　張敭 蒲州人知縣

崔爾仰 聞喜人進士　喬振翔 蒲州人御史　楊宏器 芮城人進士

董大信 洪洞人　鄭明良 太平人 進士　甯汞克 稷山人

馬　升 大寧人 知縣　劉漢乩 曲沃人　李弘敏 太平人 進士

趙　敏 太平人　盧應魁 蒲州人 知縣　尚璽岐 臨晉人 進士

王景震 萬泉人　趙憲鼎 聞喜人 進士　謝敦懿 臨晉人 進士

陳適慶 猗氏人 進士　謝象超 安邑人 進士　王永命 臨汾人 行人

董餘慶 聞喜人 知縣　喬運閶 襄陵人 知縣　李世悳 臨晉人 進士

符執桓 翼城人 知縣　仉之遠 曲沃人　劉祚泰 絳州人

楊可楫 猗氏人　蘇宇望 曲沃人　劉佐世 曲沃人 進士

李祥光 翼城人 進士　王而潛 太平人　謝象申 安邑人 知縣

常自得曲沃人州學正　張體元曲沃人進士　王士亨翼城人山東籍

王永昇稷山人

江南中式

劉彦初河津人

陝西中式

姚運昌曲沃人進士

辛卯科八年　是科特加十人共取八十九人

解元王恭先臨晉人進士　王掄解州人　賈始年臨晉人

王念祖解州人進士　劉弘襄曲沃人進士　介孝璹解州人進士

景　璇 安邑人　　王含弘 猗氏人　　楊延嘉 夏縣人

尚見帝 蒲州人　　王鍾靈 聞喜人進士　　宋之瑋 太平人

張維鼎 臨晉人進士　　楊　珩 蒲州人知縣　　郭　鞏 洪洞人

張聯星 垣曲人教諭　　王四隣 平陸人　　劉弘遷 蒲州人

張廣秉 翼城人知縣　　范　燮 洪洞人　　趙燦垣 解州人進士

范鄗鼎 洪洞人進士　　吉卜晉 洪洞人　　劉祚昇 趙城人學正

任弘祚 河津人學正　　馬光啓 安邑人進士　　荆之茂 猗氏人進士

靳斗瞻 襄陵人教諭　　楊　善 洪洞人　　陰汝弘 芮城人

侯維翰 蒲州人　　侯七旋 汾西人　　郭衛民 曲沃人知縣

閻調鼎絳州人進士　張　畛夏縣人進士　王　萃曲沃人進士

劉日光絳州人　聶黄耳桒河人　孫錫齡絳州人進士

任之琦河津人知府　常貞吉絳州人

順天中式

吳國儒夏縣人敎諭

甲午科十一年　共取八十四人

解元康弘猷安邑人　劉廸穀安邑人進士　李廉士曲沃人進士

李本泓臨汾人進士　鄭　向洪洞人進士　支日逵絳州人

張鳳起翼城人進士　高　巘襄陵人進士　賈　顯臨晋人敎諭

薄言震洪洞人學正　劉允升曲沃人進士　郭翰鼎臨晉人
陳澄庶人　陳宸銘翼城人　李丕則曲沃人進士
楊綸聞喜人進士　袁舜蔭翼城人進士　柴大伸河津人進士
侯七乘汾西人進士　荆侯堵平陸人　喬升德安邑人進士
王弘化臨晉人教諭　王震亨稷山人進士　賈元旌聞喜人教諭
喬士增猗氏人進士　王鏕曲沃人知縣　陳經議翼城人學正
沈逢泰襄陵人　吉鳴謙絳縣人　袁綗河津人知縣
范徹蒲州人進士　雷竟振蒲州人進士　許喬棲曲沃人學正
曹續祖大寧人　楊時昇聞喜人教授　尚恪臨晉人

王　煒洪洞人　燕思隆翼城人學正　張麟化翼城人進士

張殿珠桀河人　韓養純洪洞人　張君弼襄陵人知縣

高　�襄陵人進士　馮阜疆蒲州人進士　姚宗錫臨晉人

張元聲襄陵人知縣

順天中式

楊振升襄陵人

江南中式

李時震襄陵人進士

丁酉科十四年　共取七十九人

解元喬甲觀翼城人進士　張鳳羽絳州人學正　任紹爌河津人進士
藴篤慶曲沃人學正　馮昌奕蒲州人進士　蔣弘緒臨汾人進士
謝三宅猗氏人　荆喬蕃猗氏人　趙世福絳州人學正
柴勝任河津人進士　薛佩玉芮城人進士　范孚嘉萬泉人進士
陳所抱絳州人進士　陳適月猗氏人學正　李質素翼城人進士
劉俊聲臨汾人知縣　侯周臣襄陵人進士　周　京翼城人進士
景隆吉安邑人進士　張健翮翼城人知縣　王　炳滎河人進士
王　弘解州人學正　李方蓁曲沃人知縣　梁　標洪洞人
郭掟第太平人　李文楷蒲州人　張星拱翼城人

徐弘先 臨汾人 中書　趙士璠 聞喜人 進士　馬中騠 絳州人

張　涵 翼城人 進士　韓演麟 洪洞人

陝西中式

張含瑾 蒲州人 進士

庚子科 十七年 是科減額共取四十人

衛　澂 翼城人 進士　康如璉 安邑人 進士　梁永建 曲沃人

王履浩 太平人　喬振翼 蒲州人 進士　衛建藩 河津人 進士

和鳴皇 翼城人 知縣　秦大章 翼城人　李喬晋 洪洞人

李爾蔚 絳州人　張　煜 安邑人　王之旦 曲沃人 進士

張　碘絳縣人　謝櫃齡安邑人進士　秦永陞臨汾人知縣

晉　庶洪洞人知縣　甯世琁聞喜人進士　衛大衡曲沃人知縣

郭景汾聞喜人進士　賈待聘夏縣人進士　侯世忠夏縣人知縣

王錫韓太平人進士

順天中式

李時謙襄陵人進士　師　凛襄陵人

江南中式

劉粱嵩河津人進士

康熙癸卯科二年　是科廣額共取五十八人

解元賈鳴璽曲沃人進士　鄭　惇稷山人教授　王　昜蒲州人進士

李足發太平人州學正　遼程軒舉聞喜人進士　張　哲翼城人

楊鳳翔萬泉人　崔爲城翼城人　衛旣齊猗氏人進士

令狐永觀猗氏人進士　荆行一聞喜人　楊　瑊蒲州人

王震福稷山人　闞斗南太平人　任及尹河津人

喬壯受猗氏人知縣　楊　杲洪洞人　賈佩徵曲沃人教諭

郭發元趙城人　翟　熠聞喜人教授　崔繩武蒲州人

段君鈊曲沃人州學正　趙憲普聞喜人知縣　錢如水翼城人

王　斌安邑人進士　王綏猷翼城人　閻如珀絳州人進士

王　傳曲沃人州學正　張繼善蒲州人進士　安方升聞喜人進士

邵嗣堯猗氏人進士　孫以敬太平人

順天中式

甲昌言夏縣人　段一潔絳州人

江南中式

劉長發河津人進士

丙午科五年　共取四十人

解元王　寬安邑人進士　閻永寧猗氏人學正　喬士容猗氏人進士

張潤民夏縣人進士　高向台翼城人進士　楊飛龍安邑人

楊朝翰聞喜人　王振鑣猗氏人　秦熙祚聞喜人員外郎

高　澄翼城人教諭　高向璧翼城人知縣　余念祖榮河人

薛近兗萬泉人　劉敦化垣曲人　安萬隆聞喜人教授

謝敦臨臨晉人進士

陝西中式

張　斌太平人

已酉科八年　共取四十七人

解元郭九會猗氏人知縣　衛建勳臨汾人進士　張所聞夏縣人

高于磐太平人　王　紀臨汾人中書　董　琬曲沃人

丁廷楗安邑人進士　　麗松年河津人　　崔瀛襄陵人進士

陰肇元翼城人　　王奐曾太平人進士　　申翀夏縣人

李頴達絳縣人知縣　　翟鴻儀聞喜人進士　　楊遷蒲州人

黄翊聖霍州人　　喬鍾秀曲沃人州學正　　趙觀翼城人

王宗旦稷山人知縣　　張雲程曲沃人　　翟垣聞喜人知縣

崔靖聞喜人進士

順天中式

李時晋襄陵人　　段一潔絳州人

壬子科　十一年共取四十八人

解元楊作禎 絳州人進士　王尹方 聞喜人進士　康如琰 安邑人

董弘彪 萬泉人知縣　趙明鏡 翼城人知縣　陳　綸 猗氏人進士

劉漢禎 聞喜人教授　陳悳敏 猗氏人進士　介孝瑞 解州人進士

劉煌籙 稷山人　侯王軫 榮河人進士　李文燦 翼城人進士

荊時中 猗氏人知縣　喬弘德 安邑人進士　楊廷簡 聞喜人教諭

景貞吉 安邑人進士　李峴壽 解州人進士　楊念祖 安邑人進士

李呈禾 曲沃人學正　許克猷 襄陵人進士　黃　愷 襄陵人教諭

郭士淳 聞喜人知縣　喬昌齡 浮山人

乙卯科 十四年共四十人

郭偉嶶曲沃人進士　王含真猗氏人進士　劉　瀚曲沃人衛教授

張　鍔安邑人　李培素翼城人教諭　劉元溥安邑人教授

張　侗安邑人教諭　張體壯曲沃人知縣　薛　琬翼城人教諭

樊嗣永蒲州人教諭　張　枚太平人咸陽知縣　張　瑾安邑人進士

黃孕壐萬泉人　張　寅安邑人教諭　姚克欽夏縣人進士

丁巳科十六年　是年附河南鄉試山西中式十二人

景　諫安邑人　梁萬泰絳州人　李　酪臨汾人教諭

李秉溫安邑人　王宣猷翼城人進士　張　召安邑人中書科

戊午科十七年　是科廣額共取四十七人

韓　宣曲沃人進士　郭于疆安邑人　喬士适猗氏人進士

王連科夏縣人教諭　李　洙太平人　孫子昶聞喜人進士

張克𡷈聞喜人進士　王升猷翼城人學正　賀　斌霍州人

葉　燿聞喜人教諭　李復泌大寧籍絳州人進士　謝檜齡安邑人

張　㝞安邑人　景應熊安邑人進士　李　鏜絳州人教諭

薛兆麒襄陵人進士　陳洪疇猗氏人　王　綺臨晉人教諭

張雲𩂋翼城人　吳道煥絳州人進士　薛　釆翼城人進士

河南中式

常可權曲沃人

辛酉科二十年　共取四十人

解元許　琳曲沃人進士　甯堯采聞喜人進士　劉五孚吉州人進士

張奎煥安邑人　張友程翼城人進士　楊適觀萬泉人

郭顯龍趙城人學正　楊　遵蒲州人　張　纘襄陵人進士

王人隆翼城人進士　王爕曾太平人朔州學正　劉喬齡安邑人進士

崔　玘聞喜人　楊廷棟永和人學正　何星煜稷山人進士

王紹隆臨晉人岢嵐學正　王松齡稷山人渾源學正　蔡　珍夏縣人

王則虞臨晉人

甲子科二十三年

解元劉大鯤蒲州人　仇　睿曲沃人　因必方曲沃人

謝陳常臨晉人進士　郭鼎甲臨晉人　王念先臨晉人

馬　珽安邑人進士　張允浣翼城人進士　常　勸翼城人

袁乃澗翼城人進士　甯則智河津人　甯　傑聞喜人

李于鎬絳州人中書　鞏　枚解州人　衛　雋太平人進士

丁卯科二十六年

解元陳　綍猗氏人進士　王名轂臨汾人　韓　鏡蒲州人

周翅濂安邑人　何　遠安邑人進士　王　濬猗氏人進士

喬雲名猗氏人進士　王元佶翼城人進士　劉　洴翼城人進士

李永輝夏縣人　張素抱夏縣人　任作霖聞喜人

張　垣稷山人　史弘坦稷山人知縣　李　瑄絳縣人

楊盛青滎河人　聶淵耳滎河人進士

庚午科二十九年

邢以懲襄陵人　郭允璋曲沃人　孫　超安邑人

王　焯運學臨晉人進士　陳所蘊安邑人　陳惪肅猗氏人

衛士楨猗氏人進士　喬于溙猗氏人進士　郝　鏞翼城人

常子邁翼城人　王　智翼城人　張紹仲河津人

張超著河津人　楊廷銓聞喜人　張樹侯芮城人進士

常伸絳縣人知縣

癸酉科三十二年

張象蒲臨汾人解元進士　衛堪臨汾人　翟文烺襄陵人

申玉衡洪洞人　許珣洪洞人　李足興曲沃人

因秉彝曲沃人　謝𪉷安邑人進士　丁書升翼城人進士

常勉翼城人　崔毅聞喜人　褚緒曲沃人進士

薛仁翼城人　任方大河津人　程三錫聞喜人

董夢熊聞喜人　因可方絳州人　鄭宰隰州人鄉寧籍

侯唐封解州人　張我觀太平人　康行僩安邑人進士

丙子科三十五年

商　伊洪洞人　劉仁恕安邑人　衛　講猗氏人

喬于瀛猗氏人進士　常丙圖猗氏人　羅　經猗氏人

衛繹康翼城人　郝大雅河津人　閻堯熙夏縣人進士

趙冬元聞喜人　班齊超聞喜人　葉思華聞喜人進士

侯　爵絳州人　張啓業絳州人　劉弘先稷山人

高　卓絳縣人垣曲縣人　張　直榮河人　介孝璿解州人

李　怡太平人　趙向奎聞喜人　孫開緒聞喜人

趙　欽聞喜人

順天中式

李仙根 絳州人中書

廣西中式

盧　鈁 翼城人改歸原籍

巳卯科三十八年

解元介孝瑹 解州人進士　劉國楨 洪洞人　郭升戣 曲沃人

上官鏜 翼城人　王　載 臨晉人　朱德徽 臨晉人

文射斗 安邑人　馬謙益 安邑人　衛　讃 猗氏人

陳惪魯 猗氏人　荆文康 猗氏人進士　郭九同 猗氏人進士

陳維嶽猗氏人進士　李元素翼城人　裴家鐈夏縣人進士

侯世勳夏縣人　解經夏縣人　段蕭聞喜人

杜濵平陸人進士　劉凝位稷山人　張涫稷山人

王言綸垣曲人　盧鈌鄉寧人　程昶襄陵人

王名翼解州人　毛鳳翽太平人　梁萃觀太平人

李繩武太平人

順天中式

蔣仁錫臨汾人

河南中式

范士璘翼城人

壬午科四十一年

李　琦臨汾人　許齊燕曲沃人　崔致遠曲沃人進士

郝爲經曲沃人　薌　騰稷山人曲沃籍　張暻樞曲沃人進士

侯愼修蒲州人　崔偉觀蒲州人　盧化鵬蒲州人

景天錫安邑人　張璞璽猗氏人　王　淳猗氏人

喬學尹猗氏人　任翊宸河津人　畢星爛聞喜人

李于雍絳州人　趙　藻解州人　李翔鵷解州人

李翔鵬解州人

順天中式

朱本素臨汾人

乙酉科四十四年

解元喬于沆猗氏人　續永齡趙城人　杜增煜曲沃人

常庭琪曲沃人　甯　釗蒲州人　張其維蒲州人

尚　友運學臨晉人　郭賜珏安邑人　相　瀛安邑人

景一元安邑人　陳悳健猗氏人　喬于濬猗氏人

潘文林猗氏人　荆嚴恂猗氏人　吳弘珋萬泉人

任紹孔河津人　張拱辰夏縣人　黄　裳聞喜人

曹仁絳州人　張翽絳縣人五經中式　譚訒解州人

李有倫太平人

順天中式

朱元素臨汾人

戊子科四十七年

喬雲載猗氏人　尚質臨晉人　王晃翼城人

秦楫蒲州人　張儆載猗氏人　李文白翼城人

張檜齡聞喜人　甯時文稷山人　靳秉仁曲沃人

李元栴翼城人　景崙安邑人　楊雲翼平陸人

段搓笏洪洞人　郝玶曲沃人　王萬年趙城人
劉彥禎猗氏人　郭建極安邑人　姚思恭蒲州人
介錫周解州人　王子達絳縣人　董玑安邑人
李仙培臨汾人　賈澤深臨汾人　王肇豐太平人
郝玑河津人
順天中式
王言大臨汾人　張釗蒲州人

國朝恩拔歲副貢生例貢監生附

府學

順治年

李翀霄布政　李　忱知府　李丕隆知縣　楊　嘉員外

劉　穩知府　李有瑚恩貢　陳祖詔拔貢　李　珣拔貢

馬生麟知府　紫蔚然崞縣教諭　趙階青拔貢　晉淑召安陽縣丞

王愛民海豐知縣　劉世隆　晉淑昉　王　湉副榜員外

徐州傑臨漳知縣　許奇遇知縣　李　傅訓導　衛際昌

屈龍伸　郭宗泰　楊俊秀　丁世泰

楊澤培　知縣陳扆銘　王廷佐

康熙年

許有道　崔元嵩　王　訪　高象乾

劉仁廣敎諭衛世勲訓導成子譚　閻瑞昌天津經歷

李壯生　董　生　宋聯芳　劉祉鴻

王　纓　王室泰　劉祉洽　張本實

衛　符　韓　澍　席之儀　王謙亨

張根樸　囯必培　靳弐知　許凝祚

呂大蒦　袁乃滌　高向軫　甯鼎輔

孔玠　李必振　張縉　李同培

呂淑世　張榕　董升　王荊

固惠　吳修道　王銓（副榜）　賈澤溥（副榜）

崔元嶠

例貢監生

秦　棟（潞安教授）　秦　樑（綏陽知縣）　張心錦（知縣）　賈擴基（刑部郎中）

運司學

順治年

柳自新（懷寧縣丞）　王來詔（鞏縣知縣）　董　禎（恩貢）　胡觀光

謝進印副榜　王斌拔貢舉人　董標知州　路應元潞安訓導

閻怙　韓家傑副榜　焦景度　任振鷺副榜

馬龍見拔貢知縣　王廷召平順訓導　崔灼　郭用賢太谷訓導

王永熙恩貢府同　周家禎　劉衍民知縣　楊實恩貢通判

楊宗華訓導

康熙年

曲星灼河曲訓導　王昌訓導　董之治鳳陽判　郭文隆

王凝禧拔貢　閻梅　張文耀　譚際亨

衛明祚　衛際可　賈化醇　甯鼎臣

李一沆汾西訓導 裴餙衮 張乃積拔貢 吳道明

萬敦典 李肇瑞 朱永康 南二謙拔貢

馬祚錫屯留訓導 韓 正壺關訓導 路振翼 李騰輝

路泰來 景 謙拔貢 弋敦極 楊天篤

劉世楷中書 王凝禧拔貢 王雍珍 韓 濟恩貢

王甲開 康善述 張 僾 張 敬

王汝梅 周世澤 丁廷梓 丁廷棫

王新葦 張金榜 賈我待 馬之纁

郭 塏 景文楩 楊 溢 楊芳聲

張篤行

臨汾縣學

張聯芳恩貢知縣　樊　嶷盩厔知縣　段文彬蕪湖知縣　亢之燦博平知縣

例貢監生

巨　文新城知縣　賈　鎔盧氏知縣　傅　霖荆州通判　徐廣先吳縣知縣

林有蘭戶部員外　賈　鉉定番知州　蔣申錫知府　亢從時徽州知府

亢宗瑗都匀知府　王毓玿英德知縣　蔣弘統保寧通判　劉心洙內閣中書

陳之琦宿虹同知　亢嗣濟河南通判　蔣敷錫刑部郎中　楊希震沅州知州

董榮先平凉知縣　張永煇萬縣知縣　沈　麟紫陽知縣

襄陵縣學

崔永祉同知　梁邦英知縣　鄧希聞同知　薛　藎同知

例貢

李宏柱曲靖通判　王之楫萬年知縣　王綦溥臨潼知縣

洪洞縣學

呂天籟恩貢推官　晉承柱邵陽知縣　高　第歸德府同　王愛民海豐知縣

岳萬齡景州知州　晉淑召寶豐知縣　晉淑昉上饒知縣　韓鼎愛知縣

例貢監生

王家植工部員外　王家璋光祿署正　劉廣譽中書舍人　岳霽雲上林苑丞

韓象翊鴻臚寺丞　韓象起江西鹽道　劉　員外

浮山縣學

郭皇圖副榜知縣　張萬壽拔貢知府　張承寵恩貢通判　盖士毅拔貢知縣

例貢監生

張天經知縣　張　垚棲霞知縣

趙城縣學

衛登高武定通判　韓弘業禮縣知縣

太平縣學

王　迎貴陽知府　郭皇圖恩貢知縣

岳陽縣學

趙汝斌 開封同知　任天民 南江知縣　趙　櫬 恩貢通判

曲沃縣學

張正衮 石泉知縣　仇昌祚 恩貢守道　楊鴻羽 上蔡知縣　賈國楨 拔貢知縣

例貢監生

耿蔚起 内閣中書　裴從度 督捕主事　裴復度 邵武同知　裴衡度 永寧道

祁伯熊 嵩縣知縣　裴衍度 内閣中書　賈國楹 興安知州　裴倅度 刑部員外

翼城縣學

薛鳳鳴 盩厔知縣　常毓才 汀州府同　薛士麒 太平府判　崔　赫 知縣

例貢監生

陳彤珥刑部郎中　陳彤颺戶部郎中　王廷謨主事　宋友濂吏部司務

符　問臨洮僉事　上官源辰州知府　上官繹開化府同　王廷譓綿州知州

秦　梁綏陽知縣　上官鐮高安知縣　上官沆夾江知縣

汾西縣學

侯爾東睢州知州　傅天寵刑部郎中　侯七鼎拔貢知縣

例貢監生

傅叶熊知縣　傅夢熊知縣

靈石縣學

鄭國翰恩貢知縣　張大養知縣　房步瀛淮安同知　翟天健金華通判

王浣初知縣

蒲縣學

曹翰國嵩縣知縣　龔亦式蘊州府同

蒲州學

黄廷詩陽山知縣　范應官藍田知縣　展奇策鄜州知州　聶　璘龍泉知縣

田時茂武岡知州　賈　涓蠡縣知縣　張聖謨孝子恩貢　王王麟池州知州

張　楷莆田知縣　韓世瑨普定知縣

例貢監生

王愷人廣平知府　韓　鎬濟南知府　韓　鎮兵部司務　張　懌知州

賈龍文平谷知縣　樊維屏朱羅知縣　郅　玠濮州知州　薛光斗歷城知縣

韓　鏐石城知縣

榮河縣學

周卜年恩貢知縣　崔望斗恩貢府同　趙之璿拔貢知州　郭巍然拔貢府判

呂正音拔貢知縣　張鵬彩拔貢知縣

例貢

張　軸湘潭知縣

猗氏縣學

李封曹靈和知縣 許光斗鄘縣知縣 侯 祚棲霞知縣 王凝命副榜知縣

令狐熙載知縣

例貢監生

王予信兵部郎中 荆益祉靈壁知縣 王予標上林丞

萬泉縣學

薛光前湖州府同 李 森恩貢知縣 史 鵬虞城知縣 薛之彬拔貢知縣

河津縣學

杜國傑恩貢府同 邵 堉知縣

例貢

杜李寅長沙知縣

解州學

李衍祚樂安知縣

例貢

李仙禎膠萊運判　李興高商水知縣　王運昌壽寧知縣　侯聚貴兩當知縣

安邑縣學

馬崇詔茶陵知州　賈　實通判

例貢監生

王鍾琇蓬溪知縣　李　清平凉府同　王賜璵盬城知縣

夏縣學

王時發（恩貢同知）張愼發（恩貢知縣）

例貢監生

姚廣運（浙江運判）張宿焜（潮州同知）

聞喜縣學

朱衣黗（拔貢推官）崔爾瞻（拔貢知州）任振鷺（副榜知州）楊　嘉（拔貢叅議）

甯鼎軾（副榜府同）

例貢監生

王國選（伊陽知縣）朱爾甲（內閣中書）楊又時（朝邑知縣）朱爾提（彭水知縣）

劉俊秀 平越知縣 楊廷瓓 行人 朱而皖 知州

平陸縣學

例貢

負應昌 撫州通判

芮城縣學

薛上貴 拔貢知州 薛增采 恩貢通判 陰　澤 拔貢孝義 陰啓旦 掖縣知縣

絳州學

張孫裔 崇寧知縣 王復初 楊州同知 李翀霄 拔貢中書 張念祖 建寧通判

馬超循 馬平知縣 孫枝麗 來賓知縣 梁體良 河間府判 孫有恒 袁州同知

例貢監生

李凝祚 昌黎知縣

稷山縣學

段有黻 揭陽知縣　賈國棟 拔貢府判　張鳴鵬 恩貢知縣　陳國泰 拔貢知縣

絳縣學

郭自修 恩貢知縣　王之垣 慶元知縣　李自美 副榜通判　許國翰 副榜府同

王景唐 拔貢知縣

垣曲縣學

趙搜 長沙通判　劉定華 湖州通判　馬生鱗 河道　安洪嗣 副榜知縣

高良弼 禹州知州　文　登 孝子　馬生羽 伊陽知縣　馬皇駒 蘊州府同

霍州學

楊象乾 新田知縣　閻道泰 拔貢通判　翟鵬翼 象州知州　任國標 真陽知縣

吉州學

張書爵 蒼溪知縣　葛永培 青縣知縣　馮再京 大名通判　陳　瑚 均州知州

張心鏡 河南知府　蘭可珍 長山知縣　劉五龍 副榜知府

鄉寧縣學

田藍玉 定陶知縣　文　鉉 拔貢通判　文在兹 溆浦知縣　鄭牧民 拔貢知縣

鄭　倬 兖州知府　成躍龍 兵馬指揮　閻　偉 肇昌同知　文　鍾 撫民同知

成伯英平凉知府 王績聖鳳翔知府

例貢

王又旦全州知州

隰州學

劉餘澤文安知縣 牛友月長清知縣 關維垣桃源知縣 劉清秀阜城知縣

李呈桂恩貢知縣

大寧縣學

劉而介上高知縣

永和縣學

路

義西城兵馬　馬上及副榜知縣　李附鳳拔貢知縣

國朝掾吏

劉培初太平人金華知縣　儀其健太平人知縣　毛麒麟夏縣人階州知州

張新祚絳州人知縣　趙齊家太平人大城知縣

平陽府志　卷之二十　一百二十八

明武進士 省志舊府志俱無武科甲嘉靖以前無可考嘉靖以後皆采之各州縣志科分不能序次存之亦一代之武材也

嘉靖間

狀元楊俊卿 蒲州人都督同知　婁承宗 蒲州人陝西都司　衛縞 絳州人參將

萬曆間

王之禎 蒲州人少保左都督　婁弘業 蒲州人寧武守備　孟禹 蒲州人守備

衛元康 絳州人遊擊　王士弘 安邑人　吳繼武 稷山人都司

盧應龍 蒲州人遊擊　王詡 蒲州人副總兵　蘇王圻 安邑人

王鼎 蒲州人潮州參將　介禦鹵 蒲州人守備　成斌 浮山人都司

張夢鯉 蒲州人兗州參將　相希尹 蒲州人副總兵

崇禎間

胡來觀 洪洞人守備　雷化能 吉州人　梁之孟 靈石人守備

康四維 絳州人廣西都司　李伸 洪洞人　陳虞道 襄陵人

郭鎮奚 曲沃人守備　楊宗業 絳州人浙江總兵　王國明 聞喜人守備

裴斌 夏縣人　郝允德 絳州人參將　常捷 蒲州人守備

常允中 蒲州人　李先庚 蒲州人朔州守備　陳琥 絳縣人守備

明

武舉

天啓間

張　廩蒲州所人都司　郭鎮遠洪洞人守備　張　提襄陵人副將

王震仲猗氏人副總兵

崇禎間

李敬事曲沃人叅將　張秉赤絳州人守備

國朝武進士

順治丙戌科三年

張鵬翮洪洞人都司　柴化愚太平人延安守備　秦鎮西夏縣人

陳所優絳縣人寧羗守備　趙璞靈石人

壬辰科九年

上官鉉翼城人都司僉書　薛從善蒲州人陝西守備　張純白絳縣人守備

乙未科十二年

丁佐王太平人廣東叅將　秦晉夏縣人永平守備

戊戌科十五年

會元賈從哲 臨汾人探花副將　張進龍 襄陵人　王紫生 洪洞人

柴培楫 太平人陽和衛守備

辛丑科 十八年

李宏寶 襄陵人守備　李生桂 翼城人衛守備　陳愈昭 絳州人

李璿 絳州人　趙聯鼎 絳州人衛守備　李生色 靈石人

王建忠 蒲州人　任懋芬 蒲州人　劉世崧 安邑人

劉化青 絳縣人黄州守備

康熙丁未科 六年

韓世璣 蒲州人充州叅將

庚戌科九年
狀元張英奇安邑人侍衛　柴京兆太平人定廣副將　萬璥安邑人
癸丑科十二年
李喬棻絳州人　張星光夏縣人
丙辰科十五年
劉宗漢襄陵人施州衛守備　劉巺安邑人太原遊擊　賈鑣臨汾人遊擊
孔傳泗翼城人蘭州守備　范弘文翼城人福建守備　趙廷棟滎河人守備
賈鑣安邑人　張文漢臨汾人
己未科十八年

柴京濘太平人作沛守備　楊熼宇太平人平陞關守備　李洽太平人守備

黄如錦絳州人

壬戌科二十一年

劉允恭翼城人都司僉書　宋琯翼城人　衛王建翼城人叅將

李繼貞蒲州人　史豫定蒲州人遊擊　高皇珮垣曲人

乙丑科二十四年

孔毓鈸翼城人　李緯曲沃人　陳國龍絳州人

王表建臨晉人　謝振邦安邑人杭州守備　史豫成蒲州人守備

戊辰科二十七年

趙光先猗氏人江南守備

辛未科三十年

楊思隆翼城人　王積虞曲沃人　翟建絳州人

高景元絳州人　李復沆絳州人　張丕猷絳州人

薛君冀安邑人山西守備　謝允植安邑人興安守備　李韻夏縣人

馬苓安邑人鑾儀衛整儀　黄帝相安邑人楊方守備　楊鳳臨安邑人守備

王子龍絳縣人南雄守備

丁丑科三十六年

因方卿曲沃人　李琛曲沃人徐州守備

庚辰科　三十九年

王　瑾　絳州人

癸未科　四十二年

張六韜　臨汾人　范宗堯　臨汾人　陳大緯　絳州人

郭宗贊　太平人

丙戌科　四十五年

曹凝禎　安邑人　趙　璞　稷山人

己丑科　四十八年

國朝武舉

順治乙酉科　二年

楊四正　襄陵人　張鵬翮　洪洞人進士都司　楊耀翠　太平人

上官鋐　翼城人進士　董任　張養　曲沃人

姬運亨　蒲州人　張標　榮河人　陳所優　絳縣人

郭濯靈　絳縣人

丙戌科　三年

秦鎮西　夏縣人　王壯猷　猗氏人

戊子科　五年

楊天柱襄陵人　盧宸屏太平人　張聖治翼城人

靳　興絳州人　丁佐王太平人進士　張翀漢蒲州人

李嶽爾蒲州人陝西中式　趙　魁聞喜人　王礎楨猗氏人

辛卯科八年

盧　墩太平人　吳學詩太平人　許文煜翼城人

董　勛翼城人　呂　珀翼城人山東守備　李翀龍趙城人

鄭印祚趙城人　秦　斌曲沃人　薛景清曲沃人

柴質直太平人井州都司　薛從善蒲州人進士　楊　詡聞喜人

文恕安垣曲人貴州守備

甲午科十一年

段養宸襄陵人　任延賢河津人　武先聲河津人

趙國英洪洞人　王紫生洪洞人進士　柴培榑太平人進士

李如棟汾西人　陳光輝翼城人　李宏寶襄陵人進士

陳鳴珂絳州人　辛性温聞喜人進士　劉定國聞喜人守備

王開基安邑人　孫永寧絳州人金吾守備　史大槇蒲州人治儀正

丁酉科十四年

宋呈芳襄陵人雲南守備　崔邦任趙城人　張進龍襄陵人進士

申弘禮洪洞人　衛鉉洪洞人　趙廷璧太平人

王觀泰太平人　楊芬春太平人　李卓立太平人

傅賢亂汾西人　常爾泌翼城人　衛士秀趙城人

仇之涯曲沃人守備　仇際康曲沃人　許元運曲沃人

陳愈昭絳州人進士　閻際昌絳州人　文生華絳州人

文者古絳州人　李璿絳州人進士　趙聯瑞絳州人進士

南薰絳州人　房擢瀛靈石人　景運盛靈石人

韓世璣蒲州人陝西中式　朱馮聞喜人　張奎聞喜人

喬爾璽聞喜人　萬象皡安邑人　柴藩河津人

李棟夏縣人　楊正芳絳縣人　韓萬象洪洞人進士

韓愈起　洪洞人

庚子科十七年

辛性温　聞喜人大原叅將　吳夌胥　太平人　趙晉鳳　太平人

李文獻　太平人　郭元銘　太平人陝西守備　王喜煥　太平人

毛品時　太平人　李生桂　翼城人進士　衛扶民　曲沃人守備

張　琦　曲沃人守備　王　命　曲沃人　李生色　靈石人進士

王建中　蒲州人進士　張　光　蒲州人陝西遊擊　馮國寧　聞喜人

劉世嶶　安邑人　古道淳　安邑人　秦　關　夏縣人

尉　倓　太平人

康熙癸卯科　二年

丁輔王　太平人　李文獻　太平人　吳夌霄　太平人守備

衛高第　太平人　王大任　曲沃人守備　李瓊　曲沃人守備

秦鎮　曲沃人都司僉書　董振　曲沃人　文傳賢　絳州人

張鑑　絳州人　葉廷桂　聞喜人　仇榮奇　聞喜人

翟瑞　絳縣人　李克勝　夏縣人京口守備　馬世興　平陸人

劉漢英　蒲縣人

丙午科　五年

解元許啓芳　絳州人　高應選　臨汾人　李世馨　臨汾人都司

范廷彦臨汾人　張景賢太平人　趙纉武太平人
柴廷遴太平人　衛　嶟太平人　丁象壯翼城人
賈麟振翼城人　常居易翼城人　朱澤溥襄陵人
郭連霄襄陵人　張廷式曲沃人　柴　麃曲沃人守備
孫培元絳州人　李盛檜絳州人　柳永汶絳州人
劉炳燊絳州人　李　境絳州人　吕節音萬泉人
任　鈞聞喜人　王表建臨晉人　朱大定臨晉人
朱蔚繖臨晉人　闞振世安邑人　馬　鯨安邑人
萬　璥安邑人　張元錫安邑人　李盛檜安邑人

馬正乾 夏縣人　張志英 夏縣人　吳士秀 夏縣人

張復聖 絳縣人　王大任 絳縣人　閻　標 絳縣人

楊振奇 猗氏人

己酉科八年

王理躬 臨汾人 守備　黃國俊 臨汾人　賈　鑣 臨汾人 進士

蘇　薴 曲沃人　李躍舟 太平人　衛淑躬 太平人

曹之宰 太平人　楊煐宇 太平人 進士　柴京兆 太平人 進士

郭之棨 太平人　宋友武 翼城人　李世喬 翼城人 守備

王紹攸 翼城人　上官涵 翼城人 衛守備　梁培棟 襄陵人

郭丕新曲沃人守備　賈國權曲沃人　張　臻絳州人
李　彪絳州人　王紘民絳州人　段燏然絳州人
南星粲絳州人　喬　珣蒲州人　陳　寅蒲州人
閻士龍鄉寧人　聶兆乾蒲州人　賈賛化萬泉人
張凝禋萬泉籍安邑人　張鵬翎榮河人守備　楊作楫聞喜人
班有翼聞喜人　孫克肖聞喜人　李維章聞喜人
孟天爵臨晉人　張英奇安邑人進士　張凝禎安邑人
景　熛安邑人　景　旦安邑人　南大仁安邑人
賈　鑣安邑人　張星光夏縣人　楊中極絳縣人

趙延基 解州人　耿　桓 解州人　武先聲 河津人

壬子科十一年

吉君柄 曲沃人 解元　王特生 臨汾人　郭九皋 臨汾人

劉績漢 臨晉人 參將　張　仁 臨汾人　盧垂基 太平人

柴京澤 太平人 進士　李　洽 太平人 進士　周育華 翼城人

裴士俊 絳州人　孔傳泗 翼城人 進士　石丕揚 翼城人

李　廉 襄陵人　劉宗漢 襄陵人　李喬棻 絳州人

楊　卓 絳州人　周　亮 絳州人　朱　旄 聞喜人

張晉名 聞喜人　任台衡 聞喜人　謝敦敏 臨晉人

劉　琪安邑人　路聯漢安邑人　謝于宣安邑人

董遐年安邑人　文繩武安邑人　張　恪夏縣人

崔　嶷夏縣人　張滌新夏縣人　王建鼎絳縣人

撖　廷絳縣人　焦　柟解州人　任大會蒲縣人

乙卯科十四年

解元段　彬絳州人　張羡錦臨汾人　石王燦洪洞人

張文漢臨汾人進士　郭　斌臨汾人　丁　仕太平人

宋　璽臨汾人　衛之屏臨汾人　郭維基臨汾人

閻敦典翼城人　孔毓鉞翼城人進士　行所達翼城人

戊午科十七年

梁清 靈石人
師鷹揚 河津人 進士

趙纘耀 稷山人
史焯 稷山人
楊凌霄 靈石人

丁廷植 安邑人 都司
郭維基 安邑人
趙帝簡 絳縣人

高溥 萬泉人
王盧鎭 榮河人
謝栢齡 安邑人

陳國龍 絳州人 進士
翟建 絳州人 進士
楊承澤 絳州人

李喬植 絳州人
皇甫雋 絳州人
張承嫡 絳州人

衛士英 絳州人 進士
段芳青 絳州人
李喬楚 絳州人

范弘文 翼城人 進士
杜之楨 曲沃人
樊爾秀 岳陽人

鄧桂林臨汾人　王　玟洪洞人　周阜成臨汾人

何覲光洪洞人　王廣心太平人　張　綬太平人

張世紳太平人　楊　標太平人　郭謙亨太平人

董作宇洪洞人　鄭鼎劃洪洞人　李鍾植絳州人

史潔品翼城人　宋　琯翼城人　陳元伯翼城人

衛積康翼城人　衛王建翼城人進士　馮文芳翼城人

張　鎧翼城人　馮翼世翼城人　郭豐基襄陵人

弟學純曲沃人　郭桓都曲沃人　趙圭瓚曲沃人

張　治絳州人　黃如錦絳州人進士　張　竒絳州人

李蔚生聞喜人　曹際汸猗氏人　趙光先猗氏人

趙振華臨晉人　沈廷羆臨晉人　張紳臨晉人

劉毓烇安邑人　文貫斗安邑人　張翼安邑人

李人瑞安邑人　景雲縵安邑人　張弘夏縣人

孫耀祖夏縣人　馮奎章夏縣人　秦晉夏縣人進士

張楫夏縣人　張元璽夏縣人　秦飛熊夏縣人

李賓夏縣人　喬爾縉平陸人　鄧林卓稷山人

辛酉科二十年

趙璡臨汾人　劉廻洪洞人　賈鵬起翼城人

段振世翼城人　王續虞曲沃人進士　李襄曲沃人
閻敦典翼城人　呂鼎鎡翼城人　李渭翼城人
劉兆龍翼城人　劉相宸翼城人　梁琳曲沃人
劉吉曲沃人　楊璵蒲州人　曹振龍猗氏人
史德修垣曲人　李義尚翼城人　劉允恭翼城人進士
任輔龔霍州人　張威絳州人　高景元絳州人進士
李繼貞蒲州人進士　于從先蒲州人　高皇珮垣曲人進士
潘又嵩榮河人　甯端聞喜人　辛鑌聞喜人
甯毓麟聞喜人　楊洋聞喜人　王光斗安邑人

王子龍絳縣人進士　王　抒夏縣人　張　愫平陸人

加　俸稷山人　鄭佐僑稷山人溫州守備　翟大鵬壺石人

楊　輝解州人　李向旭解州人　張汝良河津人

師晉元河津人

甲子科二十三年

解元王登文安邑人　張起鵬臨汾人　龕　璿洪洞人

劉耆定洪洞人　商　拱洪洞人　劉　謙洪洞人

景　新洪洞人　韓　曦洪洞人　張象升翼城人

常　維翼城人　葉封唐絳州人　楊恩隆翼城人進士

王紹天翼城人　董　復翼城人　王　瑾翼城人

馮紹京翼城人　程思亮趙城人　李　緯曲沃人進士

李　琛曲沃人進士　李漢泓曲沃人　馬逐電曲沃人

因方卿曲沃人進士　賈　晞絳州人　李復沆絳州人進士

劉敬簡霍州人　潘　目滎河人　陳可畏芮城人

王　宏聞喜人　王　澒聞喜人　孫澤弘聞喜人

朱爾壐聞喜人　孟四岳猗氏人　謝敦復臨晉人

趙　猇臨晉人　任繩祖安邑人　景兆興安邑人

南起鳳安邑人　張　炬夏縣人　樊　沆夏縣人

吳君錫 夏縣人　周師望 夏縣人　鄧桂林 平陸人

吳斯美 稷山人　辛五典 稷山人　介孝義 解州人

王　寅 解州人　袁　京 河津人　郝尊王 河津人

丁卯科 二十六年

王化行 臨汾人　趙士奇 臨汾人　張六韶 臨汾人 進士

晉無逸 洪洞人　劉紹嶶 洪洞人　蘭朋惠 絳州人

李可培 曲沃人　鄭　琳 翼城人　趙　璧 襄陵人

郭偉績 曲沃人　趙圭瓚 曲沃人　王道昌 曲沃人

衛　棕 太平人　李　襄 曲沃人 都司　成　紀 曲沃人

郭經絳州人　李又靖絳州人　李延祉榮河人
甯鼎峙聞喜人　段而俊猗氏人　令狐光均猗氏人
閻以寧安邑人　王體聰絳州人　李允寬靈石人
李載解州人　柴建榮河津人　席偉翼城人
甯聯階聞喜人
庚午科二十九年
何逢漢臨汾人　晉履德洪洞人　楊永晟翼城人
李璞曲沃人　趙建猷曲沃人　張丕猷絳州人
任爾孝聞喜人　景元安邑人　楊毓生安邑人

張文藻夏縣人　趙大泰夏縣人

癸酉科三十二年

王中立臨汾人　景運康臨汾人　張式壘夏縣人

劉周頌洪洞人　侯于魯絳州人　韓偉稷山人

宋企澄稷山人　趙憲岐靈石人

丙子科三十五年

解元范宗堯臨汾人　晉家煇洪洞人　段湑洪洞人

傳璥曲沃人　和琰絳州人　杜烱曲沃人

席惟德曲沃人　王瑾絳州人進士　郭宗贄太平人

謝代績安邑人　郭宗儀安邑人

巳卯科三十八年

白絖先臨汾人　王玊麟洪洞人　楊文瑯襄城人

蘭朋芷絳州人　陳大緯絳州人進士　李　琢安邑人

高爾鍔垣曲人　丁莊武太平人

壬午科四十一年

趙士信臨汾人　王　鑑洪洞人　趙　璞曲沃人

巨晉元太平人　周　琰曲沃人　劉芳栻曲沃籍河津人

和德元絳州人　南宮擢安邑人　申　銈安邑人

惠振猷安邑人　賈　鎬絳縣人　師隆吉夏縣人

李衍升稷山人　柴　瓚太平人

乙酉科四十四年

李翰元臨汾人　段作賓洪洞人　王聖輔靈石人

杜弘昌翼城人　朱國禎曲沃人字倫　秦有聲曲沃人

許全紀曲沃人　郝逢吉絳州人　梁魏茂絳州人

楊　芝絳州人　郭　壇聞喜人　楊毓嵋絳縣人

戊子科四十七年

郭維倫曲沃人　呂　綱翼城人　唐廷琰絳州人

宋德鰲洪洞人　趙心悅稷山人　王　遴安邑人

張爾治運司人　栢長茂浮山人　柴　珍太平人

高　焯霍州人　李仙標臨汾人　劉　鋕平陸人

張昱樞曲沃人　宋　標臨汾人　崔裕仕浮山人

國朝漢軍籍附

周天成聞喜人原姓任弘文院學士

賈漢復曲沃人巡撫陝西兵部尚書右副都御史

韓世琦蒲州人巡撫四川等處兵部尚書右副都御史

賈國彬漢復子牛录章京

賈　鉉臨汾人陝西叅議

賈漢誼漢復弟林知州

郭景昌聞喜人副使

韓世琳蒲州人通判

郭景隆景昌弟貴州通判

韓　鈗世琦子應州知州

韓　銓世琦子安陸知縣

韓　鈞世琦子臨江知縣

韓　錦世琦子筆帖式

賈國棟 漢復子知縣

賈國櫃 漢復子刑部員外

賈煜 漢誼子筆帖式

孫以敬 太平人舉人桂平知縣

孫肯獲 太平人貢士平陸知縣

孫肯廷 太平人副榜清苑知縣

孟卜 臨汾人河南按察使

武勳秩附

明趙鏞　垣曲人安撫本縣開關之功居多封南雄侯

仇時明　曲沃人左都督　　李錦遊　翼城人大同總兵

楊鎧　翼城人大同副總兵　　李懷信　安邑人甘肅掛印總兵

劉有占　安邑人薊遼副總兵　　王永祚　平陸人雲南總兵

張鴻功　垣曲人寧武總兵

毛文龍　太平人杭州籍副總兵鎮守皮島屢立戰功加太子少保

黃秘　襄陵人禦寇戰死　　吳世芳　襄陵人千總禦寇有功

樊進學　岳陽人守備殺賊死　　樊光裕　進學子救父死

段光彩 岳陽人千總殺賊死　周三光 岳陽人千總殺賊死

王宗璽 岳陽人守備殺賊死　李茂彩 岳陽人罵賊死

邢一科 岳陽人罵賊死　賈良薦 岳陽人千總戰死

郭忠傑 曲沃人總兵　李　錦 翼城人總兵

劉　奇 翼城人征南將軍

國朝

王成庫 蒲縣人四川右路副將管參將事　曹進林 鄉寧人湖廣左營遊擊

趙登科 襄陵人浙江副總兵　李宏德 襄陵人浙江副將

劉永灝 運司人都督同知鑾儀衛使　郭鎮威 曲沃人參將

崔九成 襄陵人汾州守備　馬逢知 隰州人初名進寶江南提督

李繼業 臨汾人劾勞守備
劉復元 臨汾人劾勞遊擊

劉　奇 臨汾人劾用遊擊
王　璽 洪洞人叅將

晋淑愷 洪洞人守備
晋淑望 洪洞人遊擊

晋大忠 趙城人遊擊
薛君愛 趙城人守備

陶禹臣 太平人守備
王俊民 太平人遊擊

郭際泰 曲沃人瓊州守備
郭千雄 曲沃人大同都司

郭承恩 曲沃人守備
董　煒 曲沃人守備

杜　彪 曲沃人雲南遊擊
郭繼先 汾西人守備

劉嗣孟 蒲州人遊擊
武平孝 蒲縣人貴州遊擊

雷　如蒲州人湖廣總兵　李朝鳳蒲州人遊擊

楊　威蒲州人遊擊　聶　艮蒲州人守備

賈崙森蒲州人叅將　陳王勳翼城人副總兵

張　安聞喜人都司僉書　孫肖賢聞喜人掌印都司

張天錫安邑人左都督　張毓煊安邑人福建守備

邵唐清絳縣人廣東遊擊　胡起鳳絳縣人雲南守備

張聖德垣曲人掌印都司　趙　法垣曲人守備

吳子聖鄉寧人雲南總兵官右都督　楊鳳翀鄉寧人千總

李　允隰州人湖廣叅將　劉振邦隰州人守備

馮得成 隰州人守備

李應忠 隰州人甘肅守備

張自興 大寧人甘肅副將

霍顯中 永和人守備

藥祥榮 永和人衛守備

藥禎榮 永和人守備

韓進 靈石人廣東副總兵

陳王運 翼城人陝西副總兵

劉洽本 臨汾人遊擊

平陽府志卷之二十二

封廕

士苟通籍搢紳綰圭組享厚糈亦云榮矣而一遇覃恩例得以已官官其父等而上焉則又官其祖若曾而因以任其子孫榮施前後今古同美然則士患負朝廷耳豈患朝廷負士哉世固有砥行績學不彰於時而後有顯者則褒錫及之潛德幽光於是乎發其在唐宋名公鉅卿多由世胄勳名或過先世未可曰崛起皆偉士而門蔭之象賢也作封蔭志

臨汾縣以下封贈

明張仁克溫父贈承德郎戶部主事　賀杲銳父贈文林郎監察御史

張復祥潤祖贈南京吏部尚書　張鏞潤父封順天府丞贈南京吏部尚書

張元哲知恭父舉人贈南京前府都事　劉璇穆父歲貢贈太常寺少卿

續鳳經父贈大寧前衛經歷　梁俊明父封承德郎工部主事

康鋐天爵父贈奉政大夫僉事　亢逢霨思謙父贈文林郎翰林院編修

任敏民望父封承德郎兵部主事　徐息節父贈奉直大夫泰安州知州

李璋愚父贈奉政大夫戶部郎中　李黌時方父贈文林郎華陰知縣

王紀延桂父封鴻臚寺序班　楊柳起元父封文林郎東阿知縣

李延瑞 沭民父累贈承德郎戶部主事

國朝

蔣進忠 弘道曾祖贈光祿大夫都察院左都御史

蔣艮臣 弘道祖贈光祿大夫都察院左都御史

蔣有德 弘道父贈光祿大夫都察院掌院左都御史

蔣有初 弘緒父贈奉政大夫禮部郎中

王邦傑 家瑞父封文林郎雎寧知縣

王業隆 永命父贈徵仕郎行人司行人

亢以份 宗瑗父贈中憲大夫貴州都勻府知府

賈得全 從哲父贈懷遠將軍

賈從淮 鑣父封明威將軍

王永命 佑父贈儒林郎光祿寺寺丞

張淑寅 纘父贈徵仕郎內閣中書舍人

李若釆 本泓父封文林郎內閣撰文中書

張竣 象蒲父訓導贈徵仕郎翰林院庶吉士

亢宗璘 從時父封中憲大夫徽州知府

張崇功 聯芳父贈文林郎深澤知縣

林廷瑞 有蘭父封奉直大夫兵部郎中

崔勝觀 鳳伍父遵例贈承德郎

襄陵縣

元牛滋 光祖父封知州累贈戶部尚書隴西郡公

靳克傑 桂父封集賢院都事

明祝惠卿 信父贈承德郎通判

劉源 顗父封兵馬司指揮

王澄 瑄父贈承德郎通判

邢茂政 讓父封翰林檢討贈國子祭酒

王用中 應吉父封文林郎監察御史贈副使

李葆 弘道父舉人贈文林郎知縣

賈廷寶 河父贈文林郎

喬祺 楩父贈承德郎

沈士寧光祚父累贈承德郎兵部主事

李蘭瑾祖知縣贈通議大夫

李貞瑾父生員累贈通議大夫兵部左侍郎

高鏜邦佐祖贈叅政大中大夫

高溱邦佐父贈叅政大中大夫

翟大綱師雍祖贈左布政使通奉大夫

翟璲師雍父贈行人加贈左布政使通奉大夫

翟琚以出繼子師雍累贈通議大夫以子師偃加贈正議大夫以子師有仍贈正議大夫

喬進德可傳父贈光祿署丞

高第士望父贈大理左評事加贈中憲大夫嘉興知府

崔嵩育楩父生員封文林郎

梁尚億州杰父封文林郎

國朝

王秉中維屏父知縣贈中憲大夫武昌知府

劉濂澤宗漢父封明威將軍

李開先時謙父封文林郎樂陵知縣

薛守恒　璽父封奉政大夫鞏昌撫民同知

李孟仲　宏賓父封明威將軍應州守備

洪洞縣

明宋容　載父封太僕寺寺丞

韓昌　文曾祖贈光祿大夫柱國太子太保戶部尚書

韓淵　文祖贈戶部侍郎加贈光祿大夫柱國太子太保戶部尚書

韓肅　文父醫官封工科給事中贈戶部侍郎尚書加贈光祿大夫柱國太子太保戶部尚書

李榮　約父贈蔚州衛經歷

許璘　英父贈義勇衛經歷

鄭鑑　傑父封大理寺評事

劉恭　榮父封中城兵馬司指揮

許瑄　翔鳳父通運大使贈文林郎廣東道御史

韓士聰　廷彥父知州贈奉直大夫

韓士賢　廷偉父運司同知封朝議大夫

于讓　璞父義官贈文林郎長清知縣

張滿　道父義官贈文林郎郃陽知縣

郭邢　鋆父義官贈遼東都司斷事

王相　三接父知縣贈奉政大夫陜西按察司僉事

劉蘭　守仁父贈承德郎戶部主事加贈中憲大夫慶陽知府

董汝霖　光裕父王府教授封行人司行人加封陝西道御史

李九卿　復初父義官封文林郎蠡縣知縣

喬俊　遷父贈文林郎豐潤知縣

劉榮　廷臣父通判贈奉直大夫裕州知州

晉偉　朝臣父縣丞贈奉直大夫戶部員外

邢廷祿　賓父贈文林郎任丘知縣

鄭弘　廷相父贈文林郎知縣

劉廷臣　應元父僉都御史加贈通議大夫左副都御史

于邦聘　應昌父縣丞封文林郎新鄉知縣加封

晉朝臣應槐父舉人戶部員外加封中議大　贈福建道御史
夫都察院右僉都御史　商永祿學父贈光祿寺署丞
李星秉愚父州同贈承德郎東昌通判　盧國光夢麟父貢士贈文林郎河內知縣加
晉應槐承忠父都御史進贈中議大夫右僉　贈中憲大夫青州知府
都御史　胡玠邦本父貤贈徵仕佐郎光祿寺良醞署監
楊應元茂績父贈文林郎盧氏知縣　事
左世嘉立功父生員封文林郎洋縣知縣　王一中家楹父生員贈文林郎三河知縣
晉應龍承眷父贈奉直大夫沂州知州加贈　晉承賜淑抃父鎮撫封承德郎兵部主事加
刑部員外累贈中憲大夫　贈奉直大夫吏部員外
永州知府

劉承光 令譽父訓導封文林郎山東道御史加封中憲大夫都察院右僉都御史

胡邦本 來陞父光祿監事贈文林郎東光知縣加贈承德郎工部主事

韓景復 續祖嗣父贈徵仕郎行人司行人

申時正 嘉言父封文林郎通許知縣

國朝

楊芳春 義祖增生贈通奉大夫刑部左侍郎加贈資政大夫工部尚書

岳契雲 萬齡父生員贈文林郎石泉知縣加

張儒心 鵬起父贈奉直大夫徽州知州

韓汝松 承寵父贈徵仕郎金吾後衛經歷加贈承德郎濟南通判

王邦憲 家植父贈徵仕郎中書科中書舍人

韓景翊 續祖父生員贈徵仕郎行人司行人

楊學震 義父增生贈文林郎江西道御史加贈通奉大夫刑部左侍郎再贈資政大夫工部尚書

韓光曙 象翊父序班封儒林郎鴻臚寺寺丞

贈奉直大夫景州知州

董中立　大信父生員贈奉直大夫磁州知州

陰承緒　應節父貢士贈儒林郎工科給事中

晋承植　淑軾父生員封文林郎中牟知縣加封中憲大夫大名兵備道副使

李大生　脉徙父副榜封徵仕郎行人司行人副使

浮山縣

明陳福　孜父贈文林郎貴州道監察御史

李源　敷父封徵仕郎光祿寺署丞

張勝　巘父封登仕佐郎鴻臚寺序班

王相　璽父贈徵仕郎光祿寺署丞

段監　良善父贈徵仕郎蔚州左衛經歷

衛春　鏞父贈徵仕郎光祿寺大官署署正

楊乾　郁然父贈承德郎尋甸府通判

張雲翼　萬壽父贈奉直大夫漢州知州

趙城縣

張大鶴 珩父封承德郎戶部主事　韓廷義 應庚父封文林郎御史

李春光 應選父封文林郎知縣

太平縣

明毛時敏 俊父贈宗人府經歷　李智 誠父贈承德郎慶陽通判

馬雄 鸞父州判加封文林郎監察御史　李誠 鉞父同知特贈奉政大夫

賈瑜 冲父封縣丞　張全 紳父封經歷

王儉 體復祖者賓贈通奉大夫左布政使　王應時 體復父恩例訓導累封通奉大夫陝西布政使

郭如山 萬里父封推官

楊守道 天民父封文林郎知縣　曹士桂 永年父贈承德郎登州府通判

戴山 天德父贈文林郎扶溝知縣　韓思義 惟叙父贈文林郎知縣

張師政 雲翼祖贈中大夫叅政　張春政 雲翼父贈中大夫叅政

張承翼 鯤化父封承德郎兵部主事　毛文魁 雲翰父贈文林郎知縣

盧良 以岑父貢士贈文林郎知縣

國朝李克孝 弘敏父拔貢封文林郎知縣　王登魁 錫韓父耆賓贈文林郎知縣

王履浩 奐魯父舉人贈奉政大夫　丁潤國 佐王祖贈驍騎將軍

丁長善 佐王父教諭贈驍騎將軍　陶應時 禹臣父贈明威將軍

楊檠 燨宇父庠生贈明威將軍

岳陽縣

明吉增在中父封中憲大夫廣平知府　范復才崇父封經歷

趙廷儼沛父原任通城知縣贈奉政大夫鞏昌同知

國朝趙瀛斌父封文林郎寧晉知縣

曲沃縣

明楊朋庸父封大理寺右評事　許文道顯父封水軍右衛經歷

鄭大用談父贈河間府推官　耿純文睿文明父通判以文睿封承德郎戶部主事以文明贈奉政大夫平涼同知

鄭宣恭父封文林郎監察御史

李思誠進祖贈右副都御史　李淪進父封承德郎戶部主事贈右副都御史

李齡浩祖贈兵部右侍郎

梁盛繪綸父繪贈光祿寺署丞綸贈奉直大夫隆慶州知州

李洪金父贈鴻臚寺序班

仇𦄵環父贈金吾衛經歷

李廷舉日強父封文林郎宜陽知縣累贈行太僕寺卿

劉淮朴父封文林郎汲縣知縣贈承德郎戶部主事

李楨浩父縣丞封承德郎工部主事累贈兵部右侍郎

趙聚鐸父贈刑科給事中

李顒奈父贈中城指揮

李贇廷賓父日強祖贈行太僕寺卿

李讓尚思祖封都察院右副都御史

李明性尚思父累封吏部驗封司郎中贈都察院右副都御史

李榛大嘉父贈承德郎戶部主事

李鈞承志父蜀府左長史贈奉政大夫

仇珂時古時明父鴻臚寺序班古封承德郎刑部主事明贈榮祿大夫左都督

郭鈐璲父贈文林郎安肅知縣

張隆一鳳父贈西城指揮

李承寵仰儁父貢生仰贈文林郎壽張知縣儁贈奉直大夫兵部員外

趙尚和承節父封文林郎行唐知縣

仇祿時明祖登州府通判贈榮祿大夫左都督

呂廷玉乾健父封文林郎商丘知縣

李廷寶日煦父榮府左長史進階奉政大夫

因鷯梧桐父梧贈光祿寺署丞桐贈北城指揮

李承華修父大理寺少卿贈中憲大夫

因柱其志父安塞知縣贈文林郎

張尚仁國光父封文林郎夏邑知縣累贈奉直大夫戶部員外

仇騰時明曾祖縣丞贈榮祿大夫左都督

李廷輔九成父贈光祿寺署丞

辛日休　我德父贈文林郎汶上知縣

李備　建泰父常德知府贈中議大夫

賈應元　楫父贈文林郎狄道知縣

國朝衛韡　周徇周祚曾祖訓導祚累贈光祿大夫少師兼太子太師內國史院文淵閣大學士

衛嘉孚　周徇父徇累贈中憲大夫大理寺左少卿祚移封贈光祿大夫少師文淵閣大學士

賈定　漢復曾祖累贈光祿大夫兵部尚書兼都察院右副都御史

李仰　天麒父葭州知州進階奉直大夫

張科　文封父贈文林郎博平知縣

許崇雅　永禧父贈文林郎上蔡知縣

衛根陽　周徇周祚祖教授祚累贈光祿大夫少師兼太子太師內國史院文淵閣大學士

衛嘉遇　周祚父封文林郎永平府推官累贈至光祿大夫少師內國史院文淵閣大學士

賈承信　漢復祖累贈光祿大夫兵部尚書兼都察院右副都御史

賈生芝　漢復父封工部侍郎贈光祿大夫兵部尚書兼都察院右副都御史

賈生芳　漢誼父封文林郎崇陽知縣

李敬聚　丕隆父贈文林郎大田知縣

仇大鉉　昌祚父封承德郎鄖陽通判

仇文相　鳳翀父歲貢贈文林郎修武知縣

高應時　鳳起鵬起父伏羌縣典史鵬贈文林郎萬載知縣

賈佩徵　鳴璽父太原縣教諭封徵仕郎內閣

劉三傑　稱堯父累封朝議大夫刑部貴州清吏司郎中

秦時新　廷獻父贈承德郎戶部主事

張國光　洪猷父戶部員外贈文林郎興化知縣

王三益　大作大任父作贈文林郎洧川知縣任贈明遠將軍鬱林營守備

秦士奇　斌鎮父斌封武德將軍永平衛千總鎮累贈懷遠將軍夔州協鎮中軍都司

撰文中書舍人　劉一正 佐世父贈文林郎霍丘知縣

仇文儒 之涯父贈武德將軍嘉海衛守備　王國堂 命父封武德將軍鎮戎所千總

耿度 蔚起父封徵仕郎內閣中書舍人　李丕隆 璦父大田知縣封明威將軍鎮平縣

李大芳 襄父贈宣武將軍鉛山守禦所千總　專城守備

裴加厚 䄧度父贈朝議大夫刑部主事　賈漢傑 國權父贈明威將軍成山衛掌印守

許鼎鉉 琳父贈徵仕郎翰林院庶吉士　備

翼城縣

明王敬先 錫父贈文林郎給事中　積人懿 旻父封通政司經歷

王復政 泰父贈承德郎主事　周銘 義父贈文林郎知縣

程端 致遠父贈經歷　　戴昌 恩父贈州判

周睿 道父贈文林郎推官　　吳大亮 賢父贈經歷

馬著 鬻父贈經歷　　錢德 仕聰父贈奉政大夫郎中

劉珊 志父封承德郎主事　　韓碧 駟父封經歷

李鐘 洋父贈縣丞　　陳瀚 策父贈署丞

史銓 官父贈文林郎監察御史　　燕璟 好爵父贈中憲大夫知府

劉綸 應聘父學正贈奉政大夫懷慶同知　　李偉 以女慈聖太后封武清伯

史元利 學遷父贈文林郎監察御史　　常齡 世瑞父贈鴻臚寺鳴贊

石文學 天麟父贈奉政大夫同知　　高元祚 登明父贈奉直大夫知州

王嘉瑞 三錫父生員贈奉政大夫同知　張茂桐 一翰父廩生贈大理寺左寺副

杜廷漢 邦棟父封文林郎推官　張満朝 桂父贈經歷

王鸞 世貴父贈左衛經歷　薛國芳 光裕父封茂陵衛經歷

呂階 維寧父贈太僕寺少卿　丁應科 流芳父贈副使

王應魁 國父贈文林郎知縣　符鳴春 棐父贈文林郎知縣

史學遷 可觀父加贈一階　馮時行 嘉會父封光祿寺署正

高登明 佐父同知加贈奉政大夫　李大榮 廷蓁父贈經歷

薛枝芳 養志父贈登仕佐郎

國朝上官恩光 陞父贈大理寺右副以孫　王遇春 廷諫祖生員贈叅政

鉝贈大理寺少卿

上官薦 鑑鉝父庠生鑑贈奉政大夫僉事鉝贈大理寺少卿

張拱辰 錦父生員贈中憲大夫知府

張崇德 鳳起父贈文林郎御史

周明維 文華父恩貢封奉直大夫員外

許鳴喈 文耀父封文林郎知縣

薛棊隆 士麒父知縣贈承德郎通判

袁士選 舜薈父贈文林郎知縣

王親臣 延諫父增監贈叅政

王斌 佐父武舉封文林郎御史

王贊中 錫隆父增廣生贈奉政大夫僉事

常尚賓 毓才父贈承德郎通判

劉繼呂 漢卿父贈奉直大夫知州

常典昭 星景父贈文林郎知縣

符棐 執桓父主事贈文林郎知縣

上官宣 鋐父贈瑞州營署都司僉書管守備事

李家棟質素嗣父贈奉直大夫員外

高貴品向台父生員贈奉政大夫嚴州府同知

高秀品向璧父贈文林郎嶧縣知縣

王振麟嗣達父廪生贈奉政大夫同知

陳宸箴彤珥父候選知縣贈奉政大夫刑部郎中

袁鏘琛乃湔嗣父贈承德郎工部主事

符執桓冏父知縣贈奉政大夫同知

李家柱質素父貤贈奉直大夫員外

王俊臣廷議父吏目贈文林郎知縣

上官鈜源父進士教授贈中憲大夫知府

陳經綸宸銘父增生封中書以孫彤珥贈刑部郎中

秦治梁父封文林郎番禺知縣

袁鏘瑯乃湔父贈承德郎工部主事

張士愷允浣父生員贈文林郎知縣

劉煥績允恭父監生封武德將軍廣東營守

備

孔興宗　毓鉞父生員贈武德將軍膠州營守備

李培之　世喬父生員贈武德將軍登州營守備

衛承籙　王建父贈明威將軍

張藻　哲父贈文林郎知縣

王憲　于鎬父候選訓導遵例贈文林郎知縣

王賓　于鎬嗣父候選典簿遵例贈文林郎知縣

趙之奇　明鏡父封文林郎沙河知縣

汾西縣

明周受卿　監父贈奉政大夫湖廣提學僉事

郭九叙　瑗父贈承德郎濟南通判

李馨　科父贈文林郎安塞知縣

任思智　鴻儒父贈應天照磨

傅會唯　永康父贈承德郎永平通判

逯自儉　光輝父贈奉政大夫兗州同知

國朝傅永貞天寵父封文林郎井陘知縣

蒲縣

明曹勷懋時父原任壽張知縣贈文林郎阜城知縣　馮道南主敬父贈承德郎吉安府通判

靈石縣

明吳海琨父贈奉直大夫吏部員外郎　房登韞玉父贈文林郎新城知縣

張東山鑑父贈奉直大夫馬龍州知州　王純心寵父贈奉直大夫橫州知州

宋時德之儁父封奉政大夫禮部郎中贈山東布政司叅政　閆春國脉父贈文林郎費縣知縣

國朝房建極步瀛父贈承德郎淮安同知　韓仲清進祖贈懷遠將軍開歸鎮遊擊

韓廷貴進父贈懷遠將軍開歸鎮遊擊　陳之龍珍父封儒林郎州同

蒲州

元何淵約祖贈禮部尚書輕車都尉追封河東郡侯　何汝麗約父贈河南江北等處行中書省叅知政事護軍追封河東郡公

明張琛福父贈奉直大夫平度州知州　謝伯榮琚父縣丞贈國子監助教

楊弘鑾父贈奉政大夫禮部郎中　史元亨顯父贈文林郎江西道御史

郭居敬祥父贈經歷　李景蘭猵父贈文林郎西河知縣

景章佐父封文林郎東安縣知縣　王培琬父贈北城兵馬司指揮

史臣 魯父經歷封文林郎刑科給事中

秦贇 昂父贈文林郎廣西道御史

郭逼 震父贈大理寺評事

楊通 守禮父通判贈右副都御史

劉溱 成德父知縣贈文林郎山東道御史

崔環 紳父贈奉直大夫刑部員外

張嶷 邦教父訓導贈山東副使

陳溫 曜父贈國子監學錄

劉鋼 一正父贈承德郎兵部主事

荀倫 汝安父封文林郎四川道御史

韓霦 爌曾祖贈少師兼太子太師吏部尚書中極殿大學士

韓玻 楫父贈工科右給事中爌祖贈少師兼太子太師吏部尚書中極殿大學士

韓贇 楫父移封刑科給事中爌祖贈少傅兼太子太傅吏部尚書建極殿大學士

韓楫 爌父右通政贈少師吏部尚書中極殿大學士

郭紹康甲父封國子監學正

李九蘭守秀父贈承德郎主事三極祖贈昭勇將軍

馮舜田洛父同知贈奉政大夫

李守秀三極父郎中封昭勇將軍

何尚仁汝成父封文林郎四川道御史

南選椿父贈承德郎廣平通判

張馴廷栢父贈承德郎主事

楊鶴相父贈文林郎山東道御史

張文齊廷弼父贈奉政大夫山東僉事

楊滿良才父贈承德郎南陽通判

楊載躍川父贈奉政大夫同知

馮秀化父贈國子監學錄

洪九疇忻父贈奉政大夫南京兵部郎中

王堯卿承休父贈奉政大夫兵部郎中

任光溥賢父封國子監助教

張世昌名坤父主簿封文林郎岐山知縣

高蘆嶽父贈奉政大夫郎中

張近愚　三聘父封奉政大夫刑部郎中

馬坤　洙父教授贈太常寺少卿

劉汝登　漢書父通判贈奉政大夫延安同知

張相　時修父贈奉政大夫眞定同知

王旨　垣豫父贈國子監學錄

張翔　志道父贈順天府經歷

楊諶　愽曾祖贈少師兼太子太師吏部尚書

楊瞻　博父僉事封兵部右侍郎贈少師兼太子太師吏部尚書

李鴻恩　養質父貢士封文林郎洛陽知縣贈陝西左布政使

楊梧　德耀父贈文林郎延安推官

郭子堅　有金父贈中憲大夫西安知府

王宇　從謙父贈光祿寺署丞

雷曇　世榮父贈文林郎宜陽知縣

楊選　瞻父贈文林郎扶風知縣博祖贈少師兼太子太師吏部尚書

王榮　崇古曾祖贈少保兼太子太保兵部尚書

王馨　珂父教諭贈中書舍人崇古祖贈少保兼太子太保兵部尚書

王珵　崇古父封承德郎刑部主事贈少保兼太子太保兵部尚書

韓輅　志仁父封奉直大夫戶部員外

孟鑣　汝濟父封奉政大夫眞定同知

羅選　浙父贈文林郎長垣知縣

范紹美　玹父贈文林郎寶雞知縣

孫儞　來思父贈文林郎御史

王正　應期父封文林郎嵩縣知縣

羅壽　鳳翺祖贈右副都御史

裴儞　紳父封文林郎監察御史

賈子正　瑋父贈文林郎黃縣知縣

祁瑀　天敘父封祥符知縣贈承德郎兗州府通判

傅鳳　希孟父贈奉政大夫

王珪　輪父贈右僉都御史

羅九疇　鳳翺父贈右副都御史

馮紹 舜漁父訓導贈陝西副使　張寧 四維曾祖贈少師兼太子太師吏部尚書

張諠 四維祖贈少師兼太子太師吏部尚書中　中極殿大學士

極殿大學士　張允齡 四維父封少師兼太子太師吏部尚

陳江 永直父贈奉政大夫郎中　書中極殿大學士

任景玉 彬父贈奉政大夫同知　張準 邦士父贈副使

羅志魁 節父贈大理寺寺丞　王旦 文登父封光祿寺署丞

王仲佑 鷹父贈山東鹽運司經歷　孟汝賢 時芳祖移贈禮部尚書兼翰林院學

孟汝貞 時芳祖贈禮部尚書兼翰林院學士　士

孟桐 時芳父封文林郎翰林院編修贈禮部尚　王鎰 之采父員外封兵部左侍郎兼都察院右

書兼翰林院學士

楊炳　世增父贈文林郎安肅知縣

王著　槐秀父贈文林郎肥城知縣累贈御史

集登雲　偉器父贈宛平縣丞

郭城　之琮父知州贈都察院右僉都御史

賈宗仁　芳父贈奉政大夫南京戶部郎中

展旦　自重祖贈光祿寺卿

楊元祥　世芳父檢討贈右春坊右諭德兼翰林院侍講

僉都御史

尚穩　從試父贈文林郎內鄉知縣

王崇教　訥父贈錦衣衛鎮撫

張循古　廣父通判進階承德郎

趙平　弘道父贈大中大夫漢陽知府

雷應元　一鳳父封承德郎戶部主事

展希文　自重父贈光祿寺卿

王從謙　公弼祖署丞贈河南右布政使

王三宅　公弼父贈河南右布政使

張𢽾公杲父贈奉政大夫戶部郎中　尚從訓衍父封文林郎安慶推官

韓陛于宣父遹判封承德郎戶部主事　王汝闓弘父贈順天府經歷

朱萬代繪父贈承德郎戶部主事　朱萬選繪父移贈承德郎戶部主事

楊巍進嗣祖贈陝西右參政　楊聲遠進嗣父贈陝西右參政

楊清中極父封四川道御史進父移贈陝西右參政

國朝杜鶴篤祜曾祖贈太子少保左都御史加一級　杜篤祜祖贈太子少保左都御史加一級

杜時蕘篤祜父贈太子少保左都御史加一級

聶尚友玠父生員封文林郎河南道御史

田有年 厥茂父貢士贈陝西右參議

賈養醇 濬涓父貢士濬贈文林郎鍾祥知縣涓贈蠡縣知縣

韓奎 世琦祖主事贈工部尚書右副都御史加二級

雷一鳳 竟振父知府進階中憲大夫

雷恒 如父贈驃騎將軍

賈泓 龍文父監生贈文林郎平谷知縣

盧養氣 應魁父贈奉直大夫戶部主事加一

薛永吉 拄父贈奉政大夫江西僉事

韓煥 世琦曾祖同知贈工部尚書右副都御史加二級

韓承宣 世琦父少卿贈工部尚書右副都御史加二級

雷三極 如祖贈驃騎將軍

王士茂 易父生員贈文林郎高安知縣

賈澤 崙森父監生贈昭勇將軍江西掌印都司

史牒 大彬父贈建功郎

級　　史嘉積豫定祖贈懷遠將軍

史嘉福大魁父庠生贈武德將軍　　史大秩豫定父贈懷遠將軍

張保德實栗父庠生贈文林郎泰安知縣　　張祖敬我實祖遵例贈中大夫

張明彥我實父遵例贈中大夫候補主事　　張我養懌父鄉賓贈奉直大夫陸凉知州

王之桂嶧父庠生遵例封儒林郎州同

臨晉縣

明王謙益光宇父贈承德郎南京戶部主事　　衛邦鈿父贈文林郎知縣

李仲俊父贈徵仕郎　　賈蘭培齡父贈修仕佐郎

荆春芳州士父封文林郎臨朐知縣　　薛元暉播父贈奉政大夫工部郎中

姚登雲維新父贈奉直大夫深州知州　李榮春棲鳳父封中憲大夫懷隆副使

姚維新昌籙父知州封奉政大夫稽勳司郎中　韓紹統啟泰父封徵仕郎行人司行人

荆成喬祚永父封徵仕郎吏科右給事中

國朝王萬基恭先父訓導贈文林郎崇明知縣　謝掄陳常父生員贈文林郎翰林院編修

滎河縣

明蘇茂敎父知縣復贈文林郎知縣　李當可嵩父歲貢贈通議大夫戶部侍郎

周朝用有光父封承德郎戶部主事　郭九韶俊彥父生員贈文林郎通渭知縣

國朝趙登瀛之璿父生員贈文林郎洮丘知　崔汝俊斗望父生員封奉政大夫慶陽同知

縣　郭之標巍然父生員封承德郎肇慶通判

張所俊鵬彩父封文林郎新安知縣　趙運與廷棟父生員贈明威將軍武昌衛守備

猗氏縣

明

翟通敬父贈文林郎休寧知縣累贈中憲大夫　王臣宗父贈承德郎戶部主事

宋鈞九齡父知縣贈承德郎南京戶部主事　曹經宗義父封徵仕郎光祿寺珍羞署署丞

李鵬九經父贈徵仕郎府軍衛經歷　何尚德東序父同知封承德郎戶部主事

任闕汝亮父通判贈奉政大夫戶部郎中　張嘉會問明父封文林郎光山知縣加封監察御史

楊錦時芳父封承德郎慶陽通判

令狐鏓一槐父知州封奉直大夫員外　曹鈐嘉績父封登仕佐郎國子監學錄
杜守寧思望父贈文林郎文安知縣　劉珍以平父贈承德郎累贈奉政大夫長史
荊琨州俊祖教授贈中大夫陝西叅政　荊來貢州俊父封文林郎知縣封副使累封
張至化應徵父通判封承德郎刑部主事　中大夫陝西叅政
喬梓應甲父封推官譔後封文林郎四川道御　衛東郊廉父贈待詔累贈奉直大夫戶部員
史　外
令狐一栢泌父封文林郎嵩縣知縣　張萬德士俊父封文林郎知縣累贈朝議大
張詔泰父贈文林郎平谷知縣　夫叅議
王明德國瑚父封文林郎知縣累封中憲大　荊思敬可楨父贈承德郎戶部主事

夫知府　王道亨應元父贈文林郎畣雲知縣

耿名世始然父封文林郎　荆可樫世爵本生父封奉政大夫臨清知州

國朝王春楨含光父行人贈中憲大夫少卿　衛中夏紹芳父贈文林郎知縣累贈朝議大

荆可標世爵父贈奉直大夫大理寺寺正　夫叅議

郭唐畿四維父封文林郎知縣累封奉政大　荆山桂之茂父贈文林郎新喻知縣

夫僉事　衛紹芳旣齊父副使進階朝議大夫

陳所藴王紀父贈文林郎臧恩知縣　楊雲舉可楫父封文林郎桐廬知縣

邵國昇嗣堯父封文林郎臨淄知縣　陳基命縡父封徵仕郎翰林院庶吉士

喬震茂士容父贈奉政大夫禮部郎中　荆之屏時中父贈文林郎聊城知縣

郭肅九會父贈文林郎臨安知縣

萬泉縣

明袁天麒泰父贈嘉議大夫都察院右副都御史

賈玉仁元祖贈大中大夫陝西布政司右叅政

賈朝忠仁元父封文林郎山東歷城知縣累贈大中大夫陝西布政司右叅政

董鈞汝漢祖贈大中大夫四川布政司右叅政

董旦汝漢父贈文林郎咸寧知縣累贈大中大夫四川布政司右叅政

吳希文錫父贈徵仕郎通州衛經歷

薛清嵩父贈徵仕郎府軍右衛經歷

楊斌祜父贈徵仕郎後屯衛經歷

范文煥學顔父贈登仕佐郎兵部司務

賈瑋鶴年父贈文林郎長安知縣

賈珍萬年父增監贈修職郎光祿寺大官署監

賈璞大年父錦衣衛千戶贈明威將軍本衛指揮僉事　事

國朝王光祖景震父贈文林郎長安知縣

河津縣

明薛仲義瑄祖贈大理寺正卿　薛貞瑄父贈大理寺正卿

薛聰璘父贈文林郎大理寺左評事　李春隆父贈文林郎監察御史

段聰鑑父贈文林郎知縣　暢敬先亨父贈文林郎監察御史

趙九成三聘父贈奉直大夫禹州知州　龐人俶尚廉父贈文林郎內黃知縣

張宸極父贈文林郎偃師知縣　趙朴輝父贈承德郎兵部主事

國朝柴鳳池大伸父贈文林郎吳堡知縣

杜如梅國傑父贈承德郎通判累贈奉政大夫同知

任國瑞之琦父贈承德郎主事累贈中憲大夫太平知府

任茂枘紹㸌父贈文林郎綿竹知縣

解州

明程剛鵬父贈奉直大夫刑部員外

張濬英父封兵馬司副指揮

樊胡璵父封文林郎知縣

丘資東魯父封奉政大夫戶部郎中

介賓一清父封奉直大夫兵部員外

李春芳木父封承德郎戶部主事

侯眕居艮父州判加封文林郎知縣

王拱元琰父贈奉政大夫同知

李華瑱父贈中憲大夫知府

孫禮維清父封太常寺少卿

劉登庸從仁父主簿加贈文林郎知縣

李壽春光祖累贈右都御史

李憲春光父累贈右都御史

趙景德欽湯祖贈戶部侍郎兼右僉都御史

趙良臣欽湯父贈戶部侍郎兼右僉都御史

王玉圭明父贈大理寺少卿

鄭蒞國俊父學正加贈中憲大夫知府

侯居震加采父知縣加贈承德郎工部主事

張九敘應昌父封文林郎知縣

李林燁父封上林苑監署錄事

李琢希樸父贈奉直大夫刑部員外

李日升袞父贈文林郎知縣

馮士奇父封文林郎知縣

王汝明國訓父贈文林郎壽張知縣

趙標晟父大中大夫贈承德郎戶部主事

趙梓國琮父舉人贈寧州知州奉直大夫

侯嗣晉佐父庠生封文林郎

國朝楊啓祚 聲煥父贈文林郎臨縣知縣

安邑縣

明李琬 輅父封文林郎御史

李仲麟 素父贈通政司右通政

張琦 岫父封都察院右副都御史

張佑 璡父芮祖璡封文林郎御史芮贈太常寺

張名 璡父封都督府經歷

卿

張璡 芮父贈太常寺卿

馬源 璠父封承德郎刑部主事

朱彬 瓚父贈承德郎戶部主事

謝鑾 詣父贈承德郎戶部主事

胡藩 諧父贈奉政大夫平凉同知

朱景昭 恭父贈羽林衛經歷

祁顯 鶴父贈文林郎滑縣知縣

相輔 世芳父贈承德郎刑部主事

張訥　良知父封奉直大夫戶部員外
路瑣　天亨父贈奉政大夫吏部郎中
馬駿　爲父贈文林郎栢鄉知縣
胡珍　志夔父贈文林郎御史
劉栻　得寬父贈奉直大夫刑部員外
王惟　得春父封文林郎御史
楊景山　一魁曾祖贈太子太保工部尚書
景管　昉祖贈河南左布政使
楊昭　一魁祖贈太子太保工部尚書
張轍　集父贈青州府推官
楊瑄　一魁父贈太子太保工部尚書
劉芳　敏寬曾祖贈太子太保兵部尚書
王繼德　宇父封承德郎戶部主事
蘇松　養蒙父贈中憲大夫鄖陽知府
南堂　邦化父贈承德郎刑部主事
丁良弼　誠父贈承德郎戶部主事
吳濟　從周父贈文林郎獲鹿知縣
喬演　起鳳父贈承德郎戶部主事

宋遷洛父贈奉直大夫徽州知州　鮮一元學禮父封文林郎御史

張瓘鶴父贈應天府經歷　陳萬壽遇文父封文林郎御史

王好乾津父封文林郎金縣知縣　張良貴雲翺父封奉直大夫吏部員外

劉澤斂寬祖贈太子太保兵部尚書　景東生明昉父明贈太常寺少卿昉累贈河南左布政使

馬紹英崇謙父贈中憲大夫永平知府

張克治柟父贈奉直大夫固原知州　張璣大化父贈文林郎狄道知縣

李汝蕙圭父封奉政大夫真定同知　薛鑾郭父贈文林郎井陘知縣

楊大亨學詩父贈文林郎廣平知縣　王澤國禎父贈奉直大夫工部員外

曹希舜于沭父贈刑科右給事中　景一道登第父封奉直大夫固原知州

楊士吉一桂父封文林郎御史　姚珊誠立父贈四川布政司右參政

劉春崇文父贈承德郎戶部主事　萬鑑時俊父贈文林郎盂縣知縣

任文爵正斗父贈行人　周士偉敬止父贈文林郎無極知縣

周學思天備父贈奉政大夫河間同知　丁誠應時父進階中憲大夫

相乾邦教父贈文林郎武功知縣　楊斯榮炳父封文林郎滋陽知縣

裴東君錫父贈戶科給事中　劉允寬席民父贈承德郎兵部主事

劉得寬宅民父奉訓大夫加贈奉政大夫　張朝陽文德父贈文林郎新河知縣

謝之屏傳顯父贈文林郎曲陽知縣繼贈南京兵馬司指揮　喬可仰國棟父贈文林郎羅山知縣

康誥四海父贈奉直大夫刑部員外

國朝馬之偉光裕光啓父以裕贈承德郎工　王承家永與永熙父以與封國子監學正以
部主事以啓贈奉直大夫戶部員外　熙贈承德郎大名通判
王第道成父贈兵部郎中　馬紹孟崇詔父贈文林郎清苑知縣
王治國楠父贈湖廣道御史　王永吉融父封旌德知縣
路常應聘父封文林郎陵縣知縣　李鳳翩梲父贈文林郎西安知縣
弋庠能珽父贈奉直大夫戶部員外　呂萬里崇烈祖贈內翰林秘書院侍讀學士
呂國祚崇烈父贈內翰林秘書院侍讀學士　加一級
加一級　劉邦柱敵寬父運學廩生明贈太子太保兵
劉敵寬永灝祖太子太保兵部尚書贈鑾儀　部尚書以會孫永灝贈鑾儀衛署都督同知鑾儀使

衛署都督同知鑾儀使

劉懋勛 永灝父贈鑾儀衛署都督同知鑾儀使

楊浩 宗岱祖贈貴州思仁道

楊應兆 宗岱父贈貴州思仁道

王國楹 尹方祖贈光祿大夫內閣學士兼禮部侍郎

丁連芳 廷揵廷植父揵封文林郎翰林院編修植封明威將軍

王右曾 寬父贈翰林院庶吉士

劉夢璞 桓嗣父贈奉政大夫刑部郎中

劉常泰 桓生父京營都司贈奉政大夫刑部郎中

王秉福 尹方曾祖贈光祿大夫內閣學士兼禮部侍郎

王斌 尹方父贈光祿大夫內閣學士兼禮部侍郎

周漸高 訓成祖贈中大夫布政使司參政

周家楨訓成父封翰林院庶吉士贈中大夫布政使司參政

喬衍祺弘德父贈文林郎安東知縣

劉光溥喬齡父贈文林郎武進知縣

何弘猷遠父贈文林郎獲嘉知縣

張連德殿振父遵例封光祿大夫

張啓文天錫父遵例封榮祿大夫

夏縣

明藺太芳父贈通奉大夫工部左侍郎

張彬璉父贈承德郎刑部主事

劉浩交海父封徵仕郎禮科給事中

王礪正父工部主事封文林郎安肅知縣

郭確瓚父贈奉政大夫青州同知

張麟振父贈中憲大夫臨洮知府

張亨隆父封文林郎南樂知縣

毛順深父贈奉直大夫協正庶尹磁州知州

馬恍駿父原任武定州判封徵仕郎工科給事中

毛潤中家父贈承德郎順德通判

賈學詩雲龍父封承德郎西安通判後贈朝議大夫工部郎中加服俸一級

張雲標昤父贈文林郎肇慶推官

國朝賈永福待聘父贈文林郎竹山知縣

姚汝明廣運父按察司僉事贈儒林郎兩浙鹽運司嘉興分司

劉鯨鳳朝父韓府長史贈奉政大夫

趙良佑永成父贈登仕佐郎鴻臚寺序班

張其才慎學父封文林郎元氏知縣國朝贈福建道文林郎御史

鄭自新琬父贈文林郎漳平知縣

侯嘉隆世忠父生員贈文林郎鄭縣知縣

張其策慎發父贈文林郎邯鄲知縣

李春耀蘏父贈武德將軍

李長春　克勝父贈明威將軍

聞喜縣

明王子申　壽父贈奉直大夫戶部員外
王肅　哲父封文林郎御史

闞士英　中父封經歷
楊斌　縉父封文林郎御史

趙璧　仲輝父舉人贈承德郎戶部主事
支演　夔父封奉政大夫戶部郎中

秦蓁　誠通父舉人封布長史
李景　淮父贈承德郎戶部主事

王澄　宗舜父貢士贈文林郎御史
張九疇　守中父贈副使

翟華　纁裳父累贈副使
景行　一元父贈長史

葉謐　士敦父累贈承德郎刑部主事
孫鵜　善敎父封兵馬司指揮

楊嘉績夔熊祖贈運使　楊蓁夔熊父累贈運使

李感培倖父贈承德郎刑部主事　楊喬聯父貢士贈文林郎知縣

甯錦川三翰祖贈按察使　甯繼芳三翰父贈按察使

任士讓贊化父累贈文林郎御史　孫善述可楷父贈經歷

王廷誥國相父贈奉直大夫知州　李興讓蕃長父封文林郎知縣

國朝

翟期古鳳翥祖教諭贈左布政使　翟凌雲鳳翥父封通奉大夫左布政使

楊聯永寧父知州贈侍讀學士　朱繼稷裴父累贈文林郎御史

王賓我鍾靈父庠生封檢討　崔俊爾聽爾仰父累贈奉直大夫知州

甯二翰世埏世琁父贈文林郎知縣累贈奉　楊永亨綸嗣父贈文林郎知縣

直大夫員外
楊永貞綸父移封文林郎知縣

趙丹心憲冑父封文林郎知縣
張根樸克嶷父歲貢封中憲大夫潮州知府

甯鳳翔冑軾父歲貢贈中憲大夫岳州府同知
程友濂軒舉父庠生贈文林郎任縣知縣

孫爾玉子昶父庠生贈文林郎通許知縣

秦鼎峙熙祚父廩生贈文林郎曲江知縣
任守業振鷺父封文林郎臨漳知縣

翟鳳翁鴻儀父庠生贈文林郎麻城知縣
安昌運方升父廩生贈文林郎滕縣知縣

甯登堯采父庠生封文林郎廣寧知縣
朱爾元旄父中書舍人贈明威將軍

平陸縣

明胡克忠林父贈鴻臚寺右少卿
呂珉遜父贈奉政大夫禮部郎中

劉惠翀父贈文林郎御史　劉慶瀚父贈大興縣丞

王化行鶴齡父贈奉政大夫刑部郎中　李得夏貢夔祖贈副都御史

李邦禎貢夔父贈副都御史　王錫福國祚父贈承德郎戶部主事

芮城縣

明趙傑惠父推官封文林郎南城兵馬指揮司副指揮　李彥清逵父封承德郎順德通判累封奉政大夫保定同知

韓世隆文父封文林郎新樂知縣　薛光溥一鶚父封承德郎戶部主事

任艮士養心父封文林郎濬縣知縣累封文林郎江南道御史　雷鳳岐應時父封文林郎撫寧知縣

王好賢紀父封文林郎池州府推官累封奉

政大夫禮部郎中贈奉政大夫光祿寺少卿累贈通議大夫戶部左侍郎兼都察院右僉都御史加贈資政大夫總督倉場戶部尚書

王孟涇 紀祖贈資政大夫總督倉場戶部尚書

任養氣 光統父貢士贈奉直大夫戶部員外次子裕統再贈奉直大夫

陰靜 象坤父封文林郎知縣贈奉政大夫登州同知

薛一貫 倫父贈文林郎平京知縣

李命 國俊父贈文林郎桐城知縣

陰啓光 瀾父知州封奉直大夫安州知州

李溱 恍父廩生封登仕佐郎順天府照磨

趙壐 際隆父贈徵仕郎獻陵衛經歷

國朝薛之侯 上貴父歲貢贈文林郎肅寧知縣

張志尹 詡父附例監生遵例贈文林郎

絳州

宋薛景 奎曾祖贈太保兵部尚書　薛温瑜 奎祖贈太傅兵部尚書

薛元化 奎父贈太師兵部尚書

元李安 思敬曾祖贈亞中大夫翰林直學士輕車都尉封隴西郡侯　李 思敬祖贈中順大夫同僉太常禮儀院事上騎都尉追封隴西伯

李英 思敬父加贈嘉議大夫兵部尚書上輕車都尉追封隴西郡侯

明陳進 恕父贈文林郎四川道御史　王復亨 斌父贈文林郎大理寺右評事

閻仲信 閎父贈徵仕郎中都留守司經歷　王仲禮 遜父贈承德郎府軍左衛經歷

韓延齡　重祖贈通議大夫應天府尹
姚埜　監父封徵仕郎燕山右衛經歷
陶銓　琰父布政司參議贈資政大夫戶部尚書兼左副都御史
范通　昕父知縣贈奉訓大夫趙州知州
孫鉞　光祐祖贈通議大夫都察院右副都御史
陳洲　栢父贈承德郎戶部主事
張眞　輿行父贈文林郎容城知縣加贈奉直大夫滄州知州
韓英　重父同知贈通議大夫應天府尹
陶春　琰祖贈資政大夫戶部尚書兼左副都御史
李逵　輿父封文林郎藁城知縣
李濬　應奎父教諭封文林郎平山知縣
孫振宗　光祐父監生封奉直大夫吏部員外贈通議大夫都察院右副都御史
許文儁　恩父加贈奉直大夫曹州知州
陶祐　登父贈文林郎齊東知縣

姚永志　進福父贈文林郎洵陽知縣
梁蒞　肇宋父贈徵仕郎長陵衛經歷
馮一奇　乘雲父贈承德郎揚州管河通判
王聚寶　胡麟父贈文林郎臨洮推官
范志　玉父主簿贈徵仕郎光祿寺署丞
韓傑　雲父鴻臚寺序班贈奉直大夫徐州知州
國朝孫永隆　錫齡祖贈中大夫通政使司左參議
孫統　錫齡父鴻臚寺序班贈文林郎御史累贈中大夫通政司左參議
李天才　翀霄祖贈通議大夫四川按察使世仁曾祖遵例贈光祿大夫
李如栢　翀霄父王府工正累贈通議大夫四川按察使世仁祖遵例贈光祿大夫
李憲可　復泌父歲貢贈翰林院庶吉士
李廷桂　世和父贈儒林郎
耿維哲　光顯父封修職郎
楊園　作楨父生員贈文林郎翰林院編修

張弘祀 念祖父生員贈承德郎建寧通判　段機 祖炳然父贈承德郎泉州通判

趙維新 世福父封文林郎星子知縣　段世雲 文錦父贈登仕郎鴻臚寺序班

馬起雲 中捷父贈文林郎安遠知縣　康丕景 善述父贈文林郎陽春知縣再贈奉政大夫建寧同知

吳日省 道煥父生員贈文林郎貴筑知縣再贈承德郎戶部主事

稷山縣

金段矩 鐸父累贈中奉大夫護軍武威郡侯　段克巳 輔祖贈嘉議大夫禮部尚書上輕車都尉追封京兆郡侯

陳 規父贈中議大夫中議公

元段思溫 輔父累贈中奉大夫河南江北等處　段思義 循父贈承事郎太平縣尹

行中書省叅知政事護軍退封京兆郡公

段似　秉庸父贈從事郎河津縣尹

明寗艮　瑛父累贈奉政大夫南京戶部郎中

王琅　衡父贈浙江道御史

陳子恭　連父贈徵仕郎金吾右衛經歷

李碁　璽父封文林郎真定知縣

史貴　瑛父封文林郎河南道御史

梁溥　格父加贈奉政大夫

梁格　綱父贈承德郎戶部主事河南按察司僉事

裴禮　陽父贈奉直大夫兵部員外

寗洙　桂父贈國子監學錄

王越　時濟父贈承德郎戶部主事

趙天民　嘉猷父封文林郎洵陽知縣贈奉直大夫柳州知州

趙大典　懋德父封博平知縣

梁芝　一治父贈會州衛經歷

鄭命　寅父贈奉政大夫刑部郎中

馬重耿父封奉直大夫景州知州　解尚貴啓東父贈文林郎文登知縣

國朝賈思褒國棟父封承德郎永昌通判　何其聰星煜父贈文林郎樂安知縣

絳縣

明郭翱鑑父封文林郎御史贈中憲大夫知府　任士中棨父封文林郎知縣

劉安廷甫父贈兵部典牧所提領

國朝陳讓所抱父贈文林郎長武知縣　吉登雲鳴謙父贈文林郎夏津知縣

張我龕碘父贈文林郎藺谿知縣　王化子龍父贈武德將軍

邵國望唐清祖贈懷遠將軍　邵繼孟唐清父贈懷遠將軍

垣曲縣

明普經 暉父贈文林郎御史

文秀 晧父封文林郎

王聰 瑺雍父贈文林郎

王東巡 時英父封文林郎咨縣朝邑知縣進階文林郎四川道御史

趙仲學 東魯父贈文林郎西城兵馬司副指揮

國朝

馬佐 生鱗父封文林郎永春知縣加封奉直大夫工部都水主事

王道 明父贈南京大官署正

趙鼐 載父累贈奉議大夫戶部郎中

魯世官 廷彥父贈中憲大夫登州知府

馬汝騶 逢造父贈文林郎咸寧知縣

張世光 翰芳父封中書科中書

高捷 皇珮祖贈通議大夫

高辛喬 皇珮父贈通議大夫

霍州

明王俊輕　瓚父封奉政大夫戶部郎中　史英　濡父封文林郎御史

喬遜　瑞父封文林郎西安推官　衛綱　彔父封登仕佐郎鴻臚寺序班

李文勝　廷儀父贈文林郎洛川知縣晋兵科給事中工科給事中

吉州

明陳惟言　浩父封兵科給事中　陳廷顯　稚藩父封承德郎刑部主事

劉澤　從學父封奉政大夫戶部郎中　楊洪　蓁父贈徵仕郎

丁良佐　汝謙父封太常寺博士

國朝劉四勿五龍父廪生封文林郎英山知縣贈承德郎兵部主事

鄉寧縣

明王爵與齡父知州贈奉直大夫吏部員外　鄭都崇儉父教諭贈兵部侍郎

任宗賢桂芳父封登仕佐郎鴻臚寺鳴贊　鄭崇雅偉父教諭贈奉政大夫河南府同知

王宗儒纘聖父贈中憲大夫鳳翔知府　文運亨在兹父封文林郎溆浦知縣

隰州

明解天貴揚父封兵馬司　史登義光代父贈文林郎日照知縣

程廣徵父贈承德郎榮府審理

國朝李養榮呈祥祖贈通議大夫總督倉場戶部左侍郎　李愈華呈祥父贈通議大夫總督倉場戶部左侍郎

李愈秀呈桂父贈文林郎恩平知縣

大寧縣

明王鼐鈗父贈登仕佐郎　暢嘉謨揚父封承德郎西安通判

馬士魁行健父贈文林郎蓬萊知縣

永和縣

明薛可化治安父州判贈文林郎知縣

臨汾縣以下廕襲

明安弘嗣副都御史惟學子任府通判　張元謨恭肅公潤子

張知基恭肅公潤孫廕官生任南京前府都事

襄陵縣

元梁乞住禎祖子襲武畧將軍

明高塏忠節公邦佐子廕錦衣衛世襲千戶任北鎮撫司　李焯兵部左侍郎璉孫

韓暲廕官監

洪洞縣

明韓廷彦戶部侍郎文孫任光祿寺典簿進階　韓廷瑞戶部尚書加太保文孫任光祿寺署

太常寺典簿　丞

國朝楊九齡工部尚書義子廕官監生咨部　楊熙工部尚書義弟咨部候考

候選　劉周南太常寺卿令譽孫

晉淑輔順天府丞淑軾弟

浮山縣無

趙城縣

國朝晉賦遊擊大忠子難廕任武昌叅將

太平縣

明王椿體復子廕官監生任郴州知府

岳陽縣無

曲沃縣

明李鈞浩子廕官監生歷任詹事府主簿蜀府長史

李承光浩孫廕入官監生

李永新尚思子廕官監生任戶部主事

國朝李保泰備子廕官監生

衛台揆周循子周祚姪廕官監生歷任廣東鹽運使

衛台擢周循子周祚姪廕官監生候補行人司司副

劉殿邦緝堯子廕官監生任北城兵馬司副指揮

衛台璇周祚子廕官監生

衛台璣周祚子廕官監生　衛台瑞周祚子周脩姪廕官監生歷任陝西

衛鉉周脩周祚姪廕官監生　按察司副使分守潼商道

衛洪業周祚孫廕官監生　衛洪猷周脩孫台揆子廕官監生

翼城縣

明李文全偉子襲武清伯　李文貴推慈聖太后恩授中軍都督

李文松推慈聖太后恩授錦衣衛指揮　李進推慈聖太后恩授御馬監僉書

李誠鎰推慈聖太后恩授都督同知　劉思聖奇子襲平陽衛指揮

國朝王振麟湖廣布政司叅政廷諫子廕監　上官澍大理寺少卿鉝子廕監

王嗣逵振麟子廕官廣西桂林府同知　陳祚啓叅將王勳子

陳宮祚啓子　衛維康遊擊王建子襲拖沙喇哈番

汾西縣

明閻瑞鳳生斗子歷任戶部員外管臺基草場

奉差總理甘固糧儲

蒲縣無

靈石縣無

蒲州

明楊俊卿襄毅公博子廕錦衣衛正千戶世襲　楊傳芳同知元裕子襲叔祖俊卿職陞指揮

見武進士　僉事

王之楨 襄毅公崇古孫少卿謙子廕錦衣衛指揮僉事世襲見武進士

張東山 錦衣衛千戶贇子襲錦衣衛百戶

王烈 都御史之采子廕錦衣衛指揮同知世襲

郭溶 僉都御史之琮子廕襲潼關衛指揮僉事

楊俊彥 襄毅公博子歷任鄖陽知府

楊元楨 知府俊彥子以祖廕官刑部員外

楊元禧 推官俊士子以祖廕中書舍人

張久徵 文毅公四維子廕尚寶司司丞加太

張贇 文毅公四維孫戶部郎中甲徵子廕錦衣衛百戶襲陞正千戶

張泫超 錦衣衛百戶東山子襲父職

李盛 布政養質孫侍郎紹賢子以祖廕襲潼關衛指揮僉事歷任江西都司使

王益 襄毅公崇古子歷任刑部員外

王之幹 少卿謙子以祖廕官戶部員外

張定徵 文毅公四維子廕中書舍人歷官常德知府

常寺少卿

王宏圻 知府煒子襲伯祖之楨錦衣衛指揮僉事

張元徵 文毅公四維子廕尚寶司司丞陞本司卿

王之模 刑部員外益子以祖廕歷官黎平知府

張暈 知府定徵子以祖廕歷官工部員外

張𦶜 按察使泰徵子以祖廕歷官漢陽知府

王之樞 刑部員外益子以祖廕歷官南雄知府

楊元祉 尚書俊民子襲祖廕錦衣衛正千戶

楊元祺 都督同知俊卿子以祖廕歷官平越知府

楊元祜 參政俊臣子以祖廕歷官南雄知府

楊循芳 千戶元祉子以祖廕歷官姚安知府

羅重光 都御史鳳翱子歷官曲靖知府

王煒 知府之樞子以會祖廕歷官黃州知府

韓埴大學士贇子

孟繩祚尚書時芳子歷官戶部郎中

韓竟宣同知奐孫以從祖贇廕歷官戶部主事

孟釋祚尚書時芳子授前軍都督府都事

國朝杜兆麟戶部左侍郎篤祜子

王瑞麟戶部左侍郎公爾子任延安府同知

臨晉縣

姚在中昌祚子以殉難廕

韓于宣通判陛子以從祖贇廕歷官武定知府

王杰都御史之采子

韓志宣主事奎子以從祖贇廕任刑部主事

杜迎祜戶部左侍郎篤祜弟以兄廕

杜照篤祜孫

滎河縣無

猗氏縣

明荆華國州俊子廕授通政司經歷

國朝王客含光子　王儉含光子

郭四聰四維弟

萬泉縣

明黄贈良連子　賈璞仁元冡子廕錦衣衛千戶

賈大年襲父璞原廕錦衣衛千戶歷任本衛指揮同知

河津縣無

解州

明李爲檜春光子廕世襲百戶故爲檜姪應襲　李人龍

李爲梗春光子廕歷官戶部郎中

趙楨欽湯子廕官戶部員外　趙晟標子廕官戶部主事

王敬賢國訓子廕官戶部照磨

國朝李樞肯子廕官光祿寺監事　喬振宛庭桂姪

安邑縣

明張昇右副都御史岫子　張沂甫大常寺卿芮子

楊時隆總督漕運戶部右侍郎一槐子　楊時振總督漕運戶部右侍郎一槐子歷任

楊鼎初工部尚書一槐孫　北京左府都事

劉懋勛兵部左侍郎敷寬子廕世襲錦衣衛　曹曰良都察院左都御史于泳子任工部員

正千戶　外

劉永灝兵部尚書敷寬孫廕錦衣衛世襲指　劉常洪兵部尚書敷寬孫廕錦衣衛世襲指

揮鑾儀衛使都督同知　揮僉事

劉桓兵部尚書敷寬曾孫歷官湖廣糧儲道左　劉朴兵部尚書敷寬曾孫廕錦衣衛僉事

叅政

國朝劉檈鑾儀衛都督同知永灝子廕任刑部

郎中歷官雲南布政使　劉槤鑾儀衛都督同知永瀕子任建水知州

劉以曇鑾儀衛都督同知永瀕孫　劉以暹鑾儀衛都督同知永瀕孫

劉以煜鑾儀衛都督同知永瀕孫　呂珂禮部左侍郎崇烈姪

呂蒼摹禮部左侍郎崇烈子　呂玶禮部左侍郎崇烈子候選光祿寺典簿

楊輝貴州分守思仁道左參政宗岱孫

夏縣

明藺瑄工部左侍郎時芳子

聞喜縣

國朝翟軒儀左布政使鳳翥姪　楊棻翰林院學士永寧子歷任馬湖知府

平陸縣

明李宏 都察院右副都御史 夔子

芮城縣

明王景旦 户部尚書 祀子廕 官都察院檢校　王鳳林 户部尚書 祀孫廕 歷官青州知府

絳州

明韓杲 重子任南和知縣　陳棨 翰子任太倉州吏目

陶治 琰子任運司同知　孫思承 光祐子任太僕寺 寺丞

王聯芳 之翰子任四川成 都府通判

國朝李世仁 翀霄子歷任右 江道

稷山縣

唐裴德裕 濟子

金段鏞 鐸弟廕盩厔商酒都監　段惟忠 鐸子廕鄭縣亦水鎮酒務同監

陳知柔 覠姪　陳知剛 覠姪

段惟孝 鐸子廕蒲城荆姚鎮酒務同監　段汝翼 鏞子以鐸廕

元段孚 思義子以祖克己廕猗氏縣尉

絳縣

明郭兆祥 光祿少卿永固子

垣曲縣

明趙應豐　都御史載子歷任長沙同知進階奉政大夫

霍州　無

吉州　無

鄉寧縣　無

隰州

明李呈藻　湖廣武昌道呈祥弟

李連科　工部侍郎呈祥子候補上林苑監丞

大寧縣　無

永和縣　無

平陽府志卷之二十四

《山西文華》編纂委員會 編

山西文華·史料編

平陽府志

清康熙版 第七册

卷二十三(下)至卷二十七

劉益令 ◎ 整理

山西出版傳媒集團
三晉出版社

山西文華

解州

明陳仲良洪武間舉明經除岳州推官平恕清謹九載考績稱職乞歸夫妻徒步行李自負焉

岐祖訓洪武間以賢良方正舉歷官布都御史多善政

史誠祖洪武間以人才舉任山東汶上知縣秩滿陞濟寧知州仍掌縣事在縣多有善政成祖過縣稱爲循吏撫其背曰何以得民心如此賜織金紗衣一襲鈔千貫酒一罇在任四十八年壽百有十五歲汶人立祠祀之永樂七年有褒勅

展昭永樂庚子舉人授御史有直聲多所建白

吕讓字志謙永樂間貢事親以至孝著

尚淵舉人刑部主事文學有名

史崇禮字文博舉人歷任狄道知縣有異政歷陞瑞州知府不阿權勢涖政勤敏

史善由歲貢任邯鄲知縣清謹著聞有惠政陞鞏昌府通判不阿權貴邯鄲人立祠

李濡舉人歷掖縣曲周教諭歷任儒官四十餘年行檢端謹

呂篚正統間任肅州衛經歷有文學

白資歲貢任陝西華亭知縣致仕還囊無餘物一皂靴著至二十年餘

滕浩景泰庚午舉人知泗州剛介輕財有指揮通于巡倉御史虛出通關浩告劾之

宸繡字廷器舉人昭之子敦厚遜讓閉戶誦讀父命與弟析居凡貲財惟弟所取不問

孫志歲貢開封知事心清氣剛無所屈撓

張習歲貢上林苑署丞陞苑馬丞居官勤慎

張英字居傑歲貢任兵馬指揮歷淮安府通判性忠實而又孝友在任有惠政子璠孝義著聞服英喪泣血十日而卒

柳溥字志廣歲貢鄆城縣丞善于馬政廉以自持

王文字貫道舉人歷武功汲縣教諭雖盛暑必衣冠非公事不謁府縣

閻清字本登歲貢在太學思親馳歸終身不仕

馬逵字雲路歲貢會寧知縣操守端潔愛民如子祀鄉賢

呂子固字孟堅舉人授富平縣教諭立教有方律身無玷歸田日以講解爲事四方學者多從之所著有三車一覽集

史臣字秉直舉人除上蔡知縣重學校祛鉅盗當道咸稱其公廉仁恕鍊達老成

王卿歲貢任登州衛經歷剛正無私不顧利害

程鵬字萬里正德辛未進士任鄂縣知縣清介無私歷官刑部郎中沒于京冢宰王瓊見其囊橐蕭然嘆日于此知其守爲具棺衾斂之

丘東魯字孟學正德丙子舉人授廣平府同知廉明有幹郡有疑獄十年不決甫下車一言成讞

王玉瓚字子中歲貢任武進縣丞立志堅確所守不苟問學該專尤長于詩

呂鳴韶字宗舜子固之子甘貧樂道苦志潛修孝事繼母和處諸弟歲貢任元氏教諭出俸金以濟諸生貧乏者嘗纂修陝西通志

李木字石岩舉人歷戶部郎中鄉人稱其孝友

李瑆嘉靖癸丑進士授蒲城知縣剛明質直清操凜然會地震多盗瑆斬渠魁懸門四境寧謐

介一清字白石嘉靖丙辰進士授兵部主事歷郎中出知郎陽府歸田時遇大饑出粟數百以賑地方事獨耿直敢言雖觸忌弗恤也子孫科甲鼎盛五世凡七人

王琰字仲輝舉人歷漢陽知府歷官二十餘年清正剛果所至有聲

侯居艮字兼山丙辰進士與弟居坤同居高才能學鄉會聯科時稱二難初授淄川知縣政績卓異徵爲御史疏止織造抗論時相一時臺閣生風出按雲南奏除解額彈黔國公沐朝弼不法事滇人德之爲立祠祀鄉賢

侯居坤字至軒畛之四子丙辰進士與兄居艮鄉會同科府仲兄居震先登賢書有三鳳之稱歷官太僕寺少卿年甫四旬即解組歸里隱居敎子咸登科第

孫繼清字寅所乙丑進士德性溫淳制行謙謹任吏部十餘年黜陟之間士類咸感時張江陵爲權相

威脅中外維清
有疏由此得罪

侯臣 字世勳嘉靖間監生中部知縣才識超卓往諸稅
若干並徵臣循次催徵不刑一人而稅集

李暹 監生寧州吏目廉勤有爲

王光祖 字克斉守春之子嘉靖間遊呂涇野之門精思
力行潛心理學不治舉子業涇野轉官南都負
笈從之凡達官顯人未嘗一謁既歸築室祀先聖賢讀
書其中寓燕墻意題曰明誠精舍

鄭茆 字茂卿賦性質朴制行端確歲貢歷鄢陵訓導膚
施教諭金州學正口授生徒士多從之居家撫恤
諸姪勸化鄉鄰子國
俊國彦相繼登科

李璌 字聰甫隆慶戊辰進士官彰德府知府興利除害
惠政多端郡人立生祠

趙欽湯 字新盤戊辰進士初任掖縣令以卓異舉拜戶
曹出守鳳翔能備奇荒司臬山東累遷浙轄侵

亂以靖中貴以織礦二役滋擾持法不爲撓遷京兆尹
會加賦萬五千金特奏方今補救未能忍復朘削轉南
戶侍總督糧餉所上封事前後凡數千言悉合機宜卒
諭祭葬贈戶部尚書祀鄉賢

李春光字實吾戊辰進士保寧府推官精明公廉直指
使賢之歷陞陝西左布政擢都御史巡撫延綏
會京察賜文綺廕一子起戎政侍郎因回祿之變上疏
數千言期回天意上嘉納覃恩廕一子世襲錦衣百戶
卒賜祭葬贈兵部尚書
太子少保有中丞疏稿

劉登朝舉人令沂水救荒理獄興學勸農

楊培舉人藍田知縣荒政多所全活民懷思其德建生
祠祀之

杜可久舉人品節高邁工于詩文送人北上云見說容
城爲便道憑君寄淚到椒山風味可見矣

劉從仁字約所歲貢初授元氏縣陞太安州知州又調
欒州鄜州多善政今太安欒州俱祀名宦

介夢龍字潤宇知府一清之子舉人初授湖州推官斷
決如流陞戶部員外督榷揚州釐政盡除歸田
後優游林下四世相見
子孫登科稱完福焉
鄭國俊字櫃峯癸未進士初授中書歷官浙江布政方
正耿直出處如一有古君子之風祀鄉賢子弘
業任辦
事中書
趙標字準臺欽湯長子少英敏二十聯發選翰林庶常
改授侍御首請冊立東宮劾罷寺僚又言時政四
大患識者韙之出按畿南風紀大振及再入蜀楊應龍
據播猖狂有司主撫議諱言兵乃力陳應龍當勦狀疏
且十七上卒能馘首巡齊遇歲祲多方以賑全活甚衆
中貴陳增藉礦稅牟利又橫奪民產露章數增罪及礦
稅大害轉館卿以序播功轉冏卿册封益藩餽贈無所
受因使事省司農公江左遂過里瘍陡作竟不起事聞
遣官致祭博學工古文
辭所著有經濟全集

李崴字雲冲璯長孫舉人莒州知州在任著清廉居鄉稱長厚祀鄉賢

侯加邕字歆余舉人臨城知縣有惠政

侯加釆字亮余居震子巳丑進士初授河內縣知縣清愼和惠民戴之如慈母爲立生祠歷官四川遵義副使宦橐如洗至性孝友任順德時聞母疾即解官歸後聞兄病亦然居家以講明性學爲事諸達官造訪者皆謝不見學者翕然宗之

侯加乘字崇軒居坤三子舉人歷任濟陽永壽知縣漢陽府推官興安州知州游宦三十年橐無長物慷慨豪舉好義樂施歲捐麥粟以濟宗族之貧乏者著有一間集苦安集玉局草八浙藁濟陽永壽志關帝祠志

侯加地字慶余居艮子舉人授湖廣辰州府推官陞順天府推官刑獄稱平入名宦工詩善書

侯加纓字靖廷恩貢授知縣以廉謹著稱

馬鳳鳴字腴田歲貢官河南府知事年九十餘謙恭周
容鄉人重之

范啓科字象盤國棟子舉人授商南縣尹多礦盜至則
勦獲賊首楊省並餘孽數十秦撫特疏薦調郃
陽總督洪以邊才題慶陽同知駐靈州忽河套數十萬
騎圍靈者廿七晝夜日督班軍寢食幾廢幸保安全

李希楫字濟宇例貢官上林苑署丞屬畿內近地民多
狡猾難治有奸民王海者爲大部吏歷糧四十
石酒泒合署署人苦之
據詞申理積弊一清

譚奇字讓吾歲貢榆次教諭凡新生貧者免束脩傳爲
美談

王國訓字振之天啓壬戌進士歷任金鄉壽張滋陽武
清俱有遺愛崇禎中復知扶風尤著循良天性
嚴毅剖决如流訟平政理八年秋寇薄邑城四面攻圍
繕修守具晝夜捍禦六十日力竭城陷被執不屈罵賊

而死事聞贈光祿卿廕一子入監賜祭葬

趙躋昌字昇運舉人介休教諭陞咸陽知縣守城殉節

李希楧字茂田舉人汾陽學諭陞知泗州每直指按泗輒登上考擢刑部員外歷郎中執法如山雖權貴不能撓出爲莊浪道西陲以寧

李師泌字唐賓舉人制行端方卓然自立

介松年字赤仙元善子舉人授盂都知縣供應軍興卒靖大難舉卓異陞禮部主事擢戶科給事中督餉出都南行至保定京師陷抑鬱成疾卒

李希稷字又田瑱次子素行端謹無貴介氣孝事繼母撫孤姪有成由歲貢任潞安府訓導歷陞大同府教授移疾歸杜門恬養士論重之

王毓麟字鍾宇明之子歲貢授漢陰知縣居家儉素加意讀書世業戴經因名其塾曰學禮舘遠近學者就讀其中

楊雲梯字晉臺培之子崇禎戊辰進士望江縣知縣恭勤無忝治譜祀鄉賢

李衍祥字吉吾歲貢肥鄉縣訓導溫和恭謹

李在公字魯生邦才之子至孝好施崇禎年詔舉賢良方正撫按特薦由舉人任海門知縣

侯佐字東僑崇禎甲戌進士初任建平縣剏築城垣繼調合肥縣有禦寇功擢刑曹轉吏曹以公恕聞在籍遭巳丑之亂赴父難死祀鄉賢

張國選字懷雲成翼子問學博雅立身不苟歲貢授成都訓導遷萬縣教諭

侯世汾字修之加乘子歲貢特用通判順治初薦舉人材交檄催促以夙疾謝不果行

孫維藩崇禎間貢任長安教諭爲人介直不阿會宗生與餘生沈孔明競貢宗暮夜以黄金百饋維藩欲爲之地維藩出宗之黄金示衆誓不右宗左沈蓋當時宗生通神之力竟不獲貢一時士人目維藩爲古介云

王旬嘉靖乙卯地震被壓家人甫救出即問祖宗神主所在人稱其孝以下孝義

譚應春父蚤背事母節婦丘氏力耕盡職言動不苟

吕論廪生事母甚孝

李邦才字擴齋以儒學醫覽羣方脉通太素尤精于東垣十診視罔不奇中以明經入太學當路嘗屬從中秘圖點實錄爲登進地竟以母老辭歸祀鄉賢

趙曙字旭宇標長子刱貢鴻臚寺序班性行真實事親孝居母喪尤謹又以官生讓季弟晟人多稱之

介一洲惻心拯痾全活甚衆祀鄉賢

侯大本歲凶出粟賑鄉里

國朝馬宗文字心一歲貢好學敦誼力追古人

喬庭桂字芳一癸未進士少貧嗜學年五十六登第選庶吉士丙戌同考己丑武總裁歷侍讀學士性恬素京宦八年閉門索居不逐俗尚外轉例補臬憲引疾歸

楊原澄字湛若順治丙戌進士授盩厔知縣陞兵部主事郎中轉廣東僉事歷官匪懈以勤瘁卒事孀母弟家雖貧務竭力承歡友愛季昆及貴祿入必共平易接物里黨稱之祀鄉賢

侯世科加地子順治丁亥貢任嵩縣訓導士樂親之甫四閱月丁內艱歸遂絕意仕進徜徉山水間以詩酒自娛著作甚富工書尤諳岐黃者求無不應

馬淑援字亦波舉人乙未以會副揀選初授邵武推官丙午本省同考歷任四載舉卓異會裁改補予告在籍纂修州志

介彝齊字長禍甲辰進士授撰文中書陞兵部武庫司主事能詩文

介元佑字右人歲貢高潔端亮與人交無城府尤喜文學之士拒俗子若仇避俗事若浼博學能文著歷朝統系藏於家

李通金還張網甫輸穀賑饑

安邑縣

明李輅永樂辛丑進士累官山東右布政使學士曾鶴齡嘗稱其爲政清而溫惠而直廉而不皦寬而不縱

李素宣德庚戌進士累官通政剛直有爲官官馬順擅權素嘗劾前力排英廟有黃鬍李無恙之問

張琦舉人陝西高陵縣知縣廉正著聞脩以孝弟教民及寢疾縣丞憐其貧欲以庫銀餘耗爲贈琦却之

曲犧舉人官至鎮江府同知廉幹有爲

日吾家蓄有書罝有田子孫自可耕讀言訖而卒

李昶景泰丙子舉人授清水教諭從學薛文清德行純粹學者多師之會督學案臨昶講天命之謂性章自朝至昃尚未竟督學以爲弗及上薦章以代巳命未下而卒

宋怡舉人實雞縣訓導博學積行遠近師之

張璡天順甲申進士官御史按蜀及北畿風采凛然將抵家望里門而步鄉黨重之以忤權貴出爲郡守子蓁舉人官僉事蔓舉人官知府蒞解元官同知俱有政績

王徵舉人汶上縣知縣廉方爲民所信服

曹光成化初知華陰縣明爽平易愛民如子

張岫進士官至右副都御史廉明正直巡撫遼東時其子弁應試秋闈遼人有持山西文衡者入辭且問焉將令其子登賢書公遂令弁稱疾不入闈鄉人譽産於其子聞之不懌亟命退還其鄰人執不可乃增金若干有得其家書帖云稍去紅絹子爲老太太製袍俟領秋俸再買寄巡撫爲母製衣俟領俸乎別無濫取可識矣鄉人寶其帖如乞米帖云其歿也朝廷賜祭葬祀運學鄉賢祠

張璲進士任御史至太僕寺少卿方嚴有器識

郭崧成化丁酉舉人知韓城治政明決吏不能欺陞本府同知

張芮進士授翰林院庶吉士累陞掌院學士官至南京太常卿沉重無華值閹瑾用事長揖不拜瑾啣之誣他事謫鎮江府同瑾誅復起卒賜葬祭後祀鄉賢裔孫張正元布衣好學鄉人重其品行

郝芹弘治壬子舉人初任慶陽府學訓導嚴正提撕士習丕變陞館陶知縣順天推官正直不撓

張棨璡長子舉人陝西僉事博洽而有介行

張𡗝璡次子舉人官至辰州府知府累請休致足不入公門

張莅璡之子解元官至建寧府同知性仁厚以詩文名於時

馬鵬舉人霍丘縣知縣文章華而有理著琴譜

謝譽舉人授山東樂昌縣知縣以軍功陞泰安知州清節著聞直而不阿祀名宦

胡請正德庚午舉人初授慶都知縣歷平凉溫州同知終雲南叅議剛毅有爲一塵不染蒞官所至有聲在慶都民皆以胡青天稱之至溫州柄相不才子㬱友妻美艷因醉沉友於水謀納其妻妻訴之當道無敢理者請日清平世安得有此事即逮之獄柄相百計不能脫竟寘之法自是風采大振祀鄉賢

祁鶴正德甲戌進士歷官山東副使嘉靖間青羊山盜起勢甚猖獗廷議擢鶴兵備特授節鉞鶴相機搗穴斬數千級御賜金幣褒異及卒上哀悼不已

相世芳進士官至刑部郎中嘉靖初議大禮忠義勃然列名疏首叩閽直諫忤旨廷杖幾斃謫戍陝西延安凡十有三年釋放還里隆慶二年追贈太常寺少卿

張淳甫進士官至户部主事博覽羣書力追古作有澹泉集

謝詰進士户部員外性狷介視塵囂如浼初爲孝廉時値流賊之警監臨者將西行乃叩馬陳大義止之

監臨隨鳩夫城運城至今利賴焉令贛榆值武宗南狩能節省供張之費比歸田蕭然如韋布祀運學鄉賢

李圭舉人歷任陝西鞏昌府同知好古誼不規規世態初令華亭政簡民安

楊學詩舉人官至保定府通判先是筮仕縣令歷有惠政及歸年高德邵壽九十餘歲

王得春進士授御史立朝不避權貴直聲震朝野上八事疏言言關國體按浙首請復王文成伯爵寢織造監以安地方增制科數以振人文人稱眞御史祀鄉賢

張良知嘉靖戊子舉人任漢中同知修山河堰大著勤勩漢民樂利至今稱之

景昉進士官至河南左布政使居官清愼致政後孝友益敦敎子登鄉薦者三人祀鄉賢

劉崇文進士官至吏部文選司郎中清介絕世布衣蔬食不渝歿無以爲殮

胡志夔進士官至右僉都御史渾重有氣識副憲河道時黃河無虞積工銀累鉅萬當事欲假修河入

私囊者堅不從得克修大工及賑濟饑民撫延綏時西邊屢入侵遣總兵趙岢斬級數百城保寧遏其入侵之路祀運學鄉賢祠

任正斗　進士行人讀書操行俱有獨見

閻望雲　進士官至兵科給事中嘉靖中倭事孔棘監軍有藉嚴嵩勢誣逮總兵司馬者抗疏乞救成命不則隳成功滋後患忤上旨廷杖謫歸田里隆慶二年間追贈光祿寺少卿

劉得寬　進士官至河南僉事磊磊豪爽不作萎薾態筮仕蕘香而誓期不苟取祀伊陽名宦

劉弼寬　舉人官至臨洮府同知性嗜學沒齒研窮多所獨窺歷仕得人心

張集　舉人官至監察御史博學強記工詩文桀翰醫藥音律悉臻妙境同時有茂才張直與相頡頏直之友茂才弋不宿斧𣕓杜可久俱工詩弋咏竹云挺挺幾竿清見骨稜稜數節老無心杜送人北上云見說容城

爲便道凴君寄淚到
椒山風味可窺矣

馬紹英嘉靖乙卯舉人歷官户部主事榷關揚州減稅
惠商一塵不染卒于任至不能辦後事當道助
賻乃得
歸櫬

景東生舉人嚴氣正性持身無過敎子二人孫五人皆
登科祀鄉賢

楊一魁進士官至太子太保工部尚書歷任有清望致
位官保門庭簡寂無烜赫狀祀鄉賢

吳從周舉人官至延安府同知居鄉居官俱以長厚稱
子養淳養溫養源養洵養洽相繼登科

喬起鳳舉人官至太僕寺卿廉潔不苟取其家人不知
其貧亦不自白老而不能自贍衆方知之

楊琯少孤家貧拾金還主弟事孀母敎諭齊河遷知新
安永槃自持卒于官囊槖蕭然士民痛之

姚良卿歲貢授寧津縣知縣性醇朴不校橫逆與其弟
良能俱稱長者

牛犉 選貢開封府通判倅郡時持法屹如不少撓儕類側目亦弗計也寧陵呂坤不輕許可人以廵撫至扁其門曰直道守官

劉眞寬 隆慶丁卯舉人延川知縣愛士恤民政從簡易陞徐州知州

解學禮 戊辰進士歷官陜西督儲河西參政才識卓越

劉敏寬 進士官至兵部尚書總督三邊太子太保賜飛魚蟒玉以軍功廕子錦衣衛指揮世襲卒進階少保賜祭諭葬祀名宦長才大畧久歷邊疆屢奏膚功當代稱爲元老捐金修城建橋賑貧義舉不可勝述

張栴 舉人官至雲南副使所至有政聲

南邦化 萬曆癸未進士澄城知縣歷刑部主事政治嚴明心存仁恕

馬斯才 舉人任河南尉氏縣知縣循廉著績祀鄉賢

馬邦瑞進士官至行人司行人絕機心機事與人語肝膽盡披雖有過愆亦不自隱古所謂不欺者

王國楨進士官至陝西參政嚴毅有風節與人交面折無諱初令壽光壽故濱海多葦租盡捐充邑賦之半守上谷廉明冠畿輔竟以直迕於時後參秦藩遂有中者而介終不可易也歸卧林皋滑胥有以百金求居間怒叱之終其身人不敢干以私祀鄉賢

竇師傅舉人鄜縣知縣讀書體認書理

曹于汴字貞予生而神采輝朗舉止端凝一日從父所讀薛文清王文成語錄曰此聖賢人也以人學人吾何讓焉萬曆辛卯鄉試第一鹽使知其貧餽超掣鹽十車却不受壬辰成進士授淮安推官執法不避權貴究心剔釐以明學作人爲事戊戌陞吏科給事疏糾兩樞部一計部滇撫直聲動天下請告旋里丙午典試江西晉吏科都給事董內察辛亥又當外察守正持公却餽遺陋規察竣四乞休晉少常許歸養定省之暇與

門人研究理學絕口不及朝政光宗命以少常啓事疏辭不允晉大理少卿歷副都御史與鄒吉水元標趙高邑南星馮西安從吾一時賢人彙征天下熙熙未幾堅辭得請出都衣箱書笈四具耳李鹽院日宣搆弘運書院居之來學者日益衆逆璫矯旨削奪或相慰藉則曰古人所有何必今人獨無天下所有何必一人獨無益講解不輟魏忠賢誅起左副都御史再辭不允疏陳堯舜之學請復薦辟皆嘉納已已以衰病四請奉溫旨馳驛歸行李蕭然如前去國時建明道祠爲會地日與門人究性命之要門人記其敎語爲共發續編癸酉冬病作猶刻意煑糜賑饑諸事所活甚衆及卒居民爲罷市賜祭葬贈太子太保從祀三立祠有仰節堂集

景明進士官至提督四譯館少卿在銓部時清正不染藻鑑精明人服其公去任時具疏薦劉崇文代已

祀鄉賢

楊一桂進士官至河南道御史先任唐縣開渠興水利民至今賴之按秦執法如山吏畏民懷

姚誠立　萬曆乙未進士洋縣知縣慈祥廉直敦崇禮教
士習民風翕然丕變

相邦教　萬曆甲午舉人武功知縣嚴敏精明不避權貴
清賦緩徵扶善剪惡名宦鄉賢俱崇祀之

王承家　運學生御史得春子孝行克全養孀母撫孤甥
恩義並至以子貴封國子監學正祀鄉賢

王永興　舉人長子縣教諭懷宗即位疏請清宮府之奸
列魏忠賢十大罪人稱其有祖風祀名宦

喬國禎　舉人任六合縣知縣居官清潔有盜扳良善力
爲判雪地方稱神後二孫俱登科甲祀鄉賢

康四海　進士官至江西按察使四川典試處巳不欺與
人無競服官蒞民一以慈惠爲本義方訓後科
名繼美次子弘猷中甲午解元四子弘謨中丙子舉人
孫如璉成庚辰進士如琰壬子經魁

謝傳顯　舉人官至南陽府知府性剛直方嚴任曲陽開
渠灌田幾五百頃陞大名同知適流冦犯界督
衆力戰民獲安堵署篆長垣辨獲假巡方齊文舉聲名
嶽嶽豫督王家禎以豫省被冦特疏保陞宛守詰兵措

餉著有成績及歸里閉門著書訓課子孫子象申象超同領戊子鄉薦孫樞巘成辛丑進士

胡承裕志夔子舉人滎陽縣知縣居官仁慈清正冦過不掠其境後闖逆之變賊知其清不忍加拷

楊炳進士官至兵科給事中筮仕滋陽平妖有功行取兵垣有平妖錄

胡舜封志夔之孫戊午解元上蔡縣知縣讀書攻苦以文章名於世門人登科第者最盛

賀道昶舉人官至陝西神木道僉事遭闖賊之變被賊重拷不屈而死

丁應觀萬曆間貢同官教諭質朴力追古道理學精研所著有學易堂集

馬進江都主簿時高郵寶應湖水溢運道孔艱進建議甃石爲久遠計陞光祿寺監事先是河東荒人相食鄉人就食於揚者百餘進餔饘之無難色全活甚衆

曲應鵬歲貢授汾州府訓導敦篤而朴不慌浮華

王世相歲貢延川知縣好讀書嫺詩兼醫卜諸藝

丁應美例貢克敦孝友慷慨樂施長子期昌成進士曾孫廷棟翰林人以爲厚德之報云

景永祚舉人景昉之子德行著聞闖逆之變逼以僞職誓死不受

楊柱舉人授固安教諭性敏學博德重鄉黨

王國楠舉人御史事孀母至孝兩任殘邑創立磚城出巡江南沿海肅清祀鄉賢

李日㦤進士官至河南府知府雲南典試所取盡眞才任河南時距家寄遞關防甚嚴同鄉譏其薄所治服其公

劉席民進士官至兵部主事事親至孝臨民至仁祀鄉賢

李貞佐舉人授河南郟縣知縣潛心理學崇禎間冦至不屈割舌斷肩而死母喬氏赴城罵賊亦被害

士民葬其母子於南郊立祠建碑歲時致奠詔贈河南僉事

李恪　崇禎甲戌進士任山東兵備僉事捐軀殉難

景星　舉人闖逆之變授之官不就感憤不食而死

呂崇烈　進士官至禮部左侍郎德性沉靜學有本源接曹于汴之傳倡明理學鄉會典試雅稱得人講學於弘運書院至老不輟有講學語錄行於世

王道成　進士浙江金衢道參政處家孝友居官清正不違道以干譽不隨衆以求合

靳斗　歲貢任山東陽信教諭於諸生課藝外諄諄以忠孝節義爲勉癸未歲陽信城陷罵賊不少屈遂遇害孫麟衍麟振亦罵賊赴井死僕薛國與張引俱自刎頸一家死難共九人斗子生員儀霈聞之卽日奔喪號泣覓屍負歸

馬棐　貢士授陝西蘭州州判因修公署掘得古銅錢數十萬報上貯庫一無所私在里時酒後閉目默坐或意其真醉探竊衣袂中金棐實醒乃佯醉終不之言貽榖子孫俱敦厚德

曹希舜　端方好禮有古君子之風

楊吉士　性耿直好讀書

張斌　永樂間北征募三河壯士其兄當遣斌曰兄老矣且無嗣此行能生還乎吾幸有子又膂壯乃毅然代往窮絕塞而還論扈駕功授錦衣衛百戶辭歸養親而兄亦有子後斌子祐孫璡璲輩累世貴顯　以下孝義

景于崗　庠生事孀母克盡子職閭黨交稱奉旨建坊

劉近寬　有孝行授京倉大使

劉春排難解紛周濟𥠖獨

李鼎新武舉素性寛厚好義樂施侍養孀母恐出仕有妨定省終身不入㑹闈

姚蕭例貢有孝行

劉允寛運庠生事孀母四十年竭力承歡子廉民遊曹于汴之門砥德力行母喪廬墓

吕完正德間父没廬墓廬外常有狼伴宿鄉人傳其事于縣令疑之黎明詣墳視之果如人言

郝本彰號顯吾少列邑庠博覽羣書敎授生徒事繼母孝侍異母弟嚴而和家貧樂道一介不苟惟孳孳勸人爲善里中稱爲郝古人講學弘運書院曹真予友敬之乙酉秋不别妻子逸去莫知所之

李瑛父没廬墓三年不茹甘旨塋旁隙地種瓜以備時祭至孟冬瓜猶生人咸以爲孝行所感

喬安其父伯泰遘疾衣不解帶躬侍湯藥百餘日畧無懈父母卒俱廬于墓側

郭用賢歲貢太谷縣訓導遊曹于汴之門太谷縣令欲
用女樂於明倫堂用賢大詫力沮因爲儕類所
譖罷
歸

曹良良曹中丞于汴曰吾族老傭曹寧其子良良垂髫
時以揷箕爲生毎得毫釐則爲父母具美味稍
長傭工其父母不乏酒肉嗟乎此非孝子乎哉未可忽
也爲作良良歌歌曰曹寧夫婦病且老有子良良行孝
道苦助竭力得毫釐奉養雙親嘗溫飽我雖峩冠爲朝
臣睹此美行感懷抱世上豈乏峩冠人上天下地能論
討妻羅子綺愁不足不爲父母添布襖嗟爾良良是吾
師願爾多壽多財寶

王鳯事母至孝母卒廬於墓側有白狼伏于塋鳳不爲
懼一日狼越墻去爲賓覊留不能下鳳以手扶出
狼再四回顧自後時
來伏塋如是者三年

謝名揚庠生素行孝友鄉里則法祀鄉賢

馬之偉庠生孝親友弟真誠樸率教子俱登甲科

景嘉會學優行高鄉曲推重善事雙親友於兄弟

張光射孝友好善一家化之

李茂春選貢無極知縣以孝行著母歿廬墓三年

王畿奠歲貢廣昌縣教諭親歿廬墓三年不仕闖逆

張啓棠運庠生事母趙氏壽九十七歲奉養未嘗有怠母歿未踰月痛母而亡

王肇益庠生鳳翔司理家禧之子逆闖遣黨寇捉官家極刑索餉肇益隨父詣比所稱家世清白願代父受比賊怒夾三日遂死賊亦憐其死而恕其父

吳現庠生事父母至孝父母歿各廬墓三年

郭國泰山海關都司以親老故歸里侍養弟國安先明早卒遺孤用康撫育無異己子庚辰歲大祲出積粟數百石以賑族黨

劉有占任薊遼副總兵慷慨仗義獨建原王莊橋並修運城北城樓庚辰奇荒捐貲賑饑祀鄉賢

劉光溥明末寇變有翼城高商以五百金寄其家二年始至原金封還

國朝王度舉人安塞縣知縣讀書力行有古人風居官清苦歸里後訓士課子多有著說

相斗南舉人丙戌會副任廣東電白縣知縣事母孝慷慨有意氣明流寇起出家貲給衆與縣令議守城賴以完仕電請免太平驛夫役人皆感德里居能侃侃爲地方言利弊重修邑志

李恍拔貢浙江西安縣知縣多善政舉薦卓異陞肇昌同知金華知府

曹光拔貢華州知州州言行不苟綽有政聲

馬光啓　進士官戶部員外執法守正有浙撫責人一案力主歸還全人骨肉二千餘家有惜陰齋文集

劉廸穀　進士初任太和縣知縣補嵊縣知縣天性剛直生平無脂韋態兩司民牧俱以清著

周訓成　進士選庶吉士甲申避難入秦館於嚴姓拒婢女不入戶嚴益加禮鄉會皆大魁辛丑同考後除江西南瑞道改廣西右江道在廷交章保薦又補上江督糧道俱有惠聲致政歸適
聖駕西巡蒙
溫旨慰勞賜
御書駐顏扁額所著有見山園草

馬光裕　進士官至吏部考功司郎中居躬接物和雅溫恭歷官銓曹考核公正詳慎朝論服之懔情終養事老母曲盡其歡潛心濂洛諸書與理學孫鍾元魏象樞往復辨質一以躬行實踐爲主識者稱爲有體有用之學所著有止齋集

萬敷典乙酉舉人時俊子秉性廉介弱冠登賢書築室西郊閉戶潛修足不入城市二十餘年

郭用光字子謙號涑南國泰子廣昌縣教諭性方嚴不妄交游博覽羣書晚尤嗜易著有八卦圖說倪鴻寶兒易釋義教子孫業儒子于疆戊午經元孫賜珏乙酉經元賜斑元圻俱庠生

王尹方進士選庶吉士仕至內閣學士兼禮部侍郎人品學問推重一時海內有四君子之稱予告終養卒于家優卹祭葬皆出曠典

丁廷楗進士授翰林院庶吉士仕至江南徽州府知府賦性溫和歷官數十載人不見有喜怒之色事祖父色養備至撫弟姪俾各成家弃友天性也出守鳳陽徽州清白矢志一介不取所著有紀遊草

景應熊康熙乙丑進士任東陽知縣廉靜寡欲值旱荒民多逋賦甘受參罰不忍敲朴及旋里儀屋而居四壁蕭然年逾八旬手不釋卷著有憶椿錄讀禮撮要諸儒宗旨日抄醫心金鑑敦行錄續編偶吟草

張昭舉人授中書舍人天性孝友好善樂施修名賢祠
築漏澤園人皆義之所著有蛩吟詩集

周冕副榜貢力學不倦善於誨人從游多知名之士

張焞舉人事母至孝為人清謹好義扶難周急人多感
德性嗜古摹二王書得其神似索書者縑紙架常
滿刻有留餘
堂法帖行世

何遠進士仕至禮部祠祭司員外郎工書法先為獲嘉
令有聲擢主政與闈試人服公明

張弼豢例貢仕至河南淮徐道居官饒才能治河有功屢
召見奏對詳明特賜
御書謹厚堂額

劉櫰以父蔭儀衛都督同知永灝廕初任都察院經歷
除戶部員外刑部郎中守松江安慶二府飭吏課
士賑饑有德政尋授福建鹽法道廣東督糧道湖南按
察使值民變挺身諭服督撫疏薦陞雲南布政使內外

數十年勤愼稱職

張京俊 側貢性嗜古於書無所不覽多有考證足跡不入公庭著有半陶齋文集

張天錫 以將材從征臺灣廈門有功任福建漳浦鎮城守遊擊左都督

郭用疑 國泰子運庠生性至孝事親能先意承志曲盡子道 以下孝義

曹應遐 庠生家酷貧兄應聘以貢入都病故應遐間關二千里負兄骨歸

馬煒 庠生善事繼母鄉黨稱孝 王秉粹 事繼母至孝捐助修城

路應元 貢生分訓潞安事繼母如生母多士式之 張鍍 廩生清苦力學孝事繼母

宋登雲 庠生事母劉氏承歡順志母八旬失明雲日夜啼號訪名醫療之光明如舊母至百歲定省如一日

李琮生字義山父歿於兵負土爲墳遇忌辰閉門涕泣終身如一日後稱素封喜施予族戚無依者皆撫育之臨終焚千金券郭于疆爲作傳見藝文

劉鑑　景蕭割股　吳養溫還金　李福榮　景𤀹　仝敬以上諭穀

賑饑

夏縣

明王翰　字時舉仲文之子初浚儀歸暘因言事不合以躄疾辭位挈家寓夏縣邑名士從之遊翰時孤貧負薪鬻于市竊聽講堂窻下郭極亦暘門人恠其屢來詰之乃前縣令子也引以見暘扣其所蘊知爲佳士遂得受業門下與極同硯席極供其食飲親承暘指示經史禮義之外教以文章諸子百家靡不研究後結廬中條山以採拾自給家貧無楮取落葉書之著山林樵唱洪武初以經明行修辟爲本學訓導改平陸陞鄢陵教諭永樂元年周邸聞其才名乞爲教授翰性方正不隨俗俯仰以古聖賢爲師浩喜聚書家甚貧輟衣食之奉貸而市之經史子集至數千卷所著經史日抄敝帚集梁園寓稿

藺芳　字仲文以孝廉授山東內黃縣知縣遷定州知州俱有惠澤及民陞刑部郎中三十五年江西吉安府廬陵諸縣大饑貧民嘯聚山林剽掠殘奪銓部知芳才奏署吉安府事上賜璽令乘傳以往芳至招撫安輯

發倉賑濟仍給之耕牛令開荒田勸借富室以供粒種民大悅爭棄兵歸農吉士以寧遂實授吉安知府尋陞陝西布政使特擢工部右侍郎芳容貌魁梧才幹卓越所至著績

薛賓洪武間貢士歷陞刑部右侍郎改北平布政司左參政建文時燕邸有南伐之謀賓同左布政使侍郎張昺密奏建文昺等擬先事而動小吏李友直潛白其機于文皇賓等入見執之因抗辯不服令武士以金瓜擊落其齒遂俱死之賓有幼子李指揮者匿爲已嗣後被邑人司務郭成訐奏俱罹禍蔓延甚衆

樊宗彝縣博學能文洪武庚午以通經博學薦授黟縣知州僻居讀書有美娃夜往挑之知其妖展書玩索不爲動娃笑歎而去所著有荆南咏子鵠集聽椿吟

王礪字汝用翰之子永樂乙未進士幼嗜學盛暑夜讀家人勸止乃以衾障燈光竟夕誦不休隨父宦廉

郭極字仲樞永樂十四年召至闕授五經博士固辭不受宣諭賜紅車遣還鄉里與王翰相友善有著作

稿燬于火

裴祥恩貢任工科給事以言事忤旨上方在疾中調同安知縣疾愈思之取復諫職而祥卒矣

郭齡極之子授廣安州知州撫按奏留九載陞重慶府知府時洞蠻叛逆官軍屢征不下齡毅然請往諭以朝廷恩信衆帖服朝夕侍側不忍舍留齡三載臨行餽金萬鎰却弗受時重慶三年不雨齡同任至界即雨麥秀雙岐人感悦立祠祀焉

郭確字磐石極之子齡之弟玉立魁梧以賢良薦稱疾不赴嘗有鄉人登門侮詈者確戒家人不與競其人愧服明日詣門謝罪其爲人長厚類如此子瑁緯有父風

郭瑁字廷圭舉人授青州府同知陞南康府知府蒞官守身一以謙抑長厚爲主初郡多虎害瑁循省自責禱于城隍神廟翼日虎死廟下人以爲異知府馬驥撰墓碑

郭璟 齡之子舉人初授眞定府學訓導陞陝西寳鷄縣教諭歷官廉愼喜吟咏

賈貴 義甫之曾孫任固安縣丞公勤幹濟百姓保陞本縣知縣前後十八年民德之無閒言

王正 字嗣宗礪之子聰穎過人日誦千言弱冠負重名景泰戊辰進士兄弟四人析居凡田廬器用悉推讓與之授安肅知縣所著有公餘雅興牧民手鏡藏于家

毛深 字文淵授聊城縣知縣起復博野縣陞邳州知州調磁州歷河南府同知轉延安府知府進階參政聽訟鉤隱民莫能遁所在多善政任磁州以歲凶申免稅銀十分之八路當衝衢申免徭役銀二千餘兩告免萬金渠夫役五百人申免黄陵岡夫役六百名招還李改兒等復業三千餘家修學課士彰善癉惡善政難以悉舉詳載磁州去思碑祀名宦有鳳庵政蹟錄

張振 庚午舉人永平同知陞臨洮知府轉甘肅行太僕卿優于政事所至著績常在都下會宴禮部異其

儀容請使壓宴上錫之蟒衣以壯威嚴當會試時與郭瑨同入場遇火災振與瑨膂力過人援活者甚衆

馬彬　父弘毅寢疾日侍左右夜則假寐床下如此者多年尤愛其弟任艱任勞身獨當之與弟并以孝聞父痿痺便溺輒以手掬出值盥櫛口銜巾纓而拭汚穢曾無幾微厭倦意

馬忱　彬之子壬午科任富平清澗東平三學訓導轉武定州判官在三學視諸生如親子弟造就多方去後輒思之不忘平生勇於爲義親屬貧不能辦婚葬者輒資給之子馭騤登進士第

馬馭　忱之長子弘治癸丑科授景州知州臺臣以道不拾遺蝗不入境奏績褒旌異

馬騤　字世用忱之仲子弘治丙午舉人丙辰進士授行人陞工科給事刑科都給事正德三年廷試掌卷時大臣焦芳欲子黄中爲殿魁騤違衆取涇野吕柟狀元及第得罪于芳又忤逆瑾之黨調淮安府推官在淮安多所平反禦流寇有功時瑾黨怒未釋僅轉松江同知陞饒州知府改鄖陽祀鄉賢

王巨臣舉人歷任孟津宿遷邢臺三縣知縣正德中流賊騷亂河南尤甚孟津當衝路巨臣保完城池在宿遷值武宗南幸政務嚴急巨臣獨攝二縣事皆就理

賈存哲貴之子少有才名任濟寧州同知修黄龍崗曾子廟皆有成績

衛能賦性醇篤喜讀書涉獵大義武宗西幸知縣高福預備迎駕之費能輸白金百兩粟百石助之

劉鯨正德癸酉舉人任金縣知縣陞莒州膠州知州轉韓府長史歷有善政

張玫丙子舉人任永清縣知縣體貌魁梧以節概自尚在永清愛民下士癉惡不撓有豪惡殺一家三人者先時屢以賂免玫至竟寘之法又優人臧賢與玫同里獲幸正德勢炎宰輔玫終不許一見其剛介如此

郭鎧齡之孫登封縣主簿有李相者父子業儒貧而有守鎧恒資其衣食有王生者初以事相詆忤後以罪逮獄懼而賂以金峻却之及休致歸復以前金餽終不受有非理相干者弗與較久乃愧服長厚退遜爲人

所稱

趙克巳璲之孫授靈臺訓導諸生有婚喪不給者分俸助之正德中寇至令逃去撫按檄署印旬日措糧萬餘石當道勞之改鄜州學大饑守巡擇委賑濟全活甚衆子九經

趙祿例貢有詩名

王繼本字立之正之子鯁直嗜學授高唐州訓導不受束脩以文公家禮化俗引疾乞休事繼母盡孝敬里有惡少嘗凌侮輙入中堂下帷潛避尤爲人所難能所著有虛齋集

郭錫璟之子經學淹貫講解詳明綏德州訓導陞永寧縣敎諭

張鶴爲人重厚朴素無僞言飾行爲鄉評所與授秦府奉祀正復除鄭府奉祀正

馬嵒馭之仲子任趙州訓導陞三水縣敎諭歷官瀋藩沁水王府敎授性敏學博工詩文德性溫和人無

忤者著有西軒吟草

馬巒字子端騤之仲子篤信好學飭躬厲行景慕鄉哲司馬温公因公號迂叟自號希迂子知縣鍾恕欲鄉賢祠黜柳子厚巒具書勸止入太學文重公卿間江晃將言平陽諸處邊備改本邑巒移書備論道險運艱以寢其疏所著有温公年譜希迂尚論翊道編迎暉書屋稿等書

盧應議存恥之子舉人作字遒勁自成一家

劉鳳朝鯨之子巳酉舉人體貌魁梧辭氣温雅授新樂縣知縣浚溝塹植榆柳以禦暴寇邑巨盜牛世華爲地方害前令莫敢誰何鳳朝誘而致之死邑賴以寧

張養志隆之子善書能詩文任費縣知縣

郭東郊景之孫錫之子歷武强教諭性好吟咏年踰八袠猶冬夜觀書史所著有拙積錄續拙錄

馬珂 巒之子幼業儒因家難中輟善楷書

廖永量 隆慶間貢南鄭主簿陞清澗丞署褒城沔縣事
清綏德屯地所至緯有聲望吏民懷之居家日
親書史所著有聞見紀異通鑑類抄綱目摘異性理摘
言諸書

司馬祉 溫公十六世孫與姪晰始自南歸夏同中萬曆
癸酉舉人晰爲解元祉中甲戌進士歷官陝西
行太僕寺少卿居鄉教授生徒邑內文風爲之一變姪
偉丙子舉人

馬化龍 丙子舉人字光前陝西延安府通判復補河間
爲人篤誠謹畏居鄉人稱爲古君子居官人稱
爲古
循良

郭連城 舉人大同縣教諭起復五臺縣陞莊浪衛教授
得父母懽心

裴一諫 與曹于汴交莫逆由明經訓各庠以敦倫立誠
爲教歷中部唐山山陽縣令咸有惠政子孫俱

以理學傳
家祀鄉賢

楊有成　舉人祁縣教諭陞完縣知縣居家孝友莅政清
廉與弟終身同爨姪四子一俱教育成名家產
五分
均分

盧學古　萬曆戊子舉人衡水縣知縣流寇之難捍賊全
城陞安塵府同知署篆守城緯有方畧外援不
至城破被執罵不絕口賊怒剖其腹而死子可久伏屍
慟哭不知有死賊憐而釋之

裴章美　一諫之子萬曆戊子科事父及繼母孝謹備至
事兄金章如事父與絳州辛全同以聖學相參
訂令永清力行教化有兄弟爭訟者申明六諭講孝弟
一條二人垂泣曰我輩獨非人乎以狀投火而去告病
歸明道淑人學者宗之所著有答問篇燈下靜談約言
諸書祀鄉賢兄金章亦以孝友著名

秦三奇　舉人德性醇篤簡默如處子

任九叙任榆次縣教諭坦夷不設畛畦人樂與之姜海恩貢孝行純篤潛心理道

裴誠蔚州訓導委署四處印務俱有賢能聲陞白河知縣恤民愛士救荒多方

秦士英恩貢昌黎知縣潔已愛民蠲漁户官税免廟會例銀且善斷疑獄上官推重以母病歸

裴可觀章美子方成童即求學問正傳躬行實踐遊邑庠試輒高等聞絳州辛全闡明斯道往從之明年從弘運書院講學曹于汴以神童器之歸而與業師叔父鶴章纂道學淵源録二十卷未成以疾卒

姚汝明天啓辛酉舉人崇禎間歲凶出粟賑饑全活甚衆又立義塚給穀瘞埋撫院題奏旌表後爲蠡縣令公費悉取于家擒逆寇劇盜化爲良民三晋又荒寄書於子廣運仍前賑濟擢河間同知遇變死節蠡人聞難往省並其死節副室任氏棺殮歸蠡哭之甚哀詔贈山東僉事祀鄉賢

裴鶴章天啓丁卯科章美之弟幼而端凝郡兒戲以聖賢道學目之答曰目我爲聖賢聖賢何敢當笑

我爲道學道學有何妨識者知非常人讀書窮理務在力行學者師之後至弘運書院談及天人一貫之理爲曹于汴所印可生平著作甚富皆宗于名理云祀鄉賢

楊自升天啓丁卯舉人事繼母撫幼弟人稱孝友歷任滄州知州時隣封被冦殘破升獨捐俸鼓衆出禦敵賊有就擒者城乃獲全宦歸値異荒煑粥賑饑存活甚衆

張其才孝事孀母究心理學自甘淡泊好義樂施以子愼學貴贈御史

賈文通進士待聘祖也存心仁厚制行端方其子永福亦以樂善著聞

毛旣明天資穎秀能琴能詩能書邑庠生有當道鉅公宴禹廟文命閣聞其能琴命邑令招之托以疾或問之曰吾伶人也哉竟不往

楊邃賦性勁直行已廉介事父母孝父母意與已意不合者俛首聽從少間從容以理白之族黨無論長

少尊卑有搆忿者片言解之即冰釋耕耘之暇必讀古書其訓子嘗曰司馬溫公吾鄉先哲後生能尊其行溫公可學也一日其子之友某舉人者將訴負欠者于官遂知之謂曰君以文學中鄉舉爲此小利而與市井小人搆怨非體也其人慙而退其言直而氣出以遜心平而貌示以莊故在在服人如此

王昱　事親極孝人咸稱爲王孝子貧而有守不苟言笑從曹眞予講學與安邑孝廉李貞佐善貞佐任郟縣昱訪焉適流賊至李促昱行昱曰安趨而危去吾不忍也城破李罵賊不屈割舌斷臂死李母喬氏罵賊亦爲賊害家人俱逃昱獨不去賊詰曰爾何人昱曰諸生賊命剸去耳鼻昱仍不去賊又詰曰令爾何人昱曰窓友賊曰何不去昱曰爲窓友收骨骸賊義之釋不殺掩貞佐母子後行抵里會講弘運書院

李天秩　恩貢持已端莊誨人諄摯　吳炳宗　拔貢考通判安貧能孝

王定乾　崇禎癸酉舉人國柱子幼潛心理學能孝能友授懷柔縣知縣捐俸作養寒士絲粒不取民間

典地鬻園以供
日費百姓頌之

賈雲龍崇禎巳卯科立身端謹接物寬和任嚴州西安二府通判俱有異政陞龍安淮安二府同知放積水入河民享數十頃膏腴之利

馬步美運庠生騤之五世孫化龍之子志量寬弘識見卓越善于詩文著有聞雲齋集

盧學詩歲貢好義急公慷慨樂施

周遜洪武間任分水縣主簿母喪廬墓三年以下孝義

曹欽弟婦寡而無子病且亟欽召其子諭之曰汝叔母無子止有數女母之於女亦猶吾之於汝也今病革家貲任其分散汝等勿與也諸子尊奉無敢爭者

張孝初爲諸生母喪廬墓掩骼埋胔行事忠厚

曹泰　爲鄉校童子師有貿人遺白金者泰訪其人還之

行田間遇人盜其穀蔬輒退避恐其見而愧也

張璲　弘治甲寅歲饑出粟賙濟

王瀵　慈祥愛物鄉里推重子斂遵其遺敎一日拾錢於

道不得其主施爲修橋費

盧佐　重修獨樂園以存古蹟

盧存藝　拾遺金訪還其主煑粥救民

丁洪　兄故遺子孤幼洪撫養成立

裴純　友人某貧不能自存給衣食歿爲營葬弟紳四子

純子早喪僅一孫家産五分分之

裴鑰　於蒲州客邸拾遺金卽還其主荒歲賑饑不責其

償

毛佑　知府深之孫通明公正鄉鄰有競者以理折之人

多敬服嘗遇方士授以丹方治疔毒有効佑合以

濟人昏夜求之無弗應者

解智　隆慶初宋司馬温國公十六代孫祉同姪晰來夏子立無依智餔轂六年無異家人父子晰得從容營田宅爲定居計

王皓　庠生惡少張某醉詈其門皓不與較遇荒歲鄰人盜其田中苜蓿皓見之潛蹤而去

申登務　孝廉昌言之曾祖翀之高祖也張全亦無所歸務買棺理之

楊休　隆萬間爲諸生性行伉直事親孝父母喪俱廬墓

李棠　例貢任東光主簿天性友愛與仲父李旻同爨後旻故遺孫梅會孫樂棠撫恤成立四世同居族人德之居鄉謙和里人至今追慕焉

馮珊　父早亡與叔同居比析産讓多而取少及叔故撫其孤恩愛尤篤

馮得意早喪父事祖母及母能孝精外科術活人甚多

裴紳兄純尚義好施紳善治生分爨後家益饒積而能散戊子歲荒捐粟五百石壬辰再荒賑如前辛丑寇變輸銀二百五十兩豆穀三百石馬數十匹蒲商魚躍假貨易甘州被刧不敢歸紳曰幸全軀足矣貲何足云躍聞之歸謝終不責償子錫母卒寢於父側三年不入室父娶繼妻而後已季子鑰於蒲州客邸拾遺金郎還其主

趙璲倜儻有大志博學强記孝友信義有聲族黨

樊叙之任襄城縣主簿事母孝處弟友居鄉睦人多愛敬

張鐘鼎當國難鼎守城三月與諸執事申明効死之義及寇退凡有事城守者論功行賞兵部給劄授京營把總子潤民登丁未進士

張四德 生員鳴條嶺地二十一頃亂後荒蕪四德糾流移貸牛種開墾復成熟地設立新莊

楊連成 開家塾招親朋子弟讀書

解通 應召斥言吏部選法不公降河泊所大使處家雍睦五世同居

張守芳 以農業起家孝行素著

申我欽 生員三歲喪父孝孀母友弱弟甫冠讀書夜半而祖乃得脫崇禎十三年歲饑承母命割西郊之麥以散族黨全活者衆賊至與弟我猷劾（効）死衛母賊亦感其孝而去啓廸後學諄諄以孝弟爲首務子昌言孫翀俱登賢書

郭伉 生員父母相繼而逝葬後獨居三年不見妻面

裴應時 祥之孫母抱疾二十餘年朝夕侍養親嘗湯藥處兄弟友愛鄉人稱貸貧無償者捐之修學賑

饑各捐粟四十餘石

趙永昂　父憲故母張氏寡居昂甫成人卽能經理家務孝事寡母撫幼弟永賴永川永貞成立

盧應詰　生員家塾八十楹招童子聰俊者讀書其中延師教之捐銀以爲燈油之費

張文明　生員父喪晝夜不離喪次者二年事兄極恭辛巳大疫給醫者吉㦸藥資二十金不令向貧人需索一時全活甚衆教子課孫家範極嚴

胡以成　鄰有新婦偶失金釵翁姑逼索以成以巳金倩工爲之托以拾諸道路送還其家家人謝而受之後其家得原釵驚問其故以成答曰失釵事小倘致不測所傷反多吾懼貽禍爾家姑爲此以解之耳

衛九錫　事親至孝父性至孝母病嘗糞物　盧墓三年　劉漢臣　居喪不茹鹽菜

齊忠義　捐貲修橋後橋圮復修至再至三無怠志又有馬尙德捐貲修朱吕橋里人劉養勇助成之

張瑛任榆林永豐倉大使時有同倉荘平薛春者折糧當賠還以女薛花賣娼家得銀十兩以充之毋子將別對泣瑛憐之出俸貲贖女還春春同籍以女適舉人劉寧瑛後陞廵檢道過荘平春酬以金不受

張憲事親純孝與族叔瓚俱淳謹里有爭者多和解之憲娶妻而瞽相處雍睦生二子夫婦偕老焉

秦應槐廩生行端學優事親純孝及歿各廬墓三年

楊休生員性行伉直事親至孝母喪廬墓三年父喪亦如之

國朝吳國儒順治辛卯科順天中式從命子任文水繁峙教諭陞平定州學正戛戛持躬循循課士

張慎學崇禎丁丑舉人宰中牟修武備以遏冦誦元氏治巨憝十餘輩除地方之害又按視畿南北糾劾貪殘預積粟以賑荒順治初授御史廵蘇松等郡擒申理究抑不肯以故事自了祀鄉賢

張濟民忠厚儉樸友愛性生家世貧寒晝則力耕夜則織席供弟澗民讀書登進士歷任河南學使其

子楫亦列武鄉薦濟民持身一如微賤毫不作驕矜態潤民齎送俸金仍封還之勉以居官清白晚年分爨念已子一人弟子二人產業竟三分之潤民有學吃虧先生傳

裴嶰字竹溪明經慎之子讀書嗜古不屑屑以功名爲務時訪安邑曹于汴絳州辛全究心程朱之學父喪廬墓三年甲申以後謝却制藝結廬僻境布巾素衣數十年足跡不入城市非義不取閉戶著書所撰有諫論解布粟錄忠諫通編黔鳴錄諸書

侯世忠順治庚子舉人任雲川衛教授陞鄖縣知縣正身清廉非義不取聽訟明斷平易近人卒于官旅櫬不能歸里上官憐其貧倡鄰屬捐俸以資送之

李希賢歲貢汾州府訓導敦行古道厭薄塵囂　張慎修拔貢考通判利弊所關慷慨敢言

張慎發任廣東按察司知事陞邛郫知縣興利剔弊一時號稱循良丁艱歸補南皮令兩月以疾卒于

官旅櫬過邯鄲哀泣祭奠送至家者甚衆建祠邯鄲門外入名宦祠夏縣崇祀鄉賢

張潤民字敬齋丁未進士授内閣中書徒步入署間亦騎驢一布被十二年不易歷户禮兩部郎出視河南學政公勤敬慎屏絶苞苴性至孝居京邸朔望雖饘粥必祭其父母祭必泣事兄濟民如父

秦章年四十餘與兄庠生文俱有女無子惟弟錦有子二皆孩提順治十一年逆寇餘孽夜至恣行搶掠執兄文殺之嫂携女逃去章與妻馮氏棄周歳小女於床下夫婦各負幼姪一人踰墻走賊射之終不肯捨質明歸來見所棄之女無恙而弟錦亦被賊燒烙灼嫂與女母子盡擄去章歛兄弟訖訪嫂與姪女所在鬻已產得百金贖歸爲姪女擇配備奩而嫁之所存兩姪後皆成立章亦有子以下孝義

趙運福畸年十二在市聞其事急歸牽母痛哭曰縱繼母吕氏以家貧不能存欲他適媒妁已成福饔飧不給福願乞食奉母决不攀及二兄吕氏感其言甘心苦守數十年愛福若親生者年七十五歳卒衣衾

棺木皆福獨辦里巷傳
其事以爲不可多得
孫天濟割股　胡以修　姜一貫　張楫以上還金

聞喜縣

明賈正儀舉秀才授御史有直聲累官河南參政謝政後夫妻徒步居家紡績爲生明太祖聞而弊之祀

鄉賢

楊忠貢士正統中知鳳縣有聲士民仰戴

裴瓘正統初歲貢任即墨知縣勸課農桑撫民如子

趙璧舉人任韓城訓導永清敎諭問學優長啓廸有功入韓城名宦

王哲字文明天順進士授行人擢御史按甘肅邊將劉聚殺山谷居民冒首功劾誅之歷遷廣平徽州知府造士課農敦行節儉華除日供堂直銀及茶商引錢徽人歌之曰孫青天周半廉王太守不愛錢蒞徽六載歙民鄭恕等控撫按求久任休寧民程文等叩闕乞留遷陜西參政徽人扳轅載道塑像紫陽書院配祀朱文

公抵陝值歲饑邊餉告匱請於藩司得銀若干易棉花給民織布折租餉賴以裕民亦便之洄賊圍白水官軍不能却哲至諭以順逆賊皆羅拜引還孝宗旌內外廉吏哲名第四以事罷歸或傳冢宰語令自辨哲曰苟少詭隨何所不容若其不能焉往而不見擠遂閉戶讀書當道知其貧多所餽遺却不受卒年六十七

仇儒　成化乙酉舉人任朝城訓導陞韓城教諭學問淵博訓課勤敏見巡按謝綬碑陝西通志云丘茂聞喜人成化間韓城諭性資明敏學問淵源教課不倦致成多士按此或仇訛丘儒訛茂

崔縉　成化丙戌進士刑部主事性方正好古其祖以先聘妻寒微貌陋欲爲別娶縉不從士大夫義之

楊縉　成化進士歷桐城知縣湖廣道御史剛介有守京師有一道清風之謡其帶可圍三人孝廟知名呼爲胖御史陞陝西副使

李泰　字時雍沈默嗜學言動不苟教人以力行爲先揭書朱子孝弟忠信禮義廉恥八字詔學者曰此安

身立命符也成化甲午舉人歷林縣恩縣知縣祀恩縣
名宦及本邑鄉賢
宋鐸舉人任西安府訓導夏津知縣以公廉稱丁艱歸
父老持錢贐送不受後補山陽縣
趙仲輝成化進士歷戶部主事員外郎中廣平府知府
居官清白祀名宦鄉賢
支夔成化進士歷南京戶部郎中以廉幹陞成都知府
補袁州府政聲大著
秦誠通成化進士任德府左長史嚴氣正性藩王賓之
楊謙弘治壬子舉人知武城縣以才調諸城有惠政旋
謫平山衛知事諸城父老千餘詣闕乞留銓部以
單縣尤劇改調單縣流寇聞名遠遁境賴以安歸里囊
橐蕭然正祀考曰清白自誓德憲並施决策破疑孤忠
甚厲掃氛蕩寇成
績可嘉祀鄉賢
王益弘治中舉人父歿事母以孝聞焚千金劵親黨有
求無弗應者

李進 正德進士歷官僉都御史廵撫延綏陝西忠節祠錄曰興利除害執法摘奸山西正祀考曰天性孝友理學邃精著有詩經辨小窓清適等集祀鄉賢

李霦 泰子由例貢授邯鄲主簿涿鹿經歷邯鄲志稱其高簡嚴毅處繁劇畧無張皇之態

李汝重 選貢保安知縣博學善文章

王澄 歲貢授清河訓導和厚溫恭致仕歸門人遠送之不忍舍子宗堯宗舜

楊昜肖 謙子舉人洛川知縣政簡刑清日以琴書自娛所著有野蟬酸𠹭草屋雜談小亭底蛙等集

王宗堯 舉人任浙川東安知縣歷南京都察院經歷刑部郎中爲人質直不尙浮華歸里後僻處一圜父子兄弟皆仕宦絕無驕意

張守中 字大石舉人通判保定遷知通州庚戌之變有總制勢急欲入城守中不納以理拒之累遷密

雲兵備神木副使僉都御史巡撫延綏開厰視米犒士
強半卽令守備煑食不能下咽治以軍法各堡皆憚之
每親臨戎敵以書生不習兵易之守中出奇計大破其
衆在邊數年屢奏膚功卒於官加副都御史贈兵部左
侍郎賜祭葬祀延綏名宦陝西通志云爲人質朴方嚴
抑豪強懲貪墨清占役肅綱紀辨廉愼戒淫侈唯修實
政不事鋪張若鎮城暨諸邊堡城垣衙宇學宫倉厫皆
躬蒞經營奸宄斂跡軍民禔福邊人至今感之

王宗舜　進士衛輝推官明刑無寃擢御史風裁凜凜有
王鐵面之稱陞山東副使時有大寮繫舟托買
帕貨竟以機杼困苦辭陞陝西參政丁內艱遂不出植
四柳園以詩酒自適祀鄉賢

李汝寬　性剛毅進士任清豐縣知縣民多慢紏之以猛
人皆憚之陞大理寺評事解綬歸搆一樓藏書
數百卷博學強識至
老不倦著有在澗集

景一元　嘉靖中舉人知慶都縣遷知濟寧州申革商稅
千餘金轉韓府長史卒之日家無遺積至今邑

稱清白

翟繡裳號左溪嘉靖壬戌進士歷雄縣商丘知縣行取兵部主事條陳邊計尚書霍韜極倚重之分巡關西會狪民叛单騎入竇鷄諸山宣布德威衆皆帖服累遷山東叅議叅政分守遼海按察使兵備密雲山東右布政使右僉都御史廵撫順天前後以軍功紀錄二次欽賞銀幣十七次時方有邊警力主用兵不合上旨乞休歸屢薦不起築圍涑水上二十餘年陶然圖史事繼母以孝聞置義田數十畝春秋祀先餘以周貧乏及不能婚葬者著有薊門奏議遼海政蹟等集數十卷

楊佐歲貢授碭山訓導博野教諭言笑不苟目不邪視冬月袖一扇路遇婦女遮其面邑人稱爲楊古人

葉士敦舉人任慶雲上元大興知縣歷刑部郎中平凉知府惠政最著祀鄉賢

王廷對澄孫歲貢授平定訓導補樂平陞榆次教諭府谷知縣慷慨有志不以貴介驕人居官廉正有

氣節稱

爲賢令

楊喬　佐子歲貢嶽州訓導階州學正純篤敦厚有世德

楊聯　喬子舉人任安平知縣寧州知州篤行嗜學以孝

友稱居官恪謹不事逢迎在安平時邑多中涓以

賂誘巖絕

之祀鄉賢

李俸　進士嵩縣知縣歷漢中德安推官大理寺評事刑

部主事劾問大逆張差撰疏激切時服其忠陞鳳

翔知府光宗即位贈光祿

寺少卿所著有擊筑集

喬邦俊　選貢授名山知縣精於字學

楊夢熊　舉人任永清大興知縣歷刑部郎中延安知府

長蘆運使終陝西參政善政多端歷任皆有遺

愛

祠

甯三翰丁未進士任武安知縣調涇陽俱有遺愛祠歷州遷山東布政使尋告歸居鄉和藹不談仕宦園林蕭然有物外志

翟期古鳳翥祖歲貢授濮州訓導同官敎諭善爲沉博育遷同官抵家不復出敎子孫樂田里僻處村塢手不停披足不履闤闠有古君子風祀鄉賢

王國相舉人任廣平通判陞全州知州居官清正林下十餘年平土冦有功

葉震生號梅塢士敎子萬曆乙未會魁授兵部主事贊畫九邊多謀畧有邊功遷密雲兵備副使忤璫歸里起補洮岷道轉靖邊道政聲藉甚著有睡心草行世

李儁字明海孝友恂謹母景氏年八十餘儁亦近七十晨昏問視如兒時萬曆間歲貢歷陵川訓導太谷敎諭靜寧州學正躬行誨士清正自持子振圻崇禎間貢介休訓導

任贊化　進士任棗陽知縣調景陵擢御史糾彈不避權貴劾楊維垣疏人多傳誦之因論權相温體仁忤旨調河南布政司都事後起補禮部主事歷河南提學副使調鳳翔道祀鄉賢

翟夢標　字懷玉繡裳長子天啓間貢工詩賦施方施藥活人無算遭闖變不屈而死

翟夢桂　繡裳次子天啓歲貢授元氏縣丞漳縣知縣博學能文長於詩賦

翟夢槐　例貢繡裳三子鴻臚序班善隸篆楷書

翟夢杰　號興余繡裳季子天啓間以將材歷都司秉性孝友言動以禮事父與繼母備極孝養事三兄如父讓産讓財白首篤愛不衰任薊鎮秭擕僮僕數人詩書數篋訓練士卒與同甘苦以終養歸

温素知　字忠赤天啓恩貢歷知華陰郃陽縣流寇至郃素知率民登陴七晝夜以勞卒官兩邑俱爲立祠初素知之在華陰也會中官以事至關中所過州縣蒲伏郊迎素知曰吾不能屈膝閹人探其將至托勘田避村

落聞文翔鳳挽詩云中官昨舍潼津驛但勸折腰顧奴
赤前騎未至課桑行羅敷水側門進碧蓋謂此也陝西
通志云慈惠端方色笑不假遇事立斷悉得其情卒餘
俸數十金紳衿致賻僅得歸葬

甯二翰天啓歲貢攻舉子業至老不倦負笈遊者頗多
名士祀鄉賢

李僑字養高崇禎壬午貢安貧嗜書教授生徒學舍不
能容兼精韻學從游皆知聲律士林尊爲師範

賈璽號琢玉崇禎十六年歲貢聞闖賊入關遂不廷試
以琴詩自娛足跡不入城市

裴邦奇號巢雲問學綜博以詩名有巢雲詩集四卷

張一清博極羣書有詩名

溫洸字波勵生員早孤事兄如父嘗於南橋見有將投
水者詢其故云母所績布入城貿易爲人盜去不
敢歸家見母卽引至家以巳布與之又於郊拾一囊知
其爲金揭於衢得其人歸之又於田見人在樹偷果卽

匿而退懼其廬也以忍讓訓
子孫傳爲家法　以下孝義

李芳　生員母卒廬墓三年

李邦教　母葬廬墓　張學孔　生員母病剪髮斷指願以身代

張綿　事母極孝崇禎四年寇自西來綿以身衛母賊縛母子投烈焰中死

趙承業　賊至獨守親喪賊欲破棺以身護之被殺　解艮溫　事繼母以孝聞得遺金招失主還之

葉士旺　慕義好施同居五世

楊仲　修南橋輸金百兩　李玹　救饑輸粟百石修橋輸金百兩

國朝翟鳳翥　字象陛期古孫順治丙戌進士授刑部主事深明律學多所平反陞饒州知府時金逆遺孽未靖設法招撫人民創建芝山書院招諸生講課於中以卓異陞屯田道上屯務十事陞陜西按察使捐俸

倡修馮少墟書院陞湖廣右布政修漢陽書院置田若干畝以養肄業諸生陞福建左布政使
覃恩封廕舍子廕姪以前任挂誤再補福建鹽驛道閩人歡呼未幾卒於官著涑水編桐園譜裴氏家譜閩喜乘行於世

王體言進士隴西知縣德禮化民不忍加笞以不合當事意罷歸閉户讀書家雖貧處之泰然

崔爾仰常字子高秀友力學與兄爾瞻從學成元修之門手錄程子全書莊誦之順治戊戌進士授直隸晉州知州勸學墾荒練鄉勇停贖鍰民祠祀之陞吏部員外郎力持大體不撓羣議嚴核符牒稽察印劄慎重名器銓政肅清遷户部郎中主持廣東展界之議開復諸生逋糧之罪已酉四川正主考祀名宦

楊永寧進士選庶吉士授檢討與修祀典諸書歷陞侍講宗人府丞光祿寺卿遷太常卿都御史兵吏兩部侍郎先在樞部時值滇黔倡亂調度悉中機宜後佐銓政澄叙精審寧爲人外恕内明遇事不激不隨有

古大臣風
祀鄉賢

朱裴　乙酉解元丙戌進士初任易州再補禹州誅巨盜按山左請發臨清倉米三十萬賑饑糾劾貪墨四十員訪治豪蠹百五十八境內肅然以四品服俸管理科事疏復詹事官禁止旗人殉葬皆允行累陞左副都御史時王師出平滇逆諸軍候取進止乃密疏請令便宜行事以奏奇功陞工部右侍郎祀鄉賢

甯世延　二翰子進士授汾州府教授修學造士陞鎮原知縣貸金償逋糴米賑饑邑人建生祠行取刑部主事轉員外

王景賢　乙酉舉人授汶水縣教諭己亥成進士未仕卒天性朴誠好學不倦

崔爾瞻　拔貢棗陽知縣陞延慶知州再任武崗所至有遺愛與弟爾仰相友愛終身不析産

翟貞儀 鳳翥子乾貢父卒於官萬里奔喪不通音問者二年又遭母喪哀毁骨立殯後吐血而卒人咸惜之

翟熠 繡裳孫舉人授左雲衛教諭再補太原教授修學課士正祭器補名宦鄉賢木主改建文中子祀移后稷於三立書院著有丁祀存考崇祀錄文規輯要

趙憲鼎 進士授江南懷遠知縣闖亂之後百姓流移田地荒蕪邑有包賠新墾之害鼎至即攜牒親謁當道哭陳百姓流散賠累不堪狀當道色動遂 題准豁免民獲更生在任五載以忤當事解組歸左圖右史日事編摩所著有史論與圖奇蹤等集

張根樸 字同雲號淳夫甫成童文聲藉甚爲提學袁繼咸所識拔補博士弟子會權璫張彝憲素卹袁嗾巡按御史張孫振劾之詞連樸逮京會鞫辨折不屈試書義立就詞義兼美鞫者賞之以是直袁斥彝憲籍

時樸年十五一時京朝官及諸名士皆引重江　張自烈太原傅山尤亟稱之自是感憤棄舉子業博極羣書尤躭於史所交皆當世砥節士與曲沃衛蒿論學衛引經斷史樸援史證經聽者解頤教子姪以立品爲先子克疑選庶常手書戒諭曰家世清白勿以巧宦爲也年八十猶不釋卷中夜呼子姪質究疑義以爲常易簀前尚讀名臣奏議日數十紙遺命不及家事戒令嶷勇退而已士林高之著有閑存齋集

王鍾靈　性至孝年甫十一居母喪哀毀如成人進士選庶吉士癸卯湖廣典試旋請終養歸里朝夕爻側不敢遠出嘗有羣盜夜入直逼親所鍾靈挺矛格鬬仆一賊羣賊皆攢刺身被十餘創鍾靈雖負重傷幾斃而二親得無恙繼母丁氏性頗嚴苛鍾靈事之甚謹得其歡心服除起補歷遷左右春坊中允再遷侍講與修平逆方畧已已予告歸爲學根抵性命尤留心於生民利病先是上黨草豆在平屬採買議撥平民運送羊腸險道民皆患之鍾靈言於當事卒免其役民乃得甦

甯世璇進士初授河南遂平知縣招撫流亡革除陋例邑遷內閣中書候補同知卒於家生平嗜學能文與兄世珽齊名先後俱成進士府號二難

楊綸進士武安知縣創立興文書院課藝講學人文蔚起邑焦莊舊有荒田三百餘畝閤邑包賠地糧綸乃招流民給牛種閱三年地皆墾民德之改焦莊爲楊莊內陞去任邑爲建祠

楊嘉永寧次子拔貢授中書舍人遷戶部主事員外刑部郎中才敏而勤所司會計決獄務精詳平允陞鳳廬道尋轉江常鎮道鋤強暴勤撫字威惠並行京口爲漕運出入之要津歲終開濬例丹徒丹陽起夫數千嚴冬持鍤立泥淖中苦不可言乃請暫罷其役日郎有淤滯監司嘗之歲省民費無筭而漕運卒無虞京江士民建祠祀之復祀名宦

任振鷺副榜貢任洋縣丞歷陞邠州知州先後蒞官寬嚴並用去之日士民多泣下者

陳謨副榜貢授興縣教諭捐俸月課士多悅服

程軒舉字乙蜚庚戌進士先是翟鳳翥立有端社軒舉更增鼎恒二社訂期課文親爲甲乙歷任縣丞豐兩縣知縣致仕

趙憲普舉人授湖廣湘鄉縣知縣賦重役繁民不堪命至則悉除之時經編審吏以規禮進約千金呵止之卒革其役邑有浮糧久爲民害適奉有清丈之令躬履田間嚴豪強而寬貧弱報增隱田僅二千頃合之原額尚缺四千力請題豁當事者疑其漏丈市惠勒令再報民皆震駭乃奮髯太息願以官殉謁當事泣陳其苦乃得免民多尸祝之居家友於鄉里稱爲長者

安方升壬戌進士山東滕縣知縣滕爲漕河所經每當修築夫役埧料俱派之里民至是官爲措處民以不擾歲辛未桑里大饑方升多方賑卹莊人得免流亡人皆德之

崔靖　進士初任江南山陽知縣再任雲南定邊縣兼署
楚雄篆兩邑百姓爭迎大譁戟轅曰此我父母督
撫互慰之滇民呼爲崔青天幼嗜詩書潛心性命之理
筮仕後公務之暇專以啓廸後學作養人材爲先

孫子祖　幼孤事母篤孝由進士授長垣知縣廉介自持
民有白菜孫公之號庚午分校北闈以協馬達
限奪官民環衙而泣者萬計復職補通許令除積弊十
款撫軍集州縣官面囑以孫令爲法所著有太極圖解
家禮抄
若干卷

翟鴻儀　進士授賀縣令行取入都復補麻城令多善政
病歿麻人巷哭罷市

秦熙祚　舉人授平遠衛教授歷曲江知縣政務寬大盡
華陋規以特薦遷四川會理知州地屬極邊猓
猓雜處兼係新設無城郭衙署無地丁錢糧抵任後自
建草堂宣布
朝廷威德適編審撤至民情洶洶力請當事題請得免規
畫八年治具粗張擢工部員外

翟垣　州子孝友嗜學建義學於西門外貧不能延師者令就業馬辛未歲荒免收田租千斛倡捐煑粥以賑里人由舉人授太平知縣禁革溺女惡習俗爲稍變講學課士士風爲之丕振

趙良弼　歲貢任徐溝縣訓導布衣乘驢徐邑有澹泊君子之稱

温敞　聰敏博學爲文揮毫立就明末逆闖至邑掠紳士拷餉兄亦罹難敞號泣請代鬻産輸之嘗拾遺金招其人還之先後應諸名公聘所歷山川風土人物政事皆有編述曰事事集省齋集武攸書宫詞百詠北平草又著續列女傳古今年號譜本邑志會修通志聘至晋陽九載書成

楊蓁　以父永寧蔭授興化府同知陞馬湖知府解組歸鄉辛未歲荒助白米五十石煑粥賑饑復給戚友里鄰穀麥數百石免佃戶穀麥租千石捐千金築城居民德之

王允言　字中孚淡泊寡營不樂仕進充歲貢不赴以詩酒終其身

趙桂枝　生員事兄如父讓產好施　以下孝義

甯鳳翔　字叔遜三翰子歲貢爲人天性孝友敦睦族黨事庶母如生母撫姪女如已女晚年究心理要著述甚夥有惠山潛業緘庵詩文集祀鄉賢

溫素能　廩生仁孝恭謹守正篤學編輯邑乘著有雞蹠集詩文千餘篇藏於家

葉永新　歲貢孝友性成父士莊病痺永新兄弟肩輿以行及沒三年不入室孫思華庚辰成進士

楊登　庠生少失恃事繼母孝家無斗儲甘旨不缺

甯世燧　明末逆闖追餉拷掠其伯父二翰甚慘燧破產代輸二千餘金得免

趙倚　庠生性孝父沒悲號淚盡瀝血著衣皆赤三年不入內事繼母無異所生年七十餘節辰奠親墓猶悲慘如初喪

王錡 父好問卒于旅錡匍匐二千里負骨歸葬公舉孝行

楊華 業小爐銅匠日營升合事父每食必肉自啖菜羹終父身如一日鄉人稱其孝

白珽 事親至孝

趙加爵 同弟加倍孝順友愛一鄉推服

李齊白 武生順治八年征土寇單騎直入斬一級中瘠箭死

葉常蕃 好義急公凡邑中城池廟宇道路橋梁皆所董修

程瑾 募建縣東普濟石橋並廟宇茶房

施端 從學范鄗鼎以理學名

賈金　李興　張林 以上輸穀賑饑

平陸縣

明吳鵬　敦尚倫紀矢志力學應洪武二十七年貢授福建按察司僉事聲績著聞

呂遜　永樂丁酉舉於鄉初仕工部主事擢禮部尚書郎終袁州知府所至有聲今子孫蕃衍

呂杲　博學篤行志節高古爲時推重以永樂十四年貢授御史剛直不阿人敬憚之

張翰　字文鳳登成化戊子鄉試署朝邑教諭陞翰林孔目尋擢本院侍書與修憲宗實錄拜本院檢討侍經筵既而語忤權奸外遷重慶同知陞臨洮知府討息兵變地方安堵會逆瑾索賄遂歸祀於鄉

劉翀　字文翱弘治甲子舉人正德辛未進士授行人擢御史清戎山左尚書彭澤謂其孤忠正氣武廟北狩力諫議大禮抗疏伏闕條陳時宜十二事多所采納後以直道引歸力田課子冲然自得祀鄉賢

劉瀚　字文淵正德三年歲貢授大興縣丞擢濟南府通判所至有惠政時有冤獄久不决瀚至輒伏辜會

歲大旱步禱郎雨引年歸里與弟翀講究經史訓育後學士論推服祀鄉賢

晁瀛正德中知合水縣居心慈惠恩及黎庶性尤剛毅縣有豪強者瀛爲懲誡民胥肅然

王永祚號虎山生而相貌奇異膂力絕倫倜儻有大志官至都督僉事總兵雲南屢以火器立功威震滇粤卒於軍恩廕子職

王濟民字字元正德丁卯亞魁授欒城令補河內嘉靖入嗣大統道經於懷當道以夫役不給被執公一呼而集者千餘人藩臬由是得免錢內監所過州縣動索千金素知公名誡家人愼勿犯中州往多羨賦公悉請罷之河內民立生祠祀焉

崔吉字天祐授華州同知至則惓惓以樹風釐俗爲務臬憲累有疑獄檄聽皆得其情屬華陰令夜餽郎檴伯起故事卻之出理大慶稅盡清積弊商旅德焉遘疾猶旁列兩棺分置易及性理於其上丁酉卒於官至

無以爲殮中丞
牛給傳歸其喪

崔汝孝　鄉賢吉之孫嘉靖巳酉科中式官至工部員外
編纂邑志

杜璉　順天經魁授荆門知州興學重農文風丕振江陵
爲相索泒壤四百公擲書斥使毅然曰割民田以
媚權貴獲罪於天多矣
遂掛冠而歸有生祠

劉守　字子立瀚之孫輝縣司訓署獲嘉縣事興學重農
禮賢下士有古循良風

喬鳴鳳　號岐山雲鳳兄貢生日聚生徒講誦不輟

喬雲鳳　號儀虞以禮經薦於鄉署陽城敎諭繼遷寧州
刺史愛民如子引疾歸里俸金悉贍宗族卒之
日囊無
遺金

郭連城　號笑瀛爲孝廉二十年方捷南宫授江南太平
司李因剛介忤直指遂坐貶不復出順治二年

起廢力辭養親閒居著述盈笥葛巾布袍自處澹如也人甚重之

趙蓁生員恬雅恭遜安貧力學

王東陽郎中鶴齡祖任河南滎陽縣典史清操律巳善政宜民祀滎陽名宦

史萬卷號龍圖鋭意性理西銘諸書聚徒講學老而靡倦

李虞夔字一甫天啓壬戌進士初任棘寺遷樞部郎中秩滿轉叅政關中屯田久爲權貴竊據公剛方持正毅然釐剔宗藩勢豪猬不敢肆宿弊頓清西夏僻處邉陲將驕兵悍屢有庚癸之呼公撫治四載綏輯得宜人稱爲小范老子

趙宗岐事母至孝母亡廬墓　以下孝義

王璋父没京師負柩歸葬事繼母以孝聞處異母弟曲盡友愛三世不分吕栴扁其門

趙陽剛方正直張文慷慨樂善舉動有典則鄉黨推服

王國泰號雲峯恩貢少孤倚兄應泰撫養成立攻苦讀書兄卒撫姪若子教以義方

陳守職事親至孝父母歿俱廬墓三年題請建坊李志和父母歿俱廬墓三年

李宏廪生設社學以迪蒙童捐官租以免庫役輸粟賑饑捐築外郭代民納馬爲人瘞骸終身爲善不倦

崔榮爲邑包荒受累三詣闕下奏免荒糧王錫福潦水突衝祖塋冒險拾骨遷葬

毛汝尹事母曲盡其歡友愛弱弟母喪廬墓三年

國朝石啓裔字咸正歲貢任定襄訓導所得俸薪悉出課士又任樂平縣弊勵士類教化大行

李虞龍號允廷性儉素好學萬曆壬子副榜順治四年歲貢攻苦愈厲至于嘔血

喬挺然號冲蒼雲鳳子天資敏妙制行和厚明天啓辛酉副榜司訓平遥

貟碩字鴻聲少孤事母最謹恩貢授黄巖縣丞値閩逆畔亂署縣事于催科之中婉行撫字軍餉以足民命亦藉以蘇馬黄俗人死不葬捐貲瘞埋不啻千萬數

貟鼎甲庠生兄亡弟殁一門孤寡力爲撫卹不使失所伯兄子超賴以成立仲兄妻薛氏得以節終解忿息爭不苟然諾以下孝義

石毓秀生員忠厚傳家子啓裔明經孫璞博學食餼

令狐種樂善好施葛趙村有洪澗盤旋行者病馬種每年修橋九空以利行人其橋自隆慶元年迄今百二十餘載子一豹一鰲孫光衛光畿曾孫永昌永泰𤣥孫正繩正紹正緒正紳凡五世歷年修補久而不輟

曹勝生平樂善城東有澗水人病步馬勝架木爲橋以濟行人子國興繼其志

郭專城孝弟敦行輕財好施如修祠造梁有益於人者無不力爲之年過九旬始終如一

郭叔熏生而孝友婚嫁亡兄子女無異已出每以孝弟篤實誨諭鄉黨

趙甸廩生精研五經皆有箋註父歿勺水不入口者三日哀毀過禮滅性身亡

杜櫶字喬年庠生天性愷摯爲學勤苦事父養志無方事繼母委曲將順皆人所難仲子濵第丙戌進士

郭連圻庠生事繼母以孝聞

姜澤父母故俱廬墓三年墳旁有井人呼曰孝子井

鄧亮兄高早亡遺姪桂林尚幼待嫂如母愛姪猶子

郭叔鑾庠生天性孝友陳璿少而篤誠不妄言動

杜化豹兄亡遺姪鍾奇弟亡遺姪鍾翠皆撫養教訓與子鍾俊無異周濟貧乏撫恤孤寡善行種種

趙伯秋庠生忠信端方有古人之節

芮城縣

明張隨　字子貞永樂丁酉解元授戶部主事備極清苦宣
宗微行幸其第見其躬汲水其內人舂甚嘉歎之
後以部事坐法上曰此清主事也其勿問後改工部辭
疾乞歸三十餘年茅屋清修無異寒士

李逵　字九逵永樂癸卯舉人任順德府通判甚稱職以
亢旱去冠服跣足禱雨未及回大雨饒洽別境則
否歷保定府同知
能聲益著祀鄉賢

韓文　字彥章景泰庚午舉人任直隸新樂知縣有善政
致五瑞四異歷定州知州眞定知府祀鄉賢

劉良臣　字堯卿弘治辛酉舉人任揚州府通判改陝西
平凉府操守清正學問該博

薛一鶚　字應薦嘉靖丙辰以戴禮魁多士初官戶曹主
政榷稅滸墅關出爲沂州兵備盜息民安條陳
十事忤當路年四十即歸居家不置業產曰吾以清白
貽子孫足矣

雷應時舉人授撫寧知縣加通判仍管縣事歷任十載
有去後思碑陞臨洮府同知

韓士　萬曆四年由歲貢仕爲沙河縣令縣向無水利乃
爲度地勢開狼溝河得溉田數百頃縣有斥鹵棄
地勸民墾之縣少桑柳教民樹之縣有丁田偏累爲民
審編而愼定之縣例有接遞馬四十匹皂隸五十名爲
民患請裁之縣例有銀穀若干應入令槖者倉庫吏以
告却之悉以給貧士歲凶捐俸爲粥活民窮民康夏等
鬻妻者纍纍悉捐俸贖完之除宄人賈繼學大盜李才
朱清之爲地方害者建義學教童蒙之無師者置義塚
收歛亡之無具掩埋者在任二年以不合上官被劾去
士民泣留不可得肖像祀之

任養心　字子誠萬曆甲戌進士授濬縣知縣崇獎節孝
作養人文修勳賢祀宇築衛水隄防救荒修志
平獄諸善政濬人德之擢御史巡按兩淮湖廣順天陞
大理寺丞少卿都察院右僉都御史巡撫江西素不與
張新建合轉保定督撫會新建入相再疏乞歸按楚時
張江陵事敗上命籍其家排浮議存國體其事始定爲

御史疏劾李成梁父子爲撫軍謝益王饋琴歷任錚錚有聲居鄉謙謙卑牧造福芮邑捐金賑族黨猶其餘也

祀名宦

王紀號憲葵萬曆己丑進士授池州司李陞禮部主事禮章凡八上陞光祿寺少卿壬子河南典試轉提督四夷館少卿陞右僉都御史廵撫保定加户部左侍郎廵撫鳳陽朝野倚重乂陞總督倉場尚書遷刑部尚書判熊廷弼王化貞鐵案如山劾魏忠賢客氏直聲震世時熹宗寵信逆璫竊弄威福毒流縉紳人咸爲危之竟罷歸田里優游餘年懷宗正位姦黨伏誅乃復其秩没賜祭葬贈太保謚莊毅從祀鄉賢爲芮人物第一

陰象坤字承乾萬曆甲午舉人初任封丘知縣歷陞濟南府同知督海運以計典罷官會廣寧城陷時泊舟旅順口乃棄米于海載遼東難民數萬人航海以歸

任治統養心子萬曆庚子舉人授封丘知縣以慈惠著會河决命舟徒拯民于水全活甚衆修河使者至屬吏跪迎泥淖中感陶彭澤高風拂袖而歸

任道統養心子字宗一萬曆乙卯舉人初任天長知縣陞戶部主事員外郎中出爲湖廣德安知府流賊之亂竭力守城致仕居官勤愼居鄉老成至今士民稱之

任裕統乙子監學錄大理寺司務南京刑部主事郎中出爲南康知府任刑曹時力釋張某疑獄南部咸服其識至南康重修書院作人賑饑一郡爲之尸祝居家則孝母敬兄五十年如一日

任光統號赤坡進士歷任臨城獲鹿沂水知縣陞陝西叅議分廵隴右道爲令時竭力齊荒以強項聞在戶曹催川陝之餉在兵曹調雲晋之兵出廵秦隴思母告歸爲人蕭灑出塵不爲名利所累

蘭正偉　拔貢授裕州同知攝州事賑饑擒賊超陞鞏昌府通判時恢復松山有輓輸之功

陰啓光　象坤子字闇然萬曆戊午亞魁授山東登州府推官多所平反淸丈招遠縣地糧人爲立碑祀焉陞直隸安州知州致仕所著有祥刑錄序思集

李國俊　字伯秀天啓乙丑進士授陝西長安知縣歷任兵部員外郎中督理山海關事務忤璫罷官歸子武舉御鼎叩閽陳情復秩

韓之良　士孫字良甫進士事父撫弟一出篤誠未仕卒集名純素

陳㥿　恩貢任景州判陞東城兵馬司逆闖犯闕殉難京師

李唐　舉人北直任縣知縣城陷以身殉

李錦　歲貢父母卒俱廬墓以疾卒于廬所　以下孝義

李澤 錦子歲貢父母卒俱廬墓三年子柄亦廬墓以疾卒于墓所

任家聲 知府裕統子庠生母病侍湯藥者載餘衣不解帶母亡七日不食毀瘠不起天啓丁卯奉旨建坊同妻旌爲孝烈

靳茂 孝謹謙抑頗涉書史父年九十茂巳七十每夏月有負就凋澡浴父疾則嘗糞甘苦以驗安否里婦有盜其籬薪者見而徐呼曰勿傷汝手鈌薪何不告我也

陳孟芝 性純孝頗涉詩書母卒旣葬貧不能治廬宿止墓側一樹下風雪不避鄉人哀之爲置一庵或饔飧不繼則受餓終日

薛志 副榜貢幼早孤事祖母韓色養備至

張汝蘭 憫族人貧困捐腴田以周之　張自謙 鴻臚寺序班出粟賑饑修城助工

范九思　范芳庠生李烶　馬超凡庠生陰啓冒貢生以上捐貲賑饑

李捷科母故廬墓

國朝陰潤號太峯進士歷官工科左給事中以直言忤政府被謫尋召還甲申逆闖逼授僞職逃入箕山後徵起以原官用一年不調引病免官著清暉園詩文集

楊宏器號賜生進士蠡縣知縣士民戴之

王鳳林莊毅公孫恩廕官生原任後軍都督府經歷鼎革後山西撫軍以地方人材薦歷陞青州知府除大蠹清逃人獄豁無辜二百餘人撫按交薦卓異

張大奇進士茂名知縣在官拙守不悅於時居家淡漠任運自甘子冠玉

薛佩玉進士授貴州都匀令時都匀甫以衛改縣百務未修民俗頑梗至則恪恭清惠招徠整飭盤錯

就戮十二年十二月滇逆作亂縣有駐兵數千皆響應譁譟軍門攘掠街市莫可控制佩玉登城呼其首領諭以大義賊弗聽擁之歸署守以健卒圍以利刃有僞官來改授僞印令知縣事佩玉大驚遂立投繯家人救之甦不食而卒

薛增華　志子才識通敏學問淹雅

陰汝弘　字子毅給事潤之子也登賢書以孝稱

陰澤　號五峯甲午拔貢事孀母以孝聞　以下孝義

任家珩　養心之孫治統之子以孝稱

張開基　庠生村西有澗水冱寒病涉乃捐貲每年造木橋三處以通往來

張吾仁　號春臺庠生父張文達得異人授善治傷寒仁潛心父書以濟人爲事所著有傷寒辨舌世驗

精法諸方論十餘卷

李源　幼失怙事母董氏孝倜儻好義

薛佩蘭　廪生性至孝父增郁病日夜躬侍湯藥憂勞成瘁以殁邑人聞于上同妻並旌孝烈

李芸　四歲亡父奉母張氏至孝母卧病九十餘日衣不解帶母殁三日鬚髮盡白葬後夢母呼曰盗來矣急往墳視之果有二盗已掘其塚數尺其精誠所感如此

李世旭　國俊之子以孝稱

王建侯　歲貢父瑭雙目失明飲食起居躬親奉侍出入扶掖曲盡承歡之道

張志尹　例監康熙十四年協濟秦省豆米官民拮据慨然獨出粟二千石縣西南通秦要路三十餘里無水行人苦暍獨力出五十金鑿井建茶房利濟甚衆在陌底渡施飯十年在曲里村修造磚橋以濟行人子

譓詡能繼其志咸稱善士

蕭公佐早喪父偕妻李氏事母至孝

蕭熙載生員順治乙酉冦亂時年二十九舉家逃難見父被圍趨救父已投井死矣載號泣從井中衆驚嘆共救不獲其妻蘭氏撫幼子幼女摒擋婚嫁壽八十四卒

孫逢吉生員事繼母至孝撫愛異母弟克盡友道

李甲捷同妻韓氏有孝名父母相繼亡有幼子三人俱捷異母弟也甲蹐年七歲甲肇年四歲甲誕甫生四月捷夫婦鞠育曲盡家貧不能延師捷親授詩書半耕半讀捷無子竟不承繼田産令三弟均分及弟俱成立爭相奉養送終各祀木主于其家

韓允五父桼淋病旣而閉塞不可忍允以口吮溺五十餘日聞者奇之

李英敏生員康熙十六年路拾遺囊内有紬緞衣裙金珠約值二百金次日物主訪及應聲還之

張冠玉貢士事親順而孝篤信好學生平不與人爭是非言動不苟好義急公喜談忠孝節義事衜文課士後學多賴曲成康熙三十一年歲疫屍横於野惻然心傷捐棺不繼施葦蓆五伯餘葉掩之

李孝　趙承祚以上割股　任紹統　李沛生　李文質以上輸穀賑饑

絳州

明高鐸字鳴道少有異質舉鄉試第一洪武甲戌登進士歷官刑部侍郎調僉都御史築留都城開三山街才識明敏望重朝野卒贈尚書

李彥英性頴敏博通五經爲元巨儒洪武初門人高鐸薦授平陽絳州兩學訓導科第多出其門人稱爲五經夫子

劉預洪武間知麟遊縣爲政寬厚撫民有方

張崴永樂戊子舉人任陝西永壽知縣廉介自持秋毫不苟取鄉里稱德不忘焉

郝矩永樂間貢士歷工部主事奉命修高郵湖岸四百里

陳璽父恕任貴州參議卒于官璽扶柩歸廬墓終喪事聞旌表後以貢任隆慶州州判

蓋稷 宣德乙卯舉人官靜寧知州涖政廉能有古循吏風陝西祀名宦

陶銓 字文衡正統乙丑進士授行人奉命至太原會中官王振亦至聲勢烜赫銓竟不往謁歷陞陝西參議致仕與諸里居者爲九老延齡會夜有盜持炬入室見所有惟敝書舊衣盜嘆而去有司欲窮治銓曰彼以貧來值吾貧而去奚究焉

郝紹夔 正統丁卯舉人任高陵教諭學規嚴整宅心公正勤于訓誨

范忠 貢生任樊山王府教授天性質直輔導有方孫通成化丙午舉人知唐縣勤能廉介以毋憂歸補齊河知縣致仕曾孫昕正德癸酉舉人

王忠 景泰庚午舉人授寧州訓導以學行著名

李纁 景泰癸酉舉人知漳縣善屬文勤政體國崇禮師儒

陶壐字廷用銓第四子天順甲申進士初授户部主事陞本部員外百實盡杜綽有古大臣風大司徒特簡督德州倉儲先是郓城所輸之數未盈蒞其事者積糧於河岸三年且逮捕其官吏械繫至數百人壐得其故即日釋之卒無逋負者事竣民泣送塞途不能行迄今家圖其像以祀薊州民田五萬餘頃爲豪右所據承命直其事悉得歸民山陝連歲災傷逋租過多壐奏請蠲之陞郎中尋陞長蘆運使總攝利權愈厲清操前使者遺若干金於官署井後使使求之檢得盡付去當時靡不稱爲陶君子云

閻重成化甲午舉人静寧州知州勤慎慈愛士民德之

毛憲成化甲午舉人由三氏學教授任西安府教授師道尊嚴言行不苟諸生貧而好學者必捐俸助給一時陶成最多陞韓府長史憲性孝友博涉經史口不言利動以古人爲師

姚逵字文逵成化丁酉舉人授宜川訓導教人以正心誠意之學不期年而士子皆有所矜式改宣府萬

全衛訓導衛素無儒學諸生務弧矢而輕詩書逵請于當道始建學宫置學田毎旦坐堂上進諸生講經史及武書陞彰德教授歷官清慎自持嚢篋蕭然惟甘淡泊而已子傑拔貢盩厔縣丞

韓重字淳夫成化戊戌進士授禮科給事陞本科都給事在科九載彈劾不避權貴諫萬貴妃過寵又疏正西僧之煽惑人爲竦懼歷陞右副都御史巡撫遼陽首劾奸宦梁玘物論稱快巡撫湖廣黜貪旌廉請餉練兵平傜息民擢南京兵部侍郎進南京工部尚書疏請停不急工役詔允行爲劉瑾所疾懇求致仕命下瑾族黨惡計筭財費鈎致年餘抑鬱發疽卒于廣陵如側營葬父英正統戊午舉人任惠州同知多惠政重能紹其家傳曾孫科隆慶間貢任濟南通判廉介有守不忝祖風

陶琰字廷信銓五子發解鄉闈成化辛丑進士初授刑部主事决獄稱平累陞右副都御史巡撫河南廉介絕俗毎飯一蔬人呼青菜陶立黜貪贓數人一路振肅陞刑部侍郎適遊擊徐謙逆瑾黨也誣奏御史李高

賂瑾欲害高琰承旨往覈據法直高瑾怒矯詔下琰獄乃罷去瑾怒未已復罰米四百石瑾誅起左副都御史總督漕運单車至鎮廉得諸幸豎豪猾者悉治以法權勢歛手中使往返不敢需索會河北姚源諸賊騷動東南陞右都御史承命廵視賞罰嚴明北賊殄滅西賊聽撫次年復犯大破其巢餘黨悉平捷聞賜璽書金綺陞俸從一品寧紹瀕海颶風作漂溺者無筭乃躬按其地發帑賑濟生全萬餘人仍築堤自蕭山抵餘姚凡五萬餘丈開常諸邑俱無城郭乃旋爲之民不告勞迄今永賴引疾歸疏七上乃得請歲給祿米隸役世宗初徵用舊德起户部尚書總督漕政淮民懽聲雷動擢工部尚書詔侍經筵直言無諱轉南京兵部尚書歲饑移檄大賑全活無筭裁革宦官快船官民弗擾事皆先發後聞乞休疏十上乃得請給祿隸倍前詔加太子太保命歲時以禮存問賜乘傳行李僅三竹笥時稱陶三擔八十四歲卒上聞悼惜諭祭九壇遣行人嚴寬建塋贈少保謚恭介具載名臣錄建祠專祀辛酉鄉試錄序云神京定鼎以來薛瑄首起河東倡明義理之學嗣是而興若

周經韓文之忠清陶琰楊繼宗之廉介王雲鳳之方正彬彬然後先相望

陶治　恭介公次子親在承顏順志疾則侍藥禱神沒則哀毀葬則廬墓庭產瑞芝

閻珪　成化癸卯舉人任通州學正九年陞西安府教授劉儲秀杜某俱童生珪見而奇之劉貧杜尤甚乃延之學與子宗舜聯榻親爲課業資以饔飧仍爲杜完室七年陞國子監博士職滿歸賃宅而居劉爲督學杜爲方面相繼厚報珪故卽歿而杜始聞臨塚致祭哭之慟珪之恩誼所感也

賈正　顒之子貢士授河南府檢校畏法守正

梁榮　貢士昌邑縣主簿性篤厚運儲不私其羨城工不勞乎民年八十有八而卒

陳希良　弘治戊午舉人眞定府推官廉毅有爲不狥權勢富豪楊訟產于撫院臧臧付希良訊楊浼所親錦衣冠太監張持書私囑希良繩楊以法囑者深憾嗾楊奏希良陷于獄竟瘐獄中嘉靖改元州守李文潔

萊陽縣丞未知孰是

趙桐嘉靖癸丑進士授富平知縣弘凋不羈浮雲世事然聰慧過人凡有制作倚馬立辦愛才樂士尤出

至誠

周易心嘉靖丙辰進士廣平推官剛明有聲轉蘇州同知代吳縣審編三日報完升降允當人人驚服

楊守川舉人授富平知縣勤履勤飭不妄交吏胥不敢私索一錢處百姓油油若赤子縣北山産石諸郡縣採者羣至故事令縣代運里甲更班歲費千金百姓若甚川申白得均泒其惠永矣

孫光祐嘉靖壬戌進士授承天推官陞文選司郎中歷遷應天巡撫分考鄉闈得蕭良有在選司官惟其人請託不行在吳當大水之後請蠲夙逋計所蠲賦無慮數百萬石妖僧起京口搆結甚衆光祐殲厥渠魁在蜀故事蜀藩朝賀拜五叩頭光祐請如制王曰誠如先生言第彰先王之過奈何光祐曰克蓋前愆正在此

舉王從之終南京戶部侍郎

陳栢嘉靖乙丑進士簡靜有執持署敎昌邑不携妻子遷內黄知縣以節愛爲務不求赫赫聲民戴之如父母

張與行字淑用舉人任容城知縣累陞重慶知府所至皆有惠政會播酋楊應隆叛行議招撫播人愛行願誠心歸附叙功當第一爲當道所忌旋議加兵播平以計左閑住歷俸二十三年未竟所用也

李東暉貢生博學善持論

衛良相拔貢朝城知縣工楷書

周尚赤字惟正歲貢鳳縣主簿聞見博洽行誼修潔詩文力追古人

衛聘字應湯薊州訓導陞河間教諭文章氣節出諸人表

張本字子一歲貢慶陽教授撫姪與行如子

張秀實例貢獻縣主簿德性和平民愛戴之

范志仁例貢平利縣主簿廉靜有守

李應德字懷道歲貢江陰訓導成安教諭博學能造士

許恩字仁甫隆慶庚午舉人知寧陽創砌磚城募民闢荒給以牛種逃者復焉起補館陶會潞藩之國取道于陶諸從秋毫無犯蓋受約於司禮張誠誠東鹿人素重恩者陞刑部郎中

王魏歲貢授寧鄉訓導陞交城王府教授以親老致仕繩趨尺步士民則之

梁恂恩貢岐山縣丞

席珍歲貢蘭陽縣丞精於字學能文章

博學能文章義所著有諸書音義

王之翰字維藩萬曆癸酉舉人歷膺施棗陽知縣閹宦陳奉至境議開礦長揖見且謂無礦可開奉語侵之翰不屈遂誣奏召之翰削籍旋逮錦衣獄慷慨就逮從容守禦詳載河東序傳

薛國民 蔓孫萬曆丙子舉人知眞寧縣有政績

陶祐 萬曆丙子薦于鄉召素所貸者于庭出劵焚之人人感恩

陳紹吉 萬曆乙酉舉人授保安知縣淸操有惠政稱良吏焉

陳王綱 字正宇萬曆戊子舉人始宰東鹿仁政頗多邑人建祠以祀調鎭安朞年之內興利除弊士民頌之

陶梓 萬曆甲午舉人睢州知州調兩浙鹽運副使去之日士大夫不忍舍卒於杭舉櫬過睢士民哭之慟留二日舉始得歸平生無疾言遽色師事涇野呂柟爲身心之學見者知其爲君子云

王臣直 原名聯科字聖隣之屏子天性孝友博學多才能萬曆舉人初任泗州知州陵工木料刻日而集當道稱其能丁內艱起開州知州治兵捕盜爲濬滑一帶保障兵備盧象昇執手相勞曰安得守令盡如開

奏辯希良冤眞定入名宦本州列鄉賢曹于汴贊畧云是忠烈孫公乎忠節許公乎抑忠愍楊公乎或告我曰貌未必同貌不同而浩氣同不畏彊禦同不怖威同持國法如山同憲百世而起萎薾同嗚乎三公其公公其三公

楊澤　弘治辛酉舉人知寧州剛毅果幹尤善知人

李應奎　弘治甲子舉人授平山知縣開誠布公與民相信陞陝州知州有楊昆父子含冤於獄應奎得其情辨之廵按執不可應奎辨之益力竟忤坐罷廵按以他事罷昆冤亦白平山祀名宦

范昕　正德癸酉舉人授趙州知州世廟幸楚過趙之次日行宮災例當奏聞當道者憐昕擬之畢官昕慨然負爲已罪竟獲宥轉承天同知適按臣包以陵監家人違法屬勘昕加法議報陵監誣奏包及昕并逮下獄昕囹圄中言動自如包稱爲鐵漢竟戍南海後赦萬曆間進階四品

陶滋　琰子正德甲戌進士授行人諫武廟南廵笞幾[illegible]
殘欽滋獨考索精詳刻石鼓正誤一書陞兵部郎中議
世廟大禮二次抗疏力爭伏蒲哭諫聲徹大內忤旨詔
杖繫獄三年謫戍及遺詔錄用已前二十年歿矣穆廟
贈太常寺少卿

韓瓚　正德己卯舉人歷教諭陞藍田知縣政尚廉平百
姓爲立生祠陞漢中通判會妖人劉烈謀不軌瓚
監軍督率有方斬首五十餘級生擒百餘人獲僞詔及
妖書欽勞金幣起補保定陞濟寧知州節愛有聲補通
州兩院才之京兆憎其傲調寧州遂致仕陝西通志云
勤政愛民清操自厲人有以利浼者輒耳頰俱赤入名
宦又云持已以廉撫民以寬宰藍田者前稱王後稱韓
如召父杜母

陳韜　萊陽縣丞正德間流賊攻城韜率衆拒之與子爲
賊所殺事聞諭祭立祠贈登州府通判蔭子入監
讀書按山東通志大同府志俱載陳韜大同縣人任山
東登州府招遠縣丞絳州志平陽府志陳韜絳州人任

州者公暇則集文學知名士談道賦詩書工行草崇禎間書蹟傳入禁中上欣賞謂筆法渾成有北人氣骨詔董金吾徵書任所賦詩書帛以進有故葵惟向日寸草自知春之句先是秦寇渡河守憲委練鄉勇爲桑梓衛人倚以安子大武崇禎庚午舉人

陶登　字汝高恭介公曾孫由進士授山東齊東知縣官方自持保民如赤子厚士若同胞捐俸金三百葺學甫落成二士脫穎後起踵接剔奸戢盗待法尤嚴田思聖者大豪也賄可通神莫敢誰何竟寘於法百姓手額丁內艱起補夏津縣當孔道往返迎勞之暇凡訟者取牒一一面剖不煩兩造各得意去無何以他事解任未竟所施爲詩簡遠文深醇爾雅尤善作山水獲者如拱璧

王朝麟　字海閬萬曆巳酉舉人任臨洮推官手格大豪搗之元日昧爽緝拏徙訟奸民胥抵以法境內肅然署渭源縣事悉革吏胥諸弊三月百事就理陞葭州知州致仕介然自守不關外事頗留意書畫工詩出

人意表其贈蜀僧詩有應知一擲軍持水貯得峩眉山月來之句

韓雲字景伯由舉人任徐州知州改漢中推官再起葭州知州藏書數萬卷法帖數千卷與相國徐階尚書董其昌稱文字交與西士講音韻之學星曆兵農無不究心詩工七言律字摹蘇王其所著有武德內外編勞人草農書其自贊像云交遊海內海外家住江北江南學參天上天下品不人後人先性好奇特矯俗不羣於州城議築銃臺作銃數十門置臺上六年之變轟雷震撼守圉增壯實攸賴焉

辛全字復元一見程朱行實掩卷嘆曰吾固以天地間當有此等人此等學也即爲作贊每開卷即焚香端坐錄其言行參議畢自嚴聞其名造廬訪焉提學南居益試以明體適用策齣於庠師事安邑曹于汴西安馮從吾登堂執弟子禮者蒲州韓垍垣曲魯世任等寄書于呂坤徐鹍鵬趙南星諸理學名公講學鹽使李日宣按使祝徽撫軍吳甡前後禮聘講學疏薦不報年四十八應本州貢如京尚書賀逢聖祭酒倪元璐御史路

振飛交薦奉旨以知府用給假歸卒于家年四十九歲所著聖諭解等行世伊洛淵源藏于家

陶九叙　琰之曾孫歲貢晉州訓導委署縣事膺奬勵者十二次講學論文一時推重眞草隸篆無所不精

韓育中　字統元萬曆鄉科幼年失怙事祖以至孝聞

馮乘雲　選貢授揚州府管河通判歷任五載有廉能聲攝兩邑篆裁冗汰苛民受其惠陞武昌府同知致仕居鄉恬雅韜鋒動履一如寒素里人稱之

陳邦榮　例貢宜君縣丞涉書史善談論有文名

韓霖　字雨公辛酉鄉舉性嗜書購數萬卷喜交天下士遠近聲氣投契無間談道著書教授後學所著書有守圉全書救荒全書鐸書二老清風士範俎談羣言祖絳帖考砲臺圖說神器統譜山西添設兵馬議燕市

和歌維風說寓廬集四十卷書劄二十卷書兼蘇米嘗學兵法於徐光啓學統法於高則聖毎與人談兵以火攻爲上策其法自負鑒裁獨精遭闖變不出隱避遇難君子惜焉

陳睦　歲貢耀州訓導孝友著聞

李承賜　字巳夫負氣矯激不與俗伍攻醫理尤刻意正學年七十餘讀書亹亹不倦

王曰善　字遵生爲諸生讀書有內養以子貴贈奉政大夫祀鄉賢著有修身直指

任維清　崇禎間貢授寧平訓導流寇破城死之入寧平名宦

黃希聲　字太音忠孝友弟見義必爲所施措多有益于鄉里崇禎壬午中式闖亂後肆力于古文辭凡經史雜流諸書無不涉獵與里人講濂洛之學然性躭內典居恒內覗服氣忽一日端坐而逝所著有今文尚書譜四書彙講闡聖類編東雍士女志開圜集救荒書

王弘先字斧巛祖父兩世明經生有夙慧七歲能文十二補弟子員未幾餼于庠淹貫經史母疾衣不解帶者月餘母歿過于哀毀疾劇而逝

陳鎭明字潛夫崇禎間布衣隱於商性好詩書貿易之暇便閱五經性理諸書

李生光字闇章十四歲失怙生產蕭瑟無力養母而苦攻儒書有勸改業者光曰俾堂上之慈而慰地下之嚴惟此青燈廢帙耳極力黜西洋天主之妄著有儒教辨正崇正黜邪彙編甲申之變焚其青衿北向大哭屏足絳之三林里羣弟羅立講授程朱著有士笑編西山閣筆正氣猶存友于集諸種

陶世徵字省思恭介公第三子崇禎末選貢性好施予闖入絳搜括富人財徵以宦族被逮里人詣闖求釋者數千人頃刻醵千餘金助之得免自此闔户讀書月朔望集生徒會講四書購書數萬卷于理學家言尤加意蒐求所著有活孔子人鬼關千古快論編

郝允德　字寧尹崇禎年進士授保定府遊擊值亂督師丁啓睿調往勦寇引兵直據北山日與僞將鄭五典晝夜抗敵聞李自成已據北京仍仗義不屈時闖寇餘孽將陷平陽乃與知府張尚策會兵進勦生擒僞將劉貴驅逐僞帥牛金星夜遁入秦

李如栢　嘉定州吏目陞王府工正嘉定祀名宦

朱東屏　崇禎十七年闖陷絳屏謂宗室不可以苟存投繯死几上有所遺手書曰天下皇皇愧無一長君恩未報親恩難忘惟有一死以正綱常子二養冲養志亦繼死

來童　家最貧崇禎初大荒絳人饑死者溝壑皆滿童覓父于積屍中不能得乃號泣三日絕食而死　以下孝義

侯裕福　父懷玉病危裕福號泣絕食三日祝天願以身代父病遂愈尋被牛觗腹腸出氣幾幾絕隣人將

腸入腹縫之復生人以爲孝感事母張尤謹母卒同弟裕祿哀毁廬墓三年兄弟友愛致門傍枯井生泉

張益父聰客卒于途益扶櫬歸逆旅主人以爲嫌則依櫬露宿于外風雨驟至不移弟增毆人誤至死益念弟未舉子力請身代

張貞敎爲諸生時有宗室居近儒學者將壖星門泮池圍墻用椽攉毁以通馳道貞敎與弟名敎奮力爭之幾罹不測請之當事圍墻復故後由歲貢授澠池訓導

張眞少游秦上郡與僧善出錢萬緡予之眞固辭南遊雲間虁隙中受水甚多怪而發之有錢一甖遽掩之不貪無故之獲

張俊民崇禎間歲大饑乃建屋以役其男紡織以役其婦俾得各食其力不至流亡

康丕承明末闖冦渡河拘兄丕景助餉推身代受刑拷師吳文學年老無依養生送死皆身任之師歿

奉師毋如師存崇禎辛巳大饑捐銀施粥念窮民疾病每年給醫銀二十兩廣施藥餌汾水橋梁年有常施捐修城上炮臺城南石堤捐修聖廟厚于施濟自奉則薄服無奇飾器無淫巧身處素封無異寒士子二善性善

才

趙統　桐之祖也賈于陝之西寧以茶馬爲貨嘗收木綿數萬斤鬻于市一僕潛減其衡知之卽折衡而驅其僕家嘗積粟值歲歉減價以糶不能償者悉貸之有客郭世昌者失黄金數斤拾諸邸舍訪其人而還之

張國紀　業賈會周忠介以閹禍被逮緹騎索金乃投緡船中倡諸賈爲賢者地以冦亂僦居三林里有謀撦盜者知之責以大義復出私槖周之由是鄉人得免于難

趙熠　諸生秉性正直鄉有不平以公處之以水利事鄉人感德

趙燿　平遥縣訓導明季年荒冦亂糾鎮人築城垣練鄉勇後冦至鎮人不遭其害

許河萬曆十四年大饑約許敦實各出百金送州分賑南門外渡汾橋歲用民力時成時圮河出資創建浮橋州人稱便

衛登強性好義家非素饒心存利濟歲歉族人貧困丁糧辦納維艱強出力田所積數十金代爲包賠

一相士曰據相無子乃有陰隲紋顯必當有子五十後果生子

吳思聰崇禎間頻年荒歉捐粟二百石賑濟里人又捐蘆蓆百葉以瘞委骸

梁蒞捐貲濟乏善事甚多

韓傑宗族貧者建義宅以處之生養死葬無不周至平生所積以仗義散盡子孫不能餬口

衛聚德好義樂施因族人多貧每逋官租捐五十金置義田收歲入代完其逋

李思誠庠生與兄弟三人奉母命屢倡義舉崇禎末歲荒捐三百金賑饑

韓無斁　庠生闖變舉家避于稷山縣後間頭堡夜半賊至執其父或勸無斁踰堡以去斁曰吾父在難焉有去理遂與弟無期併死焉

孫枝妍　庠生甲申之變賊入城執其父索貲妍挺身求代父因得脱賊怒挺刃交加創甚閱日而死

王貢　有義聲爲一鄉望壽九十九人稱百歲翁

李奈　字國珍年十四郡守貴溪李文潔辟之爲掾執事恪謹李極鍾愛之臨行語之曰可將論語小學熟讀玩味存心行事一一倣倣不可甘爲人下以忝所生因祗受佩服歷事數守及數藩司凡地方利害當興除者必竭力贊襄鄉黨之默受其福者甚多

孫統　常居秦之三原邑人貸五十金如約以償曰吾藉此爲母金子而羸之以養父母妻子但義不可負舉家自此無生路矣統惻然憫之爲焚券焉

國朝孫錫齡字遵養進士授直隸宣鎮推官治獄多平反民有手刃其嫂而誣鄰者已經數載波累甚衆甫下車詢察得實而反其獄有盜誣人爲同夥者使人易服立堂上令盜辨之盜始驚服擢御史有纂修孝經衍義革除天下行戶諸疏歷陞通政司叅議以疾告歸壬申歲大荒疫出粟賑濟鄉人賴之子繩武能詩工書性至孝以哭母成疾

李翀霄拔貢考授中書隨親王收復湖南贊畫多中機宜釋難婦一百三十人陞湖廣上荆南道副使轉餉有方百姓不擾陞江南驛傳道叅政時海冦犯城設伏退敵以保叙功歷陞四川按察使出邪教株連者三百人陞江西布政使解組家居賑窮施藥修橋製舟里人頌之季子世仁官至分巡左江道政績著聞

閻調鼎字百梅號梅庵進士任江寧推官清正廉明政績丕著裁缺歸里披覽典籍造就後學癃暴露焚借券皆歷歷可指者

王懋官字克廣進士授歸德推官郡人戴之還鄉衍河汾之教從游者甚衆有遺稿行世太史李復泌深贊其文序最炙人口祀鄉賢子漳能讀父書銓次主政鄉黨推重

閻如珆字錫侯癸卯舉于鄉庚戌捷南宫爲徐聞令以廉能著譽陞邳州守

張鳳羽字天翔金榜子丁酉經魁任保德州學正捐俸修聖廟在任生孫立德聰慧過人保德士子以爲修學之報陞延長縣令自奉淡薄吏畏其威民懷其德

常貞吉字豫二舉人任福建長泰知縣居官廉能舉卓異耿逆之變力拒僞職三載歸來講學崇文著作盈笥

趙世福舉人兩任沁忻二州學正陞江西星子縣均差役修城垣嚴禁溺女陋俗廩給白鹿洞書院紏諸生月課

楊作楨號端齋康熙壬子解元丙辰進士歷官贊善淡泊自甘杜門讀書不妄交遊無私請謁置學田以待貧士放社倉以恤鄉族人咸頌之

吳道煥字允公進士少孤事母孝家貧好學與兄道昌相師友任貴筑知縣革積弊判疑獄歷户部督寶泉局清操如故壽遷員外

欽賜緞疋又

御書朱子

詩賜之

張念祖貞敎之孫性至孝恩貢授建寧通判廉明公正時逆耿有爪牙喬正庫者歸建寧恣睢尤甚因治搏徙而杖其僕正庫訴于逆藩念祖曰藩下例不得居外境正庫胡爲在吾土竟不爲屈

王復初字雲將日善之子任玉田令擢歷維揚司馬繼而署篆淮郡愛民如子造士如師皆有政聲解組歸里築澳樸二園徜徉其間著有澳園文集維風約等篇子肇豐由貢生授陵川教諭

馮繼祖　字昭武恩貢授榆次訓導刊孝經說約及文廟從祀錄徧給諸生起文會以道義相勉凡束脩來者收而籍之施給單寒助修廟學毫不自利改訓平定州著有讀書訓士錄天地論三教釐正士大夫居鄉篇子孫俱有文行

李堯民　字順則慷慨尚義多才不羈崇禎辛巳荒表弟薛二元饑餓待斃給以貲舉家全活友人雒名教束手幾于不生亦出貲周急後兩家皆有厚積深感其德生平博學多識善於啓誘迄今五世家學淵源次孫復泌壬戌進士翰林檢討猶推祖德云

李憲可　字叶吉號維則堯民子幼聰慧嗜讀書年十二補弟子員弱冠食餼遭父母喪哀毀踰禮期年之內鹽菜亦不能下咽小祥後乍食蔬菜俱失正味久之乃以鹽引姑漸如故而酒肉終三年不用友愛兄弟胞弟際可已出繼叔氏仍以已業給之在庠五十餘年無片紙入公門爲齋長繕修祭器遇春秋祀典必竭誠

齋宿每讀書至忘寢食雖寢食仍咿唔不自覺李荳家引背背誦無遺皓首窮經著有經正錄格言偶記皆足爲後學模楷乙卯貢後邊以寒疾賷志而殁子四仲復泌康熙壬戌進士叔復沆辛未武進士季復壽以貢生任陽曲縣訓導皆家教未常一就外傅以子貴贈徵仕郎翰林院庶吉士

楊園　生員性仁孝刺指血以和母藥恭兄友弟恤貧濟之勤學樂誨廣授生徒以子作楨貴封文林郎翰林院編修

祀鄉賢

党成　字憲公世居城北山崖下自號水磐居士以農傳家幼好讀書國變後閉户不出與陶世徵李生光往來講學以朱子爲嫡傳都御史魏象樞走字論學范鄗鼎稱其爲古之狷士著有日知錄仰思錄學庸濬言學思二編儒者十知致知階略三訓俚說朱陸同異辨天德王道說

段炳然　字七襄純孝性成幼失怙恃祖母孀居繼母早寡咸敬順無違汾水渡歲施橋板爲常捐田一

戍歲餘積穀每值青黃不接之時散借鄉里由貢士授泉州通判當靖逆海寇之變大軍雲集督糧無廢事及亂平以軍功加十二級內陞大理寺寺副因兩世親老致仕鄉居立文式書院禮請進士閻調鼎主文就學者五六十人歲饑施銀施穀全活甚衆祀鄉賢從子璿能繼其志

李凝祚　字亦聖歲貢授壽陽訓導待諸生以誠克勤師職陞昌黎知縣邑民愛戴解組歸行李蕭然色養二親友兄弟教子姪闢別墅居第之前坐卧其中至冬月以爲義塾聚訓貧之子弟且以紙筆給之

馬起雲　字仲常庠生讀書懷古抱道自守子中捷舉人授安遠知縣

王桓　字君棟運學生性醇厚敦實行著有梁園訓語訓幼切言清夜思廣講學說大覺解畏天圖等書

康善述　廪貢授太谷教諭補任廣昌陞廣東陽春知縣以卓異陞磁州知州又以卓異陞建寧同知當事者以歷官廉能文章薦舉命押運出口軍功加三級告病回籍子爾朋現任貴州威寧府通判

段彬康熙乙卯武解元慷慨好義設義倉以濟人

梁體壯字金渾恩貢考授布政司理問學術純正品行高潔孝友之德內外從無間言講學課文從學甚衆更葺橋施藥鄉黨稱之祀鄉賢

張以奇字仲常幼攻舉子業累試弗售貿易江湖而嗜學彌篤老作遺命四則以示其子其一云人道首重孝弟然非二事能善處兄弟即所以善事父母也其道維何公而已其二云自古未有刻薄能成事者我先世以來俱以忠厚存心不與人爭錙銖之利其三云比年來不甚豐稔倘遇饑者可周則周當散則散蓋衆饑獨飽於心不忍鬼神亦且不容其四云我無多積蓄所存好書種種爾等飲食遊戲之暇取書時觀觸目警心庶不負我購書苦衷且免我積書以遺子孫子孫未必能讀之誚

李璿號玉衡汀州右營守備時有擄人婦女監諸空室者諭其家人使各認識還鄉居民歡聲載道

王家琮庠生居鄉以公正稱凡里鄰有不平事以片言和解各悅服去明季郡城苦報富民凡上官往來供應皆富民出琮陳之州守孫遂准永革迄今七十餘年絳民不知有富民之害者皆家琮力也子樸通經史以理道自任

以下孝義

楊鐸寧鄉縣教諭楊震戌之父事繼母不異親生異母弟三人極盡友愛撫姪若子壬申奇荒出資濟貧

段世慶字光緝生員居家孝友尚義樂施崇禎時歲大祲輸粟煑粥後疫作捐銀合藥以療病者又置棺數十具施不能葬者遭闖難城陷賊聞其仁孝特免追餉嗣祀鄉賢

楊櫝師錧餘捐貲置義學于本莊買田若干畝課其租入爲塾

段世雲樂善好義汾水橋圮施板百葉每年給水手工食銀十四兩四錢子文錦繼之至今尚給

姚日章字君實孝友好義

李顯祚　字仲奕太學生秉性仁孝父疾延醫調治不遠百里而又恐醫之不良因殫精岐黃隨病製方有用必效

陳士元　字善長生員奉繼母馮氏孝養備至善詩賦文章

張採　天性純篤侍父疾晨夕滌除備極勤恪父疾瀕危知不可救藥乃發心從父九泉以奉晨昏又不忍見父之瞑目也乃先父歿之日自死以殉

翟志廣　重義樂施年登百歲

張雲鶴　字季鳴好義勇精騎射常遇艷婦私奔拒而不納

吳偉　字巨卿諸生建義學置學田煑粥賑饑置田爲合族完丁徭善事甚多子作賓貢士

馬雲騰　諸生事母盡孝出粟賑饑

李模字聖木家貧手不釋卷性至孝事繼母無間言處兄弟友愛從子旁貢生品重鄉評候選教職

薛朝宰四歲失怙孝事其母兄嫂早亡撫姪猶子

董自秀號近泉事親承顔順志捐貲濟貧好學嗜古至老不厭

謝君詔字樂宸祖寢疾不起猶在髫年即躬侍湯藥湔洗穢汚衣不解帶者數十餘日

國朝初鄭懷法以幻術惑衆事覺被戮無辜株連纍總甚衆惻然申救多所全活

趙世科事父及繼母盡孝

梁體復同妻馬氏事母至孝孤姪季弟請師教誨鄉黨咸稱孝友

張懋修幼業儒父令辦事府曹遇公暇讀書不少輟大守聞而異之令卒其業遂列府庠天性篤孝事父與繼母雷氏克盡恭謹雷氏遇之寡恩意少不愜輙杖責嘗於嚴冬值母怒長跪雪中請罪及起膝下雪爲

消聞者無不稱其孝有稱貸者不較其利券篋盈積於元旦盡焚之約數百金年四十以後連五男諸孫十餘人

郝啓與弟升率婦事嫂賈氏盡敬和氣致祥妯娌三人俱登上壽子孫至今五世同居

侯居才明季時土冦蜂起年方七歲隨祖母張入山避賊張年老目昏誤墜山谷才環崖號泣四顧無路側身滾下抱祖母卧越兩晝夜雙目俱閉家人尋至灌湯得甦孝心肫摯孩提已然長娶張氏佐夫孝養其母米氏年九十七歲夫婦孝養竭力孫爵丙子舉人

李世和孤身入蜀尋訪父骨遇舊役車起年七十餘指引蘽葬之所因獲執紼歸

梁從高　段時盛　陶天長以上割股趙統金還

鄭恩　辛思恭　梁瑾　耿惟哲以上輸穀賑饑

稷山縣

明張玒洪武已丑進士歷香河館陶教諭陞林縣知縣激勵士風使之感化治民嚴平政聲藉甚

田深字本源洪武甲子舉人御史風裁凛然廉譽丕著出爲長葛知縣不顯威嚴惟務德化考績改知保縣長葛民如失怙恃時赴闕奏留復任九載陞許州知州簡約廉平稱爲賢守有異政集

李謙洪武庚辰進士開城知縣守已愛民丁父憂去臺省奏留復任

曹璧洪武間貢初任洛川縣簿尋陞嘉定知縣秩滿之後嘉定士民奏留復任九載

段寀字仲崗克已五世孫性行端確尤善詩文洪武中任本學訓導陞典寶所著有衛齋集

鄭登永樂初任南京兵馬司奉命督匠陝西改豐潤知縣九載考績士民保留竟引年致仕

李磐謙子宣德丁未進士初授行人擢御史出按遼東彈劾不避權要風裁凛然

王勣　字宗錫天順乙卯舉人華陰教諭陞鳳翔教授遷國子博士陞廣平判公廉愛民

王衡　字宗銓天順間弱冠連第宰淳安屏豪黠裁冗費擢御史按遼東陳邊務五事出守松江劾平江伯不戢軍士有旨約束居官七年清介如一日陞浙江左參政轉陝西左布政減鹽值通商賈邊需以裕衛任眞履素不以勢位自多祀鄉賢

李壐　字廷實成化乙酉舉人平谷訓導陞岳池知縣廉明公正吏畏民懷陞武昌通判居三載卒百姓哀悼立祠祀之

甯瑛　字廷玉禮部主事陞郎中成化間擢湖廣參政時荆襄盜發上命將剿之公督餉不乏旣平賜衣二襲祀鄉賢

呉忠　成化乙酉舉人安化知縣政務清簡民樂其不擾

王珙　博學能文成化甲午舉人兗州府訓導陞孔顏孟三氏學教授改眞定府學教授典應天湖廣文衡陞崇府長史

史瑛　字廷珍授棗強令革奸弊息盜賊賑饑墾荒加意學校成化末擢御史淸理長蘆鹽課又按蘇松首置權貴周見於法入掌河南道議使西番皆疑懼不决遂厲聲曰小事如此大者可知聞之外國可見中國無人議遂定復按嶽寧以剛直忤逆瑾出爲河南憲副不赴杜門讀書所著有一得就正諸藁祀鄉賢

梁溥　字弘濟中乙榜延川教諭陞南京國子監學正秦府長史見義勇爲博學洽聞弘治間修稷志

張滋　字潤之貢太學有司以米二百石爲贐悉却之授遼東都司經歷剗剔宿弊不避權要歷九載淸介如一日陞淸寧知州

王价　字君藩任鳳翔推官廉明果斷獄無寃滯岐郿二邑土貧俗惡官者難之署篆以德感化有異政

吳績　監生正德中醴泉主簿寛恕勤敏民心愛慕

姚鏜　字鎮遠任饒陽知縣敎民忠孝守法徧植桑棗以剛直忤權貴左遷寧夏衛經歷操守愈堅

梁格　字君正任濟陽知縣清里甲修馬政民咸稱便禹城人有疑獄逮其子者累弗決當道檄勘公憐無辜釋之其人持百金謝揮之去居官清苦嘗作雪糧吟以見志擢南京兵科給事所著有窺易集定齋存稿

梁紀　字理夫該貫經史領鄉薦以母老不仕後以母命勉上公車憂母疾遄返嘗買姚村膏田若干畝委之以益民居民爲立祀所著樗櫟子等書十四種共若干卷祀鄉賢

梁綱　號承齋嘉靖壬子解元壬戌進士以戸部郎莞天津易州倉尋督餉密雲搜括頻年乾沒並所羨溢三千有奇盡報上晉臬大梁條上凡數十事通行汴中新鄭復相藩臬盡往謁獨不往晉楚藩遂請告與兄紀日侍母躬進甘旨爲知止軒讀書其中所著有高梁生集等書十三種今祀鄉賢

梁維字持夫格季子聰慧博洽天性孝友尤工書法領戊午鄉薦齊名伯仲所著有三桂堂集六子抄史編類抄若干卷

加傅字習夫弱冠領鄉書制行端方不苟言笑知曲周銳意振剔甫十月丁外艱囊無一錢院道而下憐其貧賻之以不勝喪卒人咸惜之

甯桂字攀之領鄉薦任陸縣訓晉工部司務歷户部員外郎中布袍脱粟躬操井臼卒於邸舍無槥柎之資

王時濟字道甫嘉靖壬子舉人田產讓兄以善者建汾橋以承父志督餉西秦士伍頌德榷稅清源額外多解銀四千有奇守衛時會潞邸新造官此者多狼跋見跆獨雍容坐理無掣肘之虞所著有龍塢集

高應聘字志尹既第拜吳令釐弊革奸不避權貴邑瀕太湖濟渡處多刼寇公更番設戍行者便之吳

民題曰高公渡范公義田豪右占之幾盡公置於法遂
按籍而還無何爲讐者所中因謝政歸值大祲賑饑全
活者衆大寒爲布絮活行
丐之傴仆者其好義如此

趙國相嘉靖甲子舉人署郃陽教諭陞宜川知縣臨洮
通判愿慤溫醇嚴明慈惠所在俱有政績

鄭命字爲命紘孫嘉靖辛酉舉人言動狷潔不輕交遊
喜施予歲祲罄所有賑饑事親事兄以孝友聞令
宜君申減夫價五百餘金罷土官帶兵徵索之擾禁僚
佐私交豪右之弊請賑獨倍隣邑詳見宜君志中

宋世科貢生歷蘭州訓導深澤教諭榮府教授溫雅純
誠與物無競所至俱沛教澤

裴賜隆慶辛未進士授兵部主事遷職方有大璫干以
私餽金怒斥出庚辰例當典春闈江陵爲其子預
授以意不應遂易他曹尋出治兵井陘諷言官中以他
事謫華州知州不赴歸

王詔貢生歷確山訓導單縣教諭客雲後衛瀋府教授
及歸囊無餘錢遯跡丘園終日不謁官府

梁蕙字若生紀子廪監選授西安府通判常開義倉以
賑饑民給乳媪以活棄子邑人德之善書所著有
六種吟
行世
曹世卿萬曆癸酉舉人歷昌黎上蔡知縣持身端謹廉
介愛民離任後蔡民三赴闕陳奏科道疏薦卿
卒不
出
馬驥貢生家貧好學高尚不仕專意曲成後學
郭一進溥元孫萬曆辛卯舉人任藍田知縣孝以事親
慈以待下嘗聽民訟將刑有子願代其父者遂
兔百姓感之皆知行孝且毁淫祠崇正誼聞讀書者輙
勞諭其所一時學校大興焉民立祠祀之
甯獻禎萬曆壬子舉人端方簡素生平恥言干謁事
鄭寅字子夏命次子萬曆癸卯舉人剛介峭直長安學
教諭累陞刑部郎中剖斷精明時無冤獄陞山東

僉事督餉津門以前陝西司獄忤楊相至是罹禍

任佐 字良甫洛陽學諭勸學敦行士習大變洛祀名宦陞國學丁艱歸里制終北上赴都憲張瀚呈臧本縣均徭銀千餘兩復補官太學會神宗駕臨賜衣一襲尋晉南計部監江陰等倉糧斛督鈔淮安揔巡倉場守鎮遠奏最按察貴州值討苗夷之亂內外籌計居多所著有四書辨異書窓翼言汾野詩集祀鄉賢

任憲 字憲章佐第四子生平慷慨有氣節邑中利病無不爲已任尤博學能文至老誦讀不衰祀鄉賢

王鼎 字元爕孝友性成與物無競任太湖丞子佩玉恩貢曾孫宗旦列賢書

解啓衷 泰昌元年恩貢文登知縣諭民開荒邑人賴之

張養元 字子長舉人筮任華陰知縣時流寇猖獗堅守禦賊衣不解帶者四十餘日民賴以安月課校士文風丕振以疾致仕

高顗字去億應聘子崇禎元年恩貢陜西雒南郏縣時闖冦薄城单騎就任邑頼安全士民立祠祀之萬曆間纂修縣志

吳繼武武舉崇禎十四年任陜西榆林都司十七年闖冦陷城巷戰死之

裴增事繼母甚孝撫育孤姪無異已子嘉靖間旌其門以下孝義

張居元天性至孝母疾篤嘗糞籲禱乃愈以貢任贊黄知縣

史宗禹京營守備聞子父亡一味之甘必先飡母一絲一粒不私其妻子崇禎十三年御史具奏旌其門

裴全父負鹽商債訟覊運獄半載不結全方十餘歲傭工供食代父覊獄赤身受比訊官憐之释父罪

甯學倫少年亡父痛哭腫目幾至失明會母有疾嘗糞辨其甘苦屢經獎勵

胡澤事親以孝謹聞每飯必禀所欲父嘗遘亟疾衣不解帶漿水不入口尋瘥弟甫一歲且善疾懷抱食飲者六歲繼母馬性急家人稍拂意輒怒不解必長跪竟日涕泣沾衣乃復底豫稷人稱孝友者必曰胡公

國朝張鳴鵬順治八年恩貢桐栢知縣廉正淳朴人服忠厚

梁珙庠生博綜古今問字者接踵終日談論無倦容

何星煜字天章進士任樂安知縣持已以儉撫衆以寛督修河堤捐俸建倉煑粥行取給事中未補卒於家

張垣舉人鳳羽孫字紫居居家孝友與物謙光

王佩玉字德卿鼎子正直端方視履不苟崇孝節敦友誼孫宗旦任韓城縣知縣

張爕然字光裕歲貢爲人溫謹力學嗜古試輒冠軍數奇不遇以明經終

劉宇治　歲貢孝友謙恭人推忠厚與兄宇泰同爨終身無間

張煜　字晝初拔貢性生孝友恬雅溫醇遵父命終身不仕

劉維烈　廩生字漢臣煌簶子少穎慧嗜讀書

趙怡　字悅庭夙負才名隱居敎授所著有主敬說

甯趯　居家孝友雅嗜詩書由歲貢任老營堡訓導課士崇文人才蔚起

張鵬翥　養元子歲貢幼聰穎博洽經史善事父母友愛庶弟學使者稱爲文行第一

曹承祉　事繼母承顏順志撫愛幼弟穆南稱孝友者咸推焉　以下孝義

吳克恭　童年失怙事母盡孝

吳良知　同弟穎知兄友弟恭至老彌篤

張經字爾文歲貢天性孝友見閭里貧乏者代輸急公

史宗周事孀母孝事長兄恭撫姪如子焚劵千金

高瑄字楚石生員孝事二親色養無間父母没廬于墓側者數年所著有汾崖集易經來註剛禰

王震龍廩生字霖九之屏子父母早逝事繼祖母最孝著綠筠集

任三策生員持已潔清樂施濟衆

閻三省節婦秦氏子事孀母承顏順志有時怒叱輒笑而受之更能善體母心家雖貧凡施濟必竭力爲之

張縉鳴鵬子幼嗜詩書天性純孝父病奉侍湯藥四十晝夜未嘗席寢至形體俱胘死而復甦者三次父亡哀毀骨立且友于兄弟撫愛諸姪如其子云

鄭毓彩 生員幼失怙侍事祖父繼祖母曲盡孝道

張永清 家貧母老且瞽奉養周至戚里稱之

段五瑞 生員父亡事繼母奉養無缺母病經年親侍湯藥無一刻離左右鄉族稱之

任元統 服事八旬祖母罔有疎節編敘孝歌以警其妻孥

張全德 事繼母如生母待異母兄如親兄遇寇警負母遠避家資一無所恤

梁維翰 生員秉性仁孝幼遭繼母母性嚴承顏順志有時怒批其面翰同婦加氏跪告曰願母批不願母怒鄉人服其孝將公舉固謝曰顯孝子而貽母以不慈罪莫大焉數年母亦化而爲慈

曹裕煊 善事父母色養無違其父所愛從弟孤且貧曲承父志生養死葬一如已父

史絅 孝慈兼盡五世同居家人共食者五十餘口

任騰漢輕財好義有亡金者欲投井即出巳金如數給之

任向禹爲不能婚者出金完之不責其償

董可岑有才畧順治六年間土寇屯聚稷山知縣姚延啓推岑爲練總率鄉兵勦賊邑人賴以安堵

史三長　梁廷吉以上割股　張三綱　賈日昇以上還金

闞士堯　王世勤　賈玉勝以上輸穀賑饑

絳縣

明石堅洪武間貢授齊河典史陞行人永樂時高麗不庭堅挺身抗疏欲往平之上問計將安出堅曰兵難遙度臣臨機觀變乃可決策耳上奇其論遂命行堅単騎獨往為高麗主宣布朝廷威德謂汝不馴服吾力能勦滅汝國高麗主笑曰子単騎至此尚未知死所敢大言乎堅曰吾必知汝殺我我皇上震怒必大興師汝等不為虀粉乎高麗主拜服遂來朝上嘉其功陞按察司副使

王彬永樂丙戌進士授興齊知縣府運河冲激城垣乃臨河嘆曰天欲溺吾民何如溺我即投身於河一役挽帶隨之越明日漂尸於縣堂冠帶猶生役者猶挽其帶

郭鑑宣德巳酉舉人御史兖州府知府加叅政致政歸薛瑄贊其像

張環字瑀夫弘治癸丑進士授棗強知縣調內黄鎮安階州知州左遷河州學正復陞泰州知州資性剛

方所至皆有廉名學者號之曰萊庵

張體仁歲貢鄠縣主簿謁銓前屢夢與程夫子聯坐及到官廳事前有古槐士人呼爲程子槐因知明道曾主簿是縣遂悟人生遭會非偶每事必法程先生云

郭懷義長於吟咏由歲貢授蒲城縣教諭陞永昌教授師範嚴正多士宗之

任維屏學問淵博由歲貢授河陰縣知縣爲政嚴以濟寛深得民心里居施賑活人無筭

張夢鯉萬曆丁丑進士臨淄知縣篤志好學積書萬卷蒞任多善政

郭永固萬曆已酉舉人渭南知縣有惠政改甘泉縣時流冦充斥有降賊内外結連欲刼軍餉襲破甘泉永固憑城接戰手刃二賊賊湧上遂被殺賊入縣宅永固妻焦氏駡賊不屈亦被殺巡按御史呉甡聞報助殮以柩回籍至維川賊知之羣語曰此前與我曹戰甘泉城上郭令柩也開棺劈屍肝臓俱盡按臣題奏崇禎

七年賜祭吏禮兵三部先後
具奏崇禎十年贈光祿卿

續統 歲貢授汝州訓導陞周府教授事親盡孝教子成
名

王修 歲貢授文水訓導陞平順教諭制行端莊居鄉不
苟

呂邦寧 恩貢封丘訓導慧性辨才幼年文名鵲起尤喜
啓迪後學

譚登仕 選貢授同州訓導遷泰安教諭陞睢南知縣服
官清謹按使張薦於朝有學先性命理究天人
不受贄儀不通私謁等語歸里遇歲大祲上書汪副使
力言煑粥不若給米多所全活所著有太極圖解四書
事天象畧道
一九論等書

陳讓 歲貢授盩厔訓導陞靜樂教諭繼陞大寧都司教
授未任歸性至孝善事繼母靜樂學宮久頹殫力
修葺歸里歲祲食饑瘞骼置祭田所著有易經說四書
一得隨筆久訛一訂諸書

撖君賜字賓王歲貢丰姿秀雅文如其人闢塾廣授生徒遠方負笈者甚衆任荆州府訓寇訌城破衣冠坐明倫堂罵賊而死

張廣天性淳厚喜施濟樂闡人善鄉里弟子尊爲師範

康兆民耿介端凝見者敬之曾爲史御史除宅妖謝以千金不受

任維清歲貢授永寧縣訓導流寇破城罵賊不屈遇害祀永寧名宦

康四維兆民子武進士授西陽河守備陞山西都司僉書繼陞廣西都司掌印後因兵到妻子俱死於難

范應奎生員幼孤奉母盡孝又拾同里陳加付糧銀三十兩還本人

國朝張養心生員幼孤奉毋馬氏至孝遭賊陷堡母被賊棄於水養心被縛痛母號呼賊感其孝釋之

郭自修恩貢授安遠知縣調石城城陷端坐罵賊不絕遂遇害石城祀名宦

陳所優丙戌武進士授陝西寧羌衛守備順治六年姜黨擾平陽府南州縣時優自任歸家賊正盤踞絳境優盛陳國威數其罪狀詬罵不止遂殺於柳庄街心

崔圻舉人壺關教諭土寇破城守節殉難入名宦

侯嘉徜歲貢五臺訓導雅意作人士林仰戴

楊呈芳生員性孝友立品端方煮粥賑饑設館課士

王天扶事親至孝散粟濟饑捐貲完人婚葬

曹天寵歲貢伊陽訓導陞沁州學正日與生徒講學著四書心印署武鄉及沁州篆政號廉平

譚田明歲貢弘才贍學著述甚富纂修縣志著有入學鈔存隅羗草八止亭諸集

柴之棕 生員絳翼接壤絳之煤炭皆取諸翼山路險𤓰車不能行棕捐金百兩以開山路沃邑交褁久病徒涉棕捐銀五十兩穀五十石助修橋工又續㙮峪接連上黨孔道毎遇隆冬山峪皆氷棕捐穀數十石搭橋二十餘座夏拆冬修歲以爲常其子帝蔭不改父志人皆德之

范繼純 事繼母無異生母父母歿廬墓三載子范章母病革水漿不入口未幾卒與母同日葬

王積業 金選

垣曲縣

明趙鏞洪武初以技勇奉命安撫河東一帶屢立戰功封南雄侯

趙朗中洪武十七年鄉試十八年進士授御史懲讞發奸手釆殊異朝廷呼爲長御史

普暉舉人授汶上訓導陞長安敎諭白河知縣討除虎害擢御史歷山東僉事

文晧進士授平原衛水知縣擢御史正德初劉瑾煽禍奉旨雪寃獄姦黨畏之條陳開渠得旨允行及侍經筵進講稱上意尋陞河南副使分廵大梁道誅磨山叛賊吕耕有碑記

張璟弘治甲子舉人授滋陽知縣廉平幹濟懲姦惡而宗藩畏威均賦役而黎民感德陞臨清州知州

申儒例貢弘治間寶慶府經歷值逋寇朱天章亂偕子鵬率舟師逐之洞庭遇伏父子被執不屈遇害

趙載原名君琰正德六年進士御筆更名授户部主事陞員外尋陞郎中擢陝西參議剿平叛寇陞副使

備兵肅州超陞甘肅都御史馭將平寇有功增糧五十餘萬馬五千匹遠近畏服西鄙無警陞操江都御史卒遣官諭祭勅建塋墓仍廕其子所著有都府奏議累世忠貞錄忠節祠錄等集

王時雍正德丙子舉人授山陽知縣廉以律巳仁以愛民歷任武城華陰知縣門無私謁訟不淹滯倉庫有備緩急有備陞嶶州知州終西安同知

吕士偉嘉靖乙卯舉人任無極知縣陞階州知州忠誠質古宦橐如洗

趙知來溫厚謙恭善詩文恒吟咏自娱淡心功名輕財尚義

劉應宿萬曆戊子舉人任寶鷄知縣天資朴實不染宦態一經課士制行清高

常目性孝愛父廷寢疾供湯藥朝夕不懈父歿悲泣三年無間歲貢任順德通判入名宦著有碧山詞毫水集

郭孜　監生授四川威遠知縣勸農浚渠廣備救荒修學興士

文具道　萬曆辛卯舉人任定襄諭陞山陽知縣臨政慈祥居家孝友

魯廷彥　萬曆癸卯舉人任衛輝府同知陞安順知府調登州兵譁力安之始貼然薦陞雲南瀾滄副使調陝西平凉副使陞四川威茂道叅政恩威並著遠人畏服歸里置義田以贍宗族

王時英　萬曆壬子解元乙未進士任審縣知縣多善政調朝邑再調長安行取御史

張翰芳　萬曆己未進士授中書科中書端方耿介名重朝紳疏豁遼餉垣民感之

馬逢造　天啓壬戌進士任陝西咸寧知縣才堪煩劇仁及枯骨陞吏部主事

趙東魯　歲貢任兵馬司陞彰德府通判靜寧知州居官愛民屢蒙上薦

王三槐　歲貢任黎城訓陞白水諭名重儒林清操不苟

席慎儀歲貢任朝邑訓溫文爾雅綽有師範　趙名善歲貢任淳化訓制行高潔學問淵博

劉應科歲貢任眞定府訓陞清澗知縣慈惠廉明屢入薦剡竟以剛正歸祀名宦

張治綱歲貢任左衛訓弘才卓識撫按交薦

文運隆歲貢任安陽訓陞永壽諭謙恭恬靜多士矜式

米朝慶歲貢博洽經史忠厚傳世任高唐訓淳化諭陞鄜州學正署安定篆士民感德

喬一化歲貢任盂縣訓署本縣篆民稱召杜陞陜西臨洮教授

喬世任字媿尹天啓丁卯舉人持已端方事親純孝立正學書院于里門崇禎乙亥以理學薦授鄭州知州流寇陷州率衆大戰于河于不勝乃自刎以殉鄭民繞屍哭者累日即肖像歲時祭焉著有問途贊大學貼身解中庸說易經說山陰劉宗周謂其學能見大

馬鳴騄崇禎庚辰進士任太倉銀庫主事有廉名以薦爲揚州知府决訟神異陞副使

張祿歲貢歷任山東清平簿歸里值歲荒捐貲救民多所全活

張鵬翼歲貢任平順訓陞和順諭蒞官居鄉造成多士

文化龍歲貢任栢鄉訓陞欒城諭端謹簡重博雅練達

王智善詩文弱冠時父紀官應天獲罪智上書贖之後遂吟咏山水間終其身

劉明性嗜學嘗牧羊山中手持漢書憩樹下讀之一日暮歸遺書於野所蓄犬啣之而歸

張金鉉歲貢文新命恩貢張治光恩貢俱闖亂殉節

文襄庠生父妝衜稱孝子襄亦盡孝甲申聞京都失守撫皇曆痛哭不食卧床成病闖賊陷城自刎于家祠賊義之相戒不入其家四日後家人殮之顔色如生

文顯道字子行生員賦性正直與魯世任同遊辛全門立會講學毅然以明道爲已任多方勸人爲善從遊其門者甚衆

車國紡生員與魯世任文顯道主盟正學會人有誘以好名者國紡正色曰士人好修全其身名而已爾何以好名爲薄也久之人皆知其爲篤實君子

張鵬羽廩生善事繼母讀書直窮理奧著有四書直解尚書訓詁

文昭早失父事母朱氏至孝母歿絶酒肉音樂偕弟昶共寢三載不替后宰鄠邑德政格孚

張濟性至孝家無豐貲奐悅親心每延父客竭力欵洽父卒廬墓三年　以下孝義

魯紹孔庠生置義田建義房遠歷東魯扶歸叔柩抱疾尋從弟於西秦崇禎十三年大饑捐貲煑粥

張繼美捐貲賑饑　郭從林崇禎間捐助軍需

王宗仁　崇禎間大饑盡家所餘以濟之後求之者衆又借金遠糴米麥全活甚衆

馬股主　例貢崇禎間流寇犯縣捐助軍需甲申闖賊屠城無主尸骸又出貲埋之

文希程　貲產盡與異母兄弟　劉光荐　生員本里錢糧素稱負累每傾囊代完

文普升　輕財好施多爲族黨完婚助葬　魯一敎　性樂施貸者輒焚券不責其償

王得民　性豪俠不惜家貲以濟困扶危荒歉貧民不能自給者悉出貲助之甚至合里逋糧累百盡數代納善聲洋溢孫言綸康熙已卯登賢書

常廷　倜儻好施族戚多蒙其惠

劉澤長　字恒齋崇禎間書吏在公門日行善事遇人冤屈必婉爲伸救著有劉子俚言

劉紹宗　少孝友成化間歲歉紹宗負米百里外親疾必躬湯藥一日舟行抵中流值颶風幾危衆懼紹

宗姓香竈之風息獲寧人以爲孝感兄弟有貧乏者多方周之

文鴻儒事父並繼母袁氏承顏順志朝夕匪懈異母弟生四子俱撫養成立無疾巳出孝義著聞於時

安若喬庠生奉孀母能敦子道從兄敘克盡忍讓名著里閈

李興母卒廬墓前有旱橋溝因無水故名一旦泉忽湧出遂名爲孝子泉

郭元祥性孝郭萬里克盡孝道程君愛貧無立錐同友妻事母盡孝

魯聖裔武生性孝友父卒於京邸家窘甚徒步負骸歸里人憐其貧而重其孝

鄭元吉庠生父早亡家貧傭書養母克盡孝道

申時觀家貧爲菜傭父亡營微利以供母膳自甘糠覈

文朝佐廩生父亡事母克盡子道行年五十母性過嚴時或責之笑顏領受

普曰仁祖母王氏喪明父嗶命之侍朝夕供奉惟謹暨父擢南臺御史迎王氏抵下邳仁夜起問安落水溺死覓屍寄葬于岸勒石名爲孝孫塚

李義父早喪事母惟謹

國朝張聯星中順治辛卯科鄉試任文水縣敎諭性行純篤型士多方

張其郁歲貢任餘于知縣時土寇四起郁再至其營諭以禍福多方招撫寇既感激投戈民間株連訐告者概置不問營中縶執子女立查還之又值荒捐米施粥全活者衆

張天秩貢生德州訓導家琦之子秉性篤孝

文登恩貢孝子襄之子孝友本乎世德母卒廬墓三年

馬生鱗恩貢任福建永春縣知縣捐俸建文廟置義倉賑濟流民勦撫海寇士民感恩

婁臨樞　生員順治元年闖賊屠城暴骨如林樞捐貲掩理　以下孝義

王三畏　慷慨好施遇荒歉煮粥食人全活甚衆

席如宴　少孤事孀母孝撫孤姪成立族人貧不能葬者多方周濟

喬廷楫　生員捐地建堡

張天民　生員孝親敬兄輕財好義撫孤姪姪孫成立無異已出甥孫馬生儀五歲失怙民給衣食口授經書十六歲入學仍爲之娶妻焉

趙連元　庠生三歲喪父孝事孀母郭氏母卒號泣不絕竟致雙目失明人皆稱其苦孝

張凌昊　廩生父故傭書養母趙氏及卒痛哭成疾而卒

張貞明　庠生繼母文氏失明貞明虔禱三年不倦雙目復明迨母病篤哀慟成疾相繼而歿

楊皇貞家貧甚克敦孝行里中訓子者率以楊孝子爲式

董擱門刲股　王純　王國楨以上還金　丁貴　鄭恩　劉際隆

張繼美以上輸穀賑饑

霍州

明郭光遠學博才宏洪武間由薦舉知通州陞汝寧知府在官以清勤著士民悅服

陳琦洪武時舉人歷城縣教諭陞國子監助教又陞知和州多善政

周正御史正色糾彈不避權要遷貴州僉事隨在習俗丕變民立祠入名宦

李悳永樂間嘗主州學師席與學正曹月川會講諸生稱爲白雲先生

郭晟西安府同知遷思州府知府化孚蠻裔

史濡宣德己酉舉人陳留縣教諭陞御史尋陞廬州府知府持身清謹惠愛斯民時中官王振欲其來見啖以美官濡卒不往

郭璿性至孝嘗從李白雲曹月川講明性理之學永樂間舉人任南城兵馬指揮聞父喪徒步歸廬墓側

有白兎穴於盧穴馴若家畜曹月川作歌表章之

史素　孺之子累官至鎮江府知府政尚循良心存剛介四任大郡介節不移課生徒以育才平賦役以惠下易車馬而遠人服勤耕桑而羣盜弭奏復民田治多美利

郭韶　弘治己未進士涉文史善騎射初知安東縣有善政課最擢御史改寧國府同知時逆瑾擅柄端方不阿而患亦不及歴南京禮部郎中改湖廣兵備僉事鎮平監軍大破巨寇又流賊掠湖南督兵擒勦歴四川叅議陝西西寧兵道地方寧輯尋歴山東左布政使

劉榮　弘治己酉舉人天性孝友初任陝西靜寧州訓導地在窮邊敎弛日久公嚴束生儒一時文教大興若姚爵輩多出其門弘治壬子河南分校歴汝府教授紀善

李恂　弘治己酉舉人任寶鷄縣教諭聘典雲南文衡後補申府教授歴鳳翔府教授復司河南主考歴高

陵縣知縣學術有本爲世所推上官有操守廉能清慎孝友之獎

張延壽乙卯舉人湖廣隨州知州改知雲南趙順二州多惠政

喬瑞字覲之嘉靖壬午舉人幼聰敏容止端肅筮仕西安府節推歲饑賑救全活凡數萬人秦府奪民田抗法歸之境內肅然大司馬唐龍以公賢能奏於朝改松江府同知檢勘水田通融錢法代篆華亭剖决如流尋任濟南知府興學校均賦役有古良吏風陞大名兵備兼河道遷山東左叅政名宦鄉賢並祀

劉煦柴之子嘉靖辛卯舉人蕪湖縣知縣改陝西富平行多檢飭博極羣書士類重之

劉熙柴之子辛卯舉人性剛方質直不事浮華尤邃於性命之旨癸卯順天分校一時皆以爲得人改敎

任丘尋陞
元氏令

趙穩援貢任寧國府通判役改鞏昌府敎授

張雷 縉之子貢士靈臺縣訓導有學行

李廷儀 字國聘生而敏悟萬曆辛未進士除吳堡令有惠政調洛川築城繕學百廢俱舉減偏重之額蠲帶徵之累民爲建祠肖像居瑣闥言事剴直悉獲採納會章奏必先詣政府關白公獨不往時論壯之臺省會薦邊才移關西觀察治兵固原一路帖然以右僉都御史巡撫甘肅屢著邊功具疏乞歸南陽入祀名宦本州祀鄉賢

周獻策 字石畫太學生授陝西鞏昌判屯兵西寧鎮遷本鎮監紀大疑大節決於片言識忠勇羅一貫於行間秦人祀名宦本州祀鄉賢

朱充鮒 霍府宗室忠介直亮博學能文御史劉光福諫萬曆定儲忤旨下獄鮒疏救上怒發高墻斥其爵後泰昌立召還復爵

任光裕字振寰，恩貢，初任維陽，减驛馬，開屯田，收罪軍徙十數人，署篆靈寶，革火耗，除衙蠹，尋擢香河令，清介自持，剔弊釐奸，修學助貧，講約煮粥，修補堤口，爲畿輔循良首，陞東城兵馬，捐軀殉難，贈光祿寺寺丞，諡忠節，祀名宦鄉賢。

安邦貢士，秉性貞廉，博通經史，任河南滎陽縣訓導，捐俸創置學田百畝，陞揚州教諭。

成德字潛民，崇禎辛未進士，初任山東滋陽縣令，清操凜凜，育才課士，輕徭惠民，奏復祖陵，菩蓄隄防，調如臯，蒞任數月，行取兵部主事，尋轉郎中，聞賊報急，手書約同年左諭德馬世奇偕死，帝崩，梓宮暴露東華門外，德以鷄酒哭奠，賊怒，露刃脅視之，不爲動，歸寓跪父文桂、母張氏前慟哭，父母曰：我知之矣。入室俱縊死，妻霍氏亦自縊，子夢明，德撲殺之，然後自殺。

國朝順治癸巳，禮臣具題同員外郎金鉉等一十四名，予祭予恤，予諡行文，原籍立祠，撥給祭田。

李一槐貢士鴻臚志之子任渾源州學正醇謹博洽教化宏敷

敬明以經濟儒士授國子監學錄屢獲褒諭

周洪陛庠生性至孝父周煥任山東新城縣丞城陷執煥不屈將刃之洪陛挺身蔽其父曰殺我留父因被殺

邢體溫以勇力委署守禦隰州數年盜息民安

李栴嘉靖甲午東山賊大作剽掠鄉民栴領衆往捕賊以鎗刺之不屈而死以下孝義

劉文英土寇破堡罵聲不絕捐軀而死其子澤芳聞父難執刃追賊賊爲辟易

邢梁貞性剛直經營四十餘年毫無私藏

邢端代張孝廉還官銀一百兩捐金置田於北坡底施茶濟衆

任國梅以廩生署本州州同禦寇守城供億急公罄家弗恤

國朝任國標貢士歷任眞陽知縣潔已愛民除文妖之祟驅虎狼之暴

劉子文貢士孝友夙彰任孝義訓導多士式之

邢弼敎其父卒於揚扶櫬歸適炎暑跣足徒行三千里不避風雨施棺瘞枯煮粥活貧修河堤贖難婦

里人稱爲孝義歷官光祿寺署丞　以下孝義

李成禎生員捐粟賑饑施金贖還鬻子

劉砥中生員父母卒盧墓三年　安承敎廩生絕跡公門孝事父母

張龍鱗庠生事親至孝父歿廬墓崇崗甘泉湧出三年畢鱗歸泉旋涸母歿再居廬泉復湧

翟果進與妻喬氏孝事老父

劉有恒　其父劉一達在明末死于兇惡張五倫之手依律擬絞因闖亂脫網恒於順治三年五月遇倫于市立地打死即投州府請罪以爲父報讐竟開釋

李馨　遐中丞嫡孫撫養姪助貧族之葬周隣里之乏

李勝　父母早逝視異母弟如同胞其修建祠宇義舉不可殫述

周一龍　客揚州江南荒丐於揚者數千人龍倡義共出千金以活之

荀竹盛　好善樂施鄉里無不被其惠者

薛貰　郭鰲　以上輸穀賑饑

吉州

明馮受永樂間舉賢良方正授杞縣丞陞醴縣華陰縣令景泰初卒于官士民哀思立祠於華山之麓

郝鏜成化間知甘泉縣愛民如子去後人思之

劉澤知金縣下車即誓于衆以廉潔自期興學設教崇尚禮義務本息訟革奸均賦士民仰戴如父母官至户部郎中

丁汝謙字子益正德甲戌進士授太常寺博士陞禮科給事中因議禮謫曲周縣丞尋陞永平府推官終四川安綿道

賈四維萬曆庚子舉人環縣知縣居官清謹博學能文雅意學校留心民瘼至决訟如止水事無宽抑民皆仰之

白爾心　天啓間任府谷知縣狷介自守稱爲廉吏

岳衡蘭　舉人材授山東鹽課司副使有才幹

國朝劉五龍　拔貢任山陽英山二縣俱有惠政行取兵部主事歷任郎中出守安慶府絜清自勵居平不爲矯激之行淡然于聲利而人自信之致仕歸泣送者塞于途推爲皖江百年來循良之冠歸橐蕭然遂僑寓襄陵課弟五孚成進士兼誘進後學孜孜不倦里巷之人不知其爲故太守也

馮愈　事雙親曲盡溫清之禮承顏順志稱爲純孝旌表祀鄉賢其所居故址至今稱爲孝子原

徐椿　性至孝親卒廬墓

鄉寧縣

明王爵貢士任蓟州知州丁母憂與父同榻者三年事父朝夕罔怠

王與齡嘉靖己丑進士與兄培齡己丑同榜任吏部文選司郎中以建言除籍隆慶初贈太常寺少卿

鄭崇儉子萬曆丙辰進士歷任寧夏巡撫禦寇有功廕一

鄭都貢士任泰安州訓導陞清縣教諭家值歲荒以所得俸金盡濟族人祀鄉賢

喬光顧貢士任江南桃源縣知縣清惠著聲民謳歌之

鄭崇雅貢士爲徐溝教諭聞母病棄官歸四子皆成名人以爲孝所致

鄭郊貢士任樂平訓導陞灤州學正署昌黎縣事士民感德陞大同教授以俸金置義塚尤精於醫活人最多祀鄉賢

王耀 貢士任犖縣訓導署縣事士民感德陞蔚州學正林居二十餘年鄉評甚重

鄭愛民 崇儉子以蔭授錦衣衛副千户陞陝西三邊總制兵部右侍郎屢建邊功

閻可錄 副榜任陝西寧州同知學博才敏督鹽有功

成美 貢士任陜西金縣知縣光明正大不爲寔寔陸行人皆悦服

盧熿 恩貢任元城縣丞陞衛經歷居官清廉居鄉公正值明季辛巳歲饑施粥半年全活多人

高捷 貢士任長垣訓導倜儻豁達歸里敎子訓孫高尚其志月旦重之

冀三聘 節婦盧氏子同妻潘氏事母盡孝 以下孝義

王凛 村居甚貧父病久思食肉凛謀諸婦婦曰髮可剪也凛得髮向城易肉路經龍王廟禱之夜夢神告曰此去十里杏樹下有泉其水可飲明旦汲水煑湯奉父旬日病愈

楊鳳翀崇禎間以技勇授千總征翼城山寇有首功値歲歉廢產救荒全活多人

張鐸施地十餘畝以爲義塚

國朝楊藻鳳進士歷任湖廣提學副使理學文章領袖後進

王廷傑進士任直隸行唐縣知縣調湖廣鄖縣知縣居官清廉居鄉孝友士之楷模民之坊表

鄭倬貢士任兗州府知府居鄉周急不吝曾以數百金濟里甲公事闔縣感德

王纘聖貢士任鳳翔府知府居官七載有政聲歸里捐貲修建西關石城全城賴其保障

鄭牧民任浙江臨海知縣學醇才敏器堪盤錯

成伯英貢士美之仲子任臨洮府同知署臨鞏道萬民戴德陞平凉知府以失城詿誤歸里三載秦督復其官居鄉有[illegible]孝名人皆推服

鄭基隆　貢士吳江縣丞恬退廉靜超然塵俗之外

文之龍　貢士父殁值亂龍伏柩旁晝夜號泣目死葬畢
冦郎入城幸不遇害

王又旦　廩貢任仁和知縣補登封禁禨泒捐俸設講堂
造就士類敎民紡織栽樹墾荒士民感德舉卓
行第一陞
全州知府

王一乾　監生任直隸武清衛經歷風度光霽高雅不羣

成躍龍　任鄭縣知縣調河南登封多惠政陞兵馬司指
揮登封祀名宦

盧賜形　字右功壙之子由恩選經歷資斂力學博極羣
書弱冠食餼工書法善詩文晚年好學愈篤曲
成後進生徒百有餘人
長子鉞登已卯鄉薦

鄭崇仁　王有祿　以上輸
穀賑饑

隰州

明王朝正德中知鎮原縣廉靜無欲爲政敏決調合水處心仁愛蒞政廉平

史光前萬曆四十五年大饑輸粟千石賑貧闖逆陷城被執罵賊不屈與弟光代同殉國

史光代字射墟手姿軒昂賦性英敏以選拔初授河南上蔡主簿奉職勤慎歷山東日照縣令清節自勵痛革陋規擢湖廣鄖陽府別駕委攝府篆風行屬邑三載告歸後死于賊

李養榮貢士爲王府教授事親至孝父毋卒各廬墓三年有自兔之異

宋志祁字繼峰聰敏過人貢未仕刻意典墳著有周天五星文苑豹斑

郭育才字蘭台文學優長矢志典墳以歲貢授文安馬邑兩縣學博不受束脩惟文章是務居鄉名士多就教焉修州志旁披廣採成一家言著有闇修錄

賈汝棟 字梁宇精工文藝旁通岐黄以明經授襄垣學訓轉靜樂教諭所至立法課士施藥濟人及陞陝西靈臺令清心寡慾簿書之餘惟檢藥料每出堂時先發藥劑徐理縣務人呼爲慈母

史光翰 字耀林登義季子聰穎絶人應歲貢絶意功名刻意典籍日夕吟詠時號學海

李愈華 貢士養榮子任國學典籍文行優卓祀鄉賢

李茂梅 字寒芳性孤介寡言笑以貢授山東齊河學司訓會縣令之員府幕覬篆抗志不下竟辭歸

李愈秀 字誠所庠生養榮仲子明末闖逆破城罵賊不屈遇害祀鄉賓

吕大成 字宗部庠生平居負義聞寇襲城荷戈禦敵勢潰投井而死

王家棟 遇寇力戰而死

宋永隆 隨父希唐防守西城城陷永隆救父盡力禦敵同日遭害

宋承緩作復古歌以贈之事親至孝居喪哀毀茹素力循古禮桑拱陽兩

劉餘芳庠生其父湛然殁於六安州芳徒步長號至江南負其父骸歸葬祖塋

楊潤事繼母孝修學宫賑饑人鄉稱義士

任永正棄田爲漏澤園又捐貲贖貧人之妻

鄧凰麻輸銀助築墩臺捐米賑卹饑荒撫育孤姪倡植桑

國朝李呈祥字五鹿登鄉薦授壽陽學諭敎士有方陞延津令調繁陳留嚴明果斷夙弊頓革擢兵部郎曹戎政一新歷順廣大梁武昌天津等道遷通政所至清廉自持加意振刷及陞户部侍郎總督倉塲盜厲冰操一塵不染後因疾歸復補工部侍郎始終一致蓋其天性廉介也

李允字寶山幼倜儻嫻弓馬効力行間歷官湖廣叅戎每逢大敵以身先之三軍踴躍樂爲用命會康熙

五年賊聚湖南七連坪統兵援剿直搗其巢血戰三晝夜力盡矢竭遂自刎奏聞賜祭塟

劉餘澤字惠褱以歲薦授太原學訓轉樂平教諭課士有績屢列薦剡擢直隸文安縣令理繁治劇迎刃有餘歸田後杜絶交遊惟事耕讀課子教孫而已郡人推重

牛友月字樦如前中議大夫元吉子以歲薦授遼州學訓尋轉學正明經課士崇尚節義擢山東長清縣尹鎮服豪強吏畏民懷縣民立祠祀之

劉清雅字鉉穆廩生文安令餘澤長子也秉性孝友禔躬溫良與呈蘭學行齊美

劉清秀字紫水餘澤仲子由拔貢授直隸阜城縣令廉介之操咸推第一

李應庚字席之貢生慷慨有大節博學善書能文章爲太原司鐸訓誨有方多士頌之

李呈蘭字同如廩生養棨之孫因父罵賊遇害母牛氏誓欲殉節蘭泣諫而止定省安慰歷四十年如一日及歿哭臥柩前哀毀幾絕仍廬墓側斷葷酒鹽虀惟飲飦粥

呂黄鐘字贊陽拔貢才學兼優事父母孝每遇親朋燕會侍左右寒暑無間雖風雨不令僮僕代也後爲渾源州司訓

蘇師轍字眉元庠生華亭令東陽之孫科試不利遂嘉遯焉教子道昌道晟道旻孫溥俱食廩郡庠

宋希湯字敬吾庠生屢試不遇謝舉子業隱山中悠然樂道不問榮利

王承帝字丕典庠生性廉介不苟取與獨居一室以讀書談道自娛

史克勤字補齋庠生峭直剛毅不苟合於人年方少壯即不應歲試以家事付二子訓讀課呀之外不與他事

劉大智　字若愚增生性恬靜不嗜勢力退居山中以耕讀爲樂二十年不入城市布衣蔬食陶陶然也

牛星　庠生天性孝友器量寬和事繼母克盡孝道定省不違待異母弟敎養備至出巳貲三百兩與捐監

毫無吝色士林交贊其難

宋斗星　順治五年土寇王登憲率其黨二百人來攻壘索星星率鄉閭壯丁及僮僕禦之見賊勢猖狂度不可支乃夜從間道潛至汾州請官兵三百餘人兼程而來賊據老兒山頂官兵四面埋伏日暮伏兵盡起殺賊不可勝紀壘索及隣近堡寨賴以無恙當事聞之愛其智畧欲大用星苦辭乃止

劉桐　字澹園廪生性孝友工書畫平生不干外事閉戶樂道蔬食不充淡如也母喪哀毁踰禮服除不復

茹葷

蘇四國　劉殷　史登義　王復榮　宋良儒　楊春濤　輸穀賑饑

大寧縣

明王欽 貢士戶部員外郎居官清正素履端方

曹需 歲貢授御史秉公持憲臺閣風生在家杜門不預外事

丁珣 監生正德間任石泉時值流賊猖獗人心危懼珣身任其勞築鑿城池措置軍餉嚴爲捍禦之法民安

獲保

暢茂 宣德壬子舉人歷官保定府教授克端師範居鄉謙慎和易啓誘後進甚多

張機 貢士按阜城寨有䕺塚題于石曰明孝子貢士張機之墓旁註云萬曆十七年知縣事程訪得貢士張機廬墓以思親三年不改殺身以全母一死猶生芳名推重于泮宮孝行允孚于月旦

馬中豸 字景宇歲貢臨清州判任三年竭力漕務革河役之奸禁水飛之害部院四薦其能晋四川營

山令嘗俗侈於嫁生女多溺之務裁使適中女免於殤會有摹假印者發其奸人皆悚服奉上檄協釆三殿木頗獲異材山行幾二年上司爲嘉賞至修文昌閣以崇文教立養生社以救疾疫申明鄉約以化愚蠢具載營山縣志

王銳貢士歷任荆門州判有惠政

馬尹昌貢士香河縣丞清廉仁慈香河人德之祀名宦先是尹昌病劇弟尹康禱天願以身代康果寢疾殁昌病愈昌感弟義田產悉畀康子世安

安民字熙褒貢士任陜西褒城知縣事母孝謹母老凡便溺器皆民手滌居鄉醇謹人稱爲古君子崇禎壬申守城殉難

李大綱字健軒貢生任開州訓導性純孝深得二親心宦歸蔬布自安人益敬服

劉鳳鳴歲貢南陽訓導高陵敎諭繼母楊氏性頗乖戾父爲所惑鳳鳴委曲承順母爲加愛父亦允若族人有巷罵者戒家人閉戶勿出恐犯其鋒有從叔嘗無故毆辱笑而受之人服其量及之官課士有方兩地人文稱盛

張斗星字奎垣天啓丁卯舉人家世清貧爲諸生時讀書西寺瓦窰中并日而食十年不出及舉孝廉不事干謁不畜僕役不營第宅仍居敝廬中布衣蔬食一如諸生時授潛山縣令時潛地經闖寇殘破斗星之任撫字周恤數月而潛大治時有四諸生以仇誣稱其巾斗星爲之辯復又有寇遺難婦若干人俱遣還家會踏災傷值一危磴人多不敢度名曰試心橋斗星平步徑過無少怖容乃口占一絕有自檢胸中無別物試心橋上獨徘徊之句官潛山僅一載自度不合時宜即掛冠歸杜門謝客潛心書史居家崇尚禮敎生三子銘鑑鈐敎以義方俱恂恂有儒風

張斗辰字微垣歲貢慷慨有氣節崇禎壬申闖賊陷城斗辰率衆拒之不勝而罹於難

馬萬乘歲貢任長子訓導會年饑潞安守委放賑銀銀不敷乃出己囊百金以益之饑民感悅

曹定國字世用廪生事父斧朝夕不去側會學使檄考以父老辭寧棄廪不應學使嘉之許免試仍給之饟以遂終養

馮三旌生員家貧親老曲爲甘肯以進自啖粗糲秘不令親知壬申被冦難墜城殞

張士粹字懿宇貢士家世奉孔聖祠及諸賢俱有肖像後迎入學宫且輸銀三十兩以助廟學修理之

費崇禎七年大饑又出粟二百石賑之

曹鴻逵字肖亭父汝相患癱十餘年凡飲食起居鴻逵時左右之或時加怒責鴻逵笑容以受父病革頗爲嘗糞甘苦以卜存亡母安氏壽九十七歲卧床昏憒鴻逵旦夕抱擕哺養手澡便溺曲爲承奉不知煩倦

母終隆冬號泣七日不湯鬚眉皆氷時有東街曹孝子
之稱

李桐 輸城西平地四畝爲義塚

張文炳 字斯光霑化縣丞萬鵬之子性純孝萬鵬酒後
誤殺人文炳自誣出名代父抵罪其人死而復
生疑爲
孝感

國朝曹續祖 字子成舉人絕意仕進安貧力學人罕有知
之者居一小屋圖書盈几致蕭然也留心理
學所著詩文皆闡明忠孝廉節不染月露一語敎子程
孫並日一食老而彌堅所著有臥雲洞草大寧縣志藏
書初集
二集

曹權 字鈞石性端重奉母安氏色養備至母喪棺衾之
費獨力承辦不責諸昆凡諸兄弟有難處事不避
利害曲爲周旋壬申闖賊破城人無所歸權倡先築阜
城寨以處難民後數經變亂保全甚多

馬上乘字震宸廩生爲人朴厚廉直非義一介不取家貧資館穀爲養成就多人

馬毓秀字因之廩生事親孝親有疾衣不解帶親歿不飲食者七日卧柩側三載不出户與弟儲秀同居五十餘年及分爨凡財産悉讓弟取人有緩急資之不吝

張二美生員父卒母賀氏寡居幼弟五美甫十歲家且貧二美身任耕耘供母朝夕教弟五美成貢士

張尊美字憲生歲貢初授平遠衛訓導修建文昌閣五魁樓以補文峯陞長子教諭修葺學宮監築城垣深得士子心

尚應舉自奉澹薄性樂周恤同母弟王廷俊廷傑妻弟李九元俱幼年喪父不克婚娶應舉給財完娶屢遭荒年人相食乃招三人聚食其家其徭糧數十金亦爲代輸並不責償族姪騰漢少貧無依乃助以讀書資及入學補廩俱代具束脩謝其師

梁忠事父國勝母馬氏色養備至父臥疾三月忠晝不離側夜不解衣手捧湯藥親嘗便溺疾篤哭禱神明求以身代及父卒哭踊氣絕家人挽救良久始甦旣葬事母更加敬愛

庾璧字端吾生員爲人鯁直疎財尙義尤篤愛親族先是胞弟周瑗久流他方璧招回籍給牛種使力農且爲從子女及諸孫營婚嫁延師敎讀一如己出惟頗嗜書每遇異書不惜重價購藏之嘗有怨者譖之學師罰令飾聖像璧踴躍曰此之罰我適以榮我耳我不聖賢敬而佛老敬乎乃出金購良工重新之

王楷生員族有幼孤不能自存者楷皆代爲婚娶或敎之讀書以出成之稱貸者不書劵人或負弗償亦置不問待佃民一以寬奸佃浮肩欺之楷視爲固然不之較因而家漸耗晚年遂至落魄意仍恬然

張銘字儀參生員痛母李氏殉節廢書不讀及事繼母安氏愈加孝謹

馮聖眞父年老多病家酷貧乃傭身得錢以養之躬自炊爨少無怠意每値傭作主人饋食至不敢先

食必疾趨抵家炊飯供父食畢方還至傭所食所饋或
所饋頗精美寧枵腹不自食必懷歸以食其父主人聞
而益之辭不受曰一人傭而食兩人子不敢也父亡棺
衾之費俱取足於傭貧士獨葬哀毀異常

曹自得還金

永和縣

明李善弘治間貢士遭冦邑治失守善罵賊力戰而死賊退其子世隆世奇等同難得甦追賊至臨汾地方獲賊奏請勅賜義士

張松齡歲貢仕井陘知縣存心仁愛用法嚴明去後井民感德

馮玉貢士早喪父孤貧好學恤孤憐貧正德間邑人于鰲方十歲父母繼亡無歸玉憐之收養如已子教訓完娶及長歸宗厚遺之鰲後爲監生除山東淄川縣丞事玉如父

李存仁兗州經歷德性溫雅教育門生楊南智愛如已子終成名士

靳志仁嘉靖間貢任天台知縣政多仁愛居喪哀戚經久不變有古人之行

張爾天資穎悟志趨卓犖嘗以孔孟自期所教生徒亦欲敦行古道或勸學舉子業爾曰吾志已定何以

功名爲哉

薛可化字誠軒歲貢任鎮江府經歷陞東平州判官箴恪守信友獲上河漕撫按交薦

李茂春由歲貢任陝西通渭縣知縣蒞政仁慈士民愛戴稱頌至今不休

薛脩安廩生性敏捷髫年入泮孝友溫恭著於鄉里

白呈瑞廩生好學工文制行無愆劉挺英生員守分安貧終身無忒

李基泰廩生勤學好古與物謙和李宸柱廩生博涉經史稱爲通儒

馬行敏任西安府照磨崇禎八年上寇二郎神撲天飛等入永境敏單騎追至石樓境斬二級崇禎十五年知縣蕈痾城死敏約義民爲送眷屬回籍

藥科三德之子也崇禎五年闖賊攻破隰大石樓三處隨攻永和藥科率衆堅守手持火具遶城打死賊

兵甚衆賊懼而遁滿城賴之督撫旌其門曰渾身是膽
又出巳貲設兵餉三百至今賴之

吳璿生員輸財修建書院

蕭隆輸粟百石助修書院

馬如璧當母喪廬墓三年父喪又廬墓三年閭里推重
院道旌獎

馮際奇每遇凶年收殮餓莩

馬行宮字雲路庠生文學宏博操履端方

張栢齡修儒學廟舍施銀百兩

國朝劉卓彥順治二年與子永譽同貢初任興縣諭遭寇
變縣令殉難卓彥竟入署內取印而出請兵
恢復才畧膽量皆脫書生
習氣文行政事卓犖不羣

馬上及字第之戊子拔貢任滿城知縣滿邑人民頗煩
兼以涇陽驛馬措置維艱蒞任即詢地方利弊

立爲振飭哀鴻安集皇華無滯弭盜緝逃游刃有餘吏畏民懷以東人被議候代半載清名始終如一

劉永譽拔貢考授通判未仕博學多聞性愛題咏所著有淮海吟行世又有燕臺集間吟草諸詩

李附鳳拔貢任新鄉縣丞後補邢臺縣丞勤敏廉能疏薦特陞陝西狄道縣知縣潔已愛民催科華耗銜文課士教惠兼行有神君嚴師之譽

馬上瀛募修學宫

路義秉性剛直由順治元年恩選任遼州學正代攝州事六年寇起計擒僞官救知州張道南恢復城垣保守印庫事平整理學規加意造士著述文章斐然可觀八年任運司教授於盜網中力辨生員路太來奇冤官十四年俱有勞績上官交薦陞任西城兵馬司

平陽府志卷之二十四

隱逸

聖賢之學用世爲大其或勢未可乘時亦有托而逃要非其本指也至若獨善之士潔清自好帝堯在上而不能致巢許周武受命而不能臣夷齊況濁世哉夫使士盡肥遯則亂誰與易然其行卓義高實有瞻然不同於流俗者終南捷徑非所云矣平陽古稱仕國而山阿水湄不乏高士北望蒲子南眺王官復有昔時卜居者乎伊人宛在庶幾旦暮遇之作隱逸志

上古

蒲伊子 蒲縣人一名蒲衣子以其衣蒲故名或云姓伊名疇五帝時隱士也渾渾噩噩抱道而潛居于蒲谷山中郎蒲子山縣之得名以此堯聞其賢躬往師之有講道臺稅駕坡遺址微存

席老師 襄陵人堯時賢人失其名時天下太和百姓無事老師年八十餘擊壤于衢觀者曰大哉帝之德也老師曰吾日出而作日入而息鑿井而飲耕田而食帝力何有于我哉堯聞而喜之尊爲老師

巢父 襄陵人堯時隱人也山居不營世利年老以樹爲巢寢其上故時人號曰巢父堯讓天下于巢父巢父曰君之牧天下猶予之牧犢無用天下爲乃過清泠之水洗其耳曰吾向聞貪言污吾耳也堯以天下讓許由由以告巢父巢父曰汝何不隱汝形藏汝光若非吾友也擊其膺而下之由悵然不自得遂去終身不相見

樊仲父 堯時人牽牛飲水見巢父洗耳乃驅牛還恥令其牛飲于下流

許由字武仲平陸人或曰陽城槐里人堯讓天下于由由乃退而隱于箕山以手掬水人遺以瓢飲畢掛樹風吹歷落有聲以爲煩而去之卒葬此山今墓存焉

周

陽城胥晋隱士見尚友録

覆車者絳州人梁山崩以傳召伯宗遇大車當道而覆立而辟之曰辟傳對曰傳爲速也若俟避之則加遲矣不如捷而行伯宗喜問其居曰絳人也伯宗曰何聞曰梁山崩而以傳召伯宗伯宗問曰將若何曰山有朽壤而自崩將若何夫國主山川故川涸山崩君爲之降服出次乘縵不舉策于上帝國三日哭以禮焉雖有伯宗亦其如是而已問其名不告請以見弗許伯宗及絳以告而從之

絳縣老絳縣人蓋賢而隱者左傳云魯襄公三十年三月癸未晋悼夫人食輿人之城杞者縣人或年

長矣無子而往與于食有與疑年使問之曰臣小人也不知紀年臣生之歲正月甲子朔四百有四十甲子矣其季于今三之一也吏走問諸朝師曠曰魯叔仲惠伯會郤成子于承匡之歲也是歲也狄伐魯叔孫莊叔於是乎敗狄于鹹獲長狄僑如及虺也豹也而皆以名其子七十三年矣史趙曰亥有二首六身下二如身是其日數也士文伯曰然則二萬六千六百有六旬也趙孟問其縣大夫則其屬也召之而謝過焉曰武不才任君之大事以晉國之多虞不能用吾子使吾子辱在泥塗久矣武之罪也敢謝不才遂仕之使助爲政辭以老與之田使爲君復陶以爲絳縣師

田蘇 曲沃人晉悼公時賢人也韓宣子與之遊隱跡山林終身不仕

漢

河上丈人 冀城人明老子之術自匿姓名居河之湄故世號曰河上丈人又曰河上公結茅菴賣藥

文帝慕其人親往訪之公隱入八寶山中注老子道德經帝懇求得見遂以所注經授帝

王隱 芮人王莽追光武至永昌祉王適耕田藏光武于溝中得免及即位詔欲官之王已死乃贈以侯

魏

焦先 字孝然河東人漢靈帝中平末白波賊起時先年二十餘與同郡侯武陽相隨武陽年少有母先與相扶接避自波東客揚州取婦建安初西還武陽大陽占户先留陜界至十六年關中亂先失家屬獨竄于河渚間食草飲水無衣履時有疫病人多死者縣常使埋藏童兒豎子皆輕易之爲狂癡人然其行不踐邪徑必循阡陌及其捃拾不取大穗饑不苟食寒不苟衣結草以爲裳科頭徒跣每見婦人則隱翳須去乃出自作一蝸牛廬爭掃其中營木爲床布草褥其上至天寒時構火以自炙呻吟獨語饑則出爲人客作飽食而已不取

其直至嘉平中太尉賈穆初至官故過其廬先見穆再拜穆與語不應其明年大發卒將伐吳有竊問先今討何如先不肯應而謬歌曰祝衂祝衂非魚非肉更相追逐本心謂當殺牂羊更殺其羖䍽邪人不知其謂會諸軍敗好事者乃推其意疑牂羊爲吳羖䍽謂魏於是後僉謂之隱者也

南齊

關康之字伯愉洪洞人寓居南平昌少而篤學姿狀豐偉下邳趙繹以文義見稱康之與之友善特進顏延之等與當時名士十許人入山候之見其散髮被黃布帊席松葉枕白石而卧了不相盼延之等咨嗟而退爲毛詩義經籍疑滯多所論釋常就沙門支僧納學算妙盡其能徵辟一無所就弟雙之爲臧質車騎參軍與質俱下至赭圻病卒瘞于水濱康之時得疾少差牽以迎喪因得虛勞病寢頓二十餘年時有間日輒卧論文義獨處一室希與妻子相見不通賓客弟子以業傳授尤善左氏春秋齊高帝爲領軍時素好此學送本與

康之康之手自點定又造禮論十卷高帝絕賞愛之明帝泰始初與平原明僧紹俱徵辭以疾

元魏

裴安祖聞喜人性慧好學閒居養志或有人勸其仕進安祖曰高尚之事非敢當但京師遼遠實憚于棲遲耳後魏高祖幸長安存訪見安祖甚悅拜安邑令以老辭詔給一時俸以供湯藥

隋

牧豕者夏縣人逸其姓名文中子王通之夏城其門人薛收姚義從而後遇牧豕者問塗焉牧者曰從誰與收曰從王先生牧者曰有鳥有鳥則飛于天有魚有魚則潛于淵知道者蓋默默焉王聞之謂收曰獨善可矣誰明道乎

五代

裴謙聞喜人度孫郁子有才學以五代亂晦迹不仕避兵徙同州白水縣卒葬其里家人疑爲仙去

裴宗湊聞喜人隱居不仕以詩書自娛葬垣曲

裴普聞喜人謙子博通經史不求聞達葬雷衛村世謂之世隱裴家

宋

韋退絳州人放誕不拘浪迹秦晉間以詩自名常跨一白驢好着寬衣鶴氅醉則鶴舞石曼卿贈詩曰醉狂玄鶴舞閒卧白驢號其風致之高如此

金

韓退稷山人隱居不仕一時名流多推重之康定間以待制吳遵路等奏詔賜絹米有大陽里人掘地得其碑

李壽趙城人與申望偕隱立菴于永樂村泉仰其高號
爲長髮僧

申望趙城人與李壽偕隱

段恩趙城人隱居南步里草舍三間鄉里莫覩其顏色
敦武校尉仇經知其賢撰遠塵庵記

麻華字信之臨晉人秉彝之孫隱居不仕教授王官谷
號貽溪先生有詩文行于世

馮志恩榮河人九歲入學受書一再讀輒成誦博考經
史崇尚志節貞祐間避亂泰華遇隱者田玄圃
語問相契遂師事焉得傳以秘訣豁然開悟壬辰兵息
復還故鄉依先人茅屋一意操存以道自樂平生未常
有疾及年老行不杖坐不倚氣爽神清目有餘光見者
疑爲神仙

段克已字復之號遯菴稷山人恒之子宏博豪邁不拘
小節與弟成已同舉進士時稱德門二段金亡
終身不仕一時諸侯大夫皆師尊之所著遯菴集與弟
菊軒有二妙集今祀鄉賢

元

王邇臨汾人隱于安邑博通經史精于易春秋累辟不就述東周四王年譜行于世其他文集遭兵燼無存卒年七十四葬條陰之阜鄉人呼爲隱君

柴潛道襄陵人博極群書工於詞翰不樂仕進教授鄉間有古隱逸風號秋巖莊靖處士常集古詩一帙名秋巖小藁行于世自稱柴道人

王勵平陽人登進士第值亂隱居太清觀博覽多識狷介自守工詩善書縉紳推重

李純夫臨晉人弱冠登進士不樂仕進棄官爲黄冠卜隱王官谷構了了菴于貽溪之上菴後建白雲洞自號孤雲子有秦無隅者純夫高弟子也無隅弟子有古村之關希哲太平之李道徽皆以道行著聞純夫大德二年卒

喬世綱　靈石人登第後即托疾告歸日課農桑絕意仕進有司累促之不起祀鄉賢

房灝　臨汾人號白雲子有詩名于時

丘惟寅　洪洞人性好逸隱居不出長于詩賦

張守大　號雲谷洪洞人元季天下大亂丼心丘壑不喜仕進隱于箕山躬耕自給博覽群書以吟咏自適善真草書尤長于大字詩文擅名于時冠蓋訪之不見也

楊統　號洪崖洪洞人值世紛亂讀書談道自樂不求聞達與張雲谷友善以詩文見稱于時

張容　號桂巖與張守大友善相携同隱意氣相許詩與齊名時號二隱高士

明

荆聚　蒲州人性忠直博群書尚恬退洪武初舉孝廉辭不就寄傲江湖絕迹人事有逸民之風

李貞絳州人洪武時劉基薦爲遂昌縣主簿靖難時隱居永樂二年徵之京師授官不就賜宴而歸

衛子剛蒲州人性敏篤學耿介自持明初有司累薦其才辭疾不就年八十三猶執經史爲人講究雖

庸夫孺子皆識爲子剛先生

楊守中猗氏人字彥庸博通經史尤善詩文隱德不仕洪武間詔至內府延及半載禮送原籍

張堅霍州人洪武間補郡庠生以國法嚴重郤廪隱居晁谷時官屢强之使還不聽博洽群書恬養終身

識者高之

郭極字仲樞夏縣人永樂十四年以五經儒士召至闕授五經博士固辭不受還鄉與王翰相友善有著

作其稿燬于火踈踈落落比形於木石冠帶不加也

衛寧蒲州人剛之子通詩經善吟咏隱居養親日與郁離子吳景煇鄉耆任景賢張敏哲楊敏瑞以詩酒

相樂尤見重於謝德潤所著詩稿藏于家放意山水樂而忘返

令狐錕　猗氏人見人物

孫晟　榮河人博學能文宣德丙午鄉舉遂隱居讀書視富貴功名泊如也以天自適以靜自休超然有物外之思終其身鄉人不識

徐尚賔　趙城人邑庠生輸財濟貧拾金還主既而厭世故并恬退隱于安架山數十年壽幾百歲人以半仙稱之

王鳳　猗氏人席貴嗜學不與庸俗伍著有萬竹園集時號竹窻道人

裴黃裳　號尊素平陸人敦倫好學人稱爲篤行君子崇禎年間撫按薦舉賢良方正屢徵不起淪于泉石士論韙之

孫達　猗氏人見人物

耿應杲　猗氏人見人物

閻居敬　字行簡猗氏人以翰墨顯于世隱德不仕

姚縠　字公縠號松溪稷山人少以文學補弟子員卜築紫金山麓安貧樂道不妄交遊鑿池注水灌田自給知縣孫侑高其義爲搆室三楹題曰高士幽居所著有金山樵隱若干卷

李鎮　曲沃人見人物

李茂實　洪洞人崇禎庚午鄉舉闖逆威脅不應選試堅隱山谷

崔呈德　絳州人修眉廣額丰儀秀整荷擔賣油弟呈秀天啟朝附魏璫以御史驟陞工部尚書呈德仍賣油不之問也魏璫敗呈秀伏法逮及逆屬呈德以賣油獲免里人黄希聲比于武攸緒云

藥苗永和人自幼篤學雅志林泉不求浮名著有詩詞萬言遭亂亡失且善針灸活人甚多

介元善字中涵解州舉人夔龍之子性孤高不可一世晚年山居不出

侯旬汾西人字田臣廪生甘貧守道取與不苟逆闖渡河遠近望風迎降感憤陳大義於邑人不聽遂哭孔廟中焚其衣冠杜門不出混跡農夫終其身同縣王永年歲貢隱居不仕人甚高之

秦邑岐字瑞之曲沃舉人性恬退好購書畫法物以自怡悅著有備亡錄

國朝

劉漢昇字通宇隰州人早謝儒冠詩酒適志壽八十三無病而卒

庚邦楨字敬宇大寧人恬靜寡慾不慕榮利明末歲薦值闖寇亂鍵門謝客不問塵世事者三十載間或步閭門販夫菜傭時相爾汝不較也

王芴字鳳儀大寧人順治丁亥起歲薦不赴人或勸行乃曰陶淵明令彭澤止爲酒耳我有田可種秫安用官也御杯賦詩自號九十野老

古士諸生逆闖之變堅不應試遂罷舉子業棲遲山林沒世不出

袁鏘珂翼城人崇禎己卯舉人甲申亂後不上公車遯跡家塾親朋罕覩其面曲沃賈漢復巡撫陝西過翼與珂有舊登門弗見贈俸金亦弗受賈嘆息而去

荆爾梃字景山臨晋諸生御史養喬次子少有逸才風期豪上甲申國變籲天痛哭納儒巾于文廟佯狂詩酒人莫能測成忠叚德之遣戍也僑居臨晋爾梃雅與之善及北都陷德全家殉難爾梃爲詩哭之

衛蒿曲沃人見人物

平陽府志卷之二十五

流寓

擇地而蹈士君子之常也然而高蹤所留地增重焉伯夷餓而首陽餘芬萎蕃隱而石鼻生色近卜子之居者絃誦百里熏諫議之德者良善千人年歷千餘風流未歇也平陽地號佳勝四方名賢多有至者始或游歷偶到久且棲遲以終歷考芳躅深用嚮往噫人之生於斯長於斯聚族於斯者林林總總矣而係人寤思乃在僑寓之士然則人能重地豈不以德哉作流寓志

商

伯夷　叔齊　孤竹君二子以讓國逃後諫武王伐紂居首陽山以餓終

周

卜商　字子夏衞人事夫子洙泗間退老西河教授爲魏文侯師序詩傳易又傳禮記春秋今汾北有子夏山相傳爲子夏教授處又有石室學堂哭子鎮諸遺跡按汾州漢始爲西河郡子夏退老之西河當以河津爲是今河津有子夏墓亦有子夏石室

豫讓　晉畢陽之孫欲爲其主智伯報所讐趙襄子常匿入其宮厠刺之不克已復變音容爲乞人伏橋下以伺又不克因請得襄子衣拔劒三躍擊之竟伏劒而死是時襄子居趙城所伏橋即今豫讓橋在城南

范蠡　佐越滅吳後浮海至齊變姓名曰鴟夷子皮致産數千萬齊人聞其賢以爲相蠡歎曰居家則致千

金居官則致卿相此布衣之極也久受尊名不祥乃歸相印盡散其財間行止於陶以爲天下之中貿爲生自號陶朱公相傳安邑陶村其所居見河東運司志

漢

猗頓魯人家貧問術于陶朱公適西大畜牛馬十年間貲擬王公常居令狐地故名縣曰猗氏

閔仲叔太原人隱居安邑好食猪肝邑令常遣人供叔知而嘆曰何以口腹累人遂逃去客沛

馬武其先南陽人至武寓芮城光武中興爲先鋒力戰無前退則殿後封陽虛侯

第五倫宦未達客于河東變姓名曰王伯齊載鹽往來河東上黨間所過必爲糞除而去

蔡倫桂陽人和帝時爲中常侍有才學以古書契用竹簡中古用縑帛因取樹膚麻頭敝布魚網造爲紙天下便之曾寓居安邑張董里有墓

晉

謝安　陽夏人少有重名相傳寓垣曲皐落東山累徵弗起年四十始爲桓温司馬累官尚書僕射後進秩太保

張華　晉名臣蒲州舊志以爲蒲州人及考晉書乃范陽人一統志亦曰范陽人再考晉書世系華十七代孫始徙于蒲今名其里曰張華里蒲州新志以爲寓賢

諸葛京　亮孫瞻次子咸熙中內徙河東入晉爲郿令山濤薦爲太子舍人歷廣州刺史有祖父風烈

諸葛誕　孔明族弟顯名于魏遊于浮山縣北七里愛其山水明秀棲身不返子孫占籍代有文士其地名諸葛村

劉毅　東萊人孝而有節居平陽太守杜恕請爲功曹時語曰但聞劉功曹不聞杜府君晉武時累官尚書

僕射子皦正直有父風官至左丞

唐

宗楚客字叔敖其先南陽人曾祖臣後梁弘農太守梁亡入隋居河東之汾陰遂爲蒲州人

姜謩上邽人從唐高祖平霍邑絳郡上言多見嘉納後爲叅軍民畏其法而懷其仁辭位隱居寓于霍之石鼻谷中

孫思邈京兆華原人幼時洛州總管獨孤信見而異之曰此聖童也顧器大難爲用爾及長隱居太白山學道養氣求度世之術曉天文精究醫藥著千金方脈經等書隋文帝以國子博士召不拜密語人曰後五十年有聖人出吾且助之因遊行醫寄跡洪洞城南二里坂上唐太宗與尉遲敬德戰敗晝夜被追三百餘里以勞成疾吐血不止思邈藥之而愈欲官之不受封爲安樂真人顯慶中召詣京師年已老而視聽聰瞭拜諫

議大夫固辭還山高宗賜良馬假鄱陽公主邑居之孟
詵盧照鄰等皆師事焉照鄰有惡疾思邈委曲諭曉有
心欲小膽欲大智欲圓行欲方等語魏徵等修齊梁周
隋等史屢諮遺事故其傳最詳孫處約常以三子見思
邈視之曰俊先顯侑晚貴佺禍在執兵其後皆驗太子
詹事盧齊卿之少也思邈謂之曰君後五十年當位方
伯吾孫爲屬吏願自愛時思邈之孫溥尚未生也及溥
爲蕭縣丞而齊卿爲徐州刺史永寧初年卒年百歲餘
洪洞人立廟于坂祀之呼曰安樂君廟至今千有餘年
邑人享祀不輟邑南三十里孫長村有墓存焉病者祈
藥輒愈朱子小學註謂思邈爲唐名進士以通醫目爲
技流惜哉

薛萬徹宅在夏縣南二十五里勲重村門獅二乘石一
尚在按綱目徹燉煌人唐行軍總管屢有重勲
故村以此得名士人掘得碣石鐫巴陵公孫薛貞筠上
柱國丞知左都騎上柱國德獎德滿騎都尉德貞左驍
騎尉元簡上騎都尉元封元亨元裕元景元高或其苗
裔也今有墓在大張村廟在蛾眉嶺

陽城北平人家貧好學及進士第隱中條山唐德宗召拜諫議大夫以論延齡改司業後因唐約事左遷刺史治民如治家民感之以陽名子順宗徵爲祭酒而城已卒按唐史城夏縣人昌黎柳州文集云家于北平則知城非夏縣人

穆衍河内人徙居河中第進士知淳化縣考課爲一路最後累官陝西轉運使

韋況京兆人少隱王屋山孔述睿知其賢薦爲右拾遺不拜未幾以起居郎召半歲輙奪官去徙家龍門累徵不起元和初拜諫議大夫數月乞致仕況雖世貴而志沖遠不爲名利所遷當時重其風操

楊琮鴈門人唐昭宗天佑中爲大司空因兵起避居翼宋金元之世子孫多貴顯者

續賁鴈門人唐儀鳳中以勞調絳州倅遂家於翼續桊續安世續旻皆其苗裔也

李商隱字義山懷州河内人其詳載唐書中年譜曰會昌四年退居太原故集中多交城永樂詩又義

山詩中如柳飛彭澤雪桃散武陵霞即其自咏永樂所居也

李餘福京兆人參政昭德之孫爲唐監察御史唐末致仕開居昭宗乾寧四年有相者過門曰君胡不避地東遷因出示一瓢曰君行曳其後瓢破處夾城卜居東北一里許立墳可延後嗣餘福受瓢禮謝遂挈家東行至晉地越陵山東紫胡口瓢破因詢其地父老云東南曰翼城唐叔始封之都也西北曰壽城鄭太子分封之域也餘福驚喜遂卜地焉其後元弼明經中選知曲沃縣事

宋

趙延京師人爲學修潔端巳定居于絳之稷邑

歐陽修廬陵人薛簡肅公之婿居絳最久

李溥光大同人號雪菴幼常爲僧寓絳州寂照寺西獨樂洞讀書元授昭文舘大學士

元

曹之謙應州人興定中進士著名金元間寓平陽三十載講明道學爲斯文格式遠近多來從遊所著有兌齋文集行世二子叔舉季行皆克世其家學

鄧中立以丞相左遷運使因老疾寄籍於安邑

歸暘汴梁人元至順初進士累官集賢學士兼國子祭酒致仕僑居弘州徙蔚州又間關避兵居夏縣卒所著有鷄肋集

李炳奎山東堂邑人至正戊子進士官翰林國史院編修元末避兵于翼元亡遂卜居焉洪武三年縣丞薛大昉延教生徒以傳其學

張從諫浙江寧波人仕元爲學士元亡佯狂遠遁乞于翼市以詩贈學諭學諭憐其寒遺之以布從諫

怒曰何相輕如此古之刦衣而斃者何人哉竟索詩反其布

孔思用　按聖門志孔子流裔二十九支一支在山西平陽府翼城縣係五十四代孔思用子孫思用字行道元末至正間授沁水教諭陞威州學正因母袁氏病未能赴任母故卜塟於翼之浮圖村且因風俗淳厚物力繁饒遂世居于是見今有聖廟在焉春秋二祭代有奉祀生員

明

張謙　山東臨朐人邃於理學洪武初慕歸暘來夏縣以薦授儒學教諭諸士子雲集座下卒塟于此弟子慕其道義如哭私親

陳敏　交趾國清化府永寧人由監生宣德十年除永和訓導九年考滿陞授本學教諭歷任滿以年老告休思原籍兵革不可歸遵奉事例因占籍永和仍帶原俸終其身敏學行優長師道尊嚴雅懷高趣多有題咏

以見志士林稱之

廖俊江西新淦人進士正德間以工部郎中陞運司同知居官清廉貧不能歸遂寄籍焉有河東漫興集

戴來聘永平府昌黎人由吏員萬曆三十六年授永和關巡檢官卑俸薄清貞自守不肯苟取任滿不能歸流寓永和後裔緜延占籍仙芝里

羅人文沁水諸生工岐黃術避寇僑居于翼崇禎丙子薦賢書康熙初年授吉州學正今入籍

國朝

鄒登嵋字眉雪常州人候選進士雅愛絳州山水深厚將卜居焉故別號汾亭居此數年從學者衆

顧炎武江南崑山人初名絳字亭林因易名並易其字曰寧人爲學根抵考亭傍及天文地理律曆河渠莫不考究與客話輙悉其本末常讀書曲沃韓村宜園著有鄉國天下利病書日知錄下學指南音統音學

五書錢糧論諸篇

平陽府志卷之二十六

列女

古者閨門之內習古訓識道理鍾禮郝法類皆有士君子之行焉彤史所傳不專以節也女以節顯其亦大可悲已平郡禮教素明閨多貞操或致命以遂志或茹荼以撫孤甚且無孤可撫而獨旦飲泣此身一息未盡則夫祀一日尚存其志更有可悲者纂述所聞名教關焉豈直爲巾幗勸哉作列女志

臨汾縣

周齊姜　晉文公夫人文公出亡至齊齊桓公厚禮而以宗女妻之有馬二十乘重耳安之留齊凡五歲無去心趙衰咎犯乃於桑下謀行蠶妾在焉聞之以告姜氏姜氏殺之而言於公子曰從者將以子行其聞之者吾已除之矣趣之行重耳曰人生安樂孰知其他必死於此不能去姜氏曰子一國公子窮而來此子不疾反國報勞臣而懷女德竊爲子羞之乃與趙衰等謀醉重耳而載之以行

趙姬　晉文公女也初文公與趙衰奔狄狄人隗氏入二女文公納季隗以叔隗妻衰生盾及反國文公又以女趙姬妻之生三子趙姬請迎盾與其母衰不敢從姬曰得寵忘舊安富室而棄賤交不可君其逆之衰乃逆叔隗與盾來姬以盾賢立爲嫡子使三子下之以叔隗爲內婦而已下之噫若姬者古今一人耳

伯宗妻　伯宗朝以喜歸其妻曰子貌有喜何也曰吾言於朝諸大夫皆謂我知似陽子對曰陽子華而不實主言而無謀是以難及其身子何喜焉伯宗曰吾飲諸大夫酒而與之語爾試聽之曰諾既飲其妻曰諸

大夫莫子若也然而民不戴其上久矣難必及子子盍
亟索士以庇州犂焉得畢陽及欒弗忌之難諸大夫害
伯宗將謀殺之畢
陽實送州犂於荆

叔姬羊舌子之妻叔向叔魚之母也羊舌子好直不容
於晉去而之三室之邑邑人攘羊而遺之羊舌子
不受姬曰不如受而埋之羊舌子曰何不飴肸與鮒姬
曰不可南方有鳥曰吉乾食其子不擇肉子多不義今
肸與鮒童子也隨大人而化不可食以不義之肉乃盛
以甕埋壚陰後攘羊事敗吏至發而視之舌尚存吏曰
君子哉羊舌子不與攘羊矣後叔向欲娶申公巫臣氏
姬欲娶其黨叔向曰吾母多而庶鮮吾懲舅氏矣姬曰
子靈之妻殺三夫一君一子而亡一國兩卿矣可無懲
乎吾聞之甚美必有甚惡是鄭穆少妃姚子之子子貉
之妹也子貉蚤死無後而天鍾美於是將必以是大有
敗也昔有仍氏生女黰黑而甚美光可以鑑名曰玄妻
樂正后夔娶之生伯封實有豕心貪惏無饜忿纇無期
謂之封豕有窮后羿滅之夔是以不祀且三代之亡共

子之廢皆是物也女何以爲哉夫有尤物足以移人苟非德義則必有禍叔向懼不敢娶平公強使娶生伯石伯石始生子容之母走謁諸姑曰長叔姬生男姑視之及堂聞其聲而還曰是豺狼之聲也狼子野心非是莫喪羊舌氏矣遂弗視

范母　晉范獻子妻其三子遊於趙氏簡子乘馬園中園多株問曰奈何其少子曰可以三悅使民簡子從之少子歸伐其謀母嘆曰終滅范者必是子也夫伐功施勞鮮能布仁乘僞行詐莫能久長後智伯滅范氏君子謂范母爲知難本

女娟　趙簡子伐楚與津吏期津吏醉不能渡簡子欲殺之娟請以身代曰妾父尚醉恐心不知非而體不知痛也簡子釋其父弗誅將渡少檝者一人娟請曰願備父役簡子不許娟曰湯伐夏左驂牝驪右驂牝黃而放桀武王代殷左驂牝騏右牝騧而克紂主君但欲渡耳用一婦人何傷因發河激之歌以鳴其意簡子悅曰

昔者不穀憂娶豈此女耶將使人視袨以爲夫人媢曰婦人之道非媒不嫁妾有嚴親在不敢聞命簡子歸乃納幣於父母而娶爲夫人

文侯妹　魏文侯妹許嫁於秦于歸不肯去至縣西南二十里見峻坂驚怖墮車死因葬焉號曰志女陵

南北朝姚孝女　名勝河東人少喪父無兄弟甫六七歲便有孝性人言其父者聞輒垂泣隣伍異之

正元中母死勝年十五哭泣不絕聲水漿不入口者數日不勝哀遂死太守崔遊申請爲墓立碑自爲製文表門閭比之曹娥改其里曰上虞里墓在都城東六里大道北至今稱爲孝女塚

唐平陽公主　高祖第三女也妻臨汾柴紹紹從高祖起兵公主乃自募兵掠地克敵有功營中號曰娘子軍封爲平陽公主以有軍功賞賚獨異於他主後謚爲昭公主

金趙烈女　年二十未嫁寇亂被驅廹以行度不能免紿賊曰吾取所藏遺汝賊信之遂還投於厠而死

元劉氏　才茂先妻嫁方五十日夫卒哀毁過度自縊人救之泣曰婦人從一而終何救爲竟不食而死

明李氏　張晟妻晟爲乾州學正卒時關中兵起不能還子文瓊甫九歲氏紡績度日兵稍息遂與子負骸歸葬守節終身永樂初旌表其門

段門二節　鄧氏段會妻年二十五喪夫守節子順妻張氏年二十六亦寡亦守節終身成化間前後兩蒙旌表

賈氏安惟齡妻　劉氏張倫妻　苗氏樊志紳妻　魏氏宋鉞妻　杜氏荀普妻　劉氏解琮妻　康氏侯鐸妻　孫氏張鳳妻　傅氏亢政妻　俱少寡守節養姑撫子

國朝平陽烈婦　婦不知何姓氏亦不知何許人因姜瓖之亂爲兵所掠順治七年行至定州唐城村

清水河側帝君閣下以柴頭書絶命詞於壁自縊而死
定州王知州具棺殮之致祭立墓碣於閣後勒詞於石
監之閣下　題壁云妾古晉平陽名門之女因姜瓖作
賊爲官兵所掠一路強逼爲婚抵死不從行至古滬中
山陶唐故墟回首家鄉後會無期涉水登山何時是止
思父母不得見想丈夫不能睹時庚寅四月十五夕也
明月在天清水在傍願得自盡於此上不愧於父母次
無慚於夫婿庶幾與水同清與月同明而已血淚春衫
染絳紗哭聲飛渡河東家寄將樓下香魂在願結來生
並蒂花　紅顏何事盡成灰棄女抛兒逐馬來夫面不
知何日會妾身此去幾時回兩行珠淚頻偷滴一片愁
眉鎖不開今夜清風天上月存亡二字苦哀哉　妾長
名門廿有零豈知今日逐塵奔孤身未死君王逼地下
難酬夫婿恩清水從教流弱質京聼應許引歸魂只愁
膝下難相見願與來生作子孫　古滬能分濁與清妾
身怎肯墮風塵孤兒未許從他姓烈女何曾事二人白
練自懸心似鐵黄泉有恨骨如銀深山鶴唳猿啼處過
客聞之也慘神　薄命難婦題

王氏劉有聲子祟晉妻晉早亡氏繼姑張氏守志遭兵亂抱女投火死

楊氏總兵楊國棟女易州判蔣吉人妻夫病割股以奉未幾夫殞哀甚絕而復生者數次撫遺孤方數歲敎之成立

亢氏王國利妻　高氏舉人桑拱陽妻　刁氏鄭國寧妻　康氏陳葵衷妻　茹氏段復旺妻　張氏党九德妻　王氏任尚美妻　朱氏陳所知妻　王氏趙琯妻　荀氏徐祖武妻　王氏郭屹如妻　亢氏田可昣妻　王氏喬萬年妻　安氏席儒珍妻　姚氏劉宇顯妻　于氏黃承志妻　亢氏田生琳妻　宋氏馬呈林妻　朱氏宋道淳妻　盧氏秦岡妻　張氏荀賢妻　盧氏郭儼妻　賈氏李守仁妻　王氏邑增生亢以僎繼妻　徐氏贈通判亢宗琬繼妻　郭氏王選繼妻　衛氏王斑妻　張氏劉憲古妻　李氏席守和妻　王氏解詳妻　李

氏張汝涵妻王氏李延秀妻吳氏生員劉敏妻陰氏張內韶妻並少寡守節
撫孤成立

襄陵縣

元柴氏 秦潤夫繼妻潤夫前妻遺一幼子未幾氏亦有子潤夫死氏勤苦紡績遣二子就學至正末長子被累法當誅氏詣官泣訴曰往從惡者吾次子非吾長子也次子亦曰我之罪可加於兄乎鞫之至死不易言官反疑次子非柴所出訊得其情義氏之行遂釋其長子而次子亦得不死事聞旌之復其家

李氏 吳榮歸妻生子著甫四歲榮歸以吏值兵南畧邑陷而死氏時年二十三又值饑荒備極艱苦義不他適母欲奪其志卒不聽竄伏山谷間或危難抱子涕泣禱曰天苟不絕吾夫之後幸是子之或存也逾十年竟全以歸子長就學登仕年八十四終至元十三年事達省部除免本户差役

張氏靳清妻生子三歲夫亡誓不他適敬翁姑睦隣里訓子有成以壽終有司具奏旌表

姚氏杜信卿妻年幼夫逝無出以姪爲嗣撫育無異巳生閨門凜肅守節始終如一至正二十一年旌表

明王氏吳承祖妻生子希顔甫一歲承祖亡氏年二十有三誓不再嫁奉舅姑尤謹紡績以給衣食苹啻無缺比殁脫簪以塟洪武二十七年旌表與元祖母李氏號一門雙節

李氏辭鵬妻鵬故氏年二十子孜方四歲氏抱屍悲慟求與同死其姑涕泣勸慰氏遂紡績奉姑撫幼成立雖比隣亦絕往來四十餘年始終一節成化十五年知縣張雞上其事旌表

王氏高盛妻年二十二歲夫亡子幼紡績奉姑誓不再嫁弘治間知縣張雲具奏勅表其門

高氏舉人李葆妻夫故子弘道方數齡氏茹荼自矢延師訓子萬曆五年廵方具題建坊旌表其孫李拭妻閻氏亦以韶年守志

賀氏張黑子妻年三十歲清白食貧流賊至共庄氏虔不能免閉門縊死巡撫吳督學道表俱旌表

梁氏劉廷贊妻僑寓廣陵乙酉城陷携二子登樓舉火自焚

馬氏吳道成妻年二十四夫故哀毀幾絕事孀姑撫幼子備歷艱辛長男世芳物故妻李氏亦矢志守節

張門二節賈氏張銓妻夫亡子允紳亦蚤喪婦王氏年方二十餘姑媳窮困同撫孫君弼登賢書

王氏加如松妻年十九夫故有豪族逼娶氏嗚官始終不渝其操

孫氏李科妻　喬氏崔忠妻　亢氏武舉郭連霄妻　吉氏秦廷材妻　白氏吳椿妻

鄧氏郭尚智妻　翟氏梁汾妻　李氏張九霄妻　薛氏郭明圖妻　解氏盧本實妻　梁氏狄來朝妻　並夫亡守節終身不渝

國朝翟門二節段氏生員翟師孟妻年二十五夫故子在襁褓後亦亡以弟師貢子維藩承嗣茹荼

自守以終天年師貢亡遺妻楊氏年二十八矢志堅貞撫異母子維藩一如已出乙酉維揚城陷毁面全身時稱一門雙節

亢氏 夫楊掟官遊陝西遭亂憂憤死氏與幼子跋涉歸煢煢無依勵志守貞三十餘年人無間言

蔣貞女 高昂聘定爲妻未及婚昂卒女撫棺慟哭守貞不字終其身

賈氏 鄉民許應鳳妻因輸糧賣其女于西王村旣送女獨歸路遇隣人衛某欲亂之氏堅不從衛扼其喉而死邑令審鞫情真詳題奉
旨衛置大辟特給許銀五十兩建坊

梁氏 盧象顒妻顒亡氏年二十遺子在襁褓紡績度日遇歲儉窘甚或諷以他適氏堅不從而苦無以自活徧縫衣履投水死

霍氏 李騰勝妻 梁氏 朱九思妻 陳氏 崔育橋妻 秦氏 梁宗仁妻 郝氏 張希孔妻 李

氏裴晋彥妻翟氏李曄然妻劉氏宋邦秀妻王氏張士秀妻孔氏楊宗羔妻張氏梁鼎隆妻鄧氏趙嗣林妻李氏許祥吉妻席氏生員梁瑋妻賈氏鄉民王積德妻郭氏武生楊振妻張氏劉玗妻俱年少喪夫守節終身

洪洞縣

明范氏吉祥妻十五歸祥六年祥卒遺子思友方三歲甘貧撫孤守節不易洪武間旌表

石氏郭倫妻夫死氏年二十四子譪甫五歲撫子成立忍苦守志天順年旌表

胡氏續慧妻歸六年夫亡織紝度活撫子成立天順間旌表

鄭氏南珍妻年二十夫亡子甫一歲姑老在堂家業淡薄竭力奉侍訓子成人始終如一成化間旌表

孫氏岳巔妻年二十七夫亡子方六歲堅心守節孝事翁姑孀居五十年成化間旌表

商氏郭用先妻用先卒氏遺腹生子身歷百痒撫子有成十九孀居越八十以壽終弘治間旌表

韓氏衛敦妻于歸三載敦没子在襁褓家貧撫遺孤誓無他志八十三卒正德間旌表

裴氏生員鄭謙妻謙苦學而卒氏年二十二痛哭淚血毁髮示無別意訓子有成日守深閨年七十未常一歸其家嘉靖年旌表

孔氏魚臺知縣王相妻相亡氏年二十四二子俱幼氷霜厲節教子成進士嘉靖間旌表

王門三節南氏王儒妻年二十三子希顔甫三歲夫亡慟絶而蘓撫子成立希顔娶柳氏生子弘智甫八日希顔亦卒柳氏年十九與孀姑同守弱孤各五十餘年俱八十壽終弘智娶叚氏探親故于塗叚氏二十一聞訃驚痛子一正在襁褓堅守自誓訓子成廩生邑稱三節婦家

衛氏樊廷玉妻夫亡氏年二十三無子家貧績紡自給舅姑繼亡竭力殯塟壽八十五終

吉氏生員柳生香妻香亡氏年二十七生二女盟必靡他以侄爲嗣撫育倍于已出家貧困孝養翁姑守四十五年壽七十四歲旌表

范氏趙國士妻夫亡氏年一十九歲二子完璧鼎新俱幼䒭貧守節撫鼎進身明崇禎年間逆寇作亂破鎮搶掠氏恐玷及預將衣帶蚤縫不令家知先投井死

吉氏守備李伸妻崇禎甲申逆闖犯太原吉氏勸夫力戰否則殉難及城陷脫釵深刺其頸不獲死尋抱幼女投井中冤去具殮面色如生

鄭氏知府韓居觀繼室崇禎甲申逆闖陷都居觀偕氏携兩幼子出逋道經定興望稠桑中潛匿賊勢大隊西奔氏求絕觀蹙額不忍氏曰我不死汝父子必不免于此幸生恐後無死所也遂决意縊桑下草殮道旁時年二十二歲

宋氏韓通妻南氏李俊妻李氏儒士王家櫰妻郭氏高尚古妻李氏楊機妻
張氏劉官妻石氏周南妻魯氏張士倫妻梁氏南倣妻南氏韓士賢繼妻
岳氏段守禮妻劉氏韓景顏妻李氏成廷聘妻李氏韓景翊妻韓氏董惟慎妻張
氏郭養性繼妻逯氏知縣王嘉楝繼妻衛氏石尚才妻趙氏衛成恩妻左氏韓克
祖妻周氏鄭達妻鄭氏張涇妻段氏南紵妻南氏柳鳳妻張氏韓得芳妻
柳氏南椿妻梁氏張鳳來妻張氏南訨妻鄭氏李秉孝妻石氏晋邦臣妻于
氏張復泰妻左氏郭佩妻南氏李同妻柳氏生員呂翔繼妻張氏宋漆繼妻郭
氏南煥妻陰氏盧一桂妻劉氏藉士魁妻鄭氏張永中妻韓氏李如松妻段氏
生員劉克寬妻韓氏吳天福妻李氏南有恒妻李氏仇朝臣妻晋氏生員趙同升妻陰

氏生員宋文瑞妻　楊氏生員劉世範妻　李氏郎中晉承忠繼妻　商氏生員韓隼祖妻　倶

艾年守節撫孤成立已經禮奬者

國朝衛氏知縣晉淑說妻順治六年寇陷城執紳追餉波及其子時淑說任歙氏偕嗣子泓避亂山砦賊役龕㶇蟲捕氏愛泓恐及于難因匿㶇搜索益廹氏遂縊死

喬氏生員王若玉妻夫卒無子女遂拜辭父母曰未亡人誓不獨生父母防守乘閒縊死柩前

段氏銀匠支某妻適夫不久夫疾數年不愈氏料勢必不起爲夫潛治棺衾並巳身薄棺先縊死令夫知其節烈可瞑目也越明日夫亦死方二十一歲

劉氏晉淑嶠妻年十六適嶠甫二歲嶠卒氏不飲食者七日脫簪刺其頸不能死旋解帯自縊三日具殮顔面如生

左氏生員晉承賓妻賓亡氏年二十六遺孤甫五歲託叔撫養堅志必殉朝夕號泣柩旁每至聲盡氣絕鼻口皆血救而方甦日復如是隨繼夫亡

蕭氏王聘妻聘亡氏年二十四遺子三齡苦志守節毋抱沉疴割股和藥孀居三十四年而終

于門三節段氏于鯨妻鄭氏鳴雷妻段氏霆齊妻俱少年守節撫孤孝養孀姑

陰氏生員楊學震妻　岳氏任光統妻　翟氏韓恭妻　陰氏鄭之康妻　衛氏楊于楓妻　邢氏范效琦繼室　楊氏生員劉其春妻　郭氏生員樊奇生妻　劉氏生員段家錫妻　韓氏生員柳垂經妻　張氏韓希祖妻　朱氏廩生晉淑鏊妻　柴氏韓景愈妻　柳氏嚴濆妻　葛氏鄭宏基妻　李氏郭承祐妻　高氏生員李元楨妻　郭氏同知王家楹繼配　王氏生員晉淑琦妻　邢氏王家齡妻　趙氏明行人司行人韓續祖繼配　王氏生員晉淑博妻　許

氏楊大旺妻劉氏生員晉家昌繼妻石氏劉師禹妻張氏同知楊茂續妻王氏生員盧鴻祚妻董氏張承業妻李氏董其蒙妻賈氏蕪又軾妻梁氏生員王鼎妻范氏生員燕瑞妻燕氏喬巍妻孫氏宋士俊妻王氏生員范聊鼎妻王氏楊振基妻劉氏生員范翼妻杜氏李彬妻黃氏李天裕母李氏廪生任得民妻程氏王繼祚妻黃氏李國楨妻于氏生員高鳴謙妻華氏生員鄭璵繼妻俱青年守節養姑撫子

浮山縣

元馬氏衛旗妻夫故氏年十八子禎方二歲舅姑且老氏茹貧守志三十餘年貞白無玷至大八年旌表

楊氏年十三父母許嫁邑人衛貞始受聘貞以商卒於遠方女聞而哭泣幾絕或勸其擇所從女曰我已

通名於衛氏卽衛氏婦也誓守志終身里人狀其事於有司至正八年旌表

明郭氏陳敬妻年十七適陳于歸甫三月夫以成勤王臨行與氏訣曰吾此行歸未卜汝能守志事舅姑不失遺孕以續陳氏祀敬雖外亡亦瞑目地下氏曰我爲陳氏婦更將何歸夫果不歸後生男名俊撫育成立曾孫陳孜官陝西右布政

張氏生員許鳳妻聰慧而賢夫婦有冀賓鴻案風鳳美容止喜夜讀書氏每携女工爲之剪燭後鳳以疾不起氏少未有子恐其無固志諷之曰吾家産頗豐而笥中尚有十載廩金可以粗贍子將若何氏曰若事不可知當朝夕相從以快君志需此何爲于鳳死七日之眛爽妝束易新服向鳳靈而哭遂自縊

陳氏高衡妻夫亡氏年二十遺三子皆幼與姑同守節家計蕭然氏堅貞矢志者凡五十年

張氏郭九仞妻崇禎間賊至氏爲賊所執欲犯之氏以善言相誘隄防稍懈投崖死已經旌表

葛氏齊國才妻崇禎間與齊鳴臯妻張氏同死流寇之難事附見義士類

張氏齊鳴臯妻崇禎間賊紫金梁攻破南王洞氏被執賊欲掠之以去時氏有服制在身紿之曰我既行宜換吉服相從賊踈防閑氏即乘間投路旁井中死

齊氏衛朝紀妻　張氏蓋理妻　張氏衛道妻　張氏王心妻　陳氏侯維新妻　張氏喬維通妻　喬氏成文妻　鄒氏蓋國典妻　陳氏楊璡森妻　侯氏李日暢妻　郭氏許克已妻　秦氏崔應雛妻　姜氏周家宰妻　史氏李鎧妻　賈氏柏完紳妻　張氏黄浩妻　王氏李約妻　高氏張權妻　並青年守節養姑撫幼始終不二

國朝周氏張銘妻生二子銘早卒遺妾李氏生一少子銘當易簀時謂周曰爾有子三人可以相守李氏

年芳子幼將若何敢以難言之事相託周曰李氏結髮
從君非他媵可比我在必無憂也乃與李執節相勵未
幾李亦逝周撫少子恩勤如已出後俱成立

柏氏蓋祿妻　鄭氏楊詳妻　段氏張桓妻　石氏柏耀妻　秦氏段徵妻　並
少寡守節撫孤成立

趙城縣

元張氏徐穀妻從夫官永濟倉事夫卒家貧無依氏扶柩
歸葬大德秋八月地震所居屋傾舅爲所壓氏躬
拾瓦礫血指而不知痛尤善事姑垂訓戒子以疾終事
實見祭酒蔡文淵傳

張氏郭德元妻夫故時氏年二十有四勤紡織教子讀
書至七十七歲卒守節始終無玷至正元年旌表

宋氏李益妻孝子李忠母夫卒子幼氏年二十勤紡織
堅志操善事舅姑始終不衰

明李氏監生賈澄妻年二十三夫亡無子誓不再嫁時舅姑俱垂老恪守婦道以供井臼朝夕無惰容遇疾湯藥親嘗而後進後舅姑俱壽登八旬有奇甃祭以禮孀居三十餘年正德間旌表

師氏喬貫妻師綱女正德辛未遇賊變不屈遂殺之

賈氏王大威妻正德辛未城陷之時趨避未及爲賊所掠行至本家門紿曰此吾家也入辭老母承從汝賊稍縱遂投井中賊怒下石擊死

楊烈女山東金鄉人未適人隨父表正任本學訓導居官邸被賊掠乘隙縊死

張雪梅張汝強女年十六未適人有姿色崇禎三年遇賊強擄上馬見勢不能脫行至大節溝投崖死

史氏賈秉英妻年幼有姿色遇賊不辱抱兒投崖賊怒至崖下刀砍死

賈氏劉翹妻　師氏賈學禮妻　王氏師孔妻　羅氏賈三才妻　喬氏楊汝槐妻　王

氏生員張其治妻俱青年守節終身不二

國朝王氏盧文炳妻　晉氏增廣生員李世藩妻　張氏生員高進妻　閻氏張慎行妻　晉氏生員衛康妻並青年守節

太平縣

元王氏賈廷秀妻夫亡時氏年十九有孤方三月氏紡績育孤成立守節六十餘年至元元年旌表

明丁氏尉溫妻夫亡時氏年二十貧窮自守年六十三而卒詔旌其門

劉氏段益庫妻十九歲適夫夫久疾氏事之晝夜不怠踰年夫亡號泣願以身殉姑防少懈即自縊與夫同塋里人嘉之

盧門雙節閻氏盧應聘妻年二十六夫亡撫遺腹子成立事姑孝謹年七十餘卒党氏聘弟應選妻

適夫踰年生子夫卽亡時年方十九後子死守節終身
稱一門雙節

高門三節　王氏高歲妻年二十九夫亡無子以㓜侄爲嗣與側室戴氏撫育成人娶婦孫氏甫生一孫嗣子亦亡三人同撫孤孫守節終身

李氏　盧國器妻年二十五歲而孀姑狄氏勸嫁不從乘姑出自縊柩前事聞建坊旌獎

衛好艾　年十三被惡少牽戲怒罵投井死屍出怒目不閉睛裂出血察院碑其塚曰烈女衛好艾之墓

李氏　田齊秀妻二十二歲夫亡撫三歲孤兒無二志時爲富室所逼氏欲鳴官乃寢苦守五十五年

郭氏　生員李棟妻事姑惟謹棟試輙冠軍氏常以紡燈佐讀及夫亡年方二十餘撫四歲孤克孝口授以三字經千家詩稍長遣就外傳每下學輙驗其膚有受杖痕則復責之克孝以此登拔貢及孫弘敏成進士年五十五歲終知縣盧易上其事且爲立傳

趙氏生員田澍妻年二十二歲夫故澍妹王連妻年十九夫亦故二氏慟夫蚤亡無子伴守四十餘年朱撫臺表其門曰姑嫂奇節

王氏太學生衛廷對妻郴州守椿女從夫避兎楊州夫故氏年二十六同妾吳氏年二十一俱不食死柩前都御史龍文光有傳

衛氏監生李植妻夫亡同妾共守撫二子有成崇禎間具題歲給布穀壽九十終

王氏柴奉簡妻夫故氏欲自縊隣婦慰之曰汝欲見夫于地下乎聞陰中不百日不能見也氏且不死及葬後仍自縊計其日適夫百日之期知縣李喬崑立石表之曰真烈婦

李氏王友信妻年二十夫亡月餘生孤恤撫周至節操甚堅年七十餘卒有司奏聞詔旌其門

丁氏李油妻 柴氏趙蓋妻 張氏李湖妻 楊氏衛汝器妻 楊氏鄭世榮妻 李

氏張九巖妻　尉氏劉體乾妻　鄭氏張子登妻　李氏趙秉爵妻　馮氏薛實妻　張氏王薦妻　衛氏柴杜宸妻　張氏柴杜宸妻　趙氏衛論妻　張氏柴宗舜妻　趙氏衛常妻

李氏衛效時妻　張氏薛九韶妻　俱少年守節至老不渝

國朝闞氏梁邦泰妻夫出外順治六年賊陷城兵至其家欲辱之氏誑至井邊遥呼夫名投井死

王興娥北泉人年十四歲父在田娥爲之饁路遇惡少姦逼不從被殺投其屍于井及事發出屍鐮痕徧體爾手猶握中衣通邑義之

李氏曹永明妻夫故陝西衛王城氏不遠二千餘里躬自扶櫬歸葬撫孤入泮

張氏進士郭衛宸妾王氏宸子生員大府妻尉氏宸甥朱前妻三氏俱青年值闖寇至共投一井死

張氏濮州州判韓養度繼妻夫故氏年二十撫前妻子不異己出其父兄逼之改嫁遂自縊死

衛氏監生王陞鶴妻年十九鶴病危氏竭力服事鶴氣絶復醒囑氏年幼無子宜改嫁氏即潛入他室投繯死鶴亦繼亡御史王奐曾作烈婦碑文

衛氏趙文正妻張氏李虞夔妻韓氏李虞夔妾楊氏李嵩妻楊氏李調元妻李氏劉弘馨妻衛氏張煌聲妻李氏生員張修醇妻董氏胡萬財妻梁氏王時聖妻單氏衛泰時妻柴氏舉人李茂桂妻邢氏孫化龍妻姚氏楊景震妻祁氏趙秉福妻楊氏李馨芳妻牛氏張企朱妻趙氏王遇妻李氏生員曹灼妻張氏盧叢榭妻曹氏謝弟叢林妻梁氏王國仕繼妻儀氏李則愈妻賈氏儀新春妻張氏生員李國棟妻毛氏梁建隆妻張氏廩生馮運熙妻賈氏趙都晉妻衛氏楊思智妻張氏楊發春妻吳氏許登朝妻師氏王者寵妻趙氏趙德化妻曹氏王民望妻毛氏衛希蘊妻

丁氏生員衛向中妻楊氏衛嘉瑞妻衛氏吳來賓妻趙氏衛步荊妻席氏衛來貢妻張氏曹焯妻王氏高可嘉妻張氏柴邦宰妻張氏高君召妻柴氏王檀妻路氏毛一鵬妻柴氏韓睦燕妻儀氏柴喬妻以上據縣志載士民呈舉

節婦

盧氏趙晉瑄妻杜氏儀冲霄妻原氏陳泰妻吳氏張穩生妻楊氏張雲駿妻李氏衛則荊妻薛氏衛念茲妻曹氏王化隆妻李氏郭拱極妻李氏柴鴻飛妻盧氏崔鍾妻丁氏巨昇妻尉氏關明堂妻關氏郭鎮妻李氏衛樟妻盧氏許烈公妻邢氏鄭元吉妻張氏胡廷棟妻戴氏守備曹星臺妻李氏許迎妻衛氏曹翰臺妻盧氏楊冲霆妻楊氏柳天德妻以上據縣報節婦

岳陽縣

明趙氏劉瑆妻夫喪遺子大剛三歲氏矢志守節大剛又亡遺孫邦佐邦劍俱教誨入庠

賀氏党應亨妻年二十五孀居撫孤成立孝事衰舅寇亂被殺

王氏孟鳴陽母年二十一夫亡守節撫孤崇禎五年爲賊所獲大罵不屈死

王氏范志科妻崇禎五年爲賊所獲抱幼子投崖死　周氏范志大妻爲賊所獲投崖未死自縊于樹

范蘭香范星鼎妹年十四有姿色崇禎五年寇亂度不能免遂縊死

王氏趙鵬妻　喬氏楊珙妻　陰氏生員趙國鼎妻　任氏石應輔母　郭氏黄袍妻

王氏生員張登薦妻　李氏任可敬妻　俱少寡守節

國朝梁氏李茂林妻　王氏李廷楝妻　趙氏生員任尊榮妻　段氏生員王天弘妻　俱少

寡守節

曲沃縣

周曲沃負　魏大夫如耳母也秦立魏公子政爲太子魏哀王使使爲太子納妃而美王將自納焉曲沃負聞之因欵王門而上書王然其言賜三十鍾乃勤行自修勞來國家而齊楚彊秦不敢加兵焉

元郝氏　王時亨妻時金末元初兩朝以澮水爲界時亨在絳陽備戍城陷而死氏年二十餘遺孤德融及二女俱幼氏撫育子女誓不再醮即兵戈擾攘饑饉頻仍守志愈堅後德融爲金人掠去或以子存亡未可知勸令他適氏泣曰吾子即不歸我盡力女紅足以自給安忍舍吾女而再適以被人指摘也數年金人凡俘掠者悉放北歸德融篤親親之誼携被掠一族妹同歸旣至氏罄所蓄多方購求方得還家後三女有家德融以孝行舉爲新邑酒稅監氏年八十有二卒

文氏李偉妻謙亨母也事姑孝謹姑早孀晚遘足疾必文氏扶掖而後動寒暑不移姑卒遂成痾瘵時稱孝婦後以子貴封隴西郡夫人

明張氏李洪妻洪早卒遺孤金方七月張氏撫之誓不再適母欲奪志遂絶粒死事聞特旌其門

常俊俊常銘女正德六年爲流賊所執義不受辱投井死

鞏女女許夢梅而生遂名賽梅年十六受聘未嫁值父母于田梅獨處室有强暴踰垣將逼之梅持刀以拒得免父母歸梅告以故誓不欲生父母勸之梅曰兒身雖完能信鄉鄰乎竟縊死

張氏賈懷禮妻禮死氏願縊以殉家人固守之不得後稍懈氏即經夫旁事聞詔建坊

上官氏許有倉妻倉亡悲泣不食縊死柩前

房氏張汝霖妻年十九霖病將殞氏曰吾少待遂闔户自縊家人救之得甦復自縊又救之氏遂絶粒會

任鳳儀生姑喜曰此天相吾婦也乃以從子昪之曰能撫此子始不負汝夫氏涕泣從命教之成立

史氏王大儒妻儒卒時氏方二十二歲苦志守節子克榮婦劉氏榮病迎醫醫曰得鹿血可活人血亦可代劉刲臂取血和藥弗痊乃置二棺榮卒氏即縊柩前蓋一門雙節云

劉氏趙時禎妻禎病甚泣語劉曰我死汝將安之氏應曰願相從地下耳禎卒氏號天躃踊欲自殺家人覘其志防之嚴越三日卒自經死

陳氏鄭啟廉妻夫亡氏年十八慟不欲生吞針求死不得自經柩前

楊氏梁宗孟妻孟卒有導氏他適者氏但微笑一旦禮翁姑神主走拜其夫墓家人不以爲異是夕命水索浴盆家人亦不以爲異氏忽掩闗下鍵經死事聞建坊旌表曰從容就義

李氏梁景秀妻少歸秀秀病彌留諭以他適李泣曰婦人無二天君行妾亦從矣家人察其意遣婢輩畨

伺之少懈夜半走夫柩前縊死

王氏　李含香妻夫病十餘年氏典簪珥求醫藥無倦色
夫故罄家所有廬舍田土悉付夫從子自製縞衣
一襲囑其從子婦曰留以備用家人不解其意祭畢自
縊柩前

成氏　梁有成妻成亡氏年二十七歲縊死柩前

王氏　周承通母崇禎末流賊入境白水村有山洞氏徃
避焉洞破氏被掠出洞口行小徑間拉賊墜千尺
懸崖下賊亦死

衛氏　鴻臚吳中豸妻甲申寇至氏登樓避賊見群賊以
刀劒凌虐鴻臚氏厲聲大罵墜樓死賊爲之咋舌

秦氏　李栅妻明末栅爲賊所獲氏奮不顧身墜百尺懸
崖下耿一目折一足

賈女　吉鋭聘爲妻鋭商于外女于歸空房未合巹而鋭
卒於旅邸時女年一十八歲鄰母以其未面諷之

再適女守節不撓以伯子爲嗣壽八十餘而終

衛女　李三妻幼字李三李三商外久翁姑因女年長空室權娶無何李三死於旅姑令再嫁女泣曰父母命妾奉箕帚於李門天也違天不祥遂終身不再醮事聞詔建坊旌之

李氏　少保浩之女趙漢妻漢卒氏哭之絕旣而甦曰夙易立孤難於是撫遺孤備嘗辛楚節操罔渝巡按御史趙奏聞詔旌其門

王氏　李成科妻夫亡氏年方艾遺子敬止守節終身無間奏聞建坊旌表

郝氏　韓登科妻流寇克城罵賊死之

張氏　李千妻　李氏　梁柱妻　吉氏　許訓妻　韓氏　生員李德恭妻　衛氏　生員陳治妻

道　邢氏　賈獻策妻　李氏　張逊妻　仇氏　因楷妻　王氏　盧世登繼妻　王氏　任學

恩妻郭氏趙天恩妻許氏高擢妻王氏任鳴瑚妻俱少寡守節撫孤成

立曾經旌奬

國朝許氏衛嘉孚妻嘉孚常賈燕趙吳越間氏事翁姑以孝及孚客死江右寄甕儀真子周僑僅能啟書

函周祚髮尚未燥氏忍死立孤後俱成進士爲卿相僑

贈恭人祚贈一品太夫人僑籲陳苦節建坊旌表

李氏華州尉衛弘嘉妻嘉亡子麟禎尚幼氏守義無二

明亡携麟禎隱絳山訓以大義麟禎卒以著述顯

李氏許炳妻順治間寇亂避山堡知禍及呼兒婦李氏

約同死堡破投絕嶮處兒婦繼之氏死李癈疾

仇氏梁永建妻順治間山賊發氏匿山堡賊至氏囑建

日君急圖存無顧我我必不辱堡破墜堡死

尉氏李振采妻順治間寇亂居韓村堡時隣堡皆破語

采日事急矣君曷行乎采日爾將奈何日不辱采

遂行氏投崖死時年二十三歲

賈氏衛文緒妻緒死毋氏戒勿哭晝夜飲泣未幾病遂
卒
許氏呂雲樞妻已丑夫妻避亂逢賊刼之上馬氏唾罵
墜馬夫婦並遇害
解氏李覲龍妻順治間被掠氏大呼曰吾婦人不幸爲
賊所掠有死耳卒投井身死
行氏郭鳴儒妻夫卒會賊起廹之氏投井死
褚氏趙國昌妻避賊汾曲小堡堡破被擄驅之上馬不
肯兵怒砍死棄去已而復甦毀面折股終身殘疾
李氏趙應春妻已丑避亂爲賊所逼投井死
趙氏郭可盛妻順治初盜起婦女被擄者無筭氏不屈
罵賊被殺時年二十六
馬氏李登壇繼妻避賊紫金山堡堡破墜峭壁死
秦氏柴承惠妻夫亡氏年二十二遺孤僅三歲數日不
食自縊家人救甦勸止守節四十餘年奏聞建坊

舉人王价妻夫早亡同妾甯氏誓死守節教子成立

衛氏

呂氏 趙雲峰妻家貧無子女夫死設兩棺欲以身殉隣人勸之且曰死必累我氏即投牒本縣祈無累隣人令亦勸之不荅死之日姻戚設祭氏夫門外觀者如堵倉猝間覓氏不得已縊于門後矣面色如生督學旌之日從容就義維時帽工曹應志妻王氏其從容就義若出一轍邑人稱爲雙烈云

王氏 生員張渾然妾渾然二妾氏子女俱無而事夫獨謹卽時捶詈亦笑受夫病製衣衾遂將已衣衾並成之人詢荅曰是人必須者旣而奠渾然獻食二桌乘間服所製衣自縊柩旁闔學公舉於縣

董氏 秦琬妻及笄歸琬生一子一女琬病革謂氏曰汝年纫不如早嫁可將女帶去留子存秦嗣氏泣曰且養你病天下事尚不知誰先死因走妹前日妹善視我子女妹意其爲夫不起而言也荅曰自然看成氏遂歸縊死越二日琬亡鄉人歛財建殉夫全節坊表揚之

賈氏李敬妻敬歿子龍尋夭氏日吾與吾兒同見兒父地下遂病卒

王氏楊屏妻十六歲歸屏月餘屏亡七日自縊死

上官氏任之樞妻樞繼伯學恩後學恩染癰疾氏奉飲食藥餌十餘年無倦色

李氏許元鼎妻鼎少亡氏勵志撫孤已丑盜起堡破墜城傷脇折股殘廢終身

劉氏字小件喬國恩妻喬出有雄者踰垣入室欲亂之氏厲聲大罵雄者怒持剪刀畢其命時年二十二

王氏郭鵬翔妻翔家貧稱貸頗夥既死盡鬻其產殮翔畢舉其餘盡償債家或疑有他志微諷之不答以米數升遺其家人爲訣遂自縊

王氏賈鳴鑾妻鑾歿氏將殉姑日其勉留以養我比姑耋臨穴一慟病癲卒

解氏王學俊妻氏年二十餘俊久客外家貧獨養老姑姑死氏尋亦死里人哀之有風靡人苦無大節世

變天亦虐孤窮之句　賈氏徐士琰妻夫亡自縊

張氏趙帝擢妻夫歿殮畢自經柩前

張氏小字恩恩張永賢妻賢貧業鏤𢇁一日宿山中未歸有狂且者乘夜入其室挑氏欲亂之氏大呼比鄰救我救我狂且去語鄰以故且大哭哭達旦賢歸屬𢡟跡其人賢出户氏躍入井死賢鳴縣以候鞫越四月始殮顏色如生時

董氏張朝琴妻　鮮氏李汝華妻　周氏劉安祉妻　任氏秦士柱妻　吉氏王爾輔妻　董氏王丕振妻　郭氏李侃妻　楊氏李國楨妻　趙氏李丕曄妻　許氏李敬聚妻　張氏衛周齋妻　宋氏李景雍妻　賈氏席上珍妻　張氏秦時新妻　常氏魯之賓妻　許氏郭衛民妻　張氏舉人衛際可妻　賀氏董光顯妻　仇氏張應奎妻　任氏段承律妻　上官氏

將畢裴良積妻郭氏因樟妻王氏董淬帷妻許氏張鳳鳴妻許氏宋承山妻靳氏郭九通妻梁氏吉文會妻張氏李權妻郭氏李丕建妻趙氏王學孔妻衛氏李丕挺妻蓋氏李株妻楊氏張光烈妻呂氏仇文達繼妻王氏湯應豸妻衛氏許仰衛妻閤氏謝道純妻楊氏藕邦麻妻杜氏王家賢妻王氏張鳳翔妻靳氏吉永照妻靳氏楊永泰妻常氏賈國勳妻衛氏呂存仁妻靳氏李再見妻王氏上官璠妻郭氏李馥妻馬氏張繼全妻董氏郭積貴妻楊氏徐日省妻王氏謝演妻衛氏盧生色妻喬氏郭鎮威妻劉氏李化功妻王氏閻我範妻李氏石養奇妻常氏仇際康妻李氏王天錫妻席氏張繼藩妻王氏李琰妻勾氏王世德妻許氏王德興妻楊氏董國猷妻王氏王安民妻常氏張廷旦妻韓氏台攀鳳妻蓋氏衛瑄妻李

氏楊云禎妻席氏趙應元妻王氏王文徵妻甄氏上官桂妻李氏呂民仰妻李氏王發祥妻趙氏張維妻張氏吉永正妻李氏馬一麟妻馬氏張京愳妻邊氏吉惟謙妻衛氏王含章妻董氏王訓妻趙氏傅錫蕃妻張氏劉鳳梧妻許氏靳守恒妻

張氏楊必達妻張氏郭民止妻並少寡守節

張氏嚴國珍妻喬氏梁繩武妻王氏舉人李士古妻梁氏賈有譽妻郭氏生員仇秉道妻柴氏王乾綱妻靳氏常自明妻郭氏黃三輔妻尉氏董文慈妻梁氏張養冲妻

李氏生員仇承祚妻蓋氏張爾志妻李氏王元籙妻鄒氏生員常南征妻王氏柴如禎妻仇氏李培妻王氏石蒸雲妻許氏李世忠妻張氏許斗南妻郭氏廩生衛台璣妻張氏常正儒妻秦氏張文達妻崔氏董簡妻郭氏秦誓欽妻李氏董大猷妻

柴氏仇拱辰妻王氏武生常大儒妻高氏尹國俊妻王氏馬吉兆妻楊氏鞏敉寧妻吉氏生員劉紹堯妻王氏李膺祺妻李氏武生尉積隆妻李氏鞏丕興妻辛氏生員李嘉續妻張氏李名敎妻上官氏王于洛妻楊氏舉人董琬妻賈氏杜堯臣妻郭氏劉國璞妻衛氏李世元妻衛氏李芳聲妻雷氏弟可仁妻靳氏武生王道徵妻郭氏崔之璇妻柴氏田正升妻鞏氏王復恂妻蘓氏杜梓妻許氏生員衛埜妻張氏楊雲棟妻宋氏樊居敬妻王氏董尚素妻靳氏常崇義妻王氏王廷璧妻傅氏張奇英妻車氏何承雲妻李氏嚴自得妻蘓氏賈遠妻以上現在守節照縣新志

翼城縣

明戴氏楊鵷妻年二十五夫喪撫育遺孤細成立孫汝盈未及一週細亦故撫恤視細有加孀居五十餘年

無玷知縣上其事旌表

張氏生員牛琮妻夫亡氏年十九子女無出父因其幼令他適氏號痛誓不更事紡績事姑舅俱以壽終氷操四十餘年有司上其事旌表

李門雙節李乾妻常氏年十六孀居撫子柱成立娶楊氏柱亦卒時楊年二十持刀欲刎救之斷一指姑泣曰獨不念我乎強起視事無何姑亦卒遂閉目不食死詔旌其門

劉門雙節張氏生員劉璜妻夫亡子名士亦亡同媳常氏勵節苦守訓孫湛明崇禎丙子登賢書題請建坊旌表

常門雙節呂氏廩生君用妻用卒孀居三十餘載事舅姑孝謹教嗣子敔循中萬曆丙午解元直指題請建坊循早逝妻陳氏年十九立嗣子拱辰四十餘年與姑同稱完節

袁門三節袁奪錦妻趙氏寡居時年二十一與繼姑侯氏撫遺孤夔鯤鯤又早逝復與媳李氏教育幼孫三世苦節

陳氏劉聲宏妻年二十守貞撫孤冦亂被掠投河死　李氏盧春煜妻夫亡三日不食縊死柩前

張氏鄭邦瑜妻邦瑜搆淹病氏時年十七結褵甫兩月瑜亡氏絶粒有爲氏解者氏曰慷慨就死易而從容爲難吾願爲其易者五日縊柩前時有白蛇繞尸之異事聞奉旨建坊

呂氏孝廉賈學珞妻年三十七夫逝撫孤二載孤死遂自縊

楊氏監生常鴻洙繼妻未及三載夫亡子女俱無氏矢志守節崇禎五年大亂氏逃遇冦以死自誓罵不絶口賊怒腰斬之旁賊憐其節瘞之而去

吳氏曹鏞妻　梁氏史驥妻　張氏郭維妻　高氏通判張憲妻　郝氏王栢妻

周氏妻李鳩　聶氏妻周謚　王氏妻續璘　史氏遷妻生員趙　郭氏妻郝鎧
杜氏永安妻生員關　陳氏汝滄妻生員楊　蘸氏在妻杜志　楊氏節妻生員　蘸氏生員符
張瀚冀妻　袁氏魯妻李若　高氏守泰妻生員袁　張氏智妻李文　陳氏妻李檀　董氏
衛天元妻　劉氏天培妻舉人薛　楊氏第妻任登　孔氏鵾妻李日　戴氏妻高節　並少

寡守節

國朝石崖烈婦王七庄農家婦也夫以貧故商於外婦與老姑處室中安定國之亂賊掠王七庄悦婦色欲亂之婦不從賊殺姑以懼婦賊復逼婦紿日若能爲姑營葬誓相從不且死賊覓棺以瘞瘞巳婦墜石崖死賊愕然嘆息而去時有給役賊者傳其事惜不得其姓氏云

李門三節監生李訥妻侯氏年二十七而寡撫子日森成立甫入泮卒妻袁氏年二十遺子益泰及

冠亦卒泰妻陳氏年十五無子三世姑媳相依時人憐之陳少有勸之嫁者陳撫膺曰吾鮮子女又不早殉亡人以致有此也遂持刀自刎賴兩孀姑解救獲免孤苦伶仃前後相繼而亡

周氏經秦楷妻年二十五楷亡母氏勸嫁不從强之氏自

上官氏贈中憲公鉦女幼涉書史曉大義適臬憲公王廷諫男振麟麟卒氏年二十有八痛不欲生姑曰夫死從子不聞乎氏因稱未亡人朝夕課子讀常戒之曰千鈞一髮惟汝是視余所以不死者意在成汝耳每讀烈女傳輒泣下卒以子嗣遠任廣西桂林同知贈宜人

王氏盧慶瀛妻年二十夫亡氏含殮祭告悉如禮居無何父以事至微諷之嫁氏弗答父還泣拜於堂曉更櫛沐服鮮衣縊死棺側

高氏楊文焯妻年二十四夫卒哀痛悲號絶而甦者再視殮畢縊于棺側

高氏 梓人程九經妻也經以建屋墜梁死遺姑八十子管管六歲復管四歲家赤貧父母命再醮二子跪泣氏前曰母幸留兒願乞丐以養也氏大慟曰與兒俱死耳忍舍兒他適耶由是父母與絕乃與二子晝拾於野得遺穗以養姑而自掇藜藿棗柹雜糠粃以食夜則身織子紡如是者數十年以過勞疸發于脇而死二子悲痛聞者莫不隕涕

鄭氏 楊翔鳳妻年二十二鳳亡遺子二歲時有迫嫁者氏嚼指斷髮卒成其志

章氏 張福星妻星亡氏年二十家貧親老子尚在襁氏拮据十餘載遇年饑供養無資撫孤而言曰吾力竭矣一痛而絕

董氏 李弘吉妻幼許字及笄吉貧不能娶願悔之父母商于氏氏泣曰既聯姻詎以貧悔父母嘉之招吉就婚助以資俾成其志

李氏周嘉士妻明季盜起夫卧病氏偶歸寧一聞警即趨詣夫所賊至婦曰吾貧夫婦願同死不願獨生賊義之相戒勿犯其門

程氏生員張大阜妻　張氏朱應薦妻　李氏崔鳳鳴妻　周氏燕民望妻　范氏張崇德妻

李氏羅承德妻　安氏焦繼夔妻　衛氏張等妻　高氏劉之公妻　常氏薛貞妻　薛氏衛弘祚妻　王氏生員衛肇祚妻　秦氏樊天佑妻　楊氏薛來貢妻　柳氏生員上官慎妻

楊氏周化成妻　李氏生員陳文焜妻　呂氏王化仕妻　續氏李舜宰妻　陳氏呂江妻

侯氏崔奎光妻　柳氏生員秦學藴妻　王氏貢士戴炳星母　鄧氏生員李春妍妻　李氏生員常克家妻　解氏馮嘉遇妻　李氏太僕呂維寧繼妻　陳氏呂國俊妻　王氏袁乃涑妻

陳氏生員王民熙妻　李氏任藩妻　高氏盧奇遇妻　周氏生員薛元繼室　石氏侯應

元妻劉氏薛元子昌齡妻秦氏戴瑞章妻劉氏王公侗妻燕氏鄭龍光妻高氏生員

鄭掄妻侯氏生員董晉妻賈氏王師帝妻衛氏王增修妻李氏王洪圖妻黃氏

孔興道妻吉氏李在廷妻劉氏生員崔爲俊妻劉氏生員李應台妻李氏張汝明妻王

氏侯受國妻李氏張芳踪妻李氏秦鎧妻朱氏安鴻圖妻王氏生員藕鍍妻張

氏馬稱德妻徐氏張慎事妻史氏張三聘妻李氏焦光宇妻牛氏張懷妻石氏

衛泰妻柳氏王遇麟妻劉氏胡燦妻曹氏郭永盛妻戴氏高宗冉妻藕氏燕于

廷妻侯氏董芬妻俱少寡守節

汾西縣

明劉氏王經妻程氏郭文英妻傅氏生員刑冲斗妻程氏王柱妻師氏廪生郭秀

妻王氏要舒妻並少寡守節

國朝段氏監生閻國賓妻王氏生員郭俊卿妻郭氏傅永貞母郭氏生員孟齊卿妻王氏傅誠誨妻陳氏王永光妻王氏廪生郭維垣妻郭氏閻調鼐妻並少寡守節

靈石縣

周介母子之推從文公出亡十九年獨携一女家居文公返國賞從亡者祿不及之推母曰盡亦求之以死誰懟然猶恐之推心未樂于隱也復謂之曰亦使知之若何之推曰言身之文也身既隱安用文之母曰能如是乎與汝偕隱遂與之推同隱于綿山及文公焚山與之推并其女俱抱木焚死

明李氏周士輝妻年二十五夫亡無子守志不移紡績自給歷四十餘年始終無玷天順間建坊旌表

鄭氏吳海妻海業商覆舟溺水氏年二十三遺孤珉未週歲而舅姑俱老氏奉養甚謹及終殯葬以禮教

珉業儒紡績常至夜分日吾以是相吾子勤且令志怠也孀居三十五年志行無瑕成化六年旌表以珉貴封安人珉舉進士官至副都御史

冷泉四烈 曹氏張熙妻段氏尚公信妻白氏張桓妻崔氏周瑞麟妻俱家冷泉鎮正德辛未流寇擄掠四婦俱芳年美貌恐被污辱相率山峪潛避迫中途賊羅執之欲掠去氏等同聲叫駡誓不受辱賊怒盡殺之四屍枕籍見者哀憐又同縣段氏義不受污投井死有司并奏聞立坊旌表

崔烈女 崔拱女居冷泉年十五遇流寇亂父母攜之避難北山洞中賊搜出欲辱之不從投崖死

宋門雙烈 喬氏進士宋之儁妻甲申儁駡賊被殺喬氏指賊面駡撞階死其女殮母畢取簪斷喉死

周氏 生員吳徵妻都憲吳公珉子婦也年十六夫亡父母憐其幼微言諷勸氏以死自誓孀居五十餘年守志不變嘉靖間旌表

王母牛氏舉人王之度母夫亡年二十五教子成孝廉闖賊逼之仕母戒之曰母辱親負國度奉教死不出後國朝授鄖陽判到任卽告終養

馮氏年十八適郭廷相之子一歲夫亡氏卽矢死無它廷相受財強逼改嫁氏聞知潛至夫塚縊死樹上

翟氏生員王新命妻夫亡年未二旬翁姑令其他適服毒死奏聞建坊

李氏張朝明妻明爲流賊所執火煨其身氏取衣拂火賊痛打麾去氏仍向前救火數次賊怒殺之

房氏張公明妻李氏吳浩妻耿氏房學妻段氏田興勝妻梁氏吳邦妻曹氏閻志臣妻吳氏閻春妻田氏閻仲妻王氏趙廷用妻武氏燕春妻趙氏王希舜妻房氏張朝宗妻吳氏生員張詔妻李氏劉周南妻吳氏王仲妻梁氏生員王純政妻曹氏張种妻任氏楊春先妻王氏程士鵬妻俱少寡守節撫

孤成立

國朝王氏房星燿妻年方二旬燿病將終命更他適氏誓之曰我若適人禽獸不如遂自縊死

楊氏宋明金兒媳金病家貧不能請醫氏割股奉親病遂愈

趙氏王守緒妻夫亡遺二子俱死他鄉次婦趙氏與姑孀居姑病割股療之三十九年大旱施水渠一道有地者均沾其利

李氏張國璧妻家甚窮廹夫卧病一十三年毫無怨色撫子成立鄰里皆以爲賢

郭氏房可棟妻翁姑俱亡嫁棟未及一年棟出外久不歸族人屢逼嫁堅執不從自縊死

郭氏趙府貞妻　何氏田野治繼妻　張氏李陽春妻　梁氏趙元翰妻　張氏增生裴之龍妻　王氏鄭之輔妻　張氏裴嗣航妻　裴氏郝妻　張氏裴承緒妻　高氏王心孔妻

裴氏廩生梁肯搆妻崔氏廩生王精鑑妻牛氏王斗日妻關氏李所篤妻鄭氏生員王愼躬妻李氏吳一龍妻燕氏曹珙妻趙氏翟之章妻王氏宋顯任母馬氏王輔廷妻梁氏生員田皤然妻王氏生員何浩然妻張氏曹天雲妻俱少寡守節撫孤成立

蒲縣

元馮氏賀遵道妻年十四夫亡子未周歲氏撫幼弱侍舅姑守節不二至正間旌表

明馬氏永和籍流寓于蒲崇禎七年大饑人相食夫屢逼改節以圖存活氏乃摘耳環市餅食毒藥偕幼子幼女俱亡

曹氏張仲祿妻冀氏生員曹勳妻席氏省祭丘若繼妻曹氏生員任甖名妻俱少

寡守節

國朝王氏廩生張焜妻年十七焜故止生一女守節事姑姑病篤衣不解帶者數十餘日

賀氏曹繼祖之母事翁孝翁年八十不能飲食氏乳哺如嬰兒

王氏廩生賀友富妻年二十八夫故守節教子友富御史楩子楩妻馮氏繼妻席氏俱以賢孝聞

姜氏生員張子龍妻趙氏王清彥妻馮氏生員曹頡妻席氏貢生任中麟繼妻曹氏生員冀驥妻俱少寡守節

蒲州

元魏姚孝女名勝少喪父無兄弟母憐而愛之年六七歲便有孝性人言及父者輒垂涕鄰里異之正光中母死勝年十五哭不絕聲水不入口者數日遂死太守崔游申請爲營墓立碑製文表其門

隋柳氏裴倫妻大業末倫仕渭源令城爲賊薛舉所陷倫遇害氏年四十有二女並兒婦三人皆有美色氏謂曰汝父已死我自念必不能全家門素清白義不受辱與汝同死何如女婦泣曰惟母所命柳氏遂自投井女與婦相繼死井中

唐敬氏名像子年十五適樊門生子會仁夫喪事舅姑以謹順聞及服終母兄乃潛許人爲婚矯稱母患召之敬氏既至省母無恙知爲所欺佯爲不悟私謂會仁曰吾誓與汝父同穴所以不死者爲母老汝幼耳今汝舅欲奪吾志于汝何如會仁失聲啼哭敬氏伺隙携之遁歸兄使追及之敬氏誓以必死其兄感嘆而止後會仁年十八卒時敬氏母已終既壟號慟不食數日遂死

明李氏段小五妻年二十夫亡母哀其無子諭之改圖氏泣曰是吾命也吾爲段氏婦知死段氏而已舍此何之母止不復強氏晝耘田夜紡績雖百難不變事翁姑以禮送終洪武末旌表

楊氏 薛綱妻年十八歸綱越四載生子小來綱當行戍顧氏曰吾親老子幼奈何且我生死不可知爾肯奉吾親以終乎氏曰諾後綱死于軍氏事舅姑撫幼子未幾而小來補父役亦歿于軍二親相繼辭世氏以所居易財營葬事煢煢孑立貧不能自存或以子死無依勸之更志氏峻拒之曰夫言猶在耳吾寧死不為禽獸之行由是就食于弟絕葷垢面始終不渝人共難之天順五年旌表

荊氏 薛宣妻年十九歸宣生子小臺方六歲宣病篤執氏手告曰吾父以工科給事中使占城卒海外今吾病不起母老子幼爾善視之吾死無憾言畢而終氏哀毀過禮引刀斷髮誓不他適奉姑撫幼盡其孝慈及姑卒氏朝夕哭泣扶柩而葬天順間旌表

董氏 解輝妻年二十二輝亡遺子福寧未晬父母以子幼家貧諷使改節氏泣曰夫死易節貧富貳心非人也况舅姑在堂弱子在抱奚忍棄之終身蓬首垢面力績以營衣食得美食必先奉舅姑而自啖粗糲久而

不厭舅姑相繼歿與子營葬朝夕悲號聞者惻怛天順五年旌表

牛貞女　牛仲明女劉愷聘而未娶客外先娶衛衛死遺一子愷父母預迎女以歸愷中途死櫬及遺孤抵里女撫孤若已出事翁姑至孝服禫父母慰女曰汝處子未識夫豈真劉氏婦耶女曰身旣歸劉卽其婦矣親老子幼尙何適父兄陰納施氏聘女聞之哀號幾絶泣愷神主前三日不食死孤成立名釗釗子忠甫忠甫子東旭三世皆廬墓時稱爲三烈孝

陵川縣君　輔國將軍朱聰湶女儀賓裴禹卿妻嫁一年地震禹卿死縣君悲泣不食誓與俱死比殮又以首觸棺曰我奈何獨存乎越五日自縊有司以聞詔旌其閭

薛氏　韓玻妻玻商於淮以病歿氏聞訃慟不欲生弟瓚妻王氏慰曰嫂得無念後嗣乎我生男卽爲伯後氏泣謝母黨憐其少有欲奪其志者百方不易日夜祝姒生男後果舉子甫未彌月氏卽取而鞠育之備極艱

苦慈祥勤瘁相官右通政贈孺人以孫大學士爌貴累贈一品夫人

段門雙節　王氏段輔妻輔卒誓死守節事姑節婦王氏孝敬始終如一日上司旌其門曰姑婦貞潔楊襄毅表其墓曰節義成雙

王氏　楊鷴妻年二十夫歿遺子甫三月氏孝事病姑始終不怠撫育幼子身歷百艱一日偶墜井中經日出之無恙人以爲苦節所感楊襄毅誌其事

邵烈婦　大澗里人孟端妻年十六歸于端家貧睊于大澗或爲人傭車萬曆戊子端歿于瘓邵方二十五哀號仆地欲從之死以姑勸得免既瘞端歸母氏聞母私議以姑爲婚主而奪嫁之邵氏知即不告歸乘間抱二歲女日亥赴井側而長女日熈方八歲躡其後邵見熈女以瓦礫擊之去不去擊之遠遂抱亥女投井中熈女救不及大呼曰吾母亡我安歸亦投井皆死及援而出母抱亥女熈女抱母一時聞見之人莫不感嘆姑

塟邵氏於端穴而以二女同墓後十年知州屈拱北姢以其事申請奉　旨旌表立祠

王氏生員楊元柽妻勤儉孝敬克盡婦道元柽故誓不欲生滴水不入口者七日甘心餓斃從容就死較慷慨殺身更爲難焉

楊門雙節　張氏中書舍人楊元禧妻天性仁孝年十三適禧未幾夫歿年甫及笄孀姑裴氏久諳冰糵之苦憐其少恐不能守累勸他適觀其志誓死不從因而愛敬不啻已出知州勇慎並其姑申請部表其門

馮氏郭浤妻聰慧賢雅十四適浤甫一年而夫卒氏臨床哀慟以頭觸地誓以身殉姑托其母撫慰曰爾尚有遺腹可望一綫以終天年豈不以節顯氏遂勉活以逮夫塟越八日娩生一女氏泣而告之曰向未死者望一血孕耳今更何待即絕食旬日死奉旨旌表

雷氏生員田氏皞妻崇禎壬午冬悍將任國奇兵過蒲所至刼掠氏被擄投井死

田氏舉人盧世臣妻崇禎壬午冬悍將任國奇兵過蒲與母雷氏矢死縛衣投井死

薛氏知府韓于宣妻崇禎甲申闖逆比觸于宣自縊氏數日不食聞軍擊門亦自縊

張氏喬及芳妻闖兵入城投井死

王氏叅將張夢鯉妻癸未闖逆陷城聞叅將已死難即持刀自刎欲以身殉家人力救得不死 國朝順治六年虞冦倡亂入山逃避亂兵追及捐軀投山下傷痕遍體舁至村舍三日方甦若有神助後又十年卒

楊氏生員喬振翰妻闖冦氛熾赴井死

楊氏薛氏義民王應寵妻妾闖賊李自成至蒲應寵自設靈具預題其主曰皇明小民王應寵之靈率妻妾飲酒投繯共縊死僞官爲之親視殮殯

王氏薛永淳妻少寡崇禎癸未賊陷蒲氏被擄投井死

冝氏副千户韓循勲妻年二十夫征流寇卒苦節數十年及歿風雨陡發有光燭體閃爍如電里人異之

王氏忠烈韓承宣妻承宣死國王即欲死夫念姑老無養勉稱未亡人時戎馬充斥諸子散失王侍姑不離備極險阻惟以保姑爲幸不以諸子散失爲念人稱節孝云

孫氏生員楊五禮妻夫亡事翁撫孤克盡其道崇禎甲申闖孽陷蒲翁被害氏藏身厠中以汚其體賊見怒以刀破其額而去氏血流覆面不自顧亟命其子楊文明殮翁屍塟哀泣如禮

張氏裴渤妻夫亡止遺一女念老姑在堂無養稱未亡人姑感其意曰婦無以我爲念婦年艾復無所出何苦如此張泣曰婦入止一天姑勿復言予志决矣其母念其早寡欲奪嫁之張一夕抱姑與女痛哭遂暴卒

宋氏生員史璘妻　張氏洪杲妻　王氏嚴圭妻　史氏杜冑妻　劉氏張璠妻

嚴氏王寅妻　劉氏生員李應奎妻　屠氏張文俊妻　雷氏張寧妻　解氏張謙繼妻

馮氏張禎妻楊氏姬楚妻牛氏孟子厚妻喬氏郭敦妻牛氏舉人王麟妻

王氏生員史夢陽妻張氏蕭鎡妻馬氏王彬妻張氏王進妻屈氏楊霆妻

賈氏生員羅拱極妻翟氏舉人張永寧妻尹氏趙釗妻翟氏舉人馮舜田妻高氏

寗師賢妻羅氏杜文俊妻張氏武生韓塏妻史氏王三宅妻王氏杜惟修妻俱少

寡守節事親撫孤多蒙旌表

衛氏郝璠妻陳氏趙棟妻王氏苟儀妻鄭氏盧滋妻馮氏史陞妻李

氏進士馮舜漁繼妻韓氏魏時盛妻侯氏葛之錦妻俱少年無出苦節蒙

旌

國朝李氏訓導張述善妻順治六年虞寇之變李隨姑王逃至山中亂兵追及奮身投崖死

趙氏葛振盛妾順治六年虞寇變氏與夫並遭擄乃暗以簪珥授夫且曰兵營中勿認我爲爾婦懼殺汝也兵欲亂之不從兵怒抽刀欲殺之乃引頸授刀而死

韓氏生員張祓妻順治六年避兵入山追及之衆皆上山韓顧謂家人曰爾等各自顧此吾畢命時也遂投崖下婢滿兒以手挽之因俱碎焉

王氏展奇第妻順治己丑遇兵變被挾馬上力墜者數次時大雨徧體污泥兵恨殺之

李氏王浩元妻順治己丑之變避難上山兵逐將及投崖身死

秦氏左永篤妻年十六夫亡守六十餘年旌表

孟氏賈洽妻年十九夫亡無子女孀居五十年

王氏任英妻夫亡同姑孀居家貧無所依遺孤方兩月姑以貧勸嫁氏曰婦之所以稱未亡人以有孤在

耳不然身殉久矣嫁何言耶其後家益貧姑携幼女自
嫁氏母衛亦孀居氏招其母同居氷檗四十年稱苦操

寗門三節寗學古妻張氏年二十夫亡遺孤阿甫方三
歲事孀姑高氏惟謹撫子阿甫娶妻楊氏生
一子五歲甫卒楊年二十六姑媳孀居無他志張氏守
節五十年楊氏守節三十七年一門三節婦稱罕見云

藴氏焦思禹妻妾李氏夫亡青年共守苦節

朱氏蒲州學正吳來亨妻來亨初名允升後陞臨潁令
未赴任即卒遂家于蒲貧無親舊氏青年撫孤六
十餘年子俱成立雯最知名霞亦以文章著壽八十餘
卒田綸霞先生有贈詩州守旌其門

丁氏展範妻　郭氏博士羅焜妻　吕氏張崇茂妻　李氏王良嘉妻　張氏貢士孟紘
祚妻　張氏陳邦杜妻　李氏魯漢基妻　楊氏師家讀妻　柴氏張問世妻　任氏葛正奇妻
劉氏寗化熊妻　劉氏陳朝瑜妻　朱氏生員韓旬宣妻　楊氏薛麟徵妻　張氏高擢桂妻

陳氏姚奇勳妻柳氏張紹賢妻姬氏張奇璵妻牛氏任宗顏妻張氏楊繼星妻魯
氏尚永岡妻解氏張奇瑄妻李氏姚攀龍妻王氏生員沈傳高妻張氏蒲州守禦所王
錫誥妻李氏蒲州守禦所王洪恩妻賈氏生員張大佑妻吳氏生員王士嵗妻張氏
貢生孟宏祚妻陳氏李永春繼妻胡氏盧應昌妻張氏任養善妻朱氏生員張紘妻
常氏牛天才妻張氏牛扶朝妻柴氏胡世茂妻封氏姚養定妻趙氏楊容繼妻姚
氏馮俊偉妻常氏任元卿妻張氏生員焦帝禎妻胡氏焦君禎妻蔡氏尚希滿妻尚
氏楊積功妻高氏馮四謙妻辛氏張必應妻高氏儒士朱錦妻楊氏李讚適妻薛
氏趙嗣宗妻馮氏府同知韓世璘繼妻王氏趙正立妻董氏孝廉韓鏡妻劉氏秦之
珍繼妻張氏楊繼旺妻曹氏生員李浩妻張氏儒士孫一驥妻孫氏張三俊妻趙

氏張宗渠妻相氏張三晉妻秦氏生員張煜妻俱少寡守節養姑撫子成立

臨晉縣

元魏崔氏金州刺史郭牙妻牙調官當赴留氏事母母病喪亦至氏哀毀骨立身治二喪盡禮營葬畢不食而死人異之表爲孝節之門

元顏氏麻懷祖妻年十五適麻二年生子紹先夫卒氏撫孤守節年八十八而卒至大四年詔旌其門

明宋氏董良德妻良德少失養家貧力作艱苦萬狀積十年良德病卒鄉族憐其無依咸欲嫁之氏遂自縊死與良德同塋隆慶間旌表其門

張氏邵明紀妻夫亡無子氏痛絕數四必不欲生家人苦勸慰且防之嚴氏因囑曰作壙宜寬爲我終身

地壙成於塋夫之先一日氏閉户沐浴理粧整容如歸
寧狀旋入室投繯以殉次日二柩同舉觀者流涕

高氏邵千妻年二十夫亡無子族豪謀業逼嫁氏斷髮
刺面以死自誓時千兄邵萬以時疫夫妻同逝遺
子孟通方三歲氏竭力撫養卒底成人苦節六十餘年
壽八十二卒孟通名雖稱侄而實終三年制以報其恩

姚門二烈甲申闖逆將及胡氏謂李氏曰賊熾甚倘不
胡氏生員姚在堃妻其婦李氏生員翼宸妻
免實墮家聲毋寧死遂將襁褓幼子付乳母趨赴深井
姑先下媳繼之同時死

王氏少司馬李棲鳳子世昭妻闖賊入境氏偕民婦避
難蛾眉原土穴中爲賊搜索群驅而出氏伏地不
起賊呵之且脅以刃氏曰頭可斷義不受辱賊曳之出
行十餘步見深崖歎曰吾得死所矣躍身投下腦裂骨
折而死

趙氏荆王朝妻事翁姑以孝聞崇禎六年歲洊饑翁與
夫俱病疫氏一身周旋湯藥並進翁亡夫病未起

氏龎簪珥傾箱篋以襄大事以婦職補子職之窮年八十終

陳氏生員王幕妻　姚氏生員王師德妻　陳氏荆世寵妻　荆氏王康妻　王氏劉思先妻　張氏許遷喬妻　張氏高標妻　蔡氏張宜妻　呂氏張鳳翔妻　胡氏李榮春妻

周氏胡勳妻　俱少寡守節

國朝楊氏進士陝西督學使呂雲藻繼妻夫亡氏幼無出前子四失三存一稚弱氏矢志苦節撫孤成立孝姑睦族恤貧濟急延師訓子蜚聲黌序爲一時名士

郭氏周文奇妻夫亡誓不改操妾孫氏感其義與同守節以老邑令王扁其門曰一門雙節

孫烈女生員孫永徽女字士人子孟于歸前五日而孟卒孫以死自誓日夕飲泣尋遘疾危語祖母曰兒夜夢遊澗過一柳二椿間慭焉閱月而卒孟塋請祔許之墳正當一柳二椿間也廣文石瑞圖作烈女傳

衛女庠生衛俞女嫁王宗陵爲室合巹時夫疾已篤翁
處女也姑憐其少欲爲另字氏斷髮自誓孀居十四年
而卒

樊氏劉四維妻夫亡子幼家貧氏苦守撫子國興成立
生子大業國興亡氏苦守撫孫生重孫而大業又
亡氏又撫育重孫成立守節七十八載九十八歲卒

杜氏生員劉復元妻夫亡氏年二十三上無翁姑下無
子女且貧甚伯翁姑並其父母勸嫁誓死不從苦
守四十載年六十四歲卒

王氏生員張良魁妻　許氏王士熊妻　孟氏生員荊爾梴妻　劉氏張經典妻　王氏張我
僎妻解州人　韓氏生員王聘鼇繼室　衛氏生員孫鴻烈妻　張氏杜尚德妻　趙氏許朴
妻　張氏王樞妻　張氏閻國法妻　王氏荊山英妻　薛氏生員謝紹燕妻　王氏生員

謝顯相妻呂氏郭百知妻郭氏衛季妻姚氏生員曹元勳妻段氏趙京妻王氏衛祚妻李氏王萬成妻趙氏生員荊騰鶴繼妻旬氏孫應端妻樊氏姚五英妻衛氏程秉讓妻王氏李岑妻周氏呂俊聲妻王氏王蕙芳妻王氏楊松林妻王氏申士珍妻陳氏王錫瑀妻王氏邵明超妻孫氏晁貴妻郭氏舉人賈顯妻衛氏吳重明妻秦氏周道昌妻陳氏賈昉繼妻趙氏吉逢泰妻姚氏生員荊璋璘妻姚氏劉從寬妻趙氏生員荊澍妻張氏李烜妻趙氏樊懋爵妻俱少寡守節不二

榮河縣

元楊氏張益妻克修婦道勤于女工未幾舅姑與夫相繼而亡守節終身大德八年旌表

明孫氏郭建極妻避闖亂匿崖下窩中賊搜窩得之見氏有姿色引其手氏投崖下死

李氏孝子丁夢輔妻奉侍舅姑孝敬兼至姑病久氏晝夜侍之不少懈

張氏趙立妻　吳氏樊清妻　蔡氏生員馮信妻　田氏劉遵義妻　盧氏武應舉妻

潘氏蔡澄紀妻　武氏張自立妻　潘氏盧國治妻　李氏生員郭九韶妻通渭知縣俊彥母

俱少寡守節

國朝杜氏生員李楹院妻年二十夫卒氏號痛誓從死家人嚴防之防稍懈經于柩前

崔氏張王綱妻順治六年氏方二十因逆民亂避兵高窩賊攻入欲牽之氏不受汚投百尺崖下死

林氏侍郎李嵩妾嵩疾劇氏即絕粒嵩卒氏縊于柩側時年二十五歲　師氏薛韶妻夫久客外孝事孀姑

楊氏潘逢吉妻甫年自程國都妻夫久客外姑　劉氏與人傭織以養孀姑茹菜根進翁饗食

周氏潘循昌妻李氏生員聶雲翔妻馬氏吳承鼎妻趙氏生員丁繼美妾王氏潘宗文妻王氏崔汝寬妻潘氏妻范芬陳氏樊養志妻白氏生員樊宏循妻李氏生員張輝妻楊氏陸衍妻郭氏生員潘毓麟繼室茹氏生員丁夢弼妻韓氏陳嘉謨妻陳氏王宴妻謝氏黃贊妻趙氏黃秉仁妻潘氏陸進妻武氏潘逢浪妻茹氏郭維新妻潘氏張自儉妻王氏薛自蘭妻張氏王洪薦妻蔡氏張廷珍妻聶氏樊焯妻樊氏吳作聖妻趙氏茹鳳樓妻潘氏生員郭運周妻俱少寡守節

猗氏縣

元薛門三節王氏薛圭妻年二十圭卒遺子璧甫週歲家貧無倚以紡績爲業孝姑育子守節弗渝後璧娶杜氏璧從戍而卒杜氏年二十六父母欲再嫁杜氏曰妾姑守節無玷豈忍棄姑失節耶後王氏壽終杜

氏以禮塟塋從弟珍娶趙氏珍亡趙氏年二十無子亦守節不他適孝姑愈謹至元間旌表爲三節之門

楊門雙節　趙氏楊恩妻生子彥貞纔九月恩亡氏奉養孀姑撫育幼子備嘗辛苦皇慶中旌表彥貞娶杜氏生子思諭方五歲彥貞亡杜氏年二十四守節如姑始終無玷至元四年旌爲雙節之門

明何氏　生員王臣妻年二十四臣亡子宗甫周歲氏辛勤紡績事姑極敬順姑沒殯塟如禮教宗業儒不以姑息爲愛姪宏早孤亦撫如己出遠近賢之事聞詔旌表宗舉進士官工部郎中

張氏　任宏妻宏故時氏年二十三一子甫周歲郎通判任闕也族人有乘子幼逼改適以圖產業氏引刀斷髮毀容誓不再醮族惡日夜謀斃孤氏匿闕扃户者數年及闕總角時氏始泣曰吾始爲母汝始爲子矣織紡佐讀闕早貢于鄉仕至河間通判孫汝亮進士猶及見年八十一卒隆慶己巳年旌表

楊門雙節　姚氏楊騰飛繼妻孫氏飛前子仁妻嘉靖三十四年仁先故後三年飛亦故時孫氏年二

十三姚氏年十九姚生女半歲孫生子甫方一歲姑婦相倚矢志孀居斷髮毀面足不踰門屢蒙旌表

董氏 米萬厥妻姑幾百歲失明夫亦聾不能周養氏勤績博升合以給食冬寒負之逐日每先姑後夫夜無衾每挽足于夫環抱其姑併衣相覆而寢數年如一日鄉里推舉當路旌其門賢孝之婦

陳氏 生員孫昌期妻夫爲族人昌祚夌廹死氏年二十一並無子女痛哭幾絕奮然以復仇爲志屢控當道訴夫寃百苦備經後蒙審理褫革昌祚衣頂遂哭告夫墓前曰夫寃稍伸妾可從死矣但慮舅姑老無人以養耳于是勤織袵操井臼生事死葬代夫盡禮無缺孀居五十八年壽七十九歲以家寒無子未獲舉請旌獎

朱氏 卞和玉妻和玉與楊生忤刺楊生死自經氏年一十九歲亦自縊喬侍御挽詩頌其烈

郝氏 孔學易妻年二十三夫卒慟絕者再絕粒欲自經人伺之急得不死茹苦守節訓子成立三十七年有司以聞建坊給粟以旌之其子伯江育義女云姐適張有春年一十七歲遭闖寇之亂知義不辱抱子匿井

中賊以火薰之死蓋亦由氏之貞訓有素也知縣陳素
抱爲之傳

廉烈婦陸氏安邑廉名揚妻循氏生員陸振奇女也甲申闖賊亂陸同母劉氏逃難堡中至屯南突聞兵至亟竄避野塚叢棘中俄賊馬四衝搜之出以利誘相從不可遂脅之載馬上以行陸輒自投馬下罵不絕聲如是者三賊露刃廹之陸罵曰死即死矣决不以良人家隨賊汚也遂伏刃

張氏楊繼志繼妻　令狐氏舉人楊聯芳妻　解氏贈中憲大夫翟通妻　令狐氏喬雯妻　陳氏令狐綱妻　丁氏沈廷吉繼妻　楊氏生員耿節妻　扆氏荆一德妻　荆氏裴鵾妻　荆氏行人王春禎妻　管氏史文德妻　李氏生員衛道妻　張氏杜江妻　孔氏何東直妻　王氏孫周妻　范氏李貞賢妻　閻氏喬應貞妻　楊氏李光普妻　張氏常元禎妻　陳氏生員喬唐建妻　姚氏令狐渭妻　張氏王承倫妻　王氏劉得盛妻　張氏

原天　趙天　張嘉　高守　楊邦　鄭
倫妻曹氏福妻王氏猷妻張氏山妻張氏正妻關氏繼
芳　張問　雷汝　生員衛　王氏　舉人閻
妻荆氏仁妻原氏茂妻荆氏珂妻　養醇妻張氏
生員荆　何起　何士　曹鳳　荆永
可楓妻李氏翱妻王氏俊妻李氏翔妻楊氏芳妻何氏
李春
賢妻俱少寡守節撫孤成立多業申旌

國朝張氏生員喬振茂妻年二十四舉一子士客甫三月
夫卒朝夕號慟柩側引綆欲自懸人知而防之
終不櫛沭毀容自廢迄改歲哀慟而卒

王門雙節令狐氏生員王濟禎妻介氏生員王周禎妻
令狐氏年二十九而寡遺四子俱幼三子旋
俱卒與長婦形影相吊數十年而卒娰介氏十八歲周
禎亡無子泣血矢志內外肅然閭學公舉一門雙貞

李氏張永壽妻年十八守節八十八歲終其子文光以
孝聞

岐烈女　聘李軒子爲妻李子與人戲中箭死女聞訃取
聘帛縊死衆欲舉官母固止進士邵嗣堯有記

荆氏　郭琛妻配琛産一子不育琛病革氏慟語母曰兒
無姑何依無孤何撫願及其未瞑先死以博一顧
母恩未報請俟來生母止之不得遂覓毒藥自吞腸斷
指裂見者兩泣琛目之而逝事聞建坊旌表

陳氏　生員荆文部妻年二十四夫亡守志立孤撫之如
已出一女適郭琛十八歲吞藥殉夫人稱是母是
女氏行年五十八歲守節三十四年

荆門雙節　郭氏增生荆文漢妻年二十四漢亡立孤撫
之成立與姒陳並矢柏舟人稱荆門雙節

任氏　里民陳可濟妻竭力捺作勉支朝夕卽日不再食
從未乞憐糊口亦並不形怨尤之色十餘年殆如
一日及歲大歉夫死于饑氏撫屍長號營葬事畢復慟
哭于墓遂投井死

靳氏　荆世芳少姬世芳歿氏年二十五歲正室王氏慟
其年少無出命之改適氏矢志不移氏族姊亦爲

世芳副室生有二子氏協力撫育迄于成立年七十五
歲尚習勤不倦
潘氏生員張嘉猷繼妻　王氏衛中夏繼妻　介氏生員張誼妻　荊氏張思順妻　原
氏張中鶴妻　薛氏張士祿妻　喬氏張熠乾妻　裴氏郭邦畿妻　荊氏鎮撫令狐熠妻　原
氏生員杜鑛妻　王氏荊服采妻　王氏陳國謨妻　張氏生員郭至道妻　高氏衛敞士妻
荊氏生員景毓慶妻　閻氏喬應祐妻　張氏王國信妻　張氏生員陳國祚妻　邵氏生員
于應登妻　解氏張士登妻　廉氏喬應訪妻　王氏張節妻　趙氏楊公喜妻　令狐氏
畢文禮妻　路氏趙遵寀妻　高氏生員荊欽章妻　侯氏生員路弘運妻　孔氏景君順妻　席
氏王公辛妻　管氏景春陽妻　米氏張其勳妻　李氏景登選妻　張氏高起鵬妻　令狐
氏舉人王含弘妻　邸氏張厚學繼妻　許氏生員邵憲堯妻　李氏許壯行妻　荊氏王謙

妻 益　陳氏 張之瑾妻　荆氏 楊廣妻　陳氏 喬震蔚妻　張氏 荆天福妻　樊氏 張新雅妻

曹氏 郭天錫妻 俱少寡守節撫孤成立多蒙旌獎

萬泉縣

金廉氏 廉全女年十七適王海生一子甫周歲而夫故奉姑育子終身無玷大定四年旌表其門

元周氏 其先上蔡人適本縣忽梁圖夫從軍江漢歿于王事氏孀居貞淑守義撫孤享年八十而卒

明史氏 生員楊喬妻喬故氏年二十四姑憐其幼令改嫁氏即自縊救護得免三年未常見齒奉姑甚孝姑年九十三歲不能動履者三年氏朝夕供奉無倦姑歿塋後群鶴遶于宅人以爲節孝所感事聞旌表其門

暢氏 李軏妻軏在南康死節氏亦死

王氏 孫清妻生二男夫故撫孤守節夫弟亦故遺一子撫子無異巳子比長均以家業付之里稱賢貞

張氏雙節義民張宗漢之二女也長適王尚志次適吳告君俱夫亡守節

牛氏薛陵生員薛應滂妻張氏生員賈勝妻王氏生員閻文妻孫氏劉仁妻李氏高應科妻衛氏董廷接妻俱少寡守節

國朝解氏楊月蘭妻年十八秉性貞淑動循禮法隔隣董胎子爲月蘭表姪素往來其家以至親畜之月蘭賈于外解氏獨居董胎子乘夜強姦解氏堅執不從持板凳奮擲之胎子奪凳還擊氏身無完膚血漬墻屋閭呌呼之聲不絕胎子遂以刀斷其頭而遁隨緝獲胎子正法知縣鄭章表其墓曰節烈解氏之墓

王門雙節訓導王守身繼室李氏守身故氏撫孤成立子特遴故妻張氏亦守節無玷

劉氏生員賈之麟妻麟故氏方十九歲子女俱無織紡度日後生臂疾家人欲延醫治之氏毅然曰寡婦之臂豈可令人見乎寧死無醫竟以疾終年七十餘歲

王氏牛拱薇妻張氏拱薇子射斗妻姑媳俱守寡撫孤

王貞女王昌祚女年十四父母俱他出女獨居里中兒薛進喜往逼淫之女不從見殺進喜遁以隣家十二歲幼女言搜得血履襪于進喜家縣擒訊之論死

暢氏杜茂生員薛新妻李氏生員薛國瑚妻賈氏生員王家礎妻吳氏生員屈愈昭妻尉氏薛綿瑄妻董氏生員賈彭年妻黃氏費自省妻王氏李自新妻俱少寡守節

河津縣

金趙氏史姓之婦大定間旌表其門

元藺門雙節薛氏曹氏清澗里藺姓妯娌至正二年旌表其門

明任氏侯耿妻夫卒遺子璽方四歲養親撫孤堅守七十餘年壽百歲嘉靖間旌表

寗氏生員杜相妻相亡氏治喪殯訖晝夜痛哭七日不食而卒

侯氏生員周誦妻年二十一夫故撫孤七十餘年未常身出户庭壽一百三歲子新造亦七十餘歲能孝其母縣表其門曰節孝雙全

張氏生員武夔吉妻夫亡守節姑病藥必親嘗紡織勤苦凡有所積郎濟貧助喪力行善事壽八十歲

薛氏藍田教諭暢家傳妻尉氏知縣一鵬繼母夫故年二十二守節三十年隨之尉氏任流賊破城一鵬殉難薛閉門自焚死

程氏生員陳簡妻年二十守節十餘載流寇入境氏恐玷辱投井死

李氏李胎子妻年二十五爲流賊所獲罵不絕口被殺

袁氏王孟才妻因夫出外生理氏獨居隣有惡少王永吉強奸不從絕食三日時方懷孕因人苦勸勉進

食後生子遂投井死永吉抵罪

趙門二烈李氏貢士趙塽妻暢氏生員趙埝妻隨翁煇任覇州城破同日盡節死

張氏周姓妻張綱女暢氏薛祐妻李氏劉姓妻劉氏康文進妻陳氏趙洸妻

崔氏史廷瑞妻高氏生員薛蕘妻柴氏生員杜汝思妻師氏解宰妻邵氏生員高超妻阮氏生員許子蘭妻高氏柴綿妻趙氏解鳳妻高氏生員趙爵妻薛氏吳嵐妻張氏楊鐸妻王氏生員郝百祿妻郝氏解登瀛妻張氏邵寵妻俱

少寡守節

國朝侯氏衛振聲妻少寡家極貧守節二十年備極辛苦寇亂義不受辱投河死子建藩成進士

賀氏貢士暢體元妻順治元年闖逆攻故鎮壘破氏矢志不辱携幼子幼女並媳呂氏及幼孫投井死

趙氏 生員郝楨妻歸楨甫二載闖亂夫爲賊害氏投高崖下死而復甦守節教子子彭齡貢士

卲氏 舉人劉國翰妻 **南氏** 楊國仁妻 **董氏** 生員卲可相妻 **趙氏** 生員龎楨妻 **賈氏** 楊國寧妻 俱少寡守節

解州

隋蘭陵公主 柳述之所尚也述常愛文帝旨召故太子勇時煬帝爲太子矯詔執述繫獄及即位流述于嶺南令蘭陵公主與述離絕欲改嫁之公主以死自誓表請與述同徙煬帝大怒公主憂憤卒

柳氏 襄城王楊恪妃循州刺史柳旦女氏姿貌端麗年十餘以良家子合相見聘爲妃未幾而恪被廢氏修婦道事之愈敬煬帝即位徙邊令使者殺之於道恪與辭訣氏曰若王死妾誓不獨生於是相對痛哭恪死棺殮訖氏謂使者曰妾誓與楊氏同穴若身死得不別埋君之惠也遂撫棺號痛自經而卒見者莫不流涕

明趙氏解謙妻年二十夫亡氏即以節自誓年七十餘始終無玷成化六年旌表

馬氏張清妻永樂間太宗北征清隨軍運糧卒于漠北氏時年二十七遺二女家窮織紝以養舅姑撫育二女氏獨處守義或有憐其貧困勸再適人者氏誓不再醮年八十三歲無疾而卒

張氏生員李瑾妻正統初瑾以疾終遺三子時氏年尚少守志育子教習父業長子濡中正統甲子舉人少子瀹應成化中貢氏年八十三卒

張氏馬秉德妻適夫月餘夫被地震壓死氏有遺腹以守節生子成立子又蚤亡復撫幼孫成立與子婦董氏并寡居家累遭變故無持門户者遂日就消乏氏內治家事外應門役多苦摧折一節不改

尚氏生員高盛妻　楊氏費旺母　高氏生員史鵬妻　喬氏扆觀妻　郭氏李海妻　劉氏張瑞妻　張氏王進妻　郭氏范巖妻　李氏樊景妻　胡氏生員張嶶

妻　侯氏孫膺龍妻　丘氏譚延喆妻　樊氏馬健妻　衛氏李威妻　耿氏生員楊綦妻　馬氏郭濟妻　相氏張學妻　衛氏喬正妻　王氏趙豹妻　丘氏裴學妻

董氏主簿焦孟禎妻　程氏生員李大芳妻　張氏耿四目妻　俱少寡守節

國朝丘氏生員柳星妻家貧以紡績助中饋順治己丑亂兵起寇入柳生家夫婦同受拷掠並其子女索金帛且加兵刃氏度不能免乃紿寇云有衣飾埋井旁窖中可同取免死寇信之既至其地又紿寇曰業至此可暫寬我夫我則不能飛去也夫得脫氏急携其女投井中死以智脫夫以節全身一時稱僅見云

尚氏趙曙妻　劉氏王懋功妻　俱少寡守節教子成立

安邑縣

明李氏訓導劉達妻夫亡家無所蓄惟日事紡績養姑撫幼時富民慕其色求爲室姑已諾氏知勢不能已

潛用刀截其左耳永不櫛沐年七十而卒

尉氏仝璘妻年二十夫亡織紝育子成化二十年凶歲人相食氏困餒殊甚節操愈堅時夏邑富民欲娶爲妻伯兄允之氏斷髮以死自誓終不能奪按院免其子九疇徭年七十七而卒

張鉞妻遺姓成化二十年河東大旱人相食鉞與妻就食河南渡黄河中流鉞囑妻曰我投水死汝從人勿我念也鉞入水妻墜從之相繼淪没

申氏陳泣妻二十九歲夫亡姑老子稚紡績自給族人圖其産逼令改嫁氏正色詈之數日不食斷指一節年六十八卒

馬氏李汝安妻年二十夫亡無子一女歸生員崔雲峯先故貧寡無倚女紅度日孀居六十餘載跬步不越閨壼人罕識其面按院奏聞旌其門年八十二終

劉氏胡世德妻年二十夫故奉衰姑撫孤女備極辛楚
壽八十一萬曆間鹽院表其門

李氏吳三樂妻二十一歲喪夫守節終身氏以姒子爲
嗣未三歲没姒王氏恚曰爾命無兒致吾兒夭折
詬詈年餘氏輒遜謝曰我命誠苦兒真可惜終不與校
時尤以此難之

黃氏楊遵義妻翁姑常同病割股爲饌奉之病俱愈翁
延壽十年姑八年院道旌奬年給廩三石

張氏郭孔偕妻年十四于歸甫六載夫亡氏子女俱無
以女紅度日侍奉孀姑孝敬不替既終以禮瘞焉
富民景姓者欲娶之氏嚴詞拒絕守貞六十二年如一
日屢經院道旌表

侯氏年十四嫁趙良進進貧傭工度日越二月進病又
三月進故其姑與母欲氏改嫁氏自縊死

劉氏生員王繼仁妻夫殁氏哭泣不食及就窆氏謂役
人勿堅築吾將亦去旬日亦亡御史尚旌之

高氏運司吏衛養民妻養民家頗饒病故張姓者利其
有賂媒欲强娶之氏堅拒不聽閉門自縊死

王氏景愈昌妻夫亡無子田產付夫弟愈芳猶逼改醮賄媒誘之氏服毒鄰婦救之得生產盡餓死

曹氏生員景永徽妻十九歲夫亡守節四十餘年卒母夫人侯氏病割股和藥死而復生屢經旌表

古氏王之傑妻貞氏生員王鼎隆妻相氏王鼎盛妻叛兵任國奇引兵入鎮三氏恐被辱同投井死

劉氏貢生楊時和妻闖逆入城抗節不屈罵賊被傷有一門節孝之扁

馬氏生員路檀妻謝氏生員劉寓仁妻劉氏王永明妻宋氏大叅王國禎妻柴氏生員張懋才妻周氏裴衷妻孫氏吏部劉崇文繼室張氏郭錫妻王氏張校妻

呂氏運司吏馬國良妻景氏生員張永祚妻呂氏朱廷試妻王氏生員景懋才妻俱

少年守節奉旨旌表

國朝曹氏李肇元妻都憲真予次女孝謹淑貞順治六年兵入城投井死　周氏郭櫰妻守節四十年家貧無子清操堅貞順治六年賊據城投井死　路氏生員劉際皞妻守志撫孤順治六年死節　王氏生員李禧印妻順治六年兵變被掠不從跳入溝中死　馬氏張鳳鳴妻順治六年爲兵擄大罵被殺

張門三烈胡氏張君惠妻子其謨妻李氏次子其策妻趙氏六年兵變姑媳三人皆投井死　胡氏生員席于陛妻六年兵變投井死

犢氏周光祚妻六年兵變見犢氏有姿欲擄去氏臨難生計將幼子授夫囑其竄匿乃挺身罵賊被殺

路母申氏舉人路光奎母運城被陷守節死難　孫氏丁養珍妻家貧守節六年兵變死難　郭氏張君綸妻十七歲守寡兵變死節

薛氏生員曹日泰妻事姑嫜以孝稱母病侍藥衣不解帶母歿淚盡而血三日死

令狐氏董克忠妻早寡孝事孀姑謝氏姑媳俱以節著

文氏劉輔國妻文進之女也貞淑莊靜幼嫻內則年一十六歸于輔國孝敬舅姑克盡婦道生子劉娃方三歲輔國病故氏哀慟不食欲以身殉姑勸之曰吾年已老爾子方幼爾今不食是速我與子之命也且爾身有娠倘再生一男劉氏宗祀賴爾延之爾素曉事獨不解此乎氏聞言雖稍進食而悲傷之情不敢令姑知實未常旦夕輟也後六月生子二劉隱忍凡三年二劉已離襁褓氏曰吾今可酬昔志會良人于地下矣不時涕零漸減飲食竟不勝哀而卒時年二十二歲閭閻之中無少長莫不哀而惜之

梁氏生員王永圖妻躬親織絍教孫成名媳張氏布會妻守節孝事孀姑訓子寬成進士

景氏馬騏妻騏亡氏十八歲數縊柩前救免殯時復躍入壙扶回不食七日而死

蔡氏呂俊英妻年十四適俊英至二十俊英亡遺子三月家貧茸守孀居六十餘載姑終質子買棺尤屬

罕見

李氏張運泰妻巳丑之變投井救甦事姑唯謹

邢烈女邢繼祖女許字王佀元宵節家人外出氏與祖母獨居有王方者伺之从踰墻相誘氏不從聲喊方以刀脅喊益厲且唾罵方執刀刺其喉而死

張氏王承志妻 張氏楊文荐妻文媳相氏 張氏周麟祥妻 樊氏生員劉之蕭妻 張氏典膳路遷妻 李氏劉漢民妻 王氏楊三省妻 路氏生員喬尚實妻 常氏曹待聘妻 胡氏周懿妻 李氏生員張任重妻 文氏生員吳濟妻 皆以苦節著聞

李氏楊恒初妻 王氏生員楊貞初妻 李氏御史王國楠妻 靳氏劉孟奇妻 並守節題請建坊旌表

趙氏生員李隆印妻　張氏喬士鶚妻　張氏喬擇祚妻　吳氏李一江妻　賈氏省祭張三友妻　郭氏生員丁賔妻　李氏郭鳴業妻　衛氏舉人王价妻　甯氏舉人王价妾　張氏生員王宇妻　李氏生員楊景母　馬氏生員王江妻　李氏生員丁宏妻　王氏楊應兆妻　張氏相秉均妻　謝氏董九德妻　許氏郭鵬程妻　周氏階妻　生員李張氏萬時冨妻　楊氏吳道興妻　薕氏生員楊為撰妻　張氏生員邵之蕃妻　王氏馬之勝妻　柴氏呂開芳妻　樊氏生員楊涎妻　呂氏生員李貉妻　何氏孟星瑞妻　周氏生員馬崇疆妻　並少寡守節撫孤成立會經禮奬

夏縣

唐衛孝女字無忌其父為鄉人衛長則所殺無忌年甫六歲母氏更嫁無兄弟及長常懷復讐之志一日

其伯父設宴召鄉人爲樂長則亦與坐無忌遂以磚石擊殺之自赴吏稱父讐旣報請就刑巡按大使褚遂良以聞太宗嘉其孝烈特免其罪給傳徙於雍州並給田宅令有司以禮嫁之

宋李氏司馬沂妻年二十八沂歿父母欲奪其志翁姑亦遣焉氏自誓不許惡衣蔬食躬執勤苦教二子詠里詠早卒里登進士第累官太常少卿氏封永壽太君

王氏司馬諮妻進士王禹女生子京未逾歲而諮歿氏年尚幼自誓不嫁京旣長以廕補官封王氏福昌縣太君年七十九

金王氏周均實妻年十七適均實生子甫歲夫卒堅心守節年七十卒大定元年旌表其門

郭氏曹二妻年十九適曹生子甫二歲夫亡氏紡績撫孤年七十五卒大定五年旌表其門

元劉夫人孫氏沔陽路判劉權妻權卒夫人撫遺孤文質文浩克底成立文浩早喪偶有孫日海甫周歲

夫人親鞫育之後海登解登第

明張氏周宣妻宣卒年尚少遺孤贇甫四歲氏辛勤撫育事姑以孝聞贇亦甚孝一日贇外出母忽中風仆地歸而痛悔三年不出户庭候母起居又常施藥濟人嘉靖三年以母節子孝詔錫之冠帶復其身

馬氏脱鷹妻年十九適鷹又九年夫亡氏守節年九十而卒子偉事母以孝聞呂涇野表其門曰節孝

嘉小芝舉人嘉縉孫女少孤貧念母裴氏寡居弟廷臣幼弱誓不適人以盡孝養逮母卒弟益無依撫之娶妻生子以至成立遂終身不嫁縣表其門曰孝貞

趙四女趙煥次女許配李汶未嫁而汶歿四女即素服至汶家號泣因留奉姑薛氏誓不他適家素貧寒紡織自給艱苦萬狀貞白一心隆慶三年奉勅建坊萬曆間廵按移檄修築墳墓

高氏藺杲妻年二十二杲卒氏上孝公姑下撫幼子家聲不墜壽百有三歲子進時已八十二歲杲少司

空芳之孫人以爲名臣貞婦之報云

樊氏任明妻夫死無子守志事舅姑孝舅亡與姑同起居姑病湯藥親嘗夫姪廸幼失母繼母逐之氏撫如已子及長爲之婚娶廸亦事氏如母弘治末大疫夫弟峻及妻俱病氏餽湯藥賴以存活壽九十三卒

張門二節田氏知縣張玫繼妻無出年二十四夫亡玫前妻子儲秀亦早卒遺妻裴氏二氏共守節不二

劉氏王永清妻年二十餘夫卒誓不再適事姑盡孝杖之無慍色母每以姑嚴厲爲憂氏慰之曰無非教我婦道耳姑卒治塟如禮遺腹子自修庠生

馮門雙節武氏馮虎威妻夫亡遺子大用尚幼氏撫養成立娶盧氏大用亦早亡盧氏自縊柩前武氏解救勸諭姑進飲食事姑甚孝撫孤成立婦姑各勵貞操始終不渝建坊旌表

劉門雙節晋氏劉貴妻年二十夫亡子現纫撫現成立娶李氏六年現亡撫遺腹孫成立李氏亦堅心守節事姑甚孝

馮門三節崔氏馮魁妻其姑李氏先寡守節崔氏二十夫亡生遺腹子勤家甚貧撫勤成立娶甯氏勤又早亡遺孤孫得意崔氏及甯氏事李氏甚孝撫得意成立兩院表其門曰三世節婦

黄氏李棠妻夫故遺子周歲事姑盡孝前妻之子蕩盡已分産業復召與已子同爨節孝兩全屢旌其門

田氏尉時常妻其姑邵氏有病氏割股食之而愈田氏生五子壽百歲曾孫百餘人人以爲孝行之報

柴氏孫禎妻祟禎五年避賊于山賊見氏而悦之引其手氏嚙其肉而棄之曰賊汚吾手執其臂又嚙其肉而棄之曰賊汚吾臂賊憐其節而去氏罵不絶聲賊返立斃刃下

盧氏車輅妻　李氏張淮妻　介氏翟正妻　張氏樊玭妻　廖氏李安妻　李

氏張大良妻楊氏李汝香妻尉氏藴有節妻賈氏郭虎妻王氏裴慶妻王氏
衛宣妻景氏李存哲妻楊氏生員張象妻張氏任尚和妻李氏尹魁妻張氏
趙良佑妻周氏李養性妻張氏生員衛道寧妻樊氏王道成妻楊氏麗良弼妻尉氏
樊尚智妻陳氏鄭繼宰妻王氏杜尚玲妻陶氏李彥珍妻張氏劉琪妻侯氏賈佑
妻李氏田祥妻衛氏李純左妻張氏衛仁妻左氏樊紳妻苗氏生員郭瀾
妻衛氏李尚志妻趙氏高鳳妻李氏郭邦正妻孔氏張萬金妻王氏賀有功妻
楊氏馬廷恩妻陳氏盧存梧妻馬氏劉廷相妻秦氏高鸞妻董氏劉世璋妻王
氏衛琛妻毛氏監生馬巒繼妻俱少寡守節
國朝董氏運庠生馮景運妻順治六年六月內逆賊作亂氏方二十二歲携子抱女避亂尉郭鎮堡內賊

攻開堡門氏推五歲兒於地棄半歲女於懷赴井死

張氏　貢生楊燦妻順治十一年七月內燦上省應試氏歸寧夜間賊從東山突出搶掠小南關賊入氏室欲脇氏去氏厲聲叫罵衆賊簇擁出門强抬馬上氏倒投于地者數次賊脇以刃氏罵聲愈厲殺于關門外

張氏　周廷旦妻順治十一年七月內逆賊作亂搶刼小南關婦女被擄者甚衆氏方二十六歲賊見而脇之奪其襁褓兒氏仆倒在地厲聲罵曰爾寧殺我我必不爲爾辱賊舉刀斫氏頭顱血腦交流而死

張門雙節　王氏張九昌妻蔡氏張九全妻俱二十歲喪夫妯娌同心苦守各教子成立

王氏　張間仁繼妻前妻生二子皆幼夫死氏事舅姑撫二子盡孝盡慈建坊旌表

張氏　生員鄭玹妻其姑久病卧床不安氏以兩股襯貼姑身臃腫弗惜後遇寇變同女生姐俱縊死

劉氏　介星妻遇寇變其姑方病氏抱姑不忍釋賊至姑驚死强掠氏氏罵不絕口伏刃而死

盧氏晉思忠妻年二十二夫亡子義甫三歲氏孝事孀姑守節業經四載康熙二十五年六月内族惡少晉文忠與氏比隣窺姑携孫外出乘間入室值氏在機織縑強脇求奸氏義不受辱捽其衫襟高聲喊罵文忠取機旁鐵鎚擊氏額顱等處血流滿地立刻命絕事聞建坊旌表

韓氏生員馬淑援妻年十九夫亡無子人有勸其再醮者氏痛姑王氏孤苦無依誓不他適姑亡止有薄田數畝盡賣以養康熙三十一年奇荒人皆逃竄氏甘心餓死

衛氏李九明妻李氏閻厚妻並守節建坊旌表

王氏馬棟繼妻劉氏生員申信妻郭氏王鳳皐妻衛氏生員王謨妻姚氏盧應誠妻李氏司馬嶧妻裴氏段文秀妻申氏梁元棟妻靳氏王景堯妻車氏王一繼妻郭氏生員樊燮妻樊氏崔自新妻杜氏裴瑄妻李氏生員張素妻李氏生員

秦鼎妻李氏　席登科妻賈氏　丁務登妻田氏　張王度妻李氏　生員樊一采妻韓氏　賈文選妻裴氏　生員張大輝妻景氏　藉克省妻崔氏　張成道妻李氏　生員司馬嵩妻盧氏　生員張漸鴻妻藉氏　張焜妻王氏　段尚謹妻張氏　趙珵妻胡氏　趙世輝妻張氏　生員李登朝妻觧氏　任應德妻李氏　劉金池繼妻賈氏　樊養愬妻裴氏　毛翔妻張氏　盧光大妻盧氏　生員裴松年妻李氏　賈丕著妻秦氏　毛仲題妻　俱少寡守節

聞喜縣

元魏辛氏　荆州刺史裴佗妻北齊中書舍人讓之母也性高明又嫻禮度佗喪六子皆幼廣延師友或親教授讓之諏之讞之訥之謀之謁之俱著才名成顯官內外戚屬有吉凶禮咸取則焉

唐裴淑英侍中尚書矩女也婉順有容德事父母以孝適李德武肅踰歲德武坐從父金才事徙嶺南矩時爲黃門侍郎奏請德武離婚煬帝許之德武別淑英日我無還理尊君奏留必欲改嫁于此長訣矣淑英泣日夫天也何可背死守無他志因操刀割耳自誓保者禁之别後容貌毁悴常讀佛經不御膏澤李氏姊妹在都者歲時朔望必致敬而省焉嘗讀列女傳曰不踐二庭婦人常理何傳記乎後十餘年矩欲奪志潛許柳直期已定淑英聞之斷髮不食矩乃止德武已于嶺南娶爾朱氏及赦還聞裴守節出爾朱與裴完聚如初生三男四女貞觀中德武終于鹿城令歲餘裴淑英卒淑英割耳斷髮矢志不二且能致敬姊姑節而孝矩有慨矣

楚媛 裴仲將妻歸仲將克修婦道相敬如賓姑有疾親嘗湯藥接姊姒皆得歡心時宗女競尚驕奢誚媛日所貴乎富貴者得適志也獨守勤苦何求媛日幼而好禮今而求之非適志與富貴倘來之物何足驕人姊姒慚服及聞王父薨號慟嘔血不御膏沐垂二十年

裴貞一　昭宗宮人封河東夫人朱溫使蔣玄暉朱友恭夜叩宮門殺貞一帝在椒殿方醉遽起單衣繞柱走史太追殺之昭儀李漸榮以身蔽帝曰寧殺我曹勿殺大家大亦殺之朱溫誣飾曰裴貞一夜持刀謀逆懼罪投井死追奪河東夫人爲悖逆庶人

明陳氏　劉二妻夫故氏年尚少遺腹生子思恭家貧紡織爲生孝養舅姑殯葬如禮撫子成立洪武間旌表

劉氏　楊大越妻年十八夫亡子金孟方二歲家貧紡績爲生事舅姑克孝守節終身無玷洪武間旌表

張母賈氏　贈副使張九疇母巡撫張守中祖母生員張勛妻也幼聰慧通經史長于詩左右手皆能字尤善草書孝事舅姑克修婦道諧妯娌睦宗姻恩禮備至尤善作家勛偉丰儀言笑不苟盛暑衣冠必肅氏相莊如賓勛處鄉井好施濟析居以祖產讓兄弟氏佐成之勛勤于學貧不能購書氏代爲抄錄講經論道雖經生不能及勛三中副榜賫志以歿孫守中方五歲氏口授經書謂子九疇曰而兄弟莫能纘而父志亢吾宗

者其是兒乎守中遠遊從師登巍科著顯績爲世名臣
氏之教也
李氏　續得遷妻二十夫亡號泣不食志决殉爲有遺孤
忍死不果喪終深居簡出弟婦翟氏守節亦終身
趙氏　生員王廷舉妻二十五歲夫亡撫二子肖虞肖書
入黌綽有文譽後先俱少亡同二婦李氏班氏苦
守諸孫成立稱一門三節
支氏　生員適唐佐妻夫亡氏年一十九哀慟七日不食
死題請建坊旌表
張氏　薛宗舍妻年方及笄許配宗善尚未成婚宗舍以
年荒出外趁食十餘年不回氏誓待之其父在外
尋宗舍歸始合婚時氏年二十七矣未幾遭流寇之變
喊駡不絕賊怒以三矢穿口而死
楊門四烈　劉氏楊九州妻張氏九槐妻宋氏九序妻孫
氏九前妻妯娌四人崇禎辛未流寇之變并
投一井死

劉氏三烈賈氏劉起蜀母又賈氏起蜀妻劉氏起蜀妹
鮮傳妻崇禎辛未遇賊相繼投崖死

張氏任國祚妻崇禎辛未下丁村人流寇之呂氏
遇賊抱女投崖而死崔氏變罵賊投火死

二婦下丁村人流寇吉氏楊庄人流寇之變
之變投井死抉目破面罵賊死

王氏生員宋璉妻夫亡誓死因防守弗遂將塋防稍疎
自經於柩旁

李氏王日廷妻崇禎十六年翻山鷂兵防河南下入其
家窺氏有姿色殺日廷掠氏上馬氏痛哭大罵不
從投地數次兵怒拔刀斫死而去時氏二十二歲

衛氏張九思妻年十九夫亡遺腹生子法管撫孤守節
井貧紡織終其身無玷

張氏楊貴川妻崇禎四年流寇入村被擄氏義不受辱
罵不絕口賊釘其手足於板刺胸數鎗而去村鄰
見屍無不流涕

信氏崔參妻張氏崔振妻馬氏王璧妻魯氏王佩妻趙氏任琹妻劉
氏衛得澤妻李氏王大經妻王氏李晚妻張氏董繪妻陳氏張文定妻張氏
王道正妻李氏王晃妻陳氏晃子王自西妻俱少寡守節奉旨旌表
梁氏吉珣妻王氏李翰妻張氏柴管妻王氏李瀞妻劉氏趙庭妻馮
氏張仁妻崔氏秦騰霄妻王氏李澤妻牛氏趙廷珹妻李氏陳彪妻翟氏
李萬陵妻趙氏譚九恩妻李氏張瑋妻賈氏趙進儒妻陳氏王召妻班氏喬夌
霄妻李氏仇玉妻秦氏李佐妻郭氏佐弟李存妻李氏楊時果妻盧氏孫可
成妻景氏劉邦柱妻李氏楊夒韓妻喬氏張應元妻高氏韓士存妻趙氏張伯清妻
楊氏丁承家妻孫氏故吏任進福妻魏氏趙桂芳妻俱少寡守節撫孤嫠

旌

國朝賈氏生員謝懋德妻夫病叩天祝代後夫病危先縊死

孫氏生員杜正根妻己丑南店頭堡破被擄投井死賈氏生員趙惟祚妻己丑遭亂投井死吉

氏生員王嘉言妻己丑遭變投井死

王氏丘村馮養宅妻己丑十月兵薄丘村堡捜財物掠婦女氏匿空房中兵至抱其子躍路旁井中兵扯之不及視之已沉兵怒投二石掠衆婦女而去

孫花鈴董村孫石山女配楊玉泰于歸未幾己丑十月十四日知縣孫芝華引兵屠店頭堡沿及董村擄花鈴上馬喊駡投地者數次兵怒亂刀砍死至死駡不絶口時南鄉一帶數十村投崖投井不辱其身死者不可勝紀惜湮没不傳

李銀鈴李貴美幼女嫁宋生員子順治八年遇賊變擄置馬上投地三次罵不絕口蹈刃死

方氏薛寧妻寧家貧爲人傭工度日氏以女紅佐之寧卒遺一女在襁褓慕氏之賢者欲委禽焉氏嚴絕之期年窘廹愈甚或勸之適人不從抱女投井而死里人哀之斂財市棺合窆焉

賈氏生員任鼎繼妻鼎病故氏痛哭欲殉家人伺察之氏紿之日吾死誰辦喪事姑姊偵其無必死意防稍疎夜至柩側以孝繩自縊去夫歿僅七日上下衣裳皆用線密紉葢慮卸尸時露體且示完節也

馬氏張鵬程妻年二十一夫亡數日不食自縊柩側

班氏楊良棟妻夫亡守節有求娶者斷指矢志撫遺腹子成立

趙氏續之玉妻年二十三夫亡翁姑八旬遺孤三歲家貧如洗氏孝養不衰後翁姑卒殯葬之費俱氏紡績孤子印青成立純孝氏常患足漏青日以口咂膿血既而割股以食母氏竟痊鄉里奇之氏守節四十餘年

樊氏孫起蘭妻又媳陳氏王氏生員甯天眷妻郭氏生員程式濂繼妻李氏生員葉豐
生妻孫氏生員甯四翰妻甯氏舉人荆元升妻常氏趙進科妻張氏贈知州朱繼壽妻左
副都朱裴母牛氏丁聖祀妻楊氏聖祀子日強妻魏氏趙桂芳妻曹氏牛應奎妻王
氏班序震妻景氏任雅薦妻程氏牛承誥妻趙氏喬邦憲妻柴氏裴興元妻柴氏
白如冬妻張氏王定妻溫氏李謙妻劉氏王道隆母李氏王域妻李氏生員
王行言妻程氏學正程文炳女生員孫爾玉妻李氏賈珣妻趙氏珣子生員炳妻楊氏
炳弟灼妻趙氏牛斗樞妻柴氏張守善妻張氏生員甯奇翰妻仇氏楊爾捷妻孫氏
任守福妻丁氏生員趙爾昌繼妻盧氏生員李翊鑾妻趙氏丘紘妻董氏行惠
遆氏李齊景妻荆氏贈明威將軍朱爾元妻楊氏王欽祿妻崔氏支葉茂妻王氏

楊一植妻俱少寡守節撫孤成立

平陸縣

元吳氏 進士孫某妻夫亡誓無二心後遇亂投崖而死

明王氏 毛緯妻夫亡氏年二十六子纔五歲養姑育子六十餘年事聞洪武十八年詔旌

蕭氏 舉人姜某妻夫亡年十九子方周歲氏紡績自供四十餘年貞靜之操如一日永樂八年具聞詔旌

費氏 生員杜元昭妻元昭亡氏年二十子士奇尚幼撫鞠成立家貧甚已不厭糟糠而奉姑則極敬順至賣衣以供甘旨人問其衣得無盡乎又賣何物氏曰母年有限物盡復有志欲與姑同終姑歿遂縊死

張氏 裴士悅妻悅亡氏年二十四誓無二志隣婦新寡以無依謀諸氏氏以貞喻之婦亦感悟自厲蓋有錫類之義焉

張氏生員趙光先妻周氏趙克敬妻董氏生員楊信妻俱少寡守節

國朝何孝娥何守臣女臣農夫有五女四女皆適人娥行五姿色殊異臣欲婚士人以選擇愆期臣死依母母病奉湯藥朝夕唯謹母亡號泣欲死人慰之娥日某命不猶不可以常理論也二親繼歿四姊適人止一痴兄不辨菽麥我安歸哉我願以香名死不以臭名生塟母畢諸姊將歸挽與俱去娥逸出縊死母墓桑下

楊烈女鄉民楊淩霓女生而殊美霓夫婦適田間獨女在家村有惡少窺其色踰墻逼之抵死不從惡言毀駡竟被弓弦勒死

張氏生員趙連興母夫亡子喪同孀媳周氏持節撫孫復割腴產一項二十畝歲取租賦二十金俾贍義學修脯以為里中孤兒肄業至今賴之

趙門雙節李氏生員趙連科妻夫死氷檗其操教子永禧入庠不幸又夭遺妻貞氏年更少同姑守

節撫幼孫始終不渝

張氏 鄧進龍妻順治六年五月歸龍未旬日邑有揭竿之變驅掠男婦氏倉卒隨衆避難自度難免於賊行至絕崖深百丈下臨大河波瀾騰湧泣曰吾得死所矣坐地不行衆挽之去不聽俄而寇至見新婦爭趨之氏投身巖下望之若飛鳧之赴水賊驚嘆以爲烈婦也相尤悔散去

仝氏 陳惟謙妻順治六年變亂避居於張村堡七年官兵討賊戰于西南吳村賊敗官兵尾擊至張村繫纍婦女以充擄獲氏抱幼子王平投深谷中身死三日面色如生兒幸無恙

令狐氏 吳發隆妻身役于官家計蕩然氏美而賢食貧作苦晏如也隆以役赴省月餘不歸氏一人在家有穀田荒蕪氏親往田間道經村外元帝廟爲惡少強挽入廟逼奸不從被勦死

薛氏 貞鼎鼐妻與侄媳毛氏俱年二十夫故同守節不二薛母劉氏乃生員薛可權妻亦青年守節其貞

淑之性蓋秉于慈訓有素也

趙氏 生員荆提然妻夫亡年二十五託孤翁姑縊死柩側

王氏 李煥妻煥本屠兒氏亦寒門裙布釵荆晏如也康熙三十一年歲遭瘟疫煥死遺幼女二氏慟失所天卽自縊死二女亦隨病亡

李氏 趙薦妻夫亡家貧翁得癱病氏躬進飲食五易寒暑無怠志養姑至八十餘歲而卒

張氏 喬聯桂妻夫亡堅厲氷操撫子琦成人不幸又死遺媳令狐氏苦節亦如姑

冀氏 薛之奇妻奇亡氏年二十六撫子可拭子長娶妻史氏拭又亡史氏亦勵志守寡奉姑甚孝

李氏 趙學晋妻夫亡氏年二十七遺子振世僅數月氏苦守五十九年壽八十七孫五人元孫十五人曾孫二人一家五世子孫繁衍皆氏苦節之報也

劉氏生員史鈿妻夫亡氏年二十七遺子三皆幼氏奉老字孤三子皆婚娶仲早逝遺媳趙氏感姑之節亦誓不嫁

周氏生員趙連興繼妻　關氏生員鄧一魁妻　裴氏生員貞名世妻　武氏趙弘祚妻　周氏生員趙大受妻　王氏生員杜維祉妻　貞氏生員李呈祥妻　侯氏生員張大紀妻　毛氏貢生貞順妻　段氏生員鄧高妻　侯氏生員王建統妻　王氏生員劉繩祖妻　焦氏生員荆永麗妻　姜氏陳其謨妻　馬氏生員劉俔妻　荆氏趙永時妻　李氏生員郭叔建妻　姜氏生員趙之琬妻　姚氏劉星義妻　貞氏姜輝妻　史氏生員解聖統繼妻　杜氏張文行繼妻　劉氏生員薛可權妻　趙氏任王妻　張氏荆揚妻　高氏郭禹鐵妻　馬氏喬得源妻　張氏生員呂賡揚妻　趙氏貞鼎建妻　毛氏王四門妻　薛氏生員令狐永昌妻

胡氏妻李讓　曹氏闗成瑞妻　狐氏譚惟源妻　陳氏生員史齡祚妻　王氏生員毛之彩妻　李氏冀啟運繼妻　貟氏樊秉樞妻　張氏裴章妻　劉氏郭叔魚妻　趙氏王智妻　牛氏姜佐周妻　李氏生員呂盡美妻　席氏喬居坤妻　呂氏喬四達妻　劉氏薛之垣妻　毛氏吳琮妻　史氏劉恍妻　劉氏李文成妻　闗氏杜鍾傑妻　俱少寡守節撫孤養姑多蒙旌奬

芮城縣

明張氏李八妻八戍邊沒于戰陣氏方十九生子文質甫周歲躬紡織以撫之成立後文質富甲一邑輸粟千斛于倉以賑荒蒙旨旌表

李氏二女東闗人成化甲辰歲大饑父卒乏食二女年已笄箱中猶有粧具人勸其出鬻二女𢙇不

肯出伏于箱餓死里閭咸爲之嗟吁

柳蘭女鄭村柳奉春女父母喪後遺一弟一妹俱在襁褓蘭女誓終身不嫁撫弟妹成立爲婚配訖管理家事人無間言各上司俱旌表鄉人稱曰柳貞節年六十一卒

賈氏李際春妻年二十九歲夫亡有逼嫁者斷髪誓守撫養四子皆成立長子光耀偕妻賈氏侍疾衣不觧帶者四十日以盡孝稱氏壽八十有四

楊氏生員任家聲妻氏母陳氏撫孤守節家教夙嫺于歸後孝敬翁姑姑病歿夫死于孝舉家悲慟氏晷無戚容匳盥整飭拜辭諸尊人皆慰止之弗聽也乘間自縊以殉題請建坊與祠

趙氏名潤姐雷煥妻煥足疾經年氏奉之無懈夫亡自縊題請建坊祠以旌之

張氏趙之瑜妻瑜病卒氏不踰時即自縊題請旌表

趙氏生員石光瑞妻之鼎次女夫病半載奉事甚慇日焚香願以身代忽晴空雷震紅光異香滿室不散夫遂歿氏從容閉户自縊題請旌表

趙氏生員蘭應禎妻禎素以孝稱哭母至殞生氏泣夫七日不食縊于柩側縣扁之曰烈孝成雙

李氏生員趙之璿妻夫亡誓不再適偕夫而逝黄知縣爲旌其門雷煥妻趙氏蘭應禎妻亦趙氏從姊妹也相繼殉節石光瑞妻趙氏雙烈女姪也亦慷慨從夫地下趙之瑜妻張氏趙之璿妻李氏皆雙烈從弟婦一門五烈謂非聞風而興起者乎

高氏王大統妾夫故殉節　陳氏董運昌妾夫死從容就死時年二十一歲

尚氏姚智妻　張氏監生李鋹繼妻　趙氏董妻　任氏李度妻又妾趙氏　劉氏生員王景美妻　李氏王彪妻　常氏薛廷倫妻　安氏賈進妻　楊氏杜學詩妻　闞氏

范九儀母董氏　李禎妻蔡氏　檢校王景旦妻　俱少寡守節

國朝王氏　巡檢董其宇妻夫亡時子在襁褓守節二十餘年自刎殉身監法道聞其事行縣勒石墓前

姚玉鏡　姚鳳翀次女受趙璲之聘年及笄未結褵忽遭己丑之亂同母妹三人避走南坡下倉卒中道過兵逼女啓囑母妹曰我已矣若可東奔遂得脫去女度遠去卽以石自毁其容伏地大罵竟膏白刃而死

韓氏　張茂遠妻結褵未久己丑兵起氏懼其追及難脫捐身赴井以自全越八日始得其屍面猶如生夫痛妻之貞烈抱恨成疾而卒

張氏　名佛兒王之輿妻也己丑之變猝爲兵所掠驅之行經井旁卽躍入自盡

王氏　孫萬禎妻生一女年及笄值己丑之變恐母子被污先推女入井身亦繼之

趙氏　王希望妻年十七遭己丑亂中途過兵氏懼辱投井而死　李氏　蕭禹妻省祭李國楫女順治己

丑大亂兵逼其門氏時年二十餘義不受楊氏董建都妻年二
辱奮力持刀自刎其頸未絕卽投井死
十五巳丑之亂
抱子投井而死

董氏薛珍妾薛爲諸生好華侈家中落怏怏而歿氏慷
慨殉之鄉人稱其義烈

陰門三節楊氏陰敘元繼妻李氏元子生員陰温妻薛
氏温子運學生員陰汝良妻楊氏年三十夫
亡未有所出依前婦子孀居四十餘年李氏年二十矢
志守節與繼姑同其勤苦歷三十八年薛氏生子種玉
夫與子相繼歿氏痛夫泣子抑鬱以終

王氏生員薛佩蘭妻念夫以孝死拊棺哀號誓不苟生
伺家人不爲備遂自經

趙氏張元吉妻夫亡氏七日不食親隣力勸不從越十
日自縊死所遺子女俱幼親隣哀而撫之

張氏生員王汝器妻夫婦少年克諧以孝得父母歡夫
有病氏卽以死自誓及歿遂投環于棺側

趙氏 呂林鍾妻夫亡殉節氏乃藺應禎妻之親女姪也一門雙烈徽美相繼

白亮兒 白母女年未及笄家貧獨居不爲強暴所污閤戶雉經知縣范抵強暴于法表曰白骨含香

張氏 李巖妻巖性至孝因父任府谷知縣故于官哀痛成疾而卒氏年二十三矢志守貞上事七旬孀姑下撫四歲孤子奉養有禮教訓有方勤儉治家備嘗艱苦五十餘年

劉氏 孫迎吉繼妻撫前婦幼子爵無異巳出乙酉之變携子逃難寇露刃嚇氏氏捨子投井寇掠其子而去氏兩日浮而不沉得救出不見子痛哭不已後得音耗即賣服飾贖回人皆異之

楊氏 生員崔齊崑妻夫亡即日投繯衰次家人勸解起坐如常次辰縊死先是氏處室時鄰婦有再醮者見之曰婦豈可更嫁人乎拂袖而返其貞烈蓋稟于性天云

王氏 賈從詔妻 李氏 張傳妻 范氏 生員楊宏遴妻又媳陰氏 焦氏 高永起妻又媳任氏

韓氏薛鼎貴妻又媳李氏韓氏李甲提妻秦氏農夫李敬藻妾陳氏景應昇妻張氏董恭妻楊氏泉王章妻陳氏馬紹武妻王氏生員南宗适妻李氏生員楊宏左妻董氏趙起盛妻張氏拔貢陰澤繼室李氏常壽妻王氏張自興妻韓氏張伯愚妻自興之嗣子也張氏宋長壽妻謝氏麗斌妻賈氏李一民妻張氏生員王汝嘉妻王氏生員孫宏祚妻史氏党文定妻任氏楊起炎妻蕭氏生員樊並生妻劉氏任家憲繼母李氏薛毓蓮妻張氏楊作杜妻陰氏韓允繼妻任氏薛佩綬妻任氏張鳴玉妻景氏農夫張裕妻張氏生員楊森妻薛氏生員蘭日昌妻任氏生員韓夔蓮妻李氏曹丕濬祖母俱少寡守節養姑撫幼始終不二

絳州

元劉氏　韓筠妻年二十七筠亡有弟劉氏卽居鄰母舍撫一子二女治絲枲爲生娶居六十年而卒大德三年詔旌其門

李氏　段希賢妻夫早卒氏二十四歲子榮甫四歲氏誓不再醮奉親育子守志不渝至正間旌其門

明張氏　楊大妻夫亡氏年二十四歲子皋二歲守貞不二洪武間旌其門

和氏　自天麟妻夫歿氏年二十歲子溫方四月苦節堅貞洪武間旌表其門

侯氏　劉尙貞妻夫歿氏年二十歲子懋甫一歲守節養姑撫子成立洪武間旌表

郭氏　生員李尙妻夫歿氏方十七歲卽欲自縊家人防之不果越三日投井死

洛川縣君　陳嘉祿妻嘉祿緣人命獄中自縊縣君悲傷亦自縊死

張門四節　姚氏張貴卿妻弟妻王氏又弟妻王氏子妻姚氏皆孀居食貧如出一轍州扁旌表

常氏閻奇榮妻翁病氏割股作湯以進

吉門二烈王氏吉永泰妻陳氏永泰妾崇禎辛未十一月流寇掠梟掌泰以任俠格鬬死明年二月王與陳同自經以殉

張氏樊鯉妻張化女夫死飲鴆以殉王宦二妾俱常氏一常貴女一常臣直妾崇禎八年四月王卒二常進勝女皆開州知州王一繻雙頸縊于室內獲救一甦常氏李克乂妻乂爲死氏同縊以殉

許氏張平妻平父被賊縛平求代繻以殉許氏䖏父見殺許氏遂縊死樓上

張氏里民甯景春妻春死遺子光普甫三齡姆多方奪志不從春葬日欲同穴家人時防之不得間葬後二日窖縊中庭

王氏任璽妻陶氏皇甫橙妻杜文陶妻張鈺郝氏沭妻陶氏又媳李氏孟氏會妻陶氏妻

妻李氏楊進高妻李氏范芹妻張氏趙世威妻薛氏梁萬繼妻薛氏同知周心
易繼妻閻氏生員靳珙妻李氏段一清妻牛氏陶坤妻梁氏許應提妻陶氏
丁時和妻安氏生員許寵妻羅氏李憲妻陳氏生員柴惟喬妻楊氏張應可妻韓
氏靳時中妻劉氏郝迎賓妻陳氏孫魯菴妻周氏楊付倉妻王氏秦加勝妻丁氏
馬一鳳妻王氏張奇瑞妻趙氏王成民妻張氏盧紹吉妻周氏許應楊妻陳氏孫養
素妻朱氏郝一桂妻王氏段進妻李氏安于宜妻張氏孟仲倉妻馬氏崔光寧妻
陶氏段秀麒妻陶氏生員段世慶妻丁氏崔爵妻陳氏馬順妻馬氏陳紹信妻
薛氏馬雲鶴妻范氏李紹亮妻陶氏許敬英妻梁氏皇甫澮妻姚氏衛應林妻王
氏閻崇德妻陶氏薛三台妻李氏生員尹之樂妻王氏李大素妻李氏生員楊廷櫃妻

吳氏王鎮民妻張氏王邦本妻常氏張俊德妻任氏劉獲麟妻安氏許有章妻衛氏李廷桂妻朱氏張履貞妻梁氏監生陳紹先妻張氏党全清妻馬氏馮國祚妻嚴氏許應徵妻李氏楊氏戴妻王氏董鳳雲妻周氏楊嘉謨妻謝氏席懋敬妻並少寡守節養姑撫子

傅氏王槐三妻巳丑冬亂爲賊所執氏紿賊曰我有珠寶首飾一小篋埋汾湄棄之可惜同爾取之賊信且喜至則一踴而入賊相視愕然

王氏生員趙含貞妻辛未流賊之變登樓自焚死

閻氏趙芊妻辛未流賊之變夫被殺

秦氏趙鳴岡妻范氏光胡女妻趙氏蔡邦勝妻并女惜惜楊氏郝邦榮妻張氏榮弟

邦益妻張氏榮弟邦勝妻蘭氏李麥烟妻權氏李九烟妻權氏李麥闇妻張氏

李吉星妻闕希希闕世科女家氏權永昇妻王氏劉周泰妻楊氏靳保保妻程氏

生員靳光省妻光氏郝官妻薛氏張進財妻楊氏郝潤妻楊氏党元正妻孟氏

衛薛山妻李氏衛錫珍妻闕氏張時辛妻董氏聶元方妻毛氏聶天恩妻孔氏聶邦

勝妻范氏聶光耀妻郝氏李良棟妻家氏王世萬妻俱遭流賊之變不辱

投井而死

衛二烈女姜姜藕女皆衛廷璧女愛愛生員梁之龍妻蘭氏薛有梅妻俱遭流

賊之變不辱投崖而死共三十五烈

嚴氏王懋窩妻甲申李自成亂賊逼墜堡城不死又復墜井死楊氏段世命妻甲申被賊執不屈燒

烙無完膚斷首懸門馮氏馬應康妻甲申之變與子雲鳳妻楊氏同沉一井死王氏高明妻甲申之變及二女俱投一井死陳氏生員梁從高妻甲申之變率子婦蘭氏郝氏許氏及女同投一井死許氏張某妻甲申之變懼辱自縊死

王氏許憲祖妻遭甲申之變闖賊陷城城中大亂氏同諸婦避于書舍見賊登屋遂走匿廁中須臾賊至索得之則已投繯死矣賊引刀斷頸繯而去

朱氏王王振妻朱氏楊餘慶妻三女子楊天瑞義女並李四妻氏馬妻氏遺其名者三人

李氏朱崟臺妻朱氏郭景德妻王氏蔡綱妻郭氏孫保祿妻朱氏杜仰泉妻楊氏劉聚民妻胡氏楊玉山妻党氏趙時恩妻孫氏李進福妻某氏王宗堯妻俱闖

賊變亂時死節

國朝馬氏李俊機妻已丑之變罵賊不屈而死張氏理學辛全妻已丑之變被擄不從遇害聶氏陳憲妻已丑之變被擄不從死

孫氏陶克相妻併不知姓氏三婦已丑之變被擄不辱死又有聞其事蹟而不知姓名者一婦被掠扶馬上其夫從之婦恐殺其夫以激詞決别其夫投道旁井中一婦扶不上馬見殺一婦屍在秋林數日尋之見一犬守其旁其時死節者甚多莫得而悉記也嗚呼悲哉

王氏馬應龍妻年四十九應龍將出外念氏孤處招薛永良妻李氏與氏伴宿並令李氏父李三爲之照

晉門户李三復留伊戚衛延同住康熙乙酉十月內適李三他往是夜李氏亦就姑家過宿獨氏在家衛延突入逼汚之氏不從出外聲喊延懼遂用手扼頸須臾氣絕次日自官延依律斬王氏題請建坊旌表

杜氏劉士元妻士元貧且病杜勤事之歷數年如一日比卒晝夜哀號越數月整衣投繯死

梁氏王永康妻子女無出永康死梁年方二十五矢志堅守翁姑寘婚他姓女卜吉合巹梁先巹五日投繯死

楊氏里民席宗文妻文客死扶櫬遠出氏與姑相依康熙壬午夏姑命氏水邊浣衣有狂徒赤身入水侮之氏奔愬姑遂投繯死

陶氏薛三台妻家徒四壁白首完貞鄉里公舉節婦鹽使李時謙旌曰柏老金堅

梁氏孫有禄妻夫病割股夫歿守節四十五年孝事翁姑撫養幼子

唐氏王然妻夫染癱瘓止薄田數畝陋屋數間氏日作農工夜勤紡績供養病夫四十餘年無怨言

張氏郝付華妻夫亡不食自縊死

王氏李崇文妻夫亡守節割股救姑撫孤成立又撫孤孫守節四十七年媳衛氏亦青年守志

段氏李三娃妻三娃傭工于本庄吉輝謙家輝謙窺氏姿色令三娃宿牛舍飼牛夜往調姦氏不從喊聲徹隣里始免次早不勝忿耻投井死三娃鳴官州守胡訊實治輝謙盡法

王氏許昌業妻年十八夫病臨終囑曰爾年幼無出俟吾死速改嫁氏曰吾與爾偕行也及夫卒自縊柩側

許氏呉良翰妻　楊氏王繩祖妻　陳氏董永芳妻　張氏里民雒仰峰繼室　段氏王應勝繼室　李氏楊廷櫃繼妻　段氏皇甫熙妻　韓氏段弘茂妻　段氏王家瑞妻　楊氏

李愼德妻毛氏　張學景妻張氏　王加清妻衛氏　生員蔡從周妻吉氏　謝居爵妻張氏　李恩榮妻楊氏　李心宇妻王氏　張進誠妻侯氏　趙繼世妻荆氏　衛我冏妻趙氏　王進都妻朱氏　生員陳廷策妻南氏　侯謹法妻王氏　行有勇妻李氏　董續策妻和氏　生員梁璽廷妻吳氏　段文遴妻李氏　廩生楊孕芳妻章氏　張宣妻張氏　靳隆珍妻朱氏　郝一桂妻陳氏　馬順妻吳氏　馬推楊繼室南氏　衛登義妻董氏　郭蕊生妻董氏　常攀桂妻董氏　陳天爵妻袁氏　皇甫榆妻張氏　皇甫翰妻郝氏　陳愈鏞妻陳氏　張佩玉妻杜氏　陳士文妻王氏　常應期妻支氏　郝從珍妻孫氏　生員陳所習妻張氏　楊加悌妻張氏　韓廷璽妻原氏　衛養元妻楊氏　衛養玉妻鄭氏　劉冲元妻權氏　段元煒妻陶氏　孫蘭徵妻康氏　李作楹妻陶氏　梁太儀妻陳氏　張啟秀妻孝婦李氏　張聯翼妻

南氏柴大受妻　鄭氏孫復茂妻　朱氏生員常榮桂妻　俱少寡守節孝姑撫幼始終無玷

稷山縣

元趙氏姚居實妻鴈門金進士趙泰女元初居實避兵鴈門泰以女妻之生天福後拜監察御史戒之曰古稱委質爲臣當公爾忘私以塞其職勿以未亡人爲卹俾吾追蹤陵母天福泣謝請於憲府曰御史責當言路有犯無隱萬一得譴乞不爲老母累或以聞世祖嘆曰天福母子雖生今之世其義烈之言當於古人中求之勑侍臣董文通宜付史臣書之

楊氏修武人祖懷仁丞適天福拜監察御史劾奏省臣阿合馬不法事二十有四會駕幸上都阿合馬縛天福欲害之索其家得糲米數升楊氏詣臺言權臣妒殺御史臺臣不知憲綱何在衆駭愕悉寮寀詣臺上書

福得出繼爲江南湖北道按察使劾愣省平阿里海牙
罪其人賫金銀器以遺氏氏召憲吏至家命以所賄器
詣憲司曰吾夫劾平章何以是賄我會平章以來朝見
嘆曰豈惟汝廉若妻亦廉矣

明董氏洪武間旌表其門　郭氏縣張諒奏旌其門　鄭氏
裴思孝妻良甫女　楊希文妻成化初知
韓尚賓妻萬曆壬辰御史喬壁星
奏請建坊旌表知縣劉一相有記

秦氏申知縣薛承教申請旌其門閭
舉人崔日進妻夫死水漿不入口旬日死萬曆戊

薛氏自刎賴救得蘇有詔覆治寃竟白
楊希賢妻希賢被誣殺人當死氏赴闕擊登聞鼓

張烈女禎十七年被擄罵賊死
張所學女名拱娃稱艾姑娘年十五未適人崇

崔氏孀姑閫人有逼求配者憤恨投繯死
薛塏妻塏故氏刻遺子女各一氏紡績度日孝事

崔氏其志氏誓不毀節并心苦守教二子成立崇禎十
史潤妻潤故氏年二十歲家貧甚母念孀嫠將奪

三年御史具題建坊

梁氏生員王觀妻　張氏生員史允濟妻　盧氏任希亨妻　孫氏張選妻　薛氏梁淵妻　張氏生員薛習學妻　李氏生員王英妻　裴氏生員吳灝妻　程氏加淇妻　李氏薛廉妻　梁氏馬秉剛妻　裴氏生員李應奎妻　加氏張世祿妻　李氏生員張銓妻　梁氏高應命妻　喬氏生員張賓妻　張氏任希元妻　姚氏張光國妻　梁氏監生胡寧妻　高氏馬騰霓妻　朱氏趙邦林妻　趙氏郅鏌妻　翟氏趙思榮妻　郅氏生員鄧應詰妻　王氏高世勛妻　陳氏劉梅妻　曹氏賈思聖妻　楊氏生員王佩妻　楊氏任三令妻　並少寡守節

國朝薛氏馬一鵬妻年十九夫亡遺腹生子錫銀苦守節撫養游泮旌表貞節壽九十六終

甯氏　馬從麒妻生員甯毓秀女夫故無子年方二十誓
不再醮甲申逆闖屠城投井死

姚黃黃　姚登位女指腹許同里原剛子原長長爲配及
笄剛貧不能爲子婚長長病死又不能具棺其
舅憐而殮之黃黃姊私謂窮根可拔黃黃揮泣曰脫再
字再貧誰爲命拗長長將厝前一夕黃黃竟自縊以殉
其舅亦具棺殮之與長長合塟焉一時詩挽吊累帙知
縣姚申請建坊旌其烈

藺氏　朱全福妻守節撫孤有強暴寅夜持鐮入室強污
之氏不從鐮砍命殞知縣朱廉得其狀申請建坊

秦氏　閻時輝妻順治乙酉夫爲流寇所傷氏誓不欲生
以懷妊恐絕夫後遂稱未亡人既而誕男撫孤成
立壽九十餘歲卒康熙二十七年士民公舉貞節知縣
梁永淳申請建坊旌表

任氏　年十九歲夫亡生遺腹子楊景溥繼母欲奪其志
氏以死自誓溥稍長知母苦節亦力行孝道

甯氏　焦霖妻二十三歲寡居子甫十月教養成立繼姑
患癱氏奉侍左右者四載

薛氏生員張鳳翼妻　趙氏張邦織妻　王氏生員劉士俊妻　吳氏生員張性永妻　劉氏生員薛衍慶妻　黃氏生員張素養妻　賈氏解中啟妻　鄧氏生員史允中妻　史氏馬應麟妻　黃氏趙弘繼妻　衛氏任用惠妻　文氏楊彩廷妻　段氏楊維奇妻　張氏趙弘福妻　高氏王學申妻　梁氏馬帖妻　李氏賈廷瑞妻　王氏文象乾妻　解氏裴宸藻妻　程氏生員賈銓妻　鄭氏生員崔文蔚妻　劉氏楊廷獻妻　李氏王可節妻　梁氏藕維孝妻　張氏洛陽令甯陞繼配　鄧氏裴友徽妻　祁氏生員任四維妻　邢氏甯自立妻　陸氏宜興令王震亨妾　閻氏王建侯妻　孫氏王三浪妻　蘭氏葛景洪妻　並守節撫孤

絳縣

元秦氏丁堅妻堅歿氏年二十二歲孝事舅姑撫二歲子成八守節至死不渝至正十一年旌表

明任氏生員劉應期妻夫亡氏年二十一歲無子舅姑俱早逝氏哀毁幾絕夜縊數四太姑張氏救活多方勸鮮氏遂齧指自誓取姪子爲已嗣色養太姑四十餘年不少怠子學書入泮萬曆間建坊旌表

王氏鄭奉先妻孝事舅姑值姑病篤焚香祝天割股作羹姑食隨愈

焦氏井泉知縣郭永固妻因夫歿難罵賊殉夫仝賜諭祭贈爵廕子兆祥官生

劉氏生員譚進德妻夫故旬日不食死學道吳旌表其門

馬氏張荆璞妻遭流賊破堡氏恐玷墜城幾死賊廹之罵不絕口溺身于池爲賊砍斃子養心以孝行聞

劉氏靳毓奇妻崇禎間流賊破堡氏恐辱携女投井知縣黄申經旌奬母子雙烈仍以詩章挽之有茫茫千騎紅顔改烈烈雙清玉女隨之句

譚氏王承靡妻崇禎五年避寇柴家山賊至氏恐爲辱携女王氏永樂里劉永祚妻同墜千尺深崖屍無損傷鄉里驚奇之

閻氏進士張夑鯉妻奉旨旌表

柴氏生員黄文選妻夫故氏年二十二誓不再醮守節五十三年始終不渝崇禎九年旌表

王氏陳銘妻年二十三歲夫亡遺二子昭方三歲虒方一歲誓不再醮撫二子成立昭爲國子生虒亦成人成化間建坊旌表

楊氏柴禮妻 宋氏張師孔妻 趙氏喬廷高妻 裴氏生員原廷岳妻 曾氏李繼曾妻

馬氏喬應召妻 馬氏靳東岳妻 范氏賈天助妻 俱少寡守節

義婦高氏盧養蒙妻崇禎五年九月間群盜蜂起舉家逃竄氏亦携女避難及至翼邑之南路棄一孩啼泣號天氏熟視之乃其親姪高榜也問其父于途人人謂賊殺之矣氏聞流涕並負姪行行及里許力不能兩全輾轉籌謀日吾高氏止此一孤兒若棄之便絶祀矣寧可使吾無女不可使吾高氏無後也于是棄女携姪暨賊退高氏與其姪歸其兄亦未死先在途中得遇高氏之女而負歸矣里中以爲美談後一年高氏生

子奎觀入泮

國朝李門二烈　王氏李時元妻崇禎五年流賊犯境逃入東山王氏見夫被傷號泣罵賊賊怒殺之

邵氏生員李邦輔妻順治十一年賊夜突至氏被擄賊逼之去氏瞋視曰我知有死肯隨賊去耶賊怒甚揪其髮髮殆盡罵不絕口賊遂碎屍及殯兩目不瞑

陳氏　王之鳳妻順治十一年十二月十三日賊夜至被擄氏罵不絕口賊怒殺之

王門三節　李氏王承弼妻弼故李氏年二十九無子繼姪王置娶妻范氏置年十八無子而死范氏方十五歲撫三歲從姪知化爲嗣後知化亦娶妻范氏年二十二歲知化又故范氏泣曰王門不幸屢遭凶禍世守貞節豈忍至我而改操耶復迎四歲從姪榜娃並二歲從姪閏已承繼上事孀姑下養嗣子李氏年八十二歲而終范氏見年七十與媳范氏同守在室

李氏賈方芷妻氏年一十七歲新嫁未滿三月夫病故誓并身殉家人防之少懈氏竊入靈室自縊死

王氏監生喬璞妻璞卒爲璞塋葬事于葬之前三日焚香告天自縊柩前死

董氏拔貢原世儒妻儒赴福建平海衛經歷任遇海賊逼儒投順儒罵賊死氏年二十七歲遺子始達方生七月氏撫之成立娶妻高氏年二十九始達又卒遺子楫高氏與姑同守董氏年六十而終

曲氏張雲霄妻　郭氏史國瑾妻又媳馬氏　王氏李可植妻又媳王氏　劉氏李构妻又孫媳靳氏　董氏李加修妻又媳梁氏　石氏譚應官妻又媳劉氏　李氏吉維新妻　徐氏生員王之禎妻　喬氏王三家妻　陳氏王用極妻　宋氏張鼐妻　馬氏王大良妻　郭氏尉思定妻　王氏劉壽妻　尉氏王敘祚妻　任氏王敘脩妻　賈氏柴作楫妻　喬氏陳五常妻　李氏生員任周紘妻　張氏王安世妻　王氏生員馬斯臧妻　郭氏生員郭面滐妻　王氏曹構

妻楊氏李景陽妻王氏樊君養妻王氏郭兆麟妻樊氏生員張奇勳妻郭氏王育
才張氏生員任緯焜妻王氏賈培代妻守節撫遺腹子樊氏焦王甸妻孔氏劉家楫妻
馬氏劉家禎妻王氏賈卓然妻同姑任氏守節秦氏柴國祥妻韓氏柴國禎妻楊氏
石壯猷妻樊氏李唐祚妻王氏李唐裔妻鄧氏王鼎祥妻康氏劉師良妻王氏崔含
錫妻王氏賈永萃妻馬氏陳自新妻李氏王尊妻郭氏常价妻王氏劉珩妻
許氏李標榜妻李氏王府春妻譚氏李丕績妻譚氏李丕承妻張氏孫可便妻李
氏生員陳良相妻常氏陳運洽妻郭氏陳中邦妻崔氏周承緒妻高氏張應秋妻趙
氏張修巳妻王氏裴應絺妻裴氏徐三讓妻陳氏王徵妻陳氏生員趙京翰妻石
氏賈接妻李氏范緝芳妻劉氏王正襄繼妻王氏陳祥鳳妻王氏撤五常妻范

氏曹際樊妻焦氏裴衡妻王氏鄭伸妻曹氏韓輯瑞妻李氏生員韓祥妻康

氏譚如綍妻鄧氏王鼎祚妻柴氏李光孚妻賈氏劉堯治妻曹氏賈可揚妻李氏

賈紹文妻汪氏王隆祚妻俱少寡守節撫孤不二以上俱據縣報

孝婦撖氏陳斗占妻善事其姑胡氏常以孝聞值姑病篤湯藥不效氏密封其股對天祈禱姑病尋愈縣尹汪旌其門

郭氏王一宇妻姑病臥床五載朝夕視膳親侍湯藥無少懈夫弟早歿遺一幼女氏撫養成人無異已女教子亦成立

義婦吉氏石含玘妻順治初年東山餘寇未殄肆行擄掠夜至本庄氏與本家五六人潛踪屋上爲賊所窺喝問屋上幾人氏自度不免謂我一人不捨命衆皆罹虎口矣第答以僅我一人遂側墜而下罵賊不

絕口被賊刀斷其喉而死餘者得免縣尹賀旌表其門

王氏生員郭隆汾妻有子麟伏娶妻王氏皆早世遺孫琦未週歲氏含哺撫養勤苦備常教之成立

垣曲縣

元馬氏牛丞相墳石刻云氏成中郎牛敦妻垣曲大趙里人天姿柔和淑愼孝舅姑篤親族其夫賴之內外以賢淑稱隴西李楫作文誌之

常氏適趙姓夫卒克全霜節撫遺孤成立以孝聞縣尹顧士安有記

明張氏普曜妻年二十三歲夫亡孀居四十餘年誓不再醮撫遺孤日孝成立累官至通判弘治十八年知縣安世賢奏聞旌表

呂門三節馮氏呂祥妻年二十二夫亡孀居六十年子美早歿婦席氏年二十一孀居亦六十年孫

爵又早歿孫婦譚氏年尚少自誓曰守節婦人常事况有呂氏世訓乎壽八十餘終一門三節鄉里稱之

許氏生員普日利妻靈寳裏毅公女夫亡氏悲泣不食欲自盡家人救乃免葬夫掩壙呑土氣絶復甦止一女尋亡氏並無依孀居五十餘歲有司奏聞旌表

裴氏生員郭東魯妻幼聰慧淑貞頗知書義及歸魯孝養翁姑勸夫力學中外皆以賢孝稱夫遘疾氏憂悴不食夫亡氏年二十一遺孤甫週歲抱屍踴哭欲死以殉家人苦諭不從次日竟自縊有司奏聞旌表

劉氏張家聲妻夫早亡氏年一十八垢面披髪不離屍側衆親苦勸氏次日縊死柩前

郭氏文經邦妻夫亡氏年十八子中銓尚未彌月翁姑俱逝遺祖母八旬氏紡織供養及卒殮葬負土撫育中銓遊庠建坊旌表

劉門二節王氏劉復蘭妻夫歿氏二十歲遺孤鎮遠甫三歲氏孤苦艱辛守節不渝鎮娶張氏甫四

載鎮亦亡遺孤贊皇未百日同孀姑共守撫孤成立姑卒志節益堅有司屢旌其門甲申城破罵賊而死

趙氏 文曲瑩妻事翁姑素以孝稱姑連病三載朝夕侍牀貧不能求醫藥焚香禱天求以身代姑病危割肱獻神不終朝姑病即愈知縣紀旌表其門

王氏 張士采妻十九歲于歸夫染病朝夕勤慎奉事籲天願以身代及夫故即自矢必死親鄰互勸其志愈堅乘間於本日以素絲縊死有司旌表其門

石氏 生員譚汝蘭妻崇禎六年避亂東石家堡賊破堡氏被擄至村西強之行氏罵曰死賊速殺我我决不過此地以受汚辱遂引刀自刎賊嘆服而去有司豎碑曰烈婦石氏自刎處

呂氏 生員張諤妻　裴氏 柏森妻　趙氏 常琮妻　王氏 張淵妻　王氏 文克洪妻

張氏 呂滜妻　趙氏 郭希臯妻 文媳魯氏　劉氏 生員文游妻　陳氏 文臣妻　車氏 文武妻

文汴妻郭氏鄧曉妻王氏文汝松妻文氏生員王應運妻師氏常凱妻楊氏
生員文中銓妻胡氏孫若柳妻張氏生員趙祚悠妻呂氏張鎮妻郭氏王錦妻仝
氏趙恕妻文氏郭元祥妻車氏生員魯崇儞妻馮氏席希商妻高氏趙名教妻閻
氏生員張治理妻普氏文繩統妻楊氏張家仁妻王氏生員張時選妻文氏席應槐妻
王氏席登雲妻俱少寡守節撫孤養姑始終不二

國朝馬氏趙知二妻同知馬汝驊次女夫亡氏二十二歲
事孀姑克孝撫嗣子入庠孫叶麟遊泮孀居五十餘年
甲申闖賊攻城將陷氏與女魯參政夫人同經

文氏訓導魯崇謙妻生員文騰龍女闖賊攻城氏慮城
陷先期率妾衛氏女瑞姐側身投井枷石覆軀死

楊氏生員郭鞏固妻殉難儒官楊自發女闖賊攻城將
陷恐賊辱誓以必死其子苦勸不回遂同楊門姪

婦張氏倒墜井中有司旌其門

張氏生員趙應命妻年二十歲闖賊破寨氏與姪女三進趨避時賊已至見少婦幼女賊誘曰勿驚當隨我氏與女恐受玷辱投千尺崖下屍碎腦破賊駭訝而去有司旌其門

郭氏張治光妻同子翰芳妻馬氏女蘭姐賊破葛伯砦投黃河死

王烈女王右史女劉氏趙臥龍妻譚氏楊年妻俱甲申之變不辱墜堡而死

趙氏魯廷彥妻普氏張所蘊妻俱甲申之變城未破先縊死

王氏張邃養妻馬氏張宏養妻鄭氏車祖商妻俱甲申之變墜樓投火死

郭氏楊帝培妻張氏楊丕振妻劉氏張珵芳妻郭氏魯緝孔妻張氏文登妻高
氏郭繼章妻張氏劉戴明妻車氏張金鋍妻郭氏席國彥妻張氏車奇際妻俱甲
申之變不辱投井死
張氏文朝品妻自刎死魯氏張金鋐妻劉氏文逵妻席氏楊蘊素妻趙氏理學
鄭州知州魯世任繼妻王氏文中第妻文氏魯大史妻馬氏文新命妻文氏張金鑪妻
張氏文作礪妻崔氏張鵬毬妻車氏王元佐妻王氏崔煥妻文氏張首唱妻張
氏文三錫妻文氏劉鎮華妻劉氏張昌明妻安氏魯聖脈妻文氏馬郎龍妻俱少
艾甲申之變義不受辱罵賊而死
楊氏咸寧知縣馬逢造繼妻殉難儒官楊自發女年二十四歲夫疾左右就養疾篤與夫誓曰願與夫同

柩同塟夫卒三日不食衆婦女苦勸氏瞑目不言前子
跪懇瞑目而言曰爾父旣死要我何用竟七日不食死

劉氏 舉人張鵬翔妻名宦劉應科女夫卒氏年二十三
慟哭號泣願以身殉母苦勸乃止遺嗣金鑑甫六
歲孝事舅姑撫訓孤兒食廩孫貞明入泮內外皆稱賢
爲比及城破氏恐遺賊手投井而亡守節四十八年

楊氏 石汝貞妻夫故氏年二十二歲遺子孤幼紡織爲
生撫孤成立聞寇警至恐受汚辱投繯死

文氏 生員張金鑑繼妻夫殉大難氏年二十七歲即欲
投河死親族勸之堅心自守撫前子貞明視如巳
子遭兵變歲歉包賠累糧歷盡苦楚志節益堅教子攻
苦入庠邑人稱賢

石氏 王振 知州楊自立妻趙氏 劉宇 張在魯
雍妻王氏義士王三畏女 趙氏禎妻 戴氏常妻

氏 生員張 進士魯 崔赳 張奇 申明
廷翰妻張氏 廷芝妻戴氏 統妻高氏 遇妻劉氏 舜妻

魯氏 舉人趙 楊俊 生員張 趙文 貢
邦興妻趙氏 譽妻李氏 金鎔妻劉氏 彥妻張氏 士

妻騰鳳妻魯氏 趙經世妻趙氏 生員楊開甲妻王氏 生員魯鴻儒妻楊氏 文應選妻劉

氏 生員喬廷樨妻劉氏 生員席我文妻王氏 楊皇禎妻車氏 石碧妻席氏 張畧妻

並少寡守節孝姑撫子

霍州

元李氏趙信妻信卒氏年二十四誓不再更侍舅姑益孝

比舅姑卒竭力襄事撫其子習儒業年六十餘歲

終至治間旌表其門

郭綵雲 幼許聘程代兒代兒隨父宦遊未還其姑閻氏

空房娶之後至正十八年掃地王兵過姑携二

幼同避于土洞兵至大索之同避者皆出惟綵雲挽姑

衣曰妾夫尚未見面倘一失節他日何顏見夫耶堅執

不出被火燻死見者莫不痛之

明劉氏李謙妻謙亡遺㓜子二氏執婦道誓不再適家極貧舅姑已老日事紡績贍養舅姑及卒殯瘞如禮訓二㓜成立後仲子恂登弘治已酉鄉科知州張紀奏稱其賢未及立坊而卒

史氏周麟妻知府史素女少有淑德麟亡奉翁姑撫㓜子持節久而愈勵詔旌表

衛氏生員宋鏞妻鏞亡氏年少其家逼令改適至訟于官得全其節知州宇文鏞奏其事立坊

安氏任釗妻釗亡誓不他適勵節撫孤苦守五十年教子成名崇禎年御史奏建坊旌表

李氏任光濟妻濟亡氏年二十七毀容斷髮誓死無二事姑訓子本州旌之後以子任知縣封太孺人

朱氏周洪堃妻洪堃隨父任新城縣城陷以身蔽父死時氏年二十餘苦節四十年忠孝節烈咸出一門

郭氏朱毓彛妻流寇之變夫婦避難遇賊携氏上馬彛怒向前擊寇被殺氏罵曰速殺我得從夫地下並殺之廵撫吳闔于上建坊旌表

楊氏生員周祟妻家甚貧祟早喪氏無所倚誓不他適日事紡績累不能舉火乃以繩束腰忍饑至將衣勒斷困極而死州人憐之舉以上聞建坊旌表

史氏宋福善妻李氏舉人張坦妻並少寡守節撫子成立

國朝郝氏德化知縣李惟杞妻杞被魏璫害而歿官邸赤貧氏年二十餘即誓死以守五千里外携二幼子扶柩歸葬值大荒幾死撫孤泣曰惟李氏這塊肉死生與共豈有他焉苦節五十餘年長子思民中副榜

周氏年十五配于劉弘嫁之日弘命告殞即欲自盡猶恐肢體之傷乃減飲食積癯數月死

杜氏武生劉煌妻羨而無出因水利牽連在平陽病故於鐵佛寺扶櫬還州氏哭之斷氣救之乃甦於夫殯先一日自縊死氏能書衣中有遺言曰與夫盡節毫無爭端鄉里男女送殯者俱大哭

許氏邢其恕妻恕客淮揚娶氏甫生一子恕歿柩將歸里母姊昆弟留之曰恕家有嫡妻且汝南人不習

北方衣食汝無依氏曰吾家邢門死亦宜依及至事嫡
惟謹朝夕哭夫竟以悲泣成疾而亡聞者無不痛悼

安氏周錫爵妻年十六爵亡遺腹生浩截髮守貞寡居
四十年

高氏某　繼妻封恭人夫亡時氏年方十八並無子女
孀居多年遭流賊之變恐爲所辱投井中隣人救
援死而復甦崇禎十六年題請建坊旌表

賀氏朱克謙妻夫亡氏年二十五歲無子苦節六十載
年八旬有五

李氏邢其蕊妻年十八蕊亡無子氏毀容閉戶絕親故
往來三十餘年五十九歲卒

曹氏黃家相妻　荀氏生員閻名通繼妻　楊氏鼎應春妻　喬氏生員張承光妻　闢氏成嘉燦妻　郭氏馬載書妻　趙氏朱鼐鐽妻　劉氏楊文芳妻　楊氏生員安貞妻　韋氏生員安承教嫡母　朱氏范嘉賓妻　郭氏生員韋文璧妻　張氏韓志科妻又媳朱氏並少

寡守節撫子成立

吉州

金馮妙貞 進士張慥妻馮橫溪先生長女年十八于歸慥慥爲洛川簿鄜州受兵慥已更秩雲陽簿未及行守臣檄慥往平凉督行軍芻粟時橫溪以行省員外郎駐平凉慥請于父母欲與妙貞偕行詣橫溪妙貞辭曰舅姑老矣妾行豈獨安乎歸寧不爲越禮而違難不義男子立名女子從人父母不得而主也君行以妾留奉養明年洛川陷妙貞扶舅姑匿曹氏窨室中兵卒得之妙貞泣與舅姑訣曰妾生不辰不得奉箕帚義不從兵汚辱門戶遂負攜三子赴河死縣從而死者數十人

元楊氏 劉子文妻子文以疾卒子原甫五歲氏年二十二守節無玷撫子成立至正二十年旌表其門

明張氏 郝銘妻夫亡氏方二十歲誓不再適斷髮毀容守節五十餘年建坊旌表

張氏生員賀新元妻生一女與曹弘績爲妻女年十八被流寇困于明峪寨賊四面環攻甚急女知寨不能守且恐有玷遂呼母永訣投崖身死母亦撞頭而亡移時寇開其寨將氏屍首俱斷

毛氏貢士杜瞻妻　馮氏生員劉有丁妻　並少寡守節撫子成立

杜門雙節史氏生員杜天培妻夫亡氏年二十五遺男蕚方二歲氏誓不他適撫蕚成人入泮娶劉氏蕚亦早逝劉氏與姑同守至六十三歲而卒知州申請旌其門

國朝葛氏曹弘濟妻　劉氏生員白奎璧妻　並少寡守節白首無玷

鄉寧縣

元楊氏李彦和妻年少夫亡守節不二至正中旌表

明師氏生員高榮妻夫亡氏年二十誓不他適氏歸母家夫弟欲奪其志氏覺之回至中途抱石投潭死

成女成大化女年十六尚未字避亂居山寨賊執欲汙女婉言紿賊賊釋手女投崖身死人競傳其貞烈曾經旌揚

高氏閻嵩妻李氏趙仲福妻崔氏文朝用妻文氏李希道妻曹氏王朝德妻王氏生員楊松妻盧氏冀承恩妻鄭氏楊連妻盧氏王之大妻俱少寡守節

國朝史烈女史奇良女年十六許配與張星元子爲妻未過門其壻被虎傷女欲往弔其門父母不許嗟嘆累日適有求婚者父母欲許之女日忠臣不事二君烈女不更二夫父母弗悅一日告母欲殺鷄而食母從其言女遂勸祖母與母食談笑自如托故他出母弗之覺俟久不見及尋其所在自縊死矣

隰州

明馮氏生員秦永爵妻年二十五歲永爵卒無子氏杜門守節八十五歲卒院道屢旌其門

劉氏生員張汝翼妻夫歿氏年一十九遺子重華方一歲氏悲痛三日不食欲以死殉鄰婦勸曰汝死固得所奈孤兒何因苦節自守教重華爲郡諸生重華亦以孝聞氏年至八十七卒

李氏貢士王朝用妻夫死氏方二十歲俟殮畢即自縊母覺解救艱貞自守時弟朝薦甫二歲子化甫一歲乃併乳鞠育皆爲完室壽八十有九而終

宋氏監生王家材妻避賊樓上樓陷股折賊執之以指刺賊目賊怒殺之

郭氏文安教諭育才女馮鍾靈妻賊執不從裂其尸

宋氏長清令牛友月妻聞寇入城度不能免投井死

楊氏生員史記妻賊至投井死

藕氏牛大吉妻聞寇登城先投井死

馮氏劉兆麟妻樓陷墜地爲賊所執堅不受汚死之

馮氏貢生李呈蘭妻年甫十八賊至抱幼女投井死

貞氏李清秀妻不從賊被害

李氏秦惟精妻年二十餘夫亡無子苦節五十餘年

牛氏劉湛然妻夫亡氏年二十一以死自誓奉養二親以孝聞

劉氏張輔妻崔氏生員鄧貞妻劉氏生員張渭妻李氏楊友桂妻宋氏子係

監生牛氏秦自治妻秦氏生員王敘科妻並少寡守節

國朝王氏宋德盛妻生員王輝女適盛未期被賊執死不受辱遇害

王氏宋希虞妻宋氏李培秀妻王氏鄭光濟妻訓導鄭之輔母張氏王星妻蘸氏

王家棟妻趙氏生員宋瑚妻秦氏廪生樊毓桂妻王氏宋希唐妻李氏宋爾祚妻蘸

氏生員李溥妻卜氏張廷聘妻任氏劉承德妻劉氏牛奎妻俱少寡守節

大寧縣

明賀氏馮登輔妻建貞節坊

王氏生員安汝光妻汝光死氏不哭人詰之氏曰夫已
死不復生何以哭及發喪就壟氏猶不哭人共異
其頻忘夫也氏忽于別室自縊死始知向之不哭恐人
覺而防之也建貞烈坊

馬氏生員曹易新妻易新亡守節不嫁撫養遺腹子成
立天啟四年題請建坊

馬氏生員張二美妻崇禎二年流寇劫大德村圍氏于
野氏罵不絕口賊怒縛馬上不數十步值高崖氏
一擲而下賊益怒趨崖下截髮碎屍而去

李氏舉人張斗星妻崇禎壬申寇陷城氏誓不辱携室
女祿孩投井同殞題請建坊

曹氏生員馬上乘妻經歷自德之女壬申城陷氏度不
不能逃即登樓自縊死

劉氏生員張拱北妻壬申之　馮氏生員劉鳳翔妻夫亡
變誓不受辱自縊死　守節壬申賊至義不
受辱遂　張氏義官安三益妻崇禎壬申　賀氏監生張振
見殺　闖至罵賊被殺碎其屍　辰妻夫亡

守節壬申寇變投井死

武氏省祭李中和妻年二十四夫亡撫幼子子又亡撫孤孫旌表

國朝許氏生員賀希顏妻崇禎六年賊陷邑城氏夜雨中逃徙白土村母家避之中途又遇賊義不受辱遂奮身墮高崖下以死自全既墮傷左股伏深窟中凡七日得不死賊去村人過崖邊聞呻吟聲始縋扶以歸

馮氏生員劉秦斗妻　王氏貢士房景星母　李氏生員安經邦妻　韓氏安三有妻　庚氏暢爾志妻　武氏生員馮琮妻　侯氏馬人龍妻　王氏舉人安九域妻　曹氏廩生馬聖啟妻

張氏王應金妻　任氏暢登巍妻　房氏暢明妻　李氏賀嘉瑞妻　俱少寡守節

永和縣

明高氏薛可教妻崇禎間流賊破城氏投城下死

張氏生員李世金妻于歸二年夫卒時氏二十三歲遺子方八月遺繼母兼貧乏蚕織以爲生享年七十三歲四世相見鄉黨咸誦羨焉

關氏生員李世賢妻　薛氏生員柳先榮妻　馮氏生員楊生輝妻　李氏生員馬行官妻

俱少寡守節

國朝苗氏生員薛印安妻寇起城破夫死之家故貧又遇凶年氏同妾馮氏饑寒共守撫孤姪幼女畢其婚嫁苗氏壽七十九馮氏七十先後七日俱無疾而逝

白氏薛俊士妻崇禎七年大饑夫不能相顧逃往陝西氏方二十一歲生子方三月織紡度日年七十一歲志節不渝

霍氏袁時秀妻　劉氏監生馮璽妻　吳氏張猵妻　劉氏生員李基泰妻　劉氏生員

段爾玹妻俱少寡守節

河東逼近延安明季流寇變亂爲往來必經之路我

朝定鼎順治初年猶盤踞山北山南蟻攢蜂擁動輒數十萬搶擄殺掠無虛日其間或投烈焰或墜懸崖或母子爭赴洪流或一門自經完節錚錚鐵骨視死如歸州邑之所紀載者固已纍纍如是其深山窮谷湮沒無聞者不知幾百千萬也余清宵展卷茫茫綠字閃閃紅燈如見碧血如對青燐如雨壁哀啼如荒林呌月不覺幾爲泫然流涕嘆題請之無因悵招魂之不返也夫冠裳之

內當急難生死之際尚徃徃蛇行鼠伏苟且以求活况
婦人女子哉若夫守貞不字嚙雪餐氷出萬死一生展
轉於窮崖邃壑之中饑餓於兵燹流離之內以撫纫孤
以養垂白凡今之厖眉雪鬓皆不知幾經困阨幾經風
霜我平郡三十四州邑之窮簷婺婦豈若他處之未經
烽火者得以優游言禮義哉然則爲之子若孫者遇肥
甘之適口則當思前人之疙飦無烟遇綺羅之適體則
當思前人之牛衣土穴遇兒孫之繞膝則當思前人如
何襁褓於深山菁林遇父母之在堂則當思前人如何

侍養乎葵羹麥飯而教其子孫而訓其妻子使世世後

昆皆敦孝友人人婦女悉奉閨箴則婣睦成風廉貞並

尚是真邦家之光也而豈僅一姓一氏之慶哉故盡存

之以傳諸後

平陽府志卷之二十七

仙釋

徂徠有言天下必無者三無僊無佛無黃金術有僊則秦皇得之矣有佛則梁武得之矣有黃金術則漢武得之矣斯理甚明愚者溺焉鍊汞合炁面壁證空未易以口舌爭也爰採前代以來遊方之外凡繫乎郡者彙爲一帙其說愈奇其事愈誕姑射綽約本屬寓言置不足辨爲問果老以下今有覩息人間者乎趺寂尸解同歸一死還丹餌石適速之亡吁可鑒已作僊釋志

陶唐藐姑射山神人　臨汾人南華經曰藐姑射之山有神人焉肌膚若氷雪綽約似處子不飡五谷吸風飲露乘雲氣御飛龍而遊于四海之外大浸稽天而不溺大旱金石流土山焦而不熱堯往見之窅然喪其天下

偓佺　臨汾人采藥父也好食松實體毛數寸能飛行逐走馬以松子遺堯堯不服時受服者皆三百歲

周馬丹　晉狄人文侯時爲大夫獻公時爲幕正公滅狄殺恭太子丹去至趙宣子時乘安車入晉都靈公欲仕之逼不以禮有迅風發丹入廻風中而去詳見列僊傳

關尹喜　觧人函谷關尹善内學嘗服精華隱德修行老子西遊喜見函關紫氣須知真人當過物色而遮之果得老子遂自執弟子禮以事焉老子爲著道德五千言而授之後老子期以西蜀青羊之肆既至俱白日飛昇著書九篇曰關尹子

介之推　姓王名光晉人也見劉向列仙傳他書謂光實未焚死有人見其賣扇海上後不知所之

韓君丈人　名終又名衆臨晉人善幻養不服食年百歲其行如飛匿迹五老山叵不知所終按王子年拾遺記闇河之北有紫桂成林其實如棗羣仙餌焉故韓終采藥詩云闇河之桂實大如棗得而食之後天而老抱朴子云韓終服菖蒲十三年身生白毛日視書數萬言皆誦之冬袒不寒按韓終詩載于古逸當是周秦間人舊志編入唐非也

漢河上公　曲沃縣姓名不傳結茆庵於河上賣藥人因稱河上公文帝慕其人親往見之公忽駕茆庵騰空而去帝在下望空而拜焉後公隱八寶山中註老子道德經帝懇求得見遂以道德經授之今縣東北二十里河上村有文帝廟

王喬　芮城王村曲人有神術明宗時以尚書郎出爲葉令漢法畿内長吏節朔還朝帝怪其數而不見車

騎寄令太史伺之言其至輒有雙鳧從東南飛來於是候鳧至舉網張之得雙舄焉詔上方診視則四年中所賜尚書官屬履也又毎當朝時葉門下鼓不擊自鳴聞于京師後天下玉棺於堂前喬曰此天帝招我耶乃沐浴服飾寢其中壟於東城自成墳百姓乃爲立廟號葉君祠又見蒲州

趙昉臨晉人天師張道陵弟子有仙術後飛昇今永泉里趙昉村其遺名也旁有昇仙洞存焉

孫博河東人讀書善屬文晚學道能使草木皆有火光照耀數十里行大水中身不沾濡人有疾博指之言愈即愈出入山間石壁如有穴者後入林慮山合神丹仙去

張鐵脚聞喜人漢末游寓本縣善服氣冬不爐夏不扇且一足能立者數日故人稱爲鐵脚先生邑人爲之立長春觀

三國焦先字孝然河東大陽人年一百七十常煮白石如羊而食曰伐薪施人不交一語及魏簒位後結

庵河湄太守董經往視之亦不與語後野火燒庵先危坐衣不焦灼大雪庵倒居人恐已死乃拆庵索之見先熟睡於雪下顏色如醉乃知其異有欲從學者先曰我無道也後二百餘年忽老忽少乃與人別去魏書云自羲皇以來一人而已著有祝融歌見藝文

晉石鐘真人　芮城石湖村人姓陳氏行三隱于北山石室中其室頂懸一石狀如鐘故曰石鐘真人真人頗絶塵慮一日有蟾負芝草來止石上真人視之曰我聞得食芝草即可輕舉然有損于蟾吾不忍爲其後蟾復置芝草于地遂取而食之蟾竟去不復至又有野鹿入洞同宿及真人來京鹿負行李隨之一夕夢神人告曰仙籍有汝名字又贈汝符職當行雨此鹿即龍也今大旱張榜禱雨爾其收榜旣覺驚異收榜入淨室中焚香默禱俄而雲布遠近雨皆霑足官屬來謝則真人已與鹿冉冉上昇衆極目不見矣

羅玉峯　夏縣人爲瑶臺觀開山師世傳其得道爲之立祠有碑記其詳

隋裴諶　聞喜人大業中入白鹿山採煉十數年與王敬伯爲友敬伯曰仙海無涯盍歸乎諶曰吾夢醒者不復扺逑敬伯遂遊京洛貞觀初拜叅軍遷大理評事賜緋奉使淮南舟次高郵一老人簑笠鼓棹而過敬伯視之乃諶也緋舟握手延坐曰兄所須當以奉給諶笑曰魚鳥各適何矜炫爲吾市藥廣陵青園橋東數里櫻桃園北車門郎吾宅也敬伯至廣陵間出訪之果有車門漸進愈佳青衣傳命諶衣冠揖入棟宇器物悉非人世所覩日暮促席燃九光燈光華滿座女樂數十人皆絕色諶又顧黃頭曰王評事吾山中友别近十年宜遠致麗姝黃頭唯唯旋引一姬自西階上敬伯視之似其妻趙氏趙氏亦熟目敬伯駭異之一青衣以玳瑁箏授趙氏乃趙氏素善者敬伯取坐間殷色李投之趙氏顧敬伯潛繫衣帶間將曙諶召黃頭曰送趙夫人回乃謂敬伯曰使君宿此得無驚郡伯乎且就舘閒時再來敬伯去五日將還復詣之則一荒凉地也惆悵而行及京奏事畢扺第趙氏怒曰女子誠陋柰何致以悦人朱李尚在也敬伯始悟諶得仙矣

唐韓仙君洪洞人龍朔元年在蜀村山中煉丹丹成化爲白鶴飛去今村中有廟廟後丹竈遺址尚存

張果隱中條山往來汾晉間世傳數百歲嘗騎一白驢日行數萬里休則疊之如紙置巾箱中乘則以水噀之復成驢唐太宗高宗徵之不起武后召之佯死於妬女廟前玄宗時復居恒州山中使通事舍人裴晤往召之輒氣絶仆久乃蘇晤不敢逼馳白狀帝更遣中書舍人徐嶠齎璽書邀禮乃至東都舍集賢院肩輿入宮帝問治道神仙事語秘不傳果善息氣能累月不食飲酒至數斗不醉果嘗云我生堯丙子歲位侍中然其容貌若六七十時有郭和璞者知人壽夭師夜光者善視鬼帝命和璞推果死生懵然莫知其端帝詔果密坐使夜光視之不見帝謂高力士曰吾聞飲堇而無苦者奇士也時天寒因取以飲果果三進頹然曰非佳酒也乃寢頃視齒皆燋縮顧左右取鐵如意擊墮之藏帶中更出藥傅其齗良久齒已生粲然駢潔帝神異之欲以玉真公主降果未言也果忽謂秘書少監王迥質太常少卿蕭華曰諺謂娶婦得公主平地入公府可畏也二人

怪語不倫俄有使傳詔曰玉真公主欲降先生果哭固不奉詔有詔圖形集賢院懇辭還山未幾卒或言尸解帝爲立棲霞觀今中條山五老峯有張果洞石上驢跡宛然相傳爲異見列僊傳

閻寀籍未詳貞觀十四年爲河東太守避亂不仕隱中條山羅通微負薪事之十九年拜吉州刺史通微與俱後表請入道賜名遺榮隸挑源觀朝端盛賦詩以贈之戎昱詩廬陵太守近隆官月帔初朝五帝壇今王官谷上方有閻使君宅　按寀辭榮入道亦似賀監然以幻養之術度人則真道家者流矣

羅通微臨晉人貞觀時其母趙氏姙通微有雙鶴翼行既生骨相巉巘稍長入山樵薪遇閻使君寀授以幻養之術遂冠褐于五老峯之遊仙觀學步虛絕粒今太乙峯南有步虛坪相傳是其處後使君出牧吉州召通微及境有雙鶴樂聲自玉笥山來迎既就館一夕月色皎然忽騰空吟嘯而去使君表其事詔吉州立真人堂尋改降生之羅村爲蓮臺村

薛季昌河東人遇司馬承禎於南嶽授以玉洞經籙故高真屢降其室玄宗召入禁掖延問道德乃談及精微上喜之恩寵優異尋還山上贈以詩曰洞房修真客條陽念舊居將成金闕要願奉玉清書雲路三天近松壇萬籟虛猶宜傳秘訣來往候仙輿昱日丹成忽曰祝融峰今夕有天真之會予被召當往遂委蛻而去

張惠明趙城人結廬中條山遇混元子授以道術學行超羣代宗詔入便殿致醮有感封妙濟大師尋至西岳尸解焉

裴航聞喜人長慶中遊鄂渚傭舟還都同載樊夫人者國色也航賂其侍兒投以詩樊答曰一飲瓊漿百感生玄霜擣盡見雲英藍橋便是神仙宅何必崎嶇上玉清航後過藍橋驛渴而求漿于茅舍老嫗嫗呼雲英捧一甌飲之且曰欲娶此女須得玉杵臼方可航求得之納于嫗遂成夫婦入玉峯餌絳雪瓊英之丹仙去

呂巖字洞賓號純陽子蒲州永樂鎮人侍郎渭之孫海州刺史讓之子母就蓐聞異香見自鶴入帳中生

有異表日記萬言會昌中舉進士不第咸通中始進士第遇鍾離子十試而後傳以金丹秘訣遨遊湘潭岳鄂及吳越汴淮間出入隱顯人莫之測每有題咏稱回道人金大定三年過故里留詩城隍廟壁云余自金鑾謫帝回首陽鄉國暫歸來羣迷不識吾家趣何日重尋閬苑媒鐫石公祠所著詩詞歌訣數萬言名渾集行於世今中條王楠山純陽洞是其修真處

侯道華　芮城侯村人生而如愚默悟道真居中條山道靜院師事院主周悟仙俾執賤役儕輩輕之暇則採藥草煉五粒松栢子及根葉吞之人莫識其術一旦暴疾如中惡毒久而乃甦惡聞鹽米之氣好作詩歌獨吟朗咏有一羽客並一童子忽至廬中曰吾居匪遥聞君至道故相訪耳君已仙籍有名及期來迎言訖而去歲餘復遇之令改姓名爲李内芝繫名上清宮院中鄧天尊殿前林松晻翳道華啓師砍去繁枝范陽盧頻自蒲幕來遊見而朴責之乃詣道士姚黃中請筮姚飲以危酒中途遇一老人偕行忽覺喉癢老人折桑枝攪

其喉吐蟲約三升頭黑身白長寸餘行數里喉又癢老人曰取澗流而漱復出蟲三升逡巡失老人次早師令下山刈麥三十餘畝不終日而盡擔負積院沐浴而卧夜半烈風雷雨折樹驚人及曉其戶尚閉衆開而覓之不知所往几下有焚書遺爐天尊殿西一松高六丈上有爐香烟火未絶所躡雙履在地其冠帔繫結松稍不可得而取之道華時年三十四歲乃于縣西北約二里郎其降生之地築臺刻石焉咸通三年芮令高立謩撰降生臺記詳藝文　攷蒲州舊志亦載道華以昇仙處在州境但其說不同今並錄之俟道華泊於永樂觀能升高葺危屋居常執賤役暇則手不釋卷一日殿梁出光相傳開元中劉天師丹成試犬死藏之梁間忽風雨損殿道華登葺得小金盒有丹吞之偶入市醉歸乃著履上觀前偃盖松悉砍其枝衆止之不可曰他日礙我上升縣官至衆白之因而責辱後七日松上有雲鶴音樂之異道華忽升松頂衆始驚惶縣官亦來謝過道華揮手揖謝而去後人採其松作殿梁至今足跡尚存相傳爲異事云詳見列僊傳　按列僊傳固不如降生臺

記之爲確據也

景戍先生材器清奇早契大道隱居臨汾之姑射洞功成升翥遺蛻卧於石上至今如生每季春望日闔境士庶攀巖陟險雲聚霧集遐覽靈蹤拜謁者不啻萬數焉

王刁河津人隱居龍門得道

侯神仙臨晉縣虞鄉人從師道清觀資性篤實人稱爲憨子師令汲水與一異童每遊戲常被師笞侯以實告師尾視無所見責愈甚又告師遠視廉得其實師授以鐵針紅線令簪童頂間如命童痛歸入葡萄架下蹤跡掘地獲人参如童大師烹于釜中下山訪友侯聞異香滿屋竊食之至盡棄餘汁于犬師歸恐責急趨西南崖步跡長五六尺許至今猶存師召廻問所餘曰飼犬矣師欲宰犬求汁以自益侯與犬竟飛去

蓬頭久在蒲州居止無定鍊精服氣深得導引之術年踰百歲步履如飛臨逝先數日囑鄉人門徒

曰吾將歸矣至日沐浴端坐而化今有萬蓮頭洞在大澗里侯家莊東溝内張文毅塑其化身

常醜女　蒲州人常志女生而貌陋嘗患風狂身有瘡疥蒙其首居人畏其裸而避之浴於池出則體變如玉身不着地冉冉騰空而去

後唐洪涯子　神山任張里名居敬年四十辭家入山訪求至道遇山神引見景成子得姑射洞爲養真之異境居焉能變化得藤葛橘𣐊术雪諸精爲侍衛出入神異明宗知之詔對稱旨賜爵祿不受辭歸積行累功進德增善諸靈懾伏道滿日假蛻衣冠脫然而去宋熙寧九年范諮撰碑記

宋丘長春　隰州人宋建隆間隱祈真觀一日空中仙鶴繚繞駕雲而昇留詩曰生死朝暮事一般幻池出没水常閑彈光顯處躍鳥兎互景開時納海山揮斥八紘如咫尺吹噓萬有似機關狂詞落筆成塵垢寄在時人妄聽聞

張伯端天台人臺城縣紫陽宮其修煉地也按列仙傳宋神宗熙寧二年伯端游蜀遇劉海蟾授以金液還丹之訣乃改名用成字平叔號紫陽山人英宗治平中隨龍圖陸公寓桂林後轉徙秦隴久之訪扶風馬處厚于河東著悟真篇授處厚曰平生所學盡在是矣願公流布此書當有因文而會意者元豐五年夏尸解而去住世凡九十九歲弟子用火燒化得所謂耀金姿者千百粒大如芡實色皆紺碧後七年劉奉真遇紫陽于王屋山留詩而去紫陽嘗謂己與黃勉中雜揚于先生皆紫薇星號九皇真人因誤校勘刼運籍遂謫人間今紫薇垣光耀可見者六星而已

無名老人襄陵人姓閻農家子其母賈氏夢青衣童捧金盤獻一果如瓜半紅半黃言上仙賜汝無名果也因孕十三月而生性沉靜寡欲舉動與羣兒異常隨丹陽馬祖師過關服勤三年馬曰此非干汝事汝自修行去于是浩然長往隨方乞化凡七年忽覺體輕步徒一日讀太上西昇經豁然有省謂同行曰我今還

鄉去也乎前有韶州王氏請往菴我已許往已而王氏果至即索湯沐畢振衣留辭奄然而逝年八十有六平生所著詩皆仙家事語語見道非食煙火人所及也

皇甫靖　臨汾人母武氏夢陟異境一神人以桃授之武捧食已而有娠既生靖額放光明親識悚異稍長見隣兒戲者胃然嘆息遂有方外志嘗往古耿將及高牖偕行者竊物遁去畧不介懷淹旬詣同州再遇于途靖絶口不道前事同過馮翊至長安猶與居一日持靖匣中藏適酒家令人招靖及往見其劇飲酣暢嬋娟列左右靖俛首一酌先歸日暮客還宿聲渴于靖且使汲水爲取之客笑曰小子氣和亦可教也下榻披户而出久不還靖疑之秉熖往迹無所覩矣客舍杜門如故還視薦下有黄金焉正酬所失歎惋久之道出商山愛其聳秀一虎突出靖亟趨避忽見茅舍中坐幅巾老人曰是何少年倉卒如此對以虎逐狀曰已去矣延坐慰藉問疇日長安事曰彼遺金可償所失乎靖再拜稽首留之百日諭彖辭蔽不一而足因知爲郭先生先生忽

語靖曰吾候子久矣翌日歸真子可辦吾後事仍出款書各題所與者俾之傳達乃孫長老劉真人郭師曹先生也黎明靈化靖如所囑訖事出山先詣江州訪孫長老見之留數日遂適嵩山謁劉真人既達林麓忽有人呼曰來何暮耶靖前揖之真人導靖示以神用觸石如入虛遊空如履地變化莫知紀極靖告還又往廬山謁郭師赴都候曹先生逮見二公達書而返嘗渡大江風浪架空靖仗劍禹步波濤頓息未踰時而舟行數百里過犨州河失故道没民田數百頃靖爲書符丙夜投之河遠近聞兵甲聲詰旦河復舊流蜀人畏鬼靖遊興元逢寒食俱以灰界地立旗幟咸云祭鬼犯者禍立至靖拔幟藉之儼然安坐人皆悚異圖形供養歸平陽霍邑令籍官庫金銀赴府既緘封失之大索盜者牽染百人未能得情令請于靖愀然曰百人之間豈無寃濫耶乃謂隸曰汝回已得真偷矣比至縣果見狂夫走廳事自言盜狀物亦全獲其顯驗異迹類如此政和八年走三山賓籙壇前得三洞真籙璽法衣一襲而歸曰吾夙志酬矣數日而逝詳毛安節所立傳見藝文

朔鬃頭　夏縣如意里絕戶朔德之遠祖也在宋世於邑北五十里與聞喜接壤處大溝上架木橋後出遊方外至明正德間有鬃頭道人來至橋邊自稱姓朔指其宅墓故址且言村巷某處舊有碓臼今胡不見鄉人掘二尺許得之人皆驚居數月傭與張鸞種田忽不見又里中三人商旅陝西經過一山見石巖有洞內一羽流呼三人姓字手引入洞以鄉里稱之款留以飲食辭出洞外人言已越三日矣回顧不見其處

張志朴　稷山縣人煉形苦性衲衣露膝行丐汾晉間脅不占席者三十餘年雖寒暑不怠一鉢之外餘無所奉城北創建洞神宮賜號淳德大師元至元十四年羽化

曹仙媼　大寧縣宋人於金時至馬闕關黃河之西岸携一幼女隨一犬手曳鐵杖鐵履息大柳之下招水工求渡自云從天根頭來工以水漲拒弗渡仙媼微笑同女犬步水面徑達東岸登石龕中時羣犬隨吠居民大駭往視之媼與女犬俱入寂矣因塑像祀之媼最靈邑人供香火祈男女者歲不絕有元人郝季隆碑

南宋王道源太平賈岡人善易學南渡時避金兵隱于西山之麓淳熙五年遇異人杖屨而化後人即其地爲清廉洞歲旱禱雨輒應

李賓安邑人小字三十因守池失盜出家修行後寒暑不侵談笑若狂每日上市見之者輒得利人圖其像以爲利市神金大定二十年奉世宗詔賜方外衣不受朝退先履而去自燕京至本縣二千餘里不二日已還尋仙去

呂道章垣曲小趙村人金大定間爲縣吏夜夢神告以修養術寤即避居洪慶觀修養數年治疾有奇驗壽重修本觀市材管州山放筏遠近不一道章身董之既訖辦祠置黃河水面坐其上順流而去莫知所終

郭元長趙城人生而聰慧淡寂七歲出家禮道士郭貞常爲師常爲旱禱雨奉勑主醮無不獲應泰和七年充提點太極授元靜大師賜紫服圭璋壽七十有二自知其終里人立祠祀之

何南卿字東夫本蜀閬城𥳑秀坊御史之裔博極羣書精義理之學值亂俘于北金大定丁酉設貢舉于平陽遂中選因得免俘然其志亦無意于仕進徃來汾晉間從黄冠師披雲宋公賜名志淵號清真子授以講衍之職披雲卒朝命提點永樂純陽宮賜紫衣號淵靖大師至大辛亥卜居芮城中條山水谷創樂全觀而老焉年九十一耳目聰明能書細字無疾而卒葬水谷之南數里弟子雲集爲起冢立石焉所著有南華經註十三卷水谷代腹七卷今皆散失惟各祠廟及民間所凂作石刻數十篇存書前進士何南卿或書志淵者就事言也

王哨腿小字醜人安邑人幼好道生平未讀書亦無師授善作詩鄉人異之後過河南鄧州鄖城鄖陵等處其詩詞走筆如神禮部尚書趙國臣并中州高士以師事之述懷詩曰天高三二指地厚一魚鱗東海一勺水西華一捻塵擺手乾坤窄睜眸日月昏擡頭天外覷無我這般人間字詩曰間間林下山間常袖手且開

顏客不迎送交無往還饑食松栢子渴飲澗溪泉棲上坐邀明月窻前臥看青山落魄一生真是樂逍遥萬事不相關吟畫角詩曰調高風緊正淒淒百尺樓頭帶月吹丹穴夜寒孤鳳叫碧潭秋靜老龍悲天涯客子初聞處塞上將軍乍聽時便是鐵人生鐵膽定應聞此淚雙垂

仙姑馬守明　永和上桑里民家之女其母夜夢駕鶴王童自空降於庭曰暫寄汝腹覺而有娠生時彩霧滿室異香聞諸隣里幼而敏惠長有仙姿及笄不事女工澹泊自若或問其故曰繁華非我志也豈效世之處子乎既而父母俱喪堅貞自守不以俗務經心遂謁茸泉女冠張妙清爲師居三載丙申適絳州舍於李氏之家越明年上元日無疾枕肱而逝氣微而容不變三日復甦語人曰予暫遊紫府再會羣真自此不復穀食但果蔬飲水而已日夜靜坐能知未來吉凶語罔不驗有災疾求醫者不假砭藥呵禁頓愈歲遭旱蝗設壇禱祝三日雨降蝗滅時丁歉歲化導富室設食當途以賑饑者一日相三林南祉庄地之形勢東連絳陽西

接高崗北倚姑射南瞰汾流可以棲真養氣作菴栖終焉於是士庶咸樂襄事所建廟觀殿閣星分碁布靡不畢具歷七八載厥功告成復有四方慕德者施建庵舍十餘所至元戊寅二月望日沐浴更衣大集徒衆曰内外行各皆勉旃予有先師之約不可違期遂留一絶云七朶金蓮數暫來人世間闕功今補足紫府却歸還筆落端坐而逝時年六十有四

劉欽水　安邑人居西絳延祥觀得神仙服水法脱身飛昇口吐金蟬化去

烟霞真人　汾西縣僧幼好善及長遂棄妻子隱姑射山圜仙洞中修煉五十餘載癸丑歳端午日忽辭衆曰令羣仙約赴蟠桃吾當去矣言訖整衣坐化元大德間賜號真人　此釋也而其事皆道家之事故列于道焉

丁善淵　字湛然垣曲人幼聰敏通經術爲鄉里所重年十六父命爲道士居洪慶觀德望隆重朝廷賜

以紫衣通玄之號尋受法籙呵禁厲鬼有顯應真祐末河東兵亂紀邦瑞鎮葛伯城殘忍好殺善淵諷諭全活者甚衆年五十八一旦升几而坐朗朗飛昇門徒奉遺衣瘞於觀北

劉志淵字海南萬泉李其鄉人其未生時壯丹先開人皆異之及誕有紅光滿室迨爲兒童不作嬉戲事親至孝識者稱爲今之曾子夙慕仙道自號玄冲子後遇長春真人於棲遊庵值金亂淵避兵於綿山雖萬騎蹂踐獨不罹於害壽七十有九

王予可吉州人字南雲父本軍校南雲亦隸籍年三十大病後忽發狂能揮筆作詩文及説世外恍惚事南渡後居上蔡遇文士則稱大成將軍於佛前則諦摩龍什於道則驂天玄俊於貴游則威錦堂主人爲人軀幹雄偉貌亦奇古戴青葛巾項後垂雙帶若牛耳一金鏤鐶在頂額之間兩頰以青涅之指爲翠靨衣長不能掩脛故時人有哨腿王之目落魄嗜酒每入城市人爭以酒食遺夜宿土室中人問其故其應如響其所引

書皆世所無有人與之紙落筆數百言或詩或文多六經中語及韻學古文奇字壬辰亂爲順天將領軍所得館于州之瑞雲觀南雲明日見將領自言我不能住君家觀也越三日病卒後復有見之于淮上者

元酈希誠襄陵縣萬聖觀道士生而骨法高古丰神迥異見者莫不肅畏年十五決意入道自金季道士劉德仁以苦節危行爲要不妄取于人不苟侈于巳五傳而至希誠居燕城天寶宮見知憲宗始名其教曰真大道授希誠太玄真人領教事内出冠服以賜仍給紫衣三十襲賜其從者至元五年世祖命其徒孫德福統轄諸路真大道錫銅章二十年改賜銀印今有碑劉賡撰記

姜善信趙城人生而異衆資禀恬默嘗禮蓮峯真人靳道元爲師既而隱居碧雲洞十餘年塊坐一龕心如止水中統間世祖南侵駐蹕驛亭召善信問行師事特陳仁義之舉後屢聘言人事多中嘗過龍門見禹廟東向鑿山修之改爲南向順帝詔問禹所行之道引大禹謨以對又奏修堯廟告順帝當法堯舜順帝賜銀

二百錠官材二萬根爲修廟之資善信不受但募化修完年七十八而逝其夜有青虹貫斗之祥順帝追封靖應真人勅李槃撰道行碑　按中統乃世祖初立年號時與金人交兵善信蒙召當在學道有成之後年僅七十八安能至順帝時尚在耶故趙城志並未言修廟事或至正時修廟者另有一姜道士亦未可知

毛道真　夏縣人元至元間修養于瑶臺山既卒門人立祠塑像祀焉後數年自河南募緣得物覔小車數輛載之抵夏縣數里渡河濕其隻履託以且炊先行及挽車人至詢之則死已久矣一觀大驚瞻視祠像隻履尚濕人意其尸鮮持假是以顯神化耳

李純夫　燕山人弱冠登進士不樂仕進棄官爲黃冠雲遊卜隱王官谷構了了菴於貽溪之上菴後建白雲洞自號孤雲子有泰無隅者純夫高弟子也無隅弟子有古村之關希哲太平之李道微皆以道行著聞純夫大德二年卒年五十八舊志謂唐時人玄宗召之不起大誤

張志清 酈希誠三傳弟子也事親孝尤耐辛苦制行堅峻東海珠牢山舊多虎志清往結茅居之虎皆避徙然頗爲人害志清曰吾奪其所也遂去之後居臨汾地大震城郭邑屋摧壓死者不可勝計獨志清所居裂爲二無少損焉乃徧巡木石間聽呻吟聲救活者甚衆朝廷重其名給驛致之掌教事志清舍傳徒步至京師深居簡出人或不識其面貴人達官來見率告病伏臥內不起至于道德搢紳先生則納屣杖屨不以爲難時人高其風畫爲圖以相傳真大道之教至志清而益盛授演教大宗師凝神冲妙玄應真人出元史

董鐵驢 萬泉小淮村人身通遁術行步如飛倏然數百里人不之見俗傳其家造飯飯熟乏鹽直往解池取鹽往返二百里片刻即迴又節届元宵其叔某以本地燈無奇可觀者密與驢議欲觀燕京鰲山驢令其叔閉目附已背而行憑虛御風不崇朝而鰲山在望炬花萬種遊人稠雜其叔貪玩間忽失所在驢遍覓無踪及至年餘叔始乞食歸家種種異事不能殫述後以尸解仙去墓在本庄東嶺

李大方汾西人父均以醫爲業母管氏妊十二月夢神人捧日照室而生長學道日記千言積力既久遂窮宗旨六經百氏莫不淹貫道風藹然召賜號休元大師奉勅主醮精誠感通有百鶴下臨之祥尋加通玄大師平陽歲旱請禱雨即大澍復加號龍岡真人墓在城西一里

皮裘先生洪洞人修真玉峯冬夏服一皮裘雲遊至金陵巨室有太湖石募之墜之於井後歸玉峯井中拔出前石人異之有病者拔毛與之即愈後不知所往

皇志祐稷山人年四十餘投龍翔觀梁老先生受度閉關三年建九陽洞於馬橋村雲溪庵於下文村預知化期七十三歲端坐而逝即瘞於庵堂之内明初地震崖崩墓見中塑一真人二仙卿侍立次四弟子相向坐有誌銘下文村郎式八也

女冠王教山舊籍關中遇焦處士旋棄家携子息學道遍歷名山胃服氣鍊形之訣所在薦紳貴

遊多有叅請最後寓蒲且久年登耆耋鬚髪丹顏無疾奄逝有解嵗傳行於世

景素陽 襄陵人師事梁古賓居阜山道院元末兵亂鄉人匿山中惟素陽侍師不去兵至求財不得將殺古賓素陽曰師老矣願以身代兵即回刃砍之刃忽折爲三兵皆驚異羅拜而去

明張三丰 平陽人一云猗氏人有仙骨修髯如戟肩如冰雪曾路遇一少年美姝自稱麻姑教以服四味龍芽後遊武當山登祝融峯嚼梅花漱口朗誦南華秋水篇觀潮上日出大叫曰雲海盪吾心胷明太祖咨以時務曰唯本忠孝後成祖遣胡濙物色之終莫能得

房居士 臨晉人名景圓號雁松子少精書筭主有司案牘偶被上官責督喟然歎曰人生如朝露何自苦辱如此遂棄家入中條山修道閉關十一年糧絶出山止宿邑之俞鄉村扁鵲廟中夜有真人來呼居士口授先天真訣遂徃汾北麻衣山默坐二十一年移居平陽之姑射山洞山之虎狼皆馴服飲食給于奉道者或

旬月不至亦不炊爨少保于公謙巡撫晉豫時問將來休咎笑而不答謂弟子曰無結果卒如其言人有訪之者必先知輒避去太守胡暦叩之曰老農無所知也後三年成化甲辰三月十五日沐浴端坐書十勸文皆敎人忠孝語書畢卧化頂上白光直上觸天顔面如生體不腐穢先是洞中有二石牀左右相對唐有得道者卧化塑其尸于左至居士亦卧化弟子塑其尸于右千百年若相待者是冬無雪胡太守禱于居士曰汝旣尸解當不死願現神光降瑞雪否則死矣乃造洞未至三里許五色光自洞中出少頃歛如箕覆洞上已而還至山下陰雲四布抵城雪已瀰漫矣都御史王越撰記

尚青山　霍州人居朝陽洞有脫形之術常與平陽指揮錢姓者共坐任其所索瞋目間輒於袖中出之無遠不致後解脫弟子塑其像於太清觀

大陳　小陳　猗氏縣太清觀道人叔侄也得顛術踪跡詭秘人莫能測常于夏月碾麥戲語人曰

日烈甚宜入碾中避之遂㘜碾開鑽入後雲遊鄉人於
外輒遇之一日題詩壁間云蟠桃又報熟瑶殿瑀觴開
阿母殷勤意披雲青鳥來止留空室莫知所往

任洤素霍州人受業於尙青山解脱後人每於他處見
之

高籙猗氏縣高家㘸人常於孤山採藥遇劉海蟾授長
生訣坐卧一窰寒暑不出後村人欲甃池忽出曰
此萬古利也當爲若置石授人一鞭入山驅石若飛石
至今存官聞之欲以妖治遂自擇牛眠入棺卒葬畢一
夕妻子不知所在墓在村後一洼水環而不侵窰淸雅
有馨人不敢居

萬蓬頭不知何許人亦不知其幾何年嘉靖時居芮城
東灘狼窩之佛窰質性安恬談論高古饋之食
不辭絶粒亦不苑時往來蒲州諸大貴喜迎食焉精風
鑑堪輿術言吉凶無不驗雖婦人孺子皆知尊禮稱爲
蓬頭師父云甞過澗西王老人每食之師曰感厚意當
以五十金報因指屋後地掘一井水泉大湧族衆以五

十金公買灌田至今井存王氏立祠肖像祀之一日告人曰吾將遠行可泥封吾窰門數日啓視則不食不死如故也他日又使加封固越數日復啓視則一無所有咸以爲仙去矣後有人于長安見之相勞問歡若平日

真異人也今蒲州大澗里侯家庄東溝亦有萬蓬頭洞萬曆初相國張文毅公四維塑像祀之

崔真人名孟傳襄陵北水關人幼喪親並無婚要黃冠野服隻身雲遊有五嶽爲廬十洲爲胸之意從族兄授醫學得壺公妙術萬曆朝太后病篤真人應名醫詔自簾孔引線候脉投劑立愈上賜官賜金不受遂賜以真人號後於武當羽化自號朴菴

羽衣士隰州雲峯觀道士不知姓名萬曆巳酉入水簾洞内四日出云至一深澗黑水滔滔不可得過因返至一窩獲仙棋一具其色如玉字跡俱龍鳳鳥蛇之形但覺身輕欲飛登千百尺石崖如履平地常坐樹稍人莫能及絶谷不食年許語人曰吾遊名山竟去莫知所往今石崖上器物尚存

楊攀桂　楊丹桂　蒲州義吉里人性好釋老家言年六旬兄弟同隱終南山後其子屢饋屝屨遂入深山不出樵採相傳以爲二人皆逝去云又數年鄉人於都中見丹桂貌如平生叙鄉曲情甚篤自言在某寺爲僧次日訪之並無其人自是不復知其所往

張神仙　不知何許人崇禎間至蒲州多與鄉大夫游尤善侍郎張廣常主其家廣從孫繼善自外至張撮土與之視之則白金也又嘗招諸縉紳歡肴核杯酌几席僮僕皆出諸袖中竟日歡笑諸人皆得醉飽既畢復納諸袖時士人某疑其僞術欲遣妓女亂之須臾隱入壁中自是不知所往其後州人自川蜀來言其會于峨嵋山中見之計其時日正去之日也

無私真人　姓王名冲霍州人幼事黄老于霍之白龍觀既而辟穀者六年遊汾過錠金原見其地爲西北孔道高燥絶水遂結容身菴取水于遠地以資行人四方感召者輸銀粟無虚日不數年積千金有奇悉

出之鑿井建閣旁置可耕之地四十餘畝爲施茶經久計一身之衣食弗訴也崇禎丙戌間入楚登武當福府廉知強留司其菴之錢穀一日集諸道流曰流寇將至請交所司時寇在河北衆莫之信三辭乃謝甫離菴四十里許寇猝至諸菴盡遭屠戮冲仍歸于曩建汾右之茶菴屏諸徒擇一淳朴者獨理茶事閱數年崇禎辛巳二月語其徒曰予于次月三日當棄世爲予呼諸長者來其徒莫之信屆期諸長者以醮事畢集盥洗整冠履詣祀禮畢向諸人拜訣升榻端坐而逝容色數日如生按其時日果如所言是日申刻一老人自南來聞其事愕然曰今午刻園栢澗中東銅冠挑蒲團而南行者非其人也耶衆驚疑良久乃信其羽化云

國朝全仁 隰州蒿城里人俗姓李氏少年在祁真觀修煉日夜不睡者三年人異之多送齋供仁固却不受乃移坐兎窰坡三年不語亦不履也服水三年復移坐洞山上苦煉身心不問世俗事焉

苟和簽 號鼎峯霍州辛四里人閑關清修茹菜飲水後訪道名山幾遍天下創建七真菴持修益勵於

順治十一年羽化异香繞室

成真智岳陽人八十五歲鶴髮童顔順治十六年二月間諭二徒曰三月朔日吾當坐化汝可造一木樓裝塟至期菴内一聲響亮二徒趨視之氣絶端坐頂心裂開一道真神從此去矣二日後東來之人曰昨日于山中見真智道人曳杖而行

李真瑩榮河人識字好古書禱雨輙應周身之外所餘悉濟貧人年八十無病而卒世以爲羽化焉

秦夌霄絳州泉掌鎮人父母俱早逝年二十歲叔兄爲之娶室夌霄拜堂畢其夜忽遯去後於雲丘山學道性嗜靜嫌雲丘生徒繁囂徙隱於本州清溪洞修煉金丹敷施藥水四方有疾疫者服符無不立愈康熙三年重陽日於泉掌玉泉宫端坐而逝

皇甫孤峯子萬泉綿城人先至北燕易水拜東峯子劉真人爲師後信步遊于聖王山下同弟子

張智清王智亨等捌構山菴一所號曰雲霞洞張家莊其下院也菴前植栢林爲景傍倚山谷爲險耕田而食引泉而飲年七十七忽瞑目端坐越月餘而後逝卜宅兆安塟修墳于庵前西北崖下庵有誌銘

南北朝佛圖澄　西域人能役使鬼神左乳旁有一孔空徹腹內常塞一絮至夜欲誦經則拔乳旁絮一室洞明或至水邊出腸洗之還復納之入中國卓錫于中條白石寺相傳炊粥無具寄米於屠牛釜中人嫌其染腥汚臟澄廼出腸浴于泉至今泉上有血絲痕嘗畜一驢一猫食之即遣驢馱帖乞糧村坊猫踞驢背或有要奪者猫即投地變虎人莫敢近今猫驢塚猶存寺前爲石勒尊禮預知劉曜之敗令童子潔齋七日取麻油合臙脂躬自研于掌中舉手示童子粲然有輝童子驚曰有軍馬甚衆見一人長大白晳以朱絛縛其肘澄曰此即曜也勒甚悅遂赴洛拒曜生擒之後石虎亦甚致敬人謂虎性兇暴奈何近之澄曰人無機心海鷗可以相狎至永和四年謂弟子曰禍亂將萌石氏當滅吾迨其未亂先從化矣遣人上書辭虎即鑿壙營墳而卒

麻衣僧綿上人雲遊至紫巖山洞募建寶寺殿閣巍峩爲一邑勝地所著有相書金鎖賦行於世至今故洞旱禱輙應

梁誌公聞喜縣南丘村有誌公寺内有石刻記南丘氏爲僧者四十人相傳誌公避亂駐錫于此邑東侯村又有梁武帝廟以爲誌公念舊君而爲之立廟今不可考

隋曇延猗氏侯王卓之後周齊間延年十六有奇表身長九尺手垂過膝目光外射初聞講涅槃經悟旨遂住河東棲巖寺詞辨優贍有薛居士者學總玄儒聞而謁之言謔相高戲題方圓動靜四字命延體之延應聲曰方如方等城圓如智慧日動則識波浪靜類涅槃室薛驚歎曰由來所未見希世挺生郎斯人也開皇間旱命延禱之甘雨大注墓祠在臨晉縣北二十里𦍑子村猗氏志在古桑泉北二十里

神尼名智山蒲坂劉氏女少出家有戒行沉靜寡言談成敗吉凶皆驗文帝誕日忽至名帝爲那羅延且

曰兒不可處俗間遂割宅爲般若寺將帝躬自撫養一日尼出付帝于其母母視帝頭忽出二角投之地尼心動急歸抱之曰何驚吾兒使晚得天下也及帝年七歲曰佛法將滅神明已西兒當大貴神來有日後周滅二教尼隱皇家戒行不改帝既踐祚重興佛法每以神尼爲言歿後即塟寺中爲起金浮屠又命王劭作傳以所居般若寺爲大興國仍令天下舍利塔内各作神尼像

慧海 姓張氏虞鄉人曇延法師弟子也年十八便講涅槃文旨洞曉周武肆虐竄身入陳隋室既奠方踐京邑帝姊城安長公主欽其德望爲立伽藍靜法寺以居之緘默自修唯道是務仁壽以前文帝頻顧璽書分布舍利每感異祥大業二年卒於本寺見高僧傳

唐智旻 智富 聞喜鐵牛峪僧唐太宗屯兵軍偶乏糧旻富請以汲鍋爲食餉三軍無不飽足者太宗神異之後即位勅建廣教寺以報云

道懲 姓張氏虞鄉人曇延法師度爲弟子荷擔隨遊栖宮闕晚住蒲州仁壽寺大業末因事返京夜停關首所投主人見懲馬壯勾外盜欲共竊之夜往其所乃見十人圍遶擐甲執兵衆盜畏怖而退細覓不見又往趣之還見如初如是者五遂遶天明知是神感乃合面歸懺焉遠貞觀中有請講涅槃者預知將終苦不受請人不測意乃告曰所以固辭者恐不終此席耳後果念經三日卒於山所年七十有五懲卒經夕忽有異花遶屍周匝拔地涌出莖長二尺許色甚鮮榮折納餅中逾年猶不萎萃見高僧傳

靈潤 俗姓梁虞鄉人依靈粲法師住興善寺年十三初聽涅槃抄通文旨後聞泰岳靈巖寺僧規肅清四方是則乃杖策尋焉貞觀中與諸法侶登山遊覩野燒四合衆皆奔散惟潤安行如常顧語諸屬曰心外無火火實自心謂火可逃無由免火及火至潤燔餘自斂後住弘福寺僕射房玄齡過之稱歎曰居宗揚化唯此一人也見高僧傳

空王佛 名志超陝之馮翊人也其先出榆次源渦里姓田氏生而不凡異香滿室方孩卽喜禮佛年十七父母爲擇娶不納削髮披緇雲遊天下至五臺感一老人點悟曰後當佛矣囘至介休華嚴寺講經修行良久遷縣西滚鐘寺侍者摩斯供厨夜感一白兎用鐘取水日供不竭其後入綿山仙窟五龍聽法懸巖巉峭飛度而過白鹿白兎紛然前導至抱腹巖中禪定崖開金字摩斯受記有青衣童子奉古佛舍利供養貞觀初亢旱太宗禱雨不應占曰勝地仙居禪人處求長安父老向各名山尋禱及禪師師令拜侍者摩斯斯方淘米將米汁向西少灑令急囘曰今日長安需足矣果應太宗乃詔師入長安不就知必復召遂瞑目而化御駕果至巖麓興國寺知其已化詣巖行禮時山霧昏昧善衆未審名號祝天顯示倏爾霧開恍見金字牌云空王古佛太宗乃賜空王佛號詔塑金容駕囘改興國寺名囘鑾云其後歲旱禱雨輒應

楊羅漢 姓楊氏父任青州刺史母高好佛羅漢年二十至南嶽從大禪師數載了悟本源神通廣大飛

騰往來長安二年春見司空山有大虎十餘傷人晝降伏之適河東路廵按使李景副使王求署與平陽太守錢光演同遊玉兎觀遥見風穴山白光貫霄遇樵叟陳文樵子李八兒問其故曰有一奇僧引十餘大虎頂放白光召文等曰汝即回與李尚書王太傅錢太守說羅漢要與公等相見使還報相與馳至其前瞻拜羅漢自述始水復云聖道圓滿即當歸真吾身化後無復奢侈焚修埋塋語畢端然奄逝因改爲寺以奉祀之後至清泰乙未歲正月十八日獵人郭遇郭欽王思藴徐守元見玉兎入于孔穴以鑁掘之既深見有庵門掩閉推而視之見金身如在

智與趙城人修行終南山後師命渡河北棲于平陸中條山大通嶺結廬于上聚徒說法聲震長安睿宗三召不至使人截其舌以進命焚之化爲金舌夜哦經愈厲賜號金舌和尚

志寬河東人博覽諸經以涅槃地論爲心要時以邑多虎暴都督張遜命寬禱之患遂息貞觀中蒲晋旱

寛驟烈日中須臾大雨合境沾澤

曇燧　襄陵縣人姓王父成母皇甫氏生于開元癸丑及長志樂出家禮鳳翔妙覺禪師寳應元年至襄陵崇山茅塞難通忽有二兎引徑而入遂於山巔起浮屠成行精潔龍神聽講每遇旱禱雨立應廣德二年晉絳州守張光俊楊于宏表聞代宗賜寺額曰普救號慈濟大師

慧涉　絳州人姓楊氏㓜從知深出家日誦數千言遊方叩師無能難者嘗入秦寓麥積山石室造百法論鈔致涸井泉應因是絕筆凡造鈔一十六卷至蜀以法虚術士妖猴還甚中條山竹林精舍造維摩捜微記畧科般若心經鈔無常經直釋四分律科共二十六卷晚歸絳衆爲創菴屏絕世俗惟樂清靜將化預戒衆三分其軀一投水中一擲郭外一隨燖爐勿塔勿銘以違佛戒言巳跏座奄然而逝後異香連日雅樂夜聞荼毘獲舍利百餘粒色如黄金

宋旻師稷山人姓邢氏幼不童遊長治儒術天才博贍舉進士不第遂落髮受具後遍歷名山寓錫淮泗之間鴻儒碩彦多與之遊目曰岸濱長老常食蔬茹衣鹿皮又號鹿皮道者後遊姑射山終焉葬以茶毘惟舌根不化瑩潤若玉詳見太原王肖記

懷炳真定府西禪院僧先是唐開元十二年於蒲州鑄鐵牛有八置黄河兩岸以維鉅絙爲梁之綱宋嘉祐八年秋河水大漲西岸之四皆沉于水浮梁俱壞都水使者以炳素號智巧薦之于朝有旨令至蒲取沉水之牛炳乃輦石駕舟自没于水得牛所在以長繩繫之增石轉機已出其三邢人有輕浮者沉言謂其甚易乃止其一得牛而梁復成詔賜紫衣又耆舊云是役也有善泅者十人佐助其役師每書土字于十人之掌則入深淵如步平地視聽了然工不告勞卒至成辦十人皆剃度爲僧師後卒于安濟院其徒甃塔覆之歷金元間薦經兵亂院塔縻絶遺身暴露風日魯無一髮之損左脅累足而卧宛然若生衆共異之復新院塔僧紹贍有

鐵牛和尚記

南宋法敷平陽人天資穎悟年十一從妙空大師出家十
年盡師之道聽金剛經得玄旨嘗蒙賜紫衣天
會六年住持本城天寧萬壽寺以金剛經演說曉覺大
衆晚年屛絶世事坐一室數年不出戶闕端坐而逝

元智揖曲沃人通三乘教尤明禪理至元初爲絳州寂照
院禪師戒律精嚴儀度整肅教風日盛歸依者愈
衆杜門不出人或見其往來里巷多異之壽八十一終
茶毘得舍利數百粒

廣裕稷山人九歲從顯公和尚祝髮性敏慧隸講肆日
記三千言年二十衆推爲座元講說法要人服其
精又九年得法于雲壽和尚融會經律論藏蔚爲四衆
所宗領衆住持四十年五易其處俱重加創建廣拓規
模日有營造講論不輟值世祖設資戒大會師于文內
說法默契上心賜以袈裟大德十一年示寂于金仙寺
越七日顏色如生嗣其法者七十餘人塔瘞于寺後詳
見趙孟頫碑記

雄辯大師洪洞縣師村里人姓范名洪源至元間出家其父母亡泣涕追修以掌爲爐燃香千炷并洄跏趺水溢成河指喝波除仗錫執咒以誅蛟刺血書幡而化鶴門徒受教者不勝數後雲遊真定滹沱兩岸多所創建忽於座間見異人像呼曰吾去矣遂卧化五色祥雲連宵不散得舍利百十餘粒今實際寺有像詳見松菴老人石碣

丁八行者稷山人初居甘泉佛窟洞與僧守志同創大閣塑大佛一尊高丈六三尺名佛閣寺卽清凉院也

守志姓趙氏文水人同修清凉院一心誦習經咒常有祥瑞感應云

明洪濟猗氏靈巖寺僧有道行演通大小乘過金陵太祖登極前京師風雨彌旬帝不懌募有能止者師應詔杖錫一咒卽便開朗帝大悅爲之印經一藏給傳以歸化骨于本寺

金碧峯襄陵聖壽寺僧嘗遊五臺後成正覺洪武初詔至闕廷言論稱旨御製詩以賜之後還仍賜織金袈裟一襲佛經一函年逾七十而化

定山和尚太平西賈里人俗姓彭名瀟出家雲遊洪武十二年在蘆溝橋坐化七簇火出自焚其身

圓鏡臨汾人早悟諸經密旨嘗遊隰州妙樓山石室寺一日至北門瓦窰坡上鑿洞構菴龕坐其中囑其徒曰大緣已竟吾將歸矣衆徒問其期曰明日午時次日沐浴更衣焚香趺坐說偈而化是夜洞聞木魚之聲

達連和尚趙城人聰慧異常道行甚高正德間霍山上建琉璃塔一座重修廣勝上下二寺又建本府高河橋一座知未來事壽七十餘歲儼然端坐而逝

可良嶽州人嘉靖間住錫聞喜神栢村大雲寺有禪行眉覆過目面壁冥坐未嘗妄語曾早起遇盜于塗呵一聲而盜終日立不能去每遇天旱祈雨輒應平生最喜營建本縣南門外夏縣水頭鎮大石橋城隍五龍

廟俱係良募緣修理

絡頭和尚　遠方行脚僧也嘉靖間來垣曲縣歷山之南一絡人不識其名因呼爲絡頭和尚時暫冢村有明經甯儒素供養和尚一日育蚕弗登甯焚牒於玉皇廟訴蚕神作厲後數日甯忽昏仆地舉家驚駭扶掖床頭越三日始甦語家人曰冥君拘我至陰府與蚕神相質有青衣使者報冥君曰活佛至矣寻視之乃絡頭和尚也和尚語冥君曰此人生平好善樂施若無大故可放還冥君允遣寻還魂家人往視和尚是晨已坐化矣形色如生卒年七十三歲

淨賢　垣曲縣謝村人嘉靖間落髮於興國寺斷葷受戒閉關養性足絶城市十年前預置木龕一座有僧嘲曰爾欲趺化乎賢不荅行年六十忽一日浴身淨口端坐而逝容色如生遺蛻城北磚塔内石上有贊

無名僧　嘉靖間行脚住大寧縣西道教村主人房芝客寺中供養之給驢一頭令載水僧忽殺驢膏蒜

以食芝病焉弗爲禮僧一日召芝留别芝不往僧乃拂案端坐而逝移時火出鼻中焚其殼芝始知爲異人檠龕座之

妙蓮　岳陽人年七十坐化

福登　號妙峯七歲祝髮依蒲坂萬固寺初不識經典苦行于中條讀葉寺閉關立禪三年忽見本明禪師聽講楞嚴郎解悟文字無不通曉度海謁補陀回至五臺寺龍嚙石刺舌血書華嚴一部修建無遮大會神宗聞而嘉之賜繡冠繡衲移錫蘆芽造萬佛鐵塔鑿萬佛石洞峩嵋造銅殿二五臺一華山一俱莊嚴精妙太原建浮屠于郡城左慈聖太后佐以金錢塔成雙峙名曰宣文後歸臺山並坐而逝羣鳥悲號異光匝地兩宫遣中常侍賜祭塋勅封真正佛子護國禪師

賈和尚　岳陽人提鈴募銅五年鑄成四佛一日坐化人咸夢空中笙簫迎去

國朝黃明立俗竇氏乳名俏臨汾縣橋泊里人父洪晉毋幼言笑不苟舉止端莊能順父母心及笄于歸王黙里張問道為妻恭敬翁姑克盡婦道倏然感病醫療不愈還母家遂禮佛跏趺端坐迨二十一歲順治七年正月二十五日自言得道八月十五日復言在神前考過受西方佛封黃明立菩薩至二十八日午時自言火光菩薩太陽真火俱來相助屆期火光自七竅迸出焰高二丈餘有白蛾從火内飛出翩翻直上觀者數千人忽聞空中樂聲異香三日不散里人建廟之日忽於南壁上生小栢樹數十株長二三寸許廟在汾河西泊莊鎮

太柄俗姓張隰州人七歲披剃於經識大藏靡不通曉且精醫術有求必授不計資謝壽八十無病坐化郡紳士民往弔者千餘比瘞送者幾以萬計

寶峯俗姓李大同軍籍中年出家于隰州北十里建慈懸菴矢志苦行修煉超衆壽八十一正襟危坐而

逝預知生丸人稱得道焉

聖圓俗姓胡浩名道興陽州妙樓山石室僧也苦志焚修州人請居天寧寺以修廢振新爲已任南遊金陵募江浙總制郎公造檀佛千六十尊又遊汾太兩郡歸建層臺高閣爲隰之偉觀焉

定珍絳州人住稷山縣坦然寺焚修叅禪勤息苦行四十餘年于康熙二十八年坐化一號寶峯大士

叙琅榮河大覺寺僧生平與鼠鵲同食曾募金救人父子離散于康熙甲申歲臘月端坐而化人皆異之